似鳥雄一著

中世の荘園経営と惣村

吉川弘文館

目次

第一部　中世の荘園経営

第二部　中世惣村の実態

図表目次

序章　荘園・村落研究の現在

第一節　研究史と課題

1　戦後の荘園・村落研究

これまでの日本中世史学において、荘園研究と村落研究はつねに密接に関係を持ち、絡み合いながら進展してきた。むろんその基底には、荘園という制度的な外被とそれに覆われた村落の内実とをいかに弁別し、解明するかという問題意識が内在しており、その淵源をたどれば、戦中に出版された清水三男の『日本中世の村落』にまでさかのぼる(1)。中世村落が有した多様な実態と制度としての荘園との乖離を指摘し、「村落を通じて国家の形成をみる」ことに意義を見定めた清水の村落論は、それ以降の、そして現代の研究者にも有意義な示唆を与えるものといえる。

しかし国家と村落の関係については抽象的な考察にとどまり、清水の研究はその後長きにわたって顧みられることがなかった。そのかわりに以後の荘園・村落研究に多大な影響を及ぼしたのは、戦後すぐに世に出た石母田正の『中世的世界の形成』であった(2)。荘園領主に対する荘民の抗争の過程を追い、在地領主制の展開を議論の機軸にすえた石母田の学説から、戦後の中世史研究が出発したといって過言ではない。ただ在地領主制論の隆盛が、荘園と村落の区別の不明瞭化をもたらしたという一面もある。

以下、荘園研究と村落研究の接点ということを意識しながら研究史の整理を進めていきたい。一九五〇～六〇年代には、荘園研究は荘園の成立過程とそれにもとづく類型論、中世前期の荘園制を中心として進展した。他方、中世後期に関しては永原慶二が明確に打ち出したように荘園制の解体期と位置付けられた。(3)すなわち荘園制は南北朝期を画期として崩壊に向かい、太閤検地によって最終的に消滅した、というのがおおよその図式である。この点に関して、網野善彦は南北朝末期から室町期にかけて、悪党の横行、国人の乱入、守護被官の収奪といった事態により荘園制には停滞期が訪れ、応仁の乱をもって崩壊期を迎えると評価している。(4)こうしてみると、両者のあいだで中世後期という時代状況の認識に大きな違いがあるとは思われず、結果的には大同小異だったはずである。

一方、その頃の村落研究のなかで大きな位置を占めるのは石田善人である。(5)石田は村落共同体の概念・要件を整理して①惣有財産、②地下請、③惣掟・地下検断の三つを主な指標として挙げ、村落の自治性の進展に応じて鎌倉期の「惣荘」から室町期の「惣村」へという発展過程を想定した。そして戦国期には、戦国大名の領国支配の確立にともなって惣村の自治は衰退・崩壊し、その後に支配機構の末端としての近世郷村制が成立するという道筋を描いた。

これによって荘園のなかの村落が新たな形で脚光を浴び、より具体的に検討の俎上に上げられることとなった。例えば「惣荘」と「惣村」の関係については発展段階ではなく重層構造として理解する「二重構成論」が仲村研・峰岸純夫によって提起され、(6)惣村の内部構造については三浦圭一・黒田弘子によって住民の階層間対立と連帯のあり方が議論された。(7)特に黒田は従来の農民闘争論の蓄積を踏まえて、惣村の歴史的役割は小経営農民を原動力とした闘争によって在地領主制を後退させたことで果たされたと評価した。ただし石田が示したいわば戦国期の惣村敗北論に対しては、批判的な姿勢をみせつつも、当該期の惣村の変容についての考察を課題として挙げるにとどまった。

2　移行期村落論

八〇年代半ばに至り、村落論はさらに様相を一新する。藤木久志の「自力の村」論、勝俣鎮夫の「村町制」論と呼ばれる二つの論点の提示である。まず前者については、石田の惣村敗北論、さらには兵農分離による丸腰の近世民衆像に疑問を呈し、縄張りを守り紛争解決するための自前の武力・作法を有した戦国期の村落を「百姓たちの生命維持装置」として積極的に評価した。(8)また後者については、石田以来の惣村の概念を発展させ、「村請」の成立により村落が社会の単位として承認されたことで、戦国期に荘園制から「村町制」への転換が起こり、それを基盤として幕藩制が成立したと位置付けた。(9)

いずれも中世と近世の連続と断絶を中核的な論点とすることから「移行期村落論」と総称されるわけだが、社会集団としての村落の習俗、社会の基本単位としての村落という視点にも特徴がある。その是非をめぐる議論は九〇年代から活況を呈したが、村落内の階層矛盾の軽視、村落と領主の二項対立的理解といった点が批判を受け、(10)その代わりに具体的に提起されたのが、村落・領主の双方に接点を持つ「中間層」(侍・土豪)の動向の解明という視点であった。(11)

これら研究動向の大きな動機の一つはそれまでの歴史学への反省であって、すなわち前提となる既存のイデオロギーを補強するため、それに歴史事象をあてはめて説明しようとする理論先行型の歴史学からの脱却という問題意識が根底にあり、その結果たどりついたのが移行期村落論以降の研究動向といえる。それらに共通する方向性を見出すとすれば、それは「機能論」ということになろう。社会を構成する各階層が相互に対して有した機能を軸として史的変遷を説明するものであり、その意味では藤木・勝俣の議論も村落の存続のために領主がどのような機能を果たしていたかを追究する「領主機能論」といえるし、[12] その「領主」には土豪層・戦国大名までもが包含されるに至っている。[13] 一方の中間層論も、彼らが担った年貢収納、災害対応、権力との交渉、紛争解決、戦争への動員といった社会的な役割を重視するという点で、「機能論」が継承されているのである。

3 中世後期荘園制論

中世後期の荘園制については、八〇年代には積極的な議論が交わされなかった。九〇年代、永原慶二が一連の研究の総まとめとして刊行した『荘園』でも依然として南北朝期以降の中世後期は荘園制の解体期として扱われ、[14] その翌年に出された『講座日本荘園史四　荘園の解体』というタイトルも同様の見解を象徴するものといえる。[15]

ただこの頃から中世後期荘園制の論者のなかでも、地域社会論の隆盛を受けた形で、住民の生活にとって荘園制がどのような意義を持っていたか、という問題意識の提起がなされていることは注目に値する。[16] それは村落研究で培われた「機能論」の視点と相通ずるものがあるからである。つまり荘園研究・村落研究の全体的な傾向として「機能論」が念頭に置かれるようになったわけである。これはいわば、階層間の対立を前提として各々の勝敗・得失・優劣を評価しようとする伝統的な「階層構造論」を相対化しようという意図にもとづく結果であろう。

二〇〇〇年代に入ると、特に荘園研究に関して状況が大きく変わる。中世後期のうち室町期の荘園制について、当該期の政治状況に即した新たな社会システムの構築とみなす研究が活発化する。その嚆矢は共同研究として実施され、国立歴史民俗博物館から研究報告が刊行された「室町期荘園制の研究」である。[17] そのなかで井原今朝男は「室町期再版荘園制」という用語を提起し、室町期に再編成された荘園制の枠組み、具体的にいえば武家領を含めて新たに設定された所領区分が当該期の社会を規定したと述べている。[18] また研究報告の収載論文をみると、検討対象として東国荘園が多数派を占めていることも大きな特徴である。

また歴史学研究会大会では二年続けて中世後期荘園制がテーマとなった。清水克行は室町期荘園制が構造的に抱えた社会システム上の不安定要素を都鄙間の流通と物価の格差・変動という観点から指摘し、[19]岡野友彦は室町殿を頂点とする「公方国家体制」下で作成された「応永の検注帳」が中世後期荘園制の根幹として機能したことを述べた。[20]

そして現時点で最新かつ最もまとまった成果となっているのは、二〇一〇年に刊行された伊藤俊一『室町期荘園制の研究』である。[21]それによれば室町期荘園制とは、下級荘官たる「沙汰人」層の台頭や、「職」の重層性の解消＝一円化にともなって激化した領主権をめぐる抗争に対応するため、足利義満政権のもとで再建された新たな段階の土地所有秩序とされる。それを支えたのは代官請負による収取の維持、在京守護による支配の保障であったという。しかし守護役の増徴は百姓等の反発を招き、正長～永享の土一揆で危機を露呈した体制は、嘉吉の乱で甚大な打撃をこうむり、室町期荘園制は解体へ向かうという流れで説明される。

さらに以上の議論を踏まえた山田徹によって、京都の中央政局と荘園再編の連関状況の解明や、京都に形成された武家・公家・寺社ら領主の集団を「室町領主社会」として位置付けなおす試みが進められている。[22]

これらの成果により、室町期に果たされた荘園制と称しうる秩序の再編が跡付けられ、問題の本質は在京領主と荘園現地の都鄙関係にあることがあらためて強調された。ただし室町期荘園制の鍵を握るとされる代官の荘園経営に関しては、現地支配の実際のあり方が解明不十分であり、[23]彼ら代官が在地状況にどこまで注意を払って経営に臨んでいたかというのは大きな課題である。また在地状況に即した荘園経営の評価という観点からすると、鎌倉末～南北朝期によく行われた下地中分とその影響というのも大きな問題である。これは室町期荘園制にとってみれば、その前提となる重要なテーマの一つである。しかしその点に関する包括的な検討となると、鎌倉幕府の政策という側面から島田次郎が論じて以降[24]、実のところ行われていないのである。

つまり中世後期荘園に関しては、荘園のいかなる内部構造が年貢の収取を可能にするか（あるいは妨げるか）という問題はいまだ大いに検討の余地があり、その意味においては「構造論」を追究する価値は失われていないといえよう。このような課題に対して中世前期についていえば、例えば網野善彦の『中世東寺と東寺領荘園』がすでに南北朝期までの東寺領の荘園経営について大きな成果を残しており[25]、それ以降の時代についても同様の姿勢を継承する価値がある。すなわち現在までに相当の蓄積がなされている個別荘園に関する議論を統合した上で、それらの総体に荘園領主、例えば東寺がいかなる態度で臨んだかということを論ずる必要があると思われる。

4　惣村論の再構築

ここで中世後期の村落論に視線を戻せば、やはり現今の課題は藤木・勝俣の学説とどう向き合い、乗り越えていくかという点に集約されるといっていい。両者の特徴の一つは近世との連続性を強調する点にあり、特に勝俣の目は近現代にまでも向けられ、戦国大名の領域支配を「国家」ととらえている。しかしそのなかに自治的な村・町が組み込まれたとすると、そこには近世にもなかった国民国家的な様相が強く表れることになるわけで、それでは戦国大名が「国民」を戦禍にさらし続けた理由が説明できない、との批判にもさらされている[26]。

当然この批判は、戦国期における惣村の位置付けとも大きく関わる。石田の惣村敗北論が通説的な地位を得て以降も、惣村の個別事例に関する研究では重要な成果がいくつもあり[27]、近年では敗北論の説得力は失われたといってよい。しかし包括的な惣村論を構築するとなると、大きな困難をともなうのが現状となっている。例えば湯浅治久が行った移行期村落論の総括と展望によれば[28]、近年の研究でも勝俣の視点が継承され、法的主体として社会に認知された村落を広く「惣村」と称する方法論がとられているが、その「研究史上の位置づけはきわめて多様で一定していない」[29]という。そして湯浅自身も広い視野での惣村の位置付けを目指すとしつつも、具体的な検討では「畿内の惣村・東国の郷村」と地域的な限定・区分が付されている。

これには背景があって、「惣村」とは史料にみえる用語ではあるが、むしろ一種の研究概念であり、論者によって定義・用法に個人差がある。その一方、古くから惣村として具体的に論じられてきた事例、換言すれば惣村文書が伝来する地域には、明らかに偏りが存在している。それは近江国と紀伊国で、例えば前者では菅浦、今堀、葛川、奥嶋・津田、橋本などであり、後者では鞆淵、柏原、粉河東などである。概念と事例の間の距離が議論の錯綜を招くというのは想像しやすいことだが、湯浅もこの点を問題視していて、村落論の手法として「早急な普遍化」を戒める一方[30]、地域性を前提とした惣村の実態把握とそれにもとづく類型化を提言している[31]。

惣村の普遍性をどう論ずべきか、というのは大きな問題だが、そのための道筋として、単純に生産力の向上で惣村の形成過程を説明するのは現在ではもはや無理がある。かわって近年では、中世後期の全国的な現象として考古学によって提起された「集村化」を惣村論の前提に置くのが一般的になっているが、かといって集村化をただちに惣村化と接続できるわけではない。本質から言って惣村論とは自治論なのであり、自治の契機をいかに示すかが重要となる。その点、蔵持重裕は惣村とは一種の危機管理体制であり、戦時における国家的村落であると位置付け[32]、また高木徳郎は自然環境・資源を主体的に管理しようとする営みのなかに惣村の成立契機を見出している[33]。これらの指摘も踏まえた上で、そもそも何をもって「惣村」とみなすのか、すなわち何をもって中世村落の自治とみなすのか、根本から問い直す作業が求められていよう。

史料に現れない村落という点に関して言えば、橋本道範が提起する「非力の村」論も重要であろう[34]。外部への依存度が高い、自立できない村落の存在を想定することで、「自力の村」論の相対化と補完が目指されることになる。このような自治・自立の程度、あるいは土豪の在否によって様相の異なる村落が、社会のなかでどのように混在・併存したのか。村落の多様性について理解を深めつつも、列島を貫く普遍性の存在をどこに認めるのか。今後の議論は如上の方向で展開されるべきではないか。[35]

また、仮に「自力」の対立概念が「非力」であるなら、「自治」の対立概念、つまり「自治のない村」というのはあるのだろうか。これは村落の自治に強弱はあっても有無はあるのか、という疑問でもあるのだが、ことは村落の本質と成立にも関わり、史料の限られる中世前期、さらには古代にまでさかのぼって考えねばならない難しい問題となる。言ってみれば人間がいかにして社会を構築するかという、ある種の超歴史的なテーマであるが、村落の超歴史性という点に関しては近年いくつかの言及がみられる。蔵持は村落が内部で起こった犯罪に対して自ら検断するのは超歴史的だといい、[36] 橋本は村落が住民にとって「生命維持装置」であったのは超歴史的だという。[37] とすれば前述の石田による惣村三指標のうち惣掟・地下検断については見直しが求められるし、残る二つに関しても現今の研究水準に照らして再検討を加える必要があろう。

第二節　本書のねらい

1　目的・対象

本書の目的は以下の三点からなる。第一に、中世の荘園経営を規定する構造的要因を、在地状況に即して明らかにすることである。第二に、中世から近世までを見通して惣村の実態を把握し、その本質から問い直すことである。第三に、以上の検討を通じて、中世の社会構造に「荘園の経営」と「村落の動向」の両面から迫り、中世前期から後期へ、そして近世へと至る変容の過程を追うことである。

これらの目的を果たすため、主なフィールドとして①備中国新見荘を中心とする東寺領荘園、②高野山膝下荘園の紀伊国鞆淵荘、③惣村のモデルとして著名な近江国菅浦の三種をとりあつかう。

2 視点・手法

(A) 帳簿データの活用

新見荘には鎌倉期の、鞆淵荘には室町期・織豊期の検注帳・検地帳があり、また菅浦には惣村の財政状況を記した帳簿が数多く残されている。これらの帳簿類を数表ソフトへ入力・整理し、計量的なデータ分析を行う。検注帳類からは田地・畠地の集積状況、散用状類からは銭貨・物資の出納状況といった視点により、荘園・村落の経営実態、住民の階層分布、領主層との関係などを明らかにし、時代による変化や、各地域の特徴について考察する。

なお帳簿類の使用にあたっては史料批判が必要なのは言うまでもないが、特に検注帳については富澤清人が固めた史料学的な基礎を参照することが必須である[38]。本書では時代の異なる帳簿を用いた比較分析を行うが、それらの数値には何らかの政策的なバイアスがかかっている恐れもあり、直接的に比較することの危険性はすでに網野善彦が警鐘を鳴らしたところである[39]。そこでそのような問題を回避するため、時点間の比較をする際には絶対的な水準ではなく、相対的な構造の分析を中心に行うこととする。

（B）地理的・領域的構造の分析

前述の帳簿データはそれだけでも価値ある情報を提供するものだが、その有用性をさらに高めるのが荘園調査の成果である。中世史学における荘園調査の位置付けはといえば、古くは文献史学の補助的手段という色彩が濃かったものが、高度経済成長期の圃場整備事業により伝統的な景観の消滅が危惧されたことから本格化したのは周知の通りで(40)、その後も空港・高速道路建設などの大規模開発を契機として行われた。そしてそれらの調査結果をもとに、耕地の分布や灌漑の形態を中心とした荘園・村落の景観復元研究が進められてきたのである。

本書でとりあげるフィールドのうち、まず新見荘については以前から数多くの調査が行われているが、最近では早稲田大学海老澤衷ゼミに事務局を置く科学研究費による調査が実施され、その成果は論集として刊行された(41)。筆者もこの調査に参加して現地の景観から触発を受けるとともに、先行研究の内容を実地に検証する機会を得るなど、直接・間接に多大な恩恵をこうむった。また鞆淵荘に関しては九〇年代後半に同じく海老澤衷ゼミが調査を実施しており、その成果報告書を利用することが可能である(42)。

本書ではそれら荘園調査の成果を帳簿データと組み合わせて、荘園・村落の地理的・領域的構造の分析を行う。例えば地理的な条件が荘園経営に及ぼす影響や制約、あるいは人的な勢力の変容が領域的な構造にもたらす変動などの諸点を明らかにする。

（C）室町期荘園制の都鄙構造の解明

幕府―守護権力に立脚した安定的なシステムとして提起されているのが先述した「室町期荘園制」であるが、その本質的な構造を理解するためには、在京領主と荘園現地の都鄙関係をどこまで具体的に解明できるかがポイントとなる。その体制的確立の産物とされる代官請負制が、在地状況への対応という意味でどれだけ実体をともなったものだったか、代官の選任・契約にあたってどの程度その資質が考慮されたのか、という点についてはこれまで議論が不足していたように思われる。

また従来、何をもって「請負代官」と称するかという定義の問題について、かなりあいまいなまま議論がなされてきたことも事実である。例えば網野善彦と永原慶二のあいだでもやや認識が異なっているし、近年であれば伊藤俊一は直務代官と請負代官の双方をあわせて「代官請負制」と呼び、室町期荘園制を特徴付けるシステムだとしている。もちろん直務と請負のあいだに明快な境界線を引くのは容易ではないのだが、新見荘の事例などをみる限り、直務と請負をできるだけ整理・区別した方が当該期の荘園経営の実態に迫りうるのではないかと考えている。

(D) 近世まで見通した惣村の通時的観察

近年、惣村論では個別事例に関する理解は深まっているものの、それらを総合して議論を展開することは難しくなっている。それは先に述べたような地域性の問題に加えて、室町期までの農民闘争論と戦国期の惣村敗北論とを整合的に論ずることの困難さも一要因となっている。これらの点をいかに克服するかが惣村論の目下の課題であるが、そのためにまず必要なのは、中世後期だけでなく近世初頭までを射程に収め、長いスパンで通時的に史料をみていく作業であろう。

本書では鞆淵荘・菅浦を題材として如上の作業を行っていくが、そこで念頭に置きたいのは惣村の形成に関する蔵持重裕の議論である。つまり周辺との緊張関係により惣村が形成されるのなら、緊張が緩和すれば惣村には変容が観察されてしかるべきである。それがいかなる変容なのかが問題だが、ここでは上位権力による支配の受容と妥協に視点をおいて検討を行う。中世から近世に向かって惣村がたどる道を追いかけ、それによって根本的な部分から惣村論をあらためて問い直したい。

第三節　本書の構成

第一部「中世の荘園経営」では、先に掲げた本書の第一の目的を果たすため、備中国新見荘を中心とする東寺領荘園を主なフィールドとしてとりあつかった。

第一章「下地中分と荘園経営—備中国新見荘を中心に—」では、新見荘を中心的な題材として、近年着手されなかった下地中分の包括的な検討を行った。新見荘の下地中分はよく知られた事例ではあったが、先行研究で示されていたその形態は複雑で特異なもので、それが下地中分の研究が大きく進展しなかった理由の一つでもあった。下地中分のことを在地領主制の進展に対する抑制策と評価した島田次郎の通説を、どのように見直すことができるかが焦点となる。

第二章「下地中分後の室町期荘園—備中国新見荘地頭職・地頭方と新見氏—」では、下地中分後の新見荘のうち、史料の限られる地頭職・地頭方の行方を追いかけ、国人新見氏の動向、領家方との相互関係を明らかにした。ある時期から地頭職が相国寺に渡る関係で『蔭涼軒日録』に新見氏がよく現れるのだが、同記録のなかで見過ごされてきた記事に行き当たったことが本章執筆のきっかけとなった。結果、地頭職の移転に足利義持の関与（足利義満・慶子との親子関係）がみえてきたのは予想外であった。

第三章「備中国新見荘にみる名の特質と在地の様相」では、新見荘の帳簿類に記載された「名」の分析を行った。

名を農民の経営単位とする説、それを否定して単なる徴税単位とする説、その両側面を持つとする説と、古くから議論はあるが近年では論者も限られ、研究の進んだ分野とは言い難い。名のあり方は地域によって、地勢によって異なると予想できるが、山間荘園というべき新見荘では、中世前期から集落を単位とした名の存在が確認され、その評価が重要なポイントとなる。

第四章「中世山間荘園の水田開発―備中国新見荘の帳簿分析から―」では、新見荘の帳簿類にみえる地目や等級といった情報を手がかりに、山間地域での水田開発のあり方に迫った。新見荘には「油地新田」という地目があり、以前はこれを中国地方の砂鉄採取との関係で理解する向きが強かったが、平均面積を集計し、「古作」「新田」というほかの地目と比較してみると、そこには明らかな傾向が現れた。これは地形との関係で解釈できるのではないか、というのが本章の検討の出発点である。

第五章「南北朝～室町期の代官契約と荘園経営―備中国新見荘と東寺領荘園―」では、東寺領を見渡したときの新見荘の位置付けを考慮しつつ、中世後期の荘園経営における代官の実態と評価について検討した。新見荘ではいったん直務から請負に切り換わった後、直務が復活したこともよく取り上げられる。東寺から現地に派遣され、任務のさなかで殺害された代官祐清も著名な存在であろう。直務と請負の変転の実相、領主と代官の思惑の交錯などを探る上で新見荘は格好の事例である。

第六章「二人の代官による荘園の分割支配―備中国新見荘地頭方の事例から―」では、南北朝初期に東寺が新見荘領家職・地頭職の一円支配にこぎつけた際、地頭方で採用した珍しい経営方法の内実を検討した。東寺は二名の代官を相次いで現地に送り込み、地頭方を分割支配させたのである。彼ら代官が東寺に提出した帳簿類は多彩な情報を有しており、先行研究でも注目された。本章ではそれらを活用して、東寺の意図、代官の出自、所務の経緯などについて考えてみた。

第二部「中世惣村の実態」では、先に掲げた本書の第二の目的を果たすため、高野山膝下荘園の紀伊国鞆淵荘、惣村のモデルとして著名な近江国菅浦の二つを主なフィールドとしてとりあつかった。

第一章「中世惣村と領主権力―紀伊国鞆淵荘と高野山支配―」では、領主層との争いの歴史を持つことで知られる鞆淵荘をあつかい、惣村と領主の関係について再考を試みた。従来の研究では、室町期までの鞆淵荘で達成された自治が高く評価されていたが、その後の時代にまで議論を展開できていなかった。これはひとえに惣村の最終目的をどう考え、領主権力との関係をどう捉えるかにかかっている。結果、本章では高野山支配の受容を自治の「到達点」と位置付けるに至った。

第二章「中世惣村の実態と変容―紀伊国鞆淵荘の正長帳・天正帳の分析―」では、鞆淵荘に残る二点の土地台帳を用いて、前章で通覧した高野山支配の受容期にあって、荘内の耕地分布にどのような変化が起きたかをみた。当該の帳簿は二点ともに近年紹介されたもので、本格的な分析は初めてのことだろう。この頃の当地には庄司氏と林氏という有力階層が定着するが、彼らの影響の大きさと、そのほか一般住民の身分構造の安定性が数値に現れることとなった。

第三章「戦国期惣村の生産・商業・財政―菅浦と浅井氏・竹生島―」では、かつて惣村の自治が敗北に直面すると言われた戦国期の菅浦を題材に、彼らが生産した商品作物をめぐって、領主との関係がどのように構築されていたかを論じた。菅浦の油実・綿（おそらく木綿）はともに知られた商品作物ではあったが、正面から扱った論考はこれまでなかった。無年号の「酒直日記」の内容をどうにか理解できたことが、本章の考えをまとめる上で大きな突破口になった。

第四章「戦国大名の惣村支配―菅浦の「自検断」と撰銭令―」では、戦国期の菅浦を考える上で無視することのできないもう一つの論点、すなわち「自検断」の問題を取り上げた。実は本件に関する史料は数が限られていて、これまで全ての先行研究が、事件に関わる重要な点を説明できないまま現在に至っている。本章では菅浦の経済活動、および浅井氏が発布した法令と関連付けることでその点の改善を図り、さらには惣村指標としての「自検断」に疑問を投げかけた。

注

(1) 清水三男『日本中世の村落』(岩波書店、一九九六年、初出は一九四二年)。
(2) 石母田正『中世的世界の形成』(岩波書店、一九八五年、初出は一九四六年)。
(3) 永原慶二「荘園制解体期の政治と経済」(同『日本封建制成立過程の研究』岩波書店、一九六一年)、同「荘園制解体過程における南北朝内乱期の位置」(同『日本中世社会構造の研究』岩波書店、一九七三年、初出は一九六二年)。
(4) 網野善彦『中世荘園の様相』(塙書房、一九六六年)、同「鎌倉・南北朝期の評価について」(同『中世東寺と東寺領荘園』東京大学出版会、一九七八年)。
(5) 石田善人「郷村制の形成」(同『中世村落と仏教』思文閣出版、一九九六年、初出は『岩波講座日本歴史八　中世四』岩波書店、一九六三年)。
(6) 仲村研「中世後期の村落」(同『荘園支配構造の研究』吉川弘文館、一九七八年、初出は一九六七年)、峰岸純夫「村落と土豪」(同『日本中世の社会構成・階級と身分』校倉書房、二〇一〇年、初出は一九七〇年)。
(7) 三浦圭一「惣村の起源とその役割」(同『中世民衆生活史の研究』思文閣出版、一九八一年、初出は一九六七年)、同「惣村の構造」(同『日本中世の地域と社会』思文閣出版、一九九三年、初出は一九八五年)、黒田弘子「惣村の成立と発展」(同『中世惣村史の構造』吉川弘文館、一九八五年、初出は一九七一年)、同「鎌倉後期における池築造と惣村の成立」(同著書、初出は一九八二年)など。

（8）藤木久志『豊臣平和令と戦国社会』（東京大学出版会、一九八五年）、同『戦国の作法―村の紛争解決―』（平凡社、一九八七年）、同『村と領主の戦国世界』（東京大学出版会、一九九七年）。
（9）勝俣鎮夫「戦国時代の村落―和泉国入山田村・日根野村を中心に―」（同『戦国時代論』岩波書店、一九九六年、初出は一九八五年）。
（10）池享「中近世移行期における地域社会と中間層」（同『戦国期の地域社会と権力』吉川弘文館、二〇一〇年、初出は一九九九年）、酒井紀美「書評　稲葉継陽著『戦国時代の荘園制と村落』」（『史学雑誌』一〇八―一一、一九九九年）など。
（11）久留島典子「中世後期の『村請制』について」（『歴史評論』四八八、一九九〇年）、稲葉継陽『戦国時代の荘園制と村落』（校倉書房、一九九八年）、池上裕子『戦国時代社会構造の研究』（校倉書房、一九九九年）、黒田基樹『中近世移行期の大名権力と村落』（校倉書房、二〇〇三年）、長谷川裕子『中近世移行期における村の生存と土豪』（校倉書房、二〇〇九年）。
（12）蔵持重裕『日本中世村落社会史の研究』（校倉書房、一九九六年）、同『中世村落の形成と村社会』（吉川弘文館、二〇〇七年）。
（13）注（11）黒田基樹著書。
（14）永原慶二『荘園』（吉川弘文館、一九九八年）。
（15）網野善彦・石井進・稲垣泰彦・永原慶二編『講座日本荘園史四　荘園の解体』（吉川弘文館、一九九九年）。
（16）注（11）稲葉著書、榎原雅治『日本中世地域社会の構造』（校倉書房、二〇〇〇年）、同「近年の中世前期荘園史研究にまなぶ」（『歴史評論』六五四、二〇〇四年）。
（17）高橋一樹編「［共同研究］室町期荘園制の研究」（『国立歴史民俗博物館研究報告』一〇四、二〇〇三年）。
（18）井原今朝男「室町期東国本所領荘園の成立過程―室町期再版荘園制論の提起―」（『国立歴史民俗博物館研究報告』一〇四、二〇〇三年）。
（19）清水克行「荘園制と室町社会」（『歴史学研究』七九四、二〇〇四年）。
（20）岡野友彦「「応永の検注帳」と中世後期荘園制」（『歴史学研究』八〇七、二〇〇五年）。
（21）伊藤俊一『室町期荘園制の研究』（塙書房、二〇一〇年）。
（22）山田徹「南北朝期における所領配分と中央政治―室町期荘園制の前提―」（『歴史評論』七〇〇、二〇〇八年）、同「室町領主社会の形成と武家勢力」(『ヒストリア』二二三、二〇一〇年)。
(23) 伊藤俊一「室町期荘園制論の課題と展望」(『歴史評論』七六七、二〇一四年)。
(24) 島田次郎『日本中世の領主制と村落』上巻(吉川弘文館、一九八五年)。
(25) 網野善彦『中世東寺と東寺領荘園』(東京大学出版会、一九七八年)。
(26) 久留島典子「中世後期の社会動向―荘園制と村町制―」(『日本史研究』五七二、二〇一〇年)。
(27) 例えば田中克行『中世の惣村と文書』(山川出版社、一九九八年)をはじめとし、近年では蔵持重裕『中世村の歴史語り―湖国「共和国」の形成史―』(吉川弘文館、二〇〇二年)や、銭静怡「戦国大名浅井氏の菅浦支配」(『歴史評論』七四一、二〇一二年)などに代表される近江国菅浦に関する研究が挙げられる。
(28) 湯浅治久「惣村と土豪」(『岩波講座日本歴史九　中世四』岩波書店、二〇一五年)、同「中近世移行期における社会編成と諸階層」(『日本史研究』六四四、二〇一六年)。
(29) 注(28)湯浅「惣村と土豪」一四一頁。
(30) 湯浅治久「中世村落論と地域社会史の課題」(『歴史評論』七一〇、二〇〇九年)。
(31) 湯浅治久「コメント」(荘園・村落史研究会シンポジウム「新しい中世村落像を求めて」早稲田大学、二〇一三年七月二八日)。
(32) 注(27)蔵持『中世村の歴史語り』、注(12)同『中世村落の形成と村社会』。
(33) 高木徳郎『日本中世地域環境史の研究』(校倉書房、二〇〇八年)。
(34) 橋本道範「近江国野洲郡兵主郷と安治村―中世村落の多様性・不安定性・流動性・階層性について―」(同『日本中世の環境と村落』思文閣出版、二〇一五年、初出は二〇〇四年)。
(35) 注(28)湯浅「惣村と土豪」。
(36) 蔵持重裕「「敗北」の惣村」(『立教大学日本学研究所年報』一〇・一一、二〇一三年)。
(37) 注(34)橋本著書二〇頁。
(38) 富澤清人『中世荘園と検注』(吉川弘文館、一九九六年)。
(39) 注(25)網野著書二五七~二五八頁。
(40) 海老澤衷「中世土地制度と村落景観をつなぐもの」(同『荘園公領制と中世村落』校倉書房、二〇〇〇年)。

(41) 海老澤衷・高橋敏子編『中世荘園の環境・構造と地域社会―備中国新見荘をひらく―』(勉誠出版、二〇一四年)。
(42) 早稲田大学大学院海老澤衷ゼミ編『紀伊国鞆淵荘地域総合調査』(一九九九年)。

第一部　中世の荘園経営

第一章　下地中分と荘園経営

──備中国新見荘を中心に──

はじめに

鎌倉期から南北朝期にかけて、荘園の支配をめぐる領家と地頭の紛争を解決するため、土地自体を分割してそれぞれの排他的な支配領域を画定しようとする措置が講ぜられた。すなわち「下地中分」[(1)]である。島田次郎は下地中分が西国を中心として盛行したことを指摘し、在地領主制の進展に対する抑制策としての意義があったと評価したが[(2)]、これが現時点においても下地中分に関する理解の基礎をなしているといってよい。

紛争回避の方策としての下地中分の効力を考える上で、具体的に現地においてどのような形態で実施されたかを明らかにすることは重要な課題である。まずイメージされるのは荘域内に一本の境界線を引いて相互に一円的な領域を確保するという姿だが、それとは別の選択肢として、小さく区切られた領域ごとに中分していく「坪分」と呼ばれる方法も存在した。これは条里制遺構がある荘園ではそれを利用するかたちで行われたが[(3)]、そのような方法が結果として領家方・地頭方が複雑に入り組んだ錯圃状態を生むことは容易に想像できる。紛争回避が下地中分の目的ならば領家方と地頭方が境を接する箇所を最小限に抑えることを志向するはずであり、入組を生みだす坪分のような形態は後々に禍根を残すものであっただろう。[4]現実に、坪分中分をしたために相論が再発し、一本の境界線で分割する方式で中分をやりなおしたという豊後国大野荘のような事例[5]も存在しているのである。

このような一円的中分と坪分中分の性格の相違について初めて正面から取り上げた安田元久は、坪分とは在地の条件に相応していない古い形態の中分であり、在地領主制の形成にともなって一円的中分へと発展していくと論じ、またどちらが選択されるかは領家と地頭の現地における力関係によっても決まるとした。[6]坪分をあくまで過渡的・暫定的・妥協的なものとする見解は首肯しうるものだが、安田は大野荘のほかいくつかの事例を引いたものの実証的な裏付けは十分とはいえず、見通しにとどまるものであった。

その後、個別事例の研究成果が数多く蓄積されることによって下地中分の具体相の解明が進められてきたわけだが、その方法論としてまず特筆すべきものは荘園絵図を素材とした研究である。伯耆国東郷荘、[7]薩摩国日置北郷[8]の二例が下地中分に関わる絵図として非常に著名であるが、それぞれについて多くの論考が存在し、絵図の解釈や中分線の現地比定に力が注がれている。

その他の文字史料では検注帳などの帳簿類が主に用いられ、そこに記載された地名の所在地比定、それにもとづく景観復元が行われることになる。その事例としては備中国新見荘、[9]丹波国大山荘、[10]播磨国矢野荘、[11]伊予国弓削島荘[12]など史料の残存状況のよい東寺領荘園が目につくほか、越後国小泉荘[13]や先述の豊後国大野荘[14]なども挙げることができる。

これらの中から、本章では新見荘を主な検討対象としてとりあげたい。新見荘の在地構造の研究は現地に在住する竹本豊重、浅原公章によって大いに深められたが、そのなかで竹本が示した下地中分の形態は、新見荘が持つ広大な荘域のおよそ半分を領家方・地頭方の入組地が占め、残り半分が領家方一円地という特異なものであった。この竹本説は『週刊朝日百科』でも大きくとりあげられ（図1）、研究者だけでなく一般の読者にも強い印象を与えたものと

備中国新見荘
山陰道会見駅へ
上石見駅
出雲国へ
備後国へ
高瀬村
領家方・地頭方入組地
奥村
領家方一円支配地
中奥
領家方・地頭方入組地
里村
国衙政所へ
山陽道小田駅へ
大道
ヨコロ
宮
寺・堂
[名田の区分]
成松名
得永名(惣追捕使)
成沢名(公文)
延房名(田所)
百姓名
2km
山間の大きな荘園
新見荘は地図に見るように中国山地のほぼ中央に位置する大きな荘園である。山地が荘のほとんどを占めるなかで，備中国第1の大河高梁川と支流西川，そこに合流する多くの谷，そして谷に流れ込む数多くの小さな谷(サコ)に沿った形で耕地が散在する。
鎌倉時代後期の領家方と地頭方とを合わせて，田約180町，里畠約145町，さらに背後の山地には660町の山畠(焼畑)が広がっていた。
荘内の村――里村・奥村
新見荘は，まず東南部の平地の多い里村と，それ以外の奥村とに分けられ，鎌倉時代中頃からさらに奥村は西北部の高瀬村と，里村との中間地域の中奥《なかおく》とに分けられた。
荘の最も奥地の高瀬村は山陰と山陽を結ぶ交通の要所で，室町時代には市場が開かれた。高原状の平地には田畠が広がり，また中国山地の特産品の鉄の生産も盛んだったらしい。
鎌倉時代中期から高瀬村では年貢を鉄で納めている。現在もゴルフ場の一画に製鉄の神である金屋子《かなやこ》神を祭る金屋子神社があるのはかつての名ごりであろう。(石井進，竹本豊重)

図１　竹本豊重による新見荘の下地中分図（『新訂増補 週刊朝日百科 日本の歴史 2』朝日新聞社、2002 年、初版は 1986 年）

思われる。これに対して浅原は下地中分の実施時期や関連帳簿の位置付けといった観点から独自の説を展開し、新見荘の下地中分を坪分と分類した。しかしその実態については不明確な部分が多いとして、地図上に視覚的に示すまでには至らなかった。また浅原の説に関して竹本が何ら言及していないという大きな問題があり、議論が十分に尽くされたとは言い難い状況にある。以上の点から、両者の説を検証しつつ新見荘の下地中分の形態について再検討し、新たに図示を試みることには少なからず意義があるものと考える。

また安田が理論的な展望を示して以来の問題である一円的中分と坪分中分の相互関係、ひいては下地中分の形態を規定する要因について、新見荘に限らずこれまでに積み重ねられてきた個別的な成果を総合的に検討した論考というのも管見の限りみあたらない。そこで本章では新見荘の下地中分について復元作業を行ったのち、諸事例との比較によって新見荘を正しく位置付けるとともに、下地中分と荘園経営の関係性について具体的に考察したい[15]。

第一節　新見荘における下地中分の再検討

1　下地中分の時期

新見荘の下地中分は文永年間に実施されているが、手始めにその頃までの伝領関係を簡単にまとめておこう。新見荘は大中臣氏が開発したとされ、鎌倉初期には寄進によって本家は最勝光院、領家は小槻氏という関係が成立する[16]。この関係は元徳二年（一三三〇）の永代寄付によって東寺領となるまで続いたから、下地中分当時の領家は小槻氏である。一方、鎌倉期の地頭については史料が少なく不明な点も多いが、貞応元年（一二二二）に在地豪族の新見氏が新補地頭として補任され、その後しばらく地頭職は消息不明となるも、元弘三年（一三三三）にいったん東寺の手に渡った地頭職が、その三年後には「元の如く」新見氏に戻っていることから、[17]下地中分に応じた地頭は新見氏であった可能性が考えられ、今のところほかに候補はみあたらない。

さて新見荘に関する帳簿類のうち、最も古くかつ荘域を最も広くカバーしているのが文永八年（一二七一）二月に作成された検注帳[18]である。このときの検注は前年末から実施され、荘域を構成する里村・奥村、田地・畠地の別に検注帳が作成された（以下、一括して「文永八年帳」と称する）。この文永八年帳とその周辺の帳簿類の理解をめぐって、下地中分の実施年次には大別して二つの説が存在する。当初の通説で竹本に代表される文永八年説と、その後に浅原や橋本浩[19]が主張した文永一〇年説である。わずか二年の差だが、当該期に作成された帳簿類が下地中分の前後どちらの状況を示すものなのかという位置付けがこれによって左右され、結果的に下地中分の復元結果が全く異なってしまうため、非常に重大な問題である。

この点については近年高橋傑が検討を加えており、竹本や浅原による地名比定の成果と照合すると文永八年帳はそのまま下地中分前の荘域全体を示すものと考えられることや、文永一〇年一一月の目録[20]がそれ以降の領家方の収取体系の基礎に置かれていたことから、下地中分は文永一〇年に行われたとする結論を下している。[21]この見解は妥当であり、これによって新見荘の下地中分を考察する前提条件は定まったと思われる。以下、本章でも文永一〇年説を採用して行論していくこととする。

2　帳簿類の位置付け

元来、新見荘の帳簿類のうち下地中分の実態解明に資する豊富な地名記載のあるものは、以下の三種類に限られる。

まず一つは先述の文永八年帳である。次に、文永一〇年閏五月〜六月と同一一年五月[22]に実施された麦畠の検注にともなって作成された二つの検注帳が挙げられる（以下、一括して「文永一〇〜一一年帳」）。そして最後が、正中二年（一三二五）四〜五月に作成された田地・畠地の検注帳・名寄帳の一式である（以下、一括して「正中二年帳」）。[23]

これら鎌倉期の帳簿のうち、文永八年帳と正中二年帳はすでによく知られた帳簿であり、文永八年帳は前述の通り下地中分前の全荘域を包摂するものである。一方、正中二年帳は表題に「新見庄地頭御方東方」などとあって明らかに地頭方の帳簿であるが[24]、下地中分から五〇年を経たものであり、その間の変化を無視して下地中分の復元に用いるのは問題だという指摘はありえよう。確かに、後述するように文永八年帳には「東方へ行」などと書かれた押紙が無数に貼られ、下地中分後にも領家方から地頭方へと田地の移動があったことを示している。しかしそのような田地は特定の地域に大きく偏って分布しており、それも新見荘の下地中分の一つの特徴というべき点である。また文永以降の領家方の帳簿類にも同様の移動を示す記述はみられるが[25]、件数はわずかでその影響は限定的である。よって本章では正中二年帳を地頭方の領域を示す史料として使用する。[26]

そして、これら二つの帳簿の陰に隠れてほとんど注目されてこなかったのが文永一〇〜一一年帳である。ここでその性格について具体的に検討してみたい。文永八年帳や正中二年帳が根本的な権利関係を確定するために耕地を悉皆調査した正検帳であるのに対して、文永一〇年帳、同一一年帳はいずれも数値などの訂正（見せ消ち）が無数に入っていることから、既存の体系の範囲内で数値に修正を加えるのが目的の内検帳に相当するものと考えられる。[27]文永一〇年帳と同一一年帳を比較すると、署判は前者にはみられず後欠の可能性があるものの、後者は「公文」「田所代」となっており、領家方の荘官である三職（公文・田所・惣追捕使）のうち二者が作成に関与している。そして両帳簿に記載された地名を比較すると、文永八年帳でも確認できる主要なもの（具体例は次項で掲げる）については共通し[28]

ていることから、基本的には同一の領域を検注したものとわかる。つまり、いずれも下地中分後の領家方の帳簿である。両帳簿とも表題には「新見御庄西方」とあり、正中二年帳との対比から当時は領家方＝「西方」、地頭方＝「東方」と通称されていたことがわかる。

また表題や端裏書に「麦検畠」や「麦取帳」とあるので麦畠を対象とした検注だったとわかるが、その面積を集計してみると文永一〇年は六三五・二反、同一一年は四八〇・四反と大きく減少する。これは検注された筆数が四八四筆から三七七筆と減少したためで、一筆あたりの平均面積は一・三一反から一・二七反とさほど変わらない。これは内検帳であるから全ての畠地が記載されているとは限らず、特に新たに耕作されるようになった畠地は漏れているはずで、それが筆数減少の一因と考えられる。

そして文永一〇年の目録[29]をみると、仏神免・人給などを除外した年貢賦課対象地は里畠四九七・二反、山畠八七一・一反となる[30]。そうすると文永一〇年帳の麦畠六三五・二反というのは里畠だけではなく、山畠を相当に含んでいる計算になる。つまり田地・里畠の外縁部に広がる傾斜面を耕作する山畠をある程度カバーしているということであり、文永一〇〜一一年帳から領家方のおおよその輪郭をつかむことが可能であろう。

以上の検討を踏まえて、本章では文永一〇〜一一年帳を領家方の領域に迫りうる唯一の貴重な史料と位置付け、下地中分前の文永八年帳、地頭方の正中二年帳とともに、以下で行う新見荘の下地中分の復元に用いることとする。

3　下地中分の復元

(A)　地域区分の設定

下地中分の復元にあたってその領域構成を理解するための基本的な枠組みとして、本章では荘域を適度な大きさに地域区分することにした。文永八年帳によれば新見荘には里村・奥村という大きな区分があり、そのうち後者が鎌倉末期には分離して里村・中奥・高瀬という構成となる。(31) 室町期にはさらにその内部に釜村・足立などと呼称される村々の存在を確認できるが、(32) これは現在の大字に相当する地域の名称で、その境界は中世〜近世を通じて移動した形跡がない。(33) よって本章では大字をもとにした①高瀬、②釜村、③千屋、④足立、⑤坂本、⑥井村、(34) ⑦西方という七つの地域区分を設定し、(35) 基本単位として使用する。

（B）地名比定

次に、帳簿上に記載された地名の所在地を地図上に比定する作業が必要になるが、これについてはすでに竹本・浅原による成果がある。(36) 地名比定の根拠について、例えば竹本は明治期に作成された地籍図・旧土地台帳に記載された字名を用い、聞き取り調査によって補完したとしている。(37) 本章ではより慎重を期すため、竹本・浅原が比定した地名のなかで現行または旧土地台帳の字名として確認できたものを採用し、それ以外の方法によって比定が可能な場合には注記を施すことにした。なお確認に用いた字名の表記が鎌倉期の帳簿と異なる場合は〔　〕内に記した。

（C）地域別の分布状況と中分線の画定

前項までに説明した方法論のもと、ここから具体的な検討に入ろう。主に文永一〇〜一一年帳と正中二年帳から所在地が比定できる地名を拾い上げながら、領家方・地頭方の耕地の分布状況について地域別にみていきたい（図2）。特に両帳簿に共通する地名、すなわち領家方・地頭方の混在地をみいだし、両者がどのような形で境を接しているかを検討することで、中分線の画定が可能となるだろう。

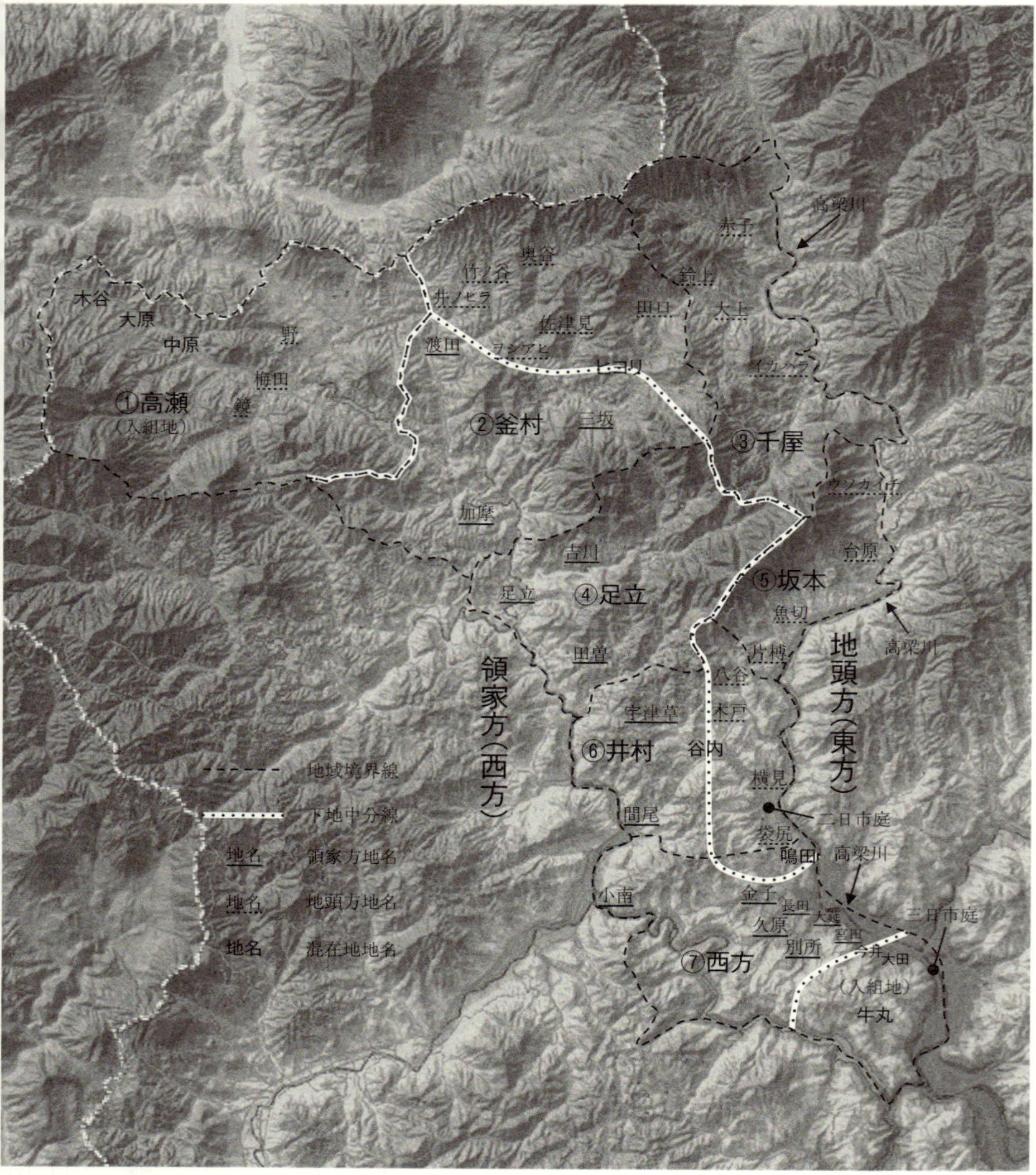

図２　新見荘の下地中分図（国土地理院の基盤地図情報〈数値標高モデル〉をもとに作成）

①高瀬　最初に検討する高瀬であるが、一つの特殊事情を勘案する必要がある。それは先にもふれた文永八年帳の押紙の問題で、文永八年帳のうち田地の検注帳には「東方へ行」や「西」などと書かれた押紙が一〇〇余枚貼られており、そのうち一枚の注記からそれらは永仁二年（一二九四）のものとわかる。そして地域別にみるとそのほとんどが高瀬に集中している（残り数枚は西方）。つまり下地中分から約二〇年が経過し、その間に高瀬では地頭方への田地の分割が段階的に進行したことを示している。この点についてはすでに浅原が注目し、数量的な操作により下地中分の復元を試みたものの、ついに明瞭な結論を得るには至らなかったので、[38] 田地については複雑な入組状態にあったものとみられる。

一方、同じ文永八年帳でも畠地の検注帳をみると同様の押紙は「西方分」と記されたものが五枚、「地頭押領」とあるものが二枚あるだけなので、ここではひとまず畠地について検討してみよう。高瀬という地域は鎌倉末期までは吉野と称され、[39] 領家方の帳簿類によればその領域には本郷と伊守忠という二つの地区があった。[40] 文永一〇年帳にも本郷とイミリタヽ（伊守忠）がみえ、そこが高瀬の領域だとわかる。次いで同一一年帳をみると本郷はなく、かわりに吉野と記されているが、これが文永一〇年帳の本郷に該当する領域を指すことは名構成の一致（宗重・貞末・永久・安宗・秋末・源入）によってわかる（吉野の本郷という意味であろう）。そしてその内部には木谷・大原・中原などの地名があり、これらは所在地の比定が可能である。

そこで正中二年帳をみると本郷・伊守忠や、木谷・大原・中原ともに記載があり（ただし大原・中原は田地のみ）、その他にも鏡・梅田・野など高瀬に比定できる地名がみえる。よって高瀬では本郷・伊守忠で広域的に領家方・地頭方が混在しており、それ以外にも地頭方の一円地が存在するという形態になっている。ただ残念ながら現時点では本郷・伊守忠の領域を正確に比定することができない。よって田地の状況も踏まえて、本章では高瀬には中分線を引かず、全体を一つの入組地として理解しておきたい。

②釜村　釜村に比定できる地名として文永一〇～一一年帳からは加摩[41]・渡田〔和忠〕・ヒヨリ〔日和〕・三坂を、正中二年帳からは井ノヒラ〔井ノ平〕・竹ノ谷・ヲシアヒ〔押合〕・奥谷・佐津見〔佐角〕・日寄（ヒヨリ）・田口などを挙げうる。これら地名の分布から釜村の南西部は領家方、北東部は地頭方という構造で分割されていることを看取でき、両者が混在するヒヨリを通過する形で中分線を引くことができる。

③千屋、④足立、⑤坂本　文永一〇～一一年帳には足立に比定できる田曽・足立・吉川といった地名があるが、千屋・坂本の地名は全くみあたらない。反対に正中二年帳には千屋に比定できる赤子〔明石〕・鈴上・大上〔代城〕・イカハラ、坂本に比定できるウソカイチ〔箆ヶ市〕・台原〔代井原〕・魚切・片樽〔片暮〕などがあるが、足立の地名は一切みつからない。よって足立は領家方の一円地、千屋・坂本は地頭方の一円地であり、これら大字の境を中分線とみなすことができよう。

⑥井村　井村に比定できるのは文永一〇～一一年帳の宇津草〔内ノ草〕・間尾〔舞尾〕・谷内、正中二年帳の八谷〔矢谷〕・木戸・谷内・横見・袋尻などである。その分布状況からみて井村の西部は領家方、東部は地頭方という構造となっており、両者が混在する谷内を通過して中分線が南北に縦断していると考えられる。

⑦西方　文永一〇～一一年帳をみると、西方の周縁部に位置する鳴田[42]・牛丸・小南や、中心部を形成する金子・久原・別所[43]・長田・大莚・宮田・大田といった地名が比定できる。また今井という地名も領家方の帳簿類にみえ[44]、領家方は西方の全域に広がっていることがわかる。これに対して正中二年帳をみると、領家方と混在する鳴田・牛丸・大田[45]・今井は所在地を比定できるが、比較的平地が広がっている金子・久原・別所の周辺の地名はみいだせない。混在地のうち鳴田については、地頭方が井村からその南側に若干伸張して領家方と境を接しているものと理解でき

る。次に牛丸であるが、正中二年帳では「石蟹堺」と連続して検注されている。石蟹郷は新見荘の南に隣接する地であるから、牛丸はまさに荘域の最南端にあたる(大字では金谷に属する)。つまり領家方・地頭方の境界としてではなく意図的に設定された入組地であり、地頭方からすれば飛び地というべきもので、それは牛丸に隣接する大田・今井も同様といえる(46)。よって本章では、おおよそ牛丸の周辺を入組地と位置付けておく。

4　下地中分の形態と荘園経営

さて、以上の作業により復元された下地中分の形態について整理・検討してみよう(図2)。まず基本的には荘域の西側を領家方一円地、東側を地頭方一円地とする中分線が引かれており、その点ではまさに「西方」と「東方」というそれぞれの通称と合致した姿といえる。文永八年帳では「市庭分」の畠が「西方」と「東方」に分かれて検注されているが、この市庭とは荘内最大の商業地である三日市庭のことで、そこでは穀物を中心とした外部との交易が行われて銭が荘内へと流入する窓口となっていたが、その管理・運営には領家方・地頭方の双方があたっていた(47)。つまり下地中分前から東西分割という慣習的な領域構成が存在しており、それが下地中分によって明確化されたものと考えられる。

東西分割を下地中分の原則とすると、それとは異なる例外的な領域として、最奥部の高瀬と最南端の牛丸周辺に入組地が存在していた。ここではその背景を地域的な特色から探ってみよう。まず高瀬についてはよく知られているように一三世紀後半までは鉄を現物納した地域で(48)、その後は代銭納に転換し(49)、史料上はみえなくなるものの製鉄は継続されて鉄による交易が行われていたと推測されている(50)。鎌倉〜室町期を通じて収取体系において「吉野分」「高瀬分」などと別枠扱いされる特殊な地域であった。

次に牛丸周辺であるが、第一には下地中分前から存在した三日市庭における領家方・地頭方の混在状況が、この後に述べるように中分後も依然として続いていたことが挙げられる。第二には高梁川の水運に従事した「船人」の存在が関係している。彼ら船人には文永年間から給田畠が設定され[51]、その後も領家方・地頭方ともに給名が与えられていた。領家方では一〇種類の給名が確認できるが[52]、牛丸の耕地面積のうち文永一〇年帳ではほぼ全て、同一一年帳では約半分をそれらの給名が占めている。地頭方では正中二年帳で「船給」と注記された四種類の給名があるが、注目されるのは重光名、牛丸名である[53]。畠地の検注帳と名寄帳を比較すると、前者では「重光」名として検注されていた畠地が、後者では全て「牛丸」名として名寄されていることが、面積・作人名・記載順の一致により判明する。つまり重光名が所在地の名称にちなんで牛丸名に書き換えられたものとわかる。一方の田地に関しては重光名がみえるだけで牛丸名はないが、いずれにせよ牛丸にあったことになり、それらが地頭方の給名の半分以上を占めることになる。このように牛丸には船人の給名が多く分布しており、彼らの拠点となっていた。牛丸には標高四〇〇～五〇〇メートルの山があるが、のちの史料には給名の作人として「牛丸左近」という名前がみえるから[54]、船人は実際に牛丸周辺に居住していたと想像される。

以上のように入組地となった両地域はともに荘園経営にとって高い重要性を持っていたことがわかる。鉄生産に由来する特殊な財源である高瀬、流通・商業の拠点である牛丸周辺はいずれも重要な権益であるため、領家方・地頭方のいずれかに一方的に組み入れることができなかったと考えられよう。

なお下地中分から二〇〇年近くを経た寛正二年（一四六一）、応永年間から続いていた武家代官の排除に成功し、新見荘の直接経営に乗り出した東寺が現地に上使を派遣した。現地の地勢について上使が報告したところによれば[55]、「当庄の界ハ、長さは七里也、よこは一里、皆々山家也、中に川有レ之、西・南御寺領、東ハ地頭方也」とあり、室町期になっても東西への一円的中分という基本構造は維持されていたことがわかる。また「当庄に市は（庭）有レ之半分地頭半分御領」ともあり、三日市庭の分割管理という状況も変わっていなかったから、この時期まで下地中分の形態に大きな変化はなかったとみてよいだろう。

従来の竹本説は下地中分の実施を文永八年とし、[56] 荘域全体をカバーする文永八年帳を下地中分後の領家方のものと位置付けた結果、残存する入組地があまりにも広大なものとなってしまっていた。それが竹本説の最大の疑問点であったが、文永一〇年説をとることでその問題は解消され、東西分割という原則と例外的な入組地という、以前よりもシンプルな理解が可能であることが今回の作業によって明らかになったのである。

第二節　下地中分の形態と規定要因

1　下地中分の諸事例

前節で得られた新見荘の下地中分の形態を前提として、本節ではそのほかの諸事例との比較を試み、下地中分の形態を規定する要因について総合的に考察することにしたい。まずは下地中分の具体相がある程度明らかになっている事例を中心に、その形態や実施の背景、各荘園の周辺地域における性格など、先行研究が解明してきた点を整理していこう。[57]

(A) 伯耆国東郷荘

現存する下地中分絵図には中分の実施方針が記された裏書があり、そこにみえる年号から正嘉二年（一二五八）に作成されたものとわかる。裏書のほかに直接的な関係史料がなく周辺の事情については不明な点が多いが、領家は松尾神社、地頭は東郷氏（原田氏）と推定される。絵図の中央には東郷池とそこから北流して日本海に注ぐ橋津川が描かれ、池の南端から南側の山地に向けて引かれた中分線が荘域を大きく東西に分割している。この東西分割が下地中分の原則であるが、そのほかにも池の西側に水田が広がる伯井田、北東部の放牧地である馬野にもそれぞれ別個に中分線が引かれ、橋津川河口で港のある橋津も中分線はみえないが東西入組となっていることが裏書からわかる。また伯井田とその北に接する小垣の間にも中分線が引かれ、原則に従えば領家方となる小垣が一円に地頭方に編入されている。

このように非常に複雑な下地中分であり、細分化した領域ごとに中分している点で坪分とみなせよう。そしてこの絵図のもう一つの大きな特徴は、東郷池に浮かぶ二隻の舟、日本海を航行する三隻の帆掛船が描かれていることで、これらの解釈が当該絵図研究の大きな主題となっており、特に池の中央を北上する舟を「動く中分線」と解釈する黒田日出男の説には強い関心が寄せられている。また錦昭江によれば、東郷荘は日本海交通の良港としての自然条件を備える水上・陸上交通の要路にあたり、隣接する北条郷の地頭職を有していたのが鎌倉後期にかけて交通の要衝に所領を拡大した北条氏で、この下地中分も幕府が介入した結果だという。この指摘は本章にとって重要なので特に注意を払っておきたい。

（B）薩摩国日置北郷

元亨四年（一三二四）八月に隣接する伊作荘と日置北郷[58]、一二月に日置新御領[59]についての領家と地頭の和与状がそれぞれ作成された。いずれも領家は興福寺一乗院、地頭は伊作島津氏であるが、そのうち日置北郷のみ下地中分絵図が残っている。その構図は東郷荘と比べれば単純で、一本の中分線が二か所で屈曲しつつも基本的には東西に走って荘域を南北に分割している。しかし中分線が実際にどこを通っているかが問題で、絵図中央部の集落に領家政所・地頭所・千手堂といった荘園経営の中枢部が集中しており、その集落を貫通する中分線の現地比定について三木靖、黒田日出男、高島緑雄らの諸説が存在する。

三木によれば伊作荘の相論は弘安二年（一二七九）から繰り返されてきたが、日置北郷をめぐる当該期の相論を示す史料はなく、日置北郷はいわば伊作荘とのセットで下地中分されたものである。だとすれば日置北郷の下地中分は副次的なもので、喫緊の課題ではなかったということになる。この点に関連するのが海老澤衷の説で、和与状を比較すると伊作荘や日置新御領にみえる「下地中分」の文言や、伊作荘にみえる重要施設（領家方庄庁・宿神社、地頭方諏方社・地頭所・同被官輩住宅等）の南北移動についての取り決めがいずれもみえないことから、日置北郷では下地中分の努力をしたが成功しなかったとしている。いずれにせよ日置北郷の下地中分が荘園経営における中枢施設の帰属をめぐって紛糾したのは間違いなく、絵図作成の背景もそこに求められよう。

（C）丹波国大山荘

立荘以来の東寺領荘園だが、仁治二年（一二四一）に地頭中沢氏との間で地頭請が成立し、その後さらに両者の対立が深刻化したために永仁三年（一二九五）に下地中分が実施される。このとき地頭方から領家方に切り出された田地二五町・畠五町・山林[60]は荘域全体のごく一部にすぎず、残りの地頭方の面積はこの五倍以上と推定されている。双方が合意した坪付注文によると[61]、領家方は池尻村のうちの一井谷と賀茂茎谷、および西田井村の一部という三つの区域で構成されるが、一井谷と賀茂茎谷は同じ池尻村といってもその間に地頭方が確保する池尻谷をはさんでおり、西田井村はそこからさらに離れた位置にある。水利的にもこれら三区域はそれぞれ独立している。つまり領家方には地理的な連続性がないのであり、その点で大山荘の下地中分を坪分と分類した安田元久の見解は妥当である。

そのうえ領家方は生産条件でも地頭方より劣っていたとされる。地頭請が行われていた時期から下地進止権を手にしていた地頭が下地中分でも完全に主導権を握っており、東寺は得分を確保するだけで村落そのものの支配を半ば放棄していたと水野章二は指摘している。つまり地頭は意図的に生産性の劣る区域を切り出し、領家方の領域を分断したものといえる。

（D）播磨国矢野荘

矢野荘の領域構成はやや複雑で、まず歓喜光院領として切り出された別名とそれ以外の例名からなり、例名のうち海岸部は浦分（那波浦・佐方浦）と呼ばれて藤原氏内部の別相伝地とされ、浦分を除いた例名が正安元年（一二九九）に下地中分された。このときの領家は藤原氏、地頭は海老名氏である。なお領家方は正和二年（一三一三）に東寺に寄進され、さらに文保元年（一三一七）には浦分も東寺領となる。

新見荘において竹本が実践した方法論を参考に、下地中分の際に作成された帳簿(62)をもとに矢野荘の景観を復元した榎原雅治によると、領家方は中間に別名をはさむ形で南北に分断され、荘域全体のほんの一部を占めるのみであり、さらに那波浦・佐方浦や山陽道の二木宿といった水陸の玄関口を失っているという弱点を抱えていたという。つまり大山荘まではいかないものの地頭が優勢で、領家方は支配領域の分断を強いられた上に交通の拠点を十分に確保できなかったのである。また馬田綾子は榎原の成果をうけて、矢野川をはさんで西側が領家方、東側が地頭方という基本構造をみてとり、荘鎮守である大僻宮の付近における領家方・地頭方・別名の入組地の存在を指摘した。地域における信仰面の中核である荘鎮守が下地中分の一つの焦点になっていたものと考えられよう。

（E）伊予国弓削島荘

永仁四年（一二九六）に領家東寺が地頭小宮氏との相論に勝利して小宮氏の地頭職が没収され、東寺は闕所となった地頭職の寄附を幕府に願い出る。それは叶わなかったが、乾元二年（一三〇三）に東寺は新しく地頭職を手にした藤原房子（将軍久明親王の母）との間で荘域（＝島）の三分の二は領家方、三分の一は地頭方とする和与を結ぶ。その後に地頭代の交替や領家方内部の相論を経て、正和二年（一三一三）に最終的に下地中分の領域が確定する。(63)

この下地中分の時のものとされる差図(64)をみると、島が大きく三分割されて北部の鯨方と南部の串方が領家方、中央部の大串方が地頭方となっており、数的には先述の和与通りの配分である。この差図と帳簿類(65)をもとに中分線の現地比定を行った畑野順子によれば、中分前はおおむね島の北部が地頭方、南部が領家方という構成であったが、生産性の高い塩浜や島内では稀少な田地など権益の集中する地には入組地が存在しており、それが中分によって解消されて一円的な領域が設定されたという。大山荘や矢野荘と異なり、弓削島荘では領家が下地中分の主導権を握り、三分割した領域の中から一つを地頭に選ばせるという方法をとった。その結果、入組地は解消したものの、中央部が一円に地頭方となったことで領家方の領域が南北に分断されることになり、その点では大山荘や矢野荘と変わらないともいえるだろう。

（F）越後国小泉荘加納

永仁四年（一二九六）に下地中分が行われている。地頭色部氏に伝わる帳簿(66)から景観復元を行った高橋一樹によれば、中分の形態は領家方・地頭方が複雑に入り組んだ坪分だが、その対象領域は小泉荘加納の一部、すなわち小泉本荘との境界地域にあった在明条のみで、結果としてやがて在明条全体が色部氏の一円領と化していったという。

また注目すべき点として、在明条は北越後の要港であった岩船宿の後背地にあたり、現在では消滅した岩船潟の奥津として在明浦とも呼ばれた都市的な場で、寺社の密集状況からも日本海交通の拠点であったと高橋は指摘している。そして当地との関係がうかがわれる日吉社の在国神人や、彼らを統制しかつ領家職を実質的に掌握していた幕府、そして地頭色部氏といった諸勢力による都鄙間交通の主導権をめぐる確執を下地中分の背景として想定している。つまり状況としては東郷荘と極めて類似しているのである。やはり下地中分の形態と交通・流通をめぐる争いとの関係性には留意するべきであろう。

（G）豊後国大野荘志賀村

大野荘志賀村は大友氏庶子家のうち詫磨氏が地頭の北方と、同じく志賀氏が地頭の南方に分かれ、北方では正応二年（一二八九）、南方では同五年に領家三聖寺との間で下地中分が実施された。そのうち南方は坪分中分であったために相論が再発、正和三年（一三一四）に再び和与が成立し、一円的中分をしなおしたことは本章冒頭でもふれた。

この坪分中分の具体的な状況は不明だが、一円的中分によっても入組は完全には解消されなかったらしく、領家方・地頭方が互いに相手方に残存した飛び地の面積・四至を記した注文がある(67)。渡辺澄夫はそれをもとに、領家方の飛び地は地頭方の飛び地の四倍近くにまで達し、領家方の田畠全体の約三分の一を占めていることから、地頭方は田畠の一円性に重点を置いているが、領家方はそのことにさほど関心を示さないと指摘している。すでにみてきたように大山荘・矢野荘・弓削島荘では、地頭方との力関係によらず領家方は領域の分断に甘んじていたのであり、渡辺の指摘は下地中分の一面を正しくついたものといえる。

（H）備前国金岡東荘

元亨三年（一三二三）に下地中分が行われて領家額安寺（奈良西大寺末寺）に五分の二、地頭藤原氏に五分の三が配分されたが、その形態が坪分であったことは安田元久が指摘している。当荘は備前国を代表する舟運の要路である吉井川の河口に位置し、門前町・港町として発達した西大寺（額安寺末寺）門前市を抱えた都市的な場で、まさに交通・流通の要衝であった。その重要性の高さは南北朝期には武士の乱入が相次いだことからもうかがわれる。(68) このような争奪の対象となる権益の存在をもって坪分という形態を生みだした一つの要因とみることは、東郷荘や小泉荘加納の例から考えても大きな問題はないだろう。

2　下地中分の規定要因と新見荘の交通・流通—二日市庭と祐清殺害事件—

さて、以上の諸事例によって明らかになってきた下地中分の形態とその規定要因について新たにまとめた上で、新見荘の事例の位置付けについて検討してみよう。

やはり下地中分の目的が紛争回避にある以上、観念上は領家方と地頭方の接触を最小限に抑える一円的中分が望ましいのは疑いなく、それを原則とみなす考え方があったことは東郷荘や日置北郷の例からも知ることができる。しかし現実に中分を実施するとなると原則は必ずしも貫徹されなかった。政所・荘鎮守・市庭・港といった中枢施設や鉄の生産地など、荘園経営にとって特に重要な権益が集中する土地に明瞭な中分線を引くことは容易ではなく、そのような領域をめぐって双方が譲らない場合には例外的に入組地として残さざるを得なかったのである。新見荘の市庭や弓削島荘の塩浜などの例から考えると、入組地は下地中分によって生まれたというよりも、それ以前からあったものが下地中分で解消しきれずに残ったというケースが多かったのかもしれない(69)。

そして入組地の問題と本質は変わることなく、事態の規模が拡大したものが東郷荘、小泉荘加納、金岡東荘でみられたような坪分中分と考えることができよう。周辺地域における交通・流通の拠点として高度な重要性を持った荘園で、一円的中分による係争の根本的な解決が困難な場合に、坪分中分によって妥協が図られたのである。

かつて安田元久が坪分中分から一円的中分へという発展過程を想定したことは先述の通りである。確かに一円的中分は下地中分において目標とすべき理想的な姿ではある。しかし一方の坪分中分に関しては発展の前段階というよりも、本章の検討結果からすれば下地中分の限界性を露呈した現実的な姿と理解すべきである。坪分中分から一円的中分へと方針転換を図ってもなお、相当の面積の飛び地が解消されずに残っていた大野荘志賀村の事例がそのことを雄弁に物語っていよう。

以上の理解を踏まえて新見荘の事例をふりかえると、原則として東西分割による一円的中分がなされつつも、例外として最奥部と最南端に入組地が残存していた。つまり理想と現実という両側面が明瞭に現れているという点で、新見荘の下地中分は一つの典型と評価できるであろう。

また先述の諸事例からは領家方は地理的な連続性にさして執着しないという傾向が看取されたが、それは必然的に領家方の荘園経営が在地の状況から遊離したものであることを意味するわけで、いうまでもなく在地に深く根をおろして領主化を志向する地頭の動きとは表裏の関係にある。このような視点で新見荘の下地中分（図2）を今一度ながめてみると、領家方の領域には連続性が確保されているようにみえる。しかし交通・流通ルートを考慮に入れると、その評価には修正が必要である。例えば新見荘では三日市庭が外部との交易窓口となっていたことはすでにふれたが、それとは別に井村の高梁川沿いの低湿地帯では二日市庭が開かれていたことが正中二年帳の記載から知られる（図2）。その一帯は地頭方政所もあった地頭方の中心地で、竹本は二日市庭の設置を地頭方による流通支配の一環と位置付けている。(70) 二日市庭で実際に行われた取引の内容は史料に残っておらず不明とされてきたが、地頭方では二日市庭を膝下に抱えながら年貢の穀物の売却は三日市庭で行っていること、(71) また両市庭の開催日に一日のずれがあることから、荘内からの物資をいったん二日市庭に集積し、(72) その翌日に高梁川の舟運を利用して三日市庭へ運びこんで外部と取引したものと想定しうる。

このように地頭方では独自の流通機構を確立していたのだが、一方の領家方でそれに相当するものを持っていた形跡はない。それどころか地頭方に寄生していたようですらある。それを示すのが著名な直務代官祐清の殺害事件である。(73) 先述のように新見荘では寛正二年に武家代官の排除、東寺からの上使派遣などがあり、同三年には東寺の僧である祐清が直務代官として現地に赴任する。そして同四年八月、「御宮めくり」に出かけた祐清は地頭方の領内で谷内という地下人が家を造作していた傍らを通ろうとした際、谷内・横見の両人に襲撃され、「我ら（領家方三職―似鳥注）か在所より一里計候所の御宮」にて殺害された。(74) その直後に領家方三職・百姓等が報復として地頭方政所を焼き打ちしたため、東寺はそのころ地頭職を持っていた相国寺の季瓊真蘂や幕府との調停に奔走することになるが、本章で問題にしたいのはこの事件の地理的関係である。まずその前提として、辰田芳雄が指摘したように祐清は事件の前日・当日も年貢請取状を発給しており、(75)「御宮めくり」といっても実際には年貢徴収活動の最中にあった。(76) 次に祐清は三職の一人である惣追捕使の福本盛吉の「きやうたい（兄弟）」を身のまわりに置いて世話をさせていた。(77) 荘官の私宅が政所に転用されるという当時の慣習からすれば、(78) 祐清は福本の私宅を領家方政所と定めて寓居していたのであろう。その位置は旧土地台帳に残る「福本」の字名から、図2で示した長田のすぐ近くに比定できる。そして谷内・横見の位置はすでに図2に示した通りである。祐清は通過しようとした建築中の家が谷内のものだとは知らなかったというから、(79)それが必ずしも谷内の地にあったという保証はない。そこで実際の殺害現場となった「御宮」の位置について考えると、谷内・横見の周辺で最も近い神社としては二日市庭のすぐそばに「国主宮」があったことが正中二年帳から確認でき、現在も同地には国主神社が鎮座している。そのあたりの位置ならば領家方三職の在所（福本のほかは宮田・金子、図2参照）から約一里という条件とも齟齬せず、井村のうち西半分の領家方には該当するような神社はみあたらないので、おおむね無理のない比定と思われる。

以上のように、年貢催促のために領家方政所を発った直務代官祐清は地頭方の中心地を通過せねば領家方を巡回することができなかった。(80)つまり領家方は独立した交通路を確保できておらず、そのことが事件の物理的な要因となった。やはり新見荘でも領家方の経営には在地から遊離した側面があり、祐清の横死はその脆弱性を示した象徴的な事件である。祐清が直務支配による経営強化のため強い決意を持って現地に乗り込んできたことはよく知られているが、領家方の構造的な脆弱性が一因となって命を奪われたのは皮肉な結果といえよう。

第三節　下地中分と損免要求

1　百姓等の損免要求

前節では下地中分の形態を規定する要因として、荘園経営に関わる権益の存在とその影響について領家方と地頭方を比較しつつ考察を深めてきたわけだが、本節ではそれとは逆に下地中分の結果がその後の荘園経営にもたらした影響という観点から若干の検討を試みたい。ここでとりあげる事例は百姓等による損免要求である。というのも損免要求の場において領家方の経営が地頭方との比較にさらされるという状況を垣間見ることができるためである。

　損免要求については東寺領を題材にした榎原雅治による論考があり、百姓等の損免要求に対処するために遠隔地荘園の豊凶に関して荘園領主が持っていた情報網（他の荘園領主、守護・国人、代官、上使）とその崩壊の様子が明らかにされている(81)。そこで挙げられた中で注目したいのは貞治六年（一三六七）の矢野荘のケースである。百姓等の訴えにより東寺は三〇石の損免を当初決定したが、今年は損亡は発生していないとの情報を播磨の国人から得たために取り消してしまった(82)。ところが百姓等が重ねて訴えたところでは「而当庄内於二南禅寺方并地頭方一者、被レ下二上使一、被レ遂二検見一畢、同庄傍例如レ此」とあり(83)、同じ荘内の南禅寺方（別名のこと）や地頭方では損免のための内検が実施されたという。そこで使節を現地に下して実状を糺明することになったが、このような役目は通常なら実務的下級僧官である公人層から選ぶところだが適材がおらず、寺僧組織である学衆方のなかから当年の奉行という理由で教深が指名された(84)。教深は「教深又無二才学一之上、今度使節以外大事也、罷下之段、真実為二難義一」と任務の重大性を強調して難色を示したが、結局は現地に下向して任にあたっている。教深からの報告は具体的な記事がないため実際どちらの情報が正しかったのかは不明であるが、東寺としてはかなり信頼できる人物を派遣しなくてはならなくなったわけで、百姓等が地頭方の情報を突き付けたのは領家への揺さぶりとしてひとまず有効だったということになる。

2　新見荘の事例

　次に新見荘に目を移すと、無年号八月一九日付の百姓等申状(85)では水害が発生したため内検を実施するよう東寺に要求しているが、そのなかで「去月廿三・四日之大風雨、近国平均之大損候、殊当庄者、不レ限二当毛一、下地等少々令二流失一候、仍地頭方・半済方、既及二御検見一候上者、御寺領分可レ為二同前一」と、地頭方や半済方を引き合いに出して領家方でも同等の措置をとるよう訴えている。この記述から、領家方のうち応永一一年（一四〇四）までには東寺の手に戻る半済分がまだ回復されていないこと、応永九年の史料にみえる「去年大損亡近国平均之事也、且天下一同歟」[86]や「十一貫三百文、去七月廿四日洪水流失名々分」[87]といった記述と符合することがわかり、応永八年のものと比定できる。百姓等が要求した内検が実際に行われたかは定かでないが、この状況をうけて請負代官の岩生（岩奈須）宣深という山伏は東寺に二〇貫文の損免を要求した。[88]宣深と東寺の契約は六〇貫文の請切であったから本来なら損免は一切認められないはずである。しかも契約に先立って宣深が提出した補任状・請文の文案には「天下一同風雨旱抜損亡」や「国中動乱」が発生した場合には協議するという内容が記してあったが、[89]東寺ではこれを「文章任雅意」として却下し、正式な補任状・請文ではその部分は削除されていたのである。[90]しかし地頭方に加えて、もとは領家方の一部である半済方でも内検が実施されたという情報が功を奏したのであろう、東寺は宣深の主張を一部認めて一〇貫文の損免を許している。

もう一つはさらに下った寛正三年（一四六二）の事例である。先述の直務代官祐清が現地に到着して年貢収納に着手したころ、彼のもとには「地頭分なミに御ふち候ハヽ、畏入候へく候」[91]や「地頭分なミに御ふちあるへく候」[92]のように地頭方と同等の損免を求める百姓等申状が相次いで提出された。これに対して祐清は三分の一の損免を提示したが、百姓等は地頭方のように三分の二の損免がなければ年貢は支払わないと強硬な姿勢をみせた。祐清は東寺に対しては、今年すぐに損免を認めてしまっては後年の例になるので「一向ニ御免あるましきよし可レ被レ仰候、当年御領より損免之事申在所なき所ニ、当庄より如レ此申候ハ、一向ニ百姓等緩怠とおほしめし候よし可レ被レ仰候」、つまり他の東寺領では損免要求は出ていないから一切認めないと百姓等に通告してほしい、その上でどうにか三分の一だけは免除するという形で話をまとめたいと報告した。[93]しかし祐清が実際の作柄をあくまで内検ではなく年貢催促という名目で「よそながら」確認したところ、「余ニ悉々散々式候」と百姓等のいう通りどこもひどい状態で、[94]結局この件は両者の主張を折衷する形で半分の損免ということで処理された。[95]

以上のように、領家方の百姓等は損免要求の際に自らの主張を補強するため地頭方の状況を持ち出すという論法を身につけていた。損免要求の場において「国中平均損亡」「一国平均損失」といった表現で近隣荘園の状況が引用されることは榎原がすでに指摘しており、[96]先にみた新見荘の「近国平均之大損」もそれに含まれるが、それら近隣の中でもっとも手近でかつ説得力のある比較対象は、領家方にとっての地頭方だったに違いない。矢野荘の百姓等の表現を借りれば「同庄傍例」を盾としたこのような要求に対して、東寺は慎重な対応を迫られていた様子がうかがえる。地頭方は隣接する領家方に対して直接的に侵食するだけでなく、このような形で間接的にも動揺をもたらしていたのである。特に新見荘の二つの事例は、実はいずれも入組地となっている高瀬の名主・百姓等の訴えによるものであった。常に地頭方との接触の中で生活していた彼らにとって、地頭方と同じ待遇を要求することは自然な発想だったであろう。先に検討した通り入組地は下地中分の限界を示すものであったが、領家にとっては厄介な損免要求が提出されるおそれのある、潜在的な不安要素だったともいえるだろう。

おわりに

本章では新見荘の下地中分について再検討し、諸事例と比較・検討することによって下地中分の形態と荘園経営の相互関係について論じてきた。一円的中分を理想的な目標としつつも、荘園経営に関わる権益の所在地をめぐって、あるいは広域的な交通・流通の拠点となる荘園そのものをめぐって、入組・坪分という形で現実的な限界が露呈される。これにより下地中分の規定要因が全て説明できたとまではいわないが、一つの有力なモデルは提示できたものと考える。そしてそのモデルを明瞭な形で具現化したのが新見荘の事例であると位置付けることができた。また地理的な連続性を重視しない領家方の姿勢も下地中分の形態に現れていたが、それにより領家方の荘園経営は在地状況から遊離し、脆弱性を抱えざるをえなかったことを新見荘の交通・流通を例にとって示すことができた。

ここに至って、本章の冒頭で掲げた下地中分に関する島田次郎の通説[97]に立ち返って考えねばならない。島田は下地中分について規定した鎌倉幕府法の成立とその内容について検討した上で、下地中分は地頭による在地領主支配の拡大に対する罰則的な意味を持つ抑制策だと評価し、それが領家から幕府への申請によって強制的に行われた場合はもちろんのこと、領家・地頭の和与にもとづいて行われた場合も同様だったと結論付けたのであった。そこで本章の所論を踏まえて島田の説を見直すとするならば、幕府法がそのような政策的意図を持っていたことは確かだとしても、それを下地中分の実施面において貫徹することは構造的な限界があり、現実的には困難であった、という結論を新たに導き出すことができよう。

在地住民の日常生活というレベルで考えれば、下地中分が行われても領家方・地頭方は完全に分離されているわけではなく、彼らは市庭や交通路といったインフラを共有しながら顔を突き合わせて生活していたことがわかる。領家と地頭の荘園経営はそれぞれの住民が接触しあうなかで比較にさらされ、相互に試されることになったであろう。その結果として地頭方の状況を援用した損免要求が突き付けられ、領家は動揺を強いられることになる。

下地中分にともなう領家方の脆弱性とは地頭方の優位性と表裏一体である。後者の根源は「地頭」＝現地という元来の意味が示すように、現地にあって環境に即応した経営ができるという点に求められることはあらためて強調しておく価値があるだろう。近年の在地領主研究では、地頭を荘園制の蚕食者ではなく荘園制の維持基盤として見直すべきだとの提言がなされ、下地中分の歴史的意義もそのような観点からの再検討を迫られている(98)。本章の所論は下地中分の長期的な展開過程や地頭請との関係については不十分であって今後の課題とせざるをえないが、領家・地頭・住民の三者の関係から下地中分の構造を明らかにできたという点で一定の成果は得られたものと考え、ここで稿を閉じることとしたい。

注

(1) 本章では当時の史料一般に即して「中分」という語を用いるが、一円的な領域の形成を重視する立場から必ずしも二等分という意味に限定せず、例えば二対一や三対二のような不均等分割の場合にも使用する。

(2) 島田次郎「下地分割法の形成」(同『日本中世の領主制と村落』上巻、吉川弘文館、一九八五年、初出は一九六二年)。同じ在地領主制の進展の結果でも、東国では地頭が領家に対して定額の年貢納入を請け負う「請所」が圧倒的に多いことも島田は指摘している。

(3) 文字通り条里制の「坪」(面積一町)を単位として中分するのが本来の坪分だが、安田元久「下地中分論」(同『地頭及び地頭領主制の研究』山川出版社、一九六一年、初出は一九五三年)は坪分とは「下地を各坪毎に、あるいは一単位毎にそれぞれ折半」する方法とし、坪よりもはるかに広い村ごとに中分された丹波国大山荘の例も坪分とみなしている。同様に高橋一樹「小泉荘加納の下地中分について」(『新潟史学』三三、一九九四年)も、ときに一町を超える区画ごとに中分が行われた越後国小泉荘加納の例を坪分としている。本章でもこれらにならい、坪ではなく、それより広い領域を単位として中分した場合でも、概念用語として便宜的に「坪分」と呼ぶこととする。

(4) 本章では一荘園の全体に適用される下地中分の方針を「坪分」、ある部分において観察される錯圃状態を「入組」と称することとする。

（5）　正和三年（一三一四）五月二八日「豊後国大野荘雑掌性法和与状」（『鎌倉遺文』二五一四七）。
（6）　注（3）安田論文。
（7）　渡辺久雄「松尾神社領伯耆国東郷庄の一考察―主として和与中分図を中心に―」（『歴史地理学紀要』一〇、一九六八年）、黒田日出男「荘園絵図の世界」（同『姿としぐさの中世史』平凡社、一九八六年、初出は一九八三年）、同「絵図上を航行する帆掛船」（同著書、初出は一九八四年）、太田順三「伯耆国河村郡東郷荘下地中分絵図」（荘園絵図研究会編『絵引荘園絵図』東京堂出版、一九九一年）、松尾容孝「伯耆国東郷荘下地中分絵図［東大模写本］」（小山靖憲・下坂守・吉田敏弘編『中世荘園絵図大成』河出書房新社、一九九七年）、錦昭江「伯耆国東郷荘絵図―湖の荘園―」（奥野中彦編『荘園絵図研究の視座』東京堂出版、二〇〇〇年）、飯沼賢司「伯耆国東郷荘の絵図を読み直す」（佐藤和彦編『中世の内乱と社会』東京堂出版、二〇〇七年）など。
（8）　三木靖「島津荘薩摩方伊作荘日置北郷の下司と地頭―下地中分図の位置づけについての覚え書き―」（竹内理三編『荘園絵図研究』東京堂出版、一九八二年）、黒田日出男「領主の争いと荘園の分割―薩摩国伊作荘日置北郷下地中分絵図―」（小山靖憲・佐藤和彦編『絵図にみる荘園の世界』東京大学出版会、一九八七年）、奥野中彦「薩摩国伊作荘内日置北郷下地中分図」（荘園絵図研究会編『絵引荘園絵図』東京堂出版、一九九一年）、高島緑雄「薩摩国日置北郷下地中分堺絵図」（小山靖憲・下坂守・吉田敏弘編『中世荘園絵図大成』河出書房新社、一九九七年）、堀内寛康「薩摩国伊作荘日置北郷下地中分絵図―伊作島津氏の絵図―」（奥野中彦編『荘園絵図研究の視座』東京堂出版、二〇〇〇年）、海老澤衷「嶋津荘内薩摩方伊作荘・同日置北郷の「下地中分」について」（『鎌倉遺文研究』一五、二〇〇五年）、井上聡「薩摩国日置北郷中分絵図に関する現地調査と考察」（東京大学史料編纂所研究成果報告『画像解析とフィールドワークに基づく荘園絵図情報システムの構築』二〇一二年）など。
（9）　竹本豊重「新見庄の地名について」（『岡山県史研究』二、一九八一年）、同「新見庄の道」（『新見庄　生きている中世』備北民報社、一九八三年）、同「中世村落景観復原方法について」（『岡山県史研究』七、一九八四年）、同「地頭と中世村落―備中国新見荘―」（石井進編『中世の村落と現代』吉川弘文館、一九九一年）、浅原公章「文永期の在地構造」（前掲『新見庄　生きている中世』）、同「備中国新見庄における検地」（『新見市史　通史編上巻』一九九三年）。
（10）　高橋敏子「鎌倉期の地頭領主制―丹波国大山荘と中沢基員―」（阿部猛・佐藤和彦編『人物でたどる日本荘園史』東京堂出版、一九九〇年）、水野章二「鎌倉期の村落と民衆生活」（大山喬平編『中世荘園の世界―東寺領丹波国大山荘―』思文閣出版、一九九六年）。

(11) 榎原雅治「汎・矢野庄の空間構成」(同『日本中世地域社会の構造』校倉書房、二〇〇〇年、初出は一九九九年)、馬田綾子「矢野荘」(『講座日本荘園史八』吉川弘文館、二〇〇一年)。
(12) 畑野順子「鎌倉後期一円領創出としての下地分割—伊予国弓削島庄の事例—」(地方史研究協議会編『海と風土 瀬戸内海地域の生活と交流』雄山閣、二〇〇二年)。
(13) 注(3)高橋一樹論文。
(14) 渡辺澄夫「大友志賀氏の在地領主制の展開」(同『増訂豊後大友氏の研究』第一法規出版、一九八二年)。
(15) 以下では『岡山県史第二〇巻 家わけ史料』は『岡』、『教王護国寺文書』は『教』、『鎌倉遺文』は『鎌』と略記して文書番号を付し、そのうち「東寺百合文書」については函番号も記した。
(16) 竹本豊重「新見荘」(『講座日本荘園史九』吉川弘文館、一九九九年)。
(17) 網野善彦「元弘・建武期の備中国新見荘」(東寺文書研究会編『東寺文書にみる中世社会』東京堂出版、一九九九年)。
(18) 「新見荘領家方里村分正検田取帳案」(ク函一、『岡』一九三)、「新見荘領家方奥村分正検田取帳案」(ク函二、『岡』一九四)、「新見荘領家方里村分正検畠取帳案」(ク函三、『岡』一九五)、「新見荘領家方奥村分正検畠取帳案」(前半はク函四、『岡』一九六、後半はク函五、『岡』一九七)。
(19) 橋本浩「中間地域における百姓名の存在形態」(『日本史研究』二八二、一九八六年)。
(20) 「新見荘西方作田目録案」(ヒ函一一—一、『岡』六三五)、「新見荘西方作畠目録案」(ヒ函一一—二、『岡』六三六)。
(21) 高橋傑「文永期の新見荘検注関連帳簿について」(『鎌倉遺文研究』二八、二〇一一年)。
(22) 「新見荘西方麦検畠取帳(後欠ヵ)」(ム函六・ク函四九、『岡』一六二・二三〇)。
(23) 「新見荘西方麦検畠取帳案」(ク函七、『岡』一九九)。
(24) 「新見荘地頭方東方田地実検取帳」(ク函一一、『岡』二〇二)、「新見荘地頭方東方畠地実検取帳(後欠)」(前半はク函一三、『岡』二〇四、後半はク函一四、『岡』二〇五)、「新見荘地頭方東方田地実検名寄帳」(ク函一六、『岡』二〇七)、「新見荘地頭方東方畠地実検名寄帳」(ク函一八、『岡』二〇八)。これらそれぞれに案文が残っている(ク函一二、ク函一五、ク函一七、ク函一九)。
(25) 地頭方の帳簿が東寺に伝わっているのは、先述したように元弘三年に東寺が地頭職を得た際、それまで現地で保管されていたものを東寺が入手したとみられるが、詳細な経緯は不明である。

(26) 弘安七年（一二八四）「新見荘官物等徴符案」（ク函八、『岡』二〇〇）、永仁六年（一二九八）「新見荘西方胡麻并水手注文」（『教』一六六）、正安二年（一三〇〇）「新見荘西方麦・胡麻等算用状」（『教』一七四）。
(27) 正中二年帳の利用にあたっては検注帳と名寄帳を一筆ごとにつきあわせ、検注帳の情報を名寄帳によって補完・訂正した。
(28) 正検・内検の別については富澤清人『中世荘園と検注』（吉川弘文館、一九九六年）を参照。
(29) 「新見荘西方作畠目録案」（ヒ函一一一─二、『岡』六三六）。
(30) 油地畠一一三・一反＋残定畠六八五・八反＋吉野分七二・二反。
(31) 寛正三年（一四六二）「新見荘代官祐清注進状」（ゆ函七〇、『岡』一一四三）。
(32) 寛正三年（一四六二）「新見荘三職連署注進状」（サ函一〇三、『岡』三六二）。
(33) 注(9)竹本「地頭と中世村落」。
(34) 現在の大字では上市に名称が変わっているが、鎌倉期の帳簿にみえる井村の呼称を採用した。
(35) ここでの西方は大字に相当する地域名であって、領家方の通称としての「西方」とはもちろん異なる。鎌倉期の帳簿で「西方」というと後者の用法しかみえないが、ほかに適切な名称がないため採用した。以下では鉤括弧で括った場合には後者、そうでない場合は前者として区別している。なお便宜上、隣接する大字金谷の一部（後述する牛丸）も含めて西方と称している。
(36) 注(9)竹本「新見庄の地名について」、同「新見庄の道」、注(9)浅原「備中国新見庄における検地」。
(37) 注(9)竹本「中世村落景観復原方法について」。
(38) 注(9)浅原「文永期の在地構造」、同「備中国新見庄における検地」。
(39) 正安二年「新見荘西方麦・胡麻等算用状」（『教』一七四）を終見とする。
(40) 文永一〇年「新見荘五分一田畠漆等分帳案」（ク函六、『岡』一九八）、弘安七年「新見荘官物等徴符案」（ク函八、『岡』二〇〇）、永仁六年「新見荘西方胡麻并水手注文」（『教』一六六）。
(41) 注(9)竹本「新見庄の道」と注(9)浅原「備中国新見庄における検地」は現行の字名でいう本村に比定しているが、おそらく加摩（釜）の名称からであろう。本章もこれに従っておきたい。
(42) 文永八年帳や文永一〇〜一一年帳をみると鳴田には宗包名が所在し、その名名《みょうめい》に由来するとみられる宗金という地名が現存することから、宗金をもって鳴田の所在地に比定した。

(43) 鳴田と同様に名名をたよりにすると、文永八年帳や文永一〇～一一年帳では別所にあった為真名に由来するであろう為実という字名が明治期の地籍図にみえ（鎌倉期の帳簿には為実名はない）、そして同地にはそこから変化したらしい為谷という字名が現在もあるので、その一帯に別所を比定した。

(44) 弘安七年「新見荘官物等徴符案」（ク函八、『岡』二〇〇）。今井は文永一〇～一一年帳には記載がなく、本章の初出時には地頭方のみとしていたが、本史料に所見することから混在地に変更する。これで牛丸周辺の入組地はよりシンプルに理解できよう。

(45) 正中二年帳には大田の地名はみえないが、文永八年帳や文永一〇～一一年帳で大田の耕地の八～九割を占めるのが節岡名であり、かつ正中二年帳では節岡名の畠地が先に述べた今井（成沢名）に隣接して検注されていることから、地頭方の節岡名も大田にあったものとみなした。

(46) 大田の節岡名は室町期に至っても領家方の百姓名としてみえるので（寛正二年「新見荘名主百姓等申状并連署起請文」〈え函二三、『岡』八九六〉）、正中二年の段階においても大田は入組地であったと考えられる。

(47) 注(9)竹本「新見庄の道」、小林健太郎「備中国新見庄における市場の階層分化」（水津一朗先生退官記念事業会編『人文地理学の視圏』大明堂、一九八六年）、網野善彦「中世都市とその住人」（同『日本中世都市の世界』筑摩書房、一九九六年、初出は一九九四年）、同「貨幣と資本」（『岩波講座日本通史九』岩波書店、一九九四年）。

(48) 弘安七年「新見荘官物等徴符案」（ク函八、『岡』二〇〇）が終見。

(49) 永仁六年「新見荘西方胡麻并水手注文」（『教』一六六）。

(50) 網野善彦「荘園に生きる人々」（石井進編『中世のムラ―景観は語りかける―』東京大学出版会、一九九五年）。

(51) 「新見荘惣検作田目録」（シ函四、『岡』六二五）、「新見荘西方作田目録案」（ヒ函一一―一、『岡』六三五）、「新見荘西方作畠目録案」（ヒ函一一―二、『岡』六三六）。

(52) 弘安七年「新見荘官物等徴符案」（ク函八、『岡』二〇〇）に「船人等中」として重光、国弘、宗安、友光、是包、友平、友清、宗元、貞角、助家がみえる。

(53) このほかに貞房浄念名、二郎太郎名があるが、このうち二郎太郎は名名だけでなく作人名としても現れ、どちらにも「船人」の注記がみられる。作人としては牛丸名や貞房浄念名を耕作しているケースもあるので、二郎太郎と名乗る船人が散田名の作人として名請したのが二郎太郎名であろう。

(54) 明徳三年（一三九二）「新見荘西方年貢未進徴符」（『教』六六九）。
(55) 「新見荘上使乗観祐成・乗円祐深連署注進状」（え函二八、『岡』九〇一）。
(56) 正中二年帳のうち田地の名寄帳案（ク函一七）にはかつて錯簡があり、最後の一紙に文永八年帳の日付部分が竄入していた。そのため領家方・地頭方の帳簿が文永八年に並存していたと理解されていた。この錯簡は一九六七年に東寺百合文書が京都府立総合資料館に移管された後に修正されたが（『図録東寺百合文書』解説、京都府立総合資料館、一九七〇年）、このことが文永八年説が通説として支持された背景にあった。なおこの点については注(19)橋本論文もすでにふれている。
(57) 以下、本項の内容については特に断らない限り注(6)〜(14)で引用した先行研究に依拠して記述している。
(58) 「薩摩国伊作荘・日置北郷雑掌地頭代連署和与状」（『鎌』二八八〇一）。
(59) 「薩摩国日置新御領雑掌地頭代連署和与状」（『鎌』二八八九六）。
(60) 「丹波国大山荘地頭中沢基員請文」（ヒ函一七、案文は『鎌』一八七七四）。
(61) 「丹波国大山荘地頭中沢基員分田畠坪付注文」（マ函九、案文は『鎌』一八七七五）、「丹波国大山荘雑掌祐厳・厳賀連署分田畠坪付注文案」（に函八五―二、ネ函一八）。両坪付はほぼ同じ内容のものである。
(62) 「播磨国矢野荘例名実検取帳案」（テ函八、『相生市史』矢野荘史料編年文書〈以下『相』編〉二一）、「播磨国矢野荘例名東方地頭分下地中分々帳案」（み函八一―一、『相』編二二―一）。
(63) 網野善彦「伊予国弓削島荘」（同『中世東寺と東寺領荘園』東京大学出版会、一九七八年）。
(64) 「伊予国弓削島荘領家・地頭相分差図」（と函一五三、『日本塩業大系　史料編古代・中世一』伊予国弓削島荘関係史料〈以下『塩』〉一六九）。
(65) 「伊予国弓削島荘田畠・山林・塩浜以下相分帳」（ヨ函七四・と函六八・京函二九、『塩』一六五）、「伊予国弓削島荘公田方田畠以下済物等注文」（と函七〇、『塩』一六七）、「伊予国弓削島荘名田方田畠以下済物等注文」（と函七一、『塩』一六八）。
(66) 「越後国小泉荘加納方下地中分状案」（『新潟県史資料編四　中世二』一九五四、『鎌』一九〇四二）。
(67) 「豊後国大野荘志賀村南方中分惣堺越田堺注文」（『鎌』二五七三〇、『鎌』二五七三一）。
(68) 榎原雅治「金岡東荘」（注(16)『講座日本荘園史九』）。また榎原「地域社会における街道と宿の役割」（注(11)『日本中世地域社会の構造』、初出は一九九二年）によれば、河口都市と山陽道の宿町のセットが瀬戸内海沿岸の基本的な都市配置で、西大寺門前市と福岡がその一例にあたり、河口都市は河川ルートによる地域内流通と海上ルートによる隔地間交易の結節点と位置付けられるという。

(69) 弓削島荘では鎌倉末期に百姓等が数度にわたり訴訟を起こしているが、注(12)畑野論文ではこれを下地中分にともなう構造の改編(新たな領域の設定や人の所属の移動など)に対する抵抗運動と位置付けている。

(70) 注(9)竹本「新見庄の道」、同「地頭と中世村落」。また二日市庭の景観については、注(47)小林論文や藤原良章「中世の市庭」(『講座日本荘園史三』吉川弘文館、二〇〇三年)が現存する地名と地割から復元を行っている。

(71) 建武二年(一三三五)「新見荘東方地頭方損亡検見并納帳」(ク函二四—一、『岡』二一二三)、建武二年「新見荘東方地頭方損亡并収納帳」(前半はム函一五、『岡』一六三、後半はク函二五—一、『岡』二一一七)。

(72) 二日市庭への物資集積の形跡とみられる唯一の史料が元弘三年(一三三三)「新見荘東方年貢納帳」(ク函二〇、『岡』二〇九)で、地頭方の漆年貢が七月二二日、八月二日、同一二日、同二二日に納入されている。漆は一件あたり最大五合程度とさした分量ではないから、二日市庭の開催に合わせて他の物資とともに運送されたのではないか。

(73) この事件については非常に多くの先行研究があるが、近年のものを挙げると、祐清が行っていた苛烈な年貢徴収に事件の要因を求める辰田芳雄「直務代官祐清の所務の内実」(同『室町・戦国期備中国新見荘の研究』日本史史料研究会、二〇一二年、初出は二〇〇三年)、年貢未進の咎で祐清が成敗した名主豊岡の敵討ちとする渡邊太祐「新見荘祐清殺害事件と豊岡成敗—「悲劇の代官」の真相—」(『日本歴史』七一八、二〇〇八年)、「下馬」の習俗をめぐる認識のずれから起こった偶発的事件とする清水克行「新見荘祐清殺害事件の真相」(東寺文書研究会編『東寺文書と中世の諸相』思文閣出版、二〇一一年)などがある。

(74) 「新見荘三職連署注進状」(サ函一一〇、『岡』三六七)。

(75) 「新見荘領家方所務注進状并年貢等請取状集」(『教』一七一四)。刊本の文書名は「年貢等納状集」となっていたが注(73)辰田論文の指摘にもとづき改めた。

(76) 注(73)辰田論文。

(77) 「新見荘上使本位田家盛注進状」(サ函一一五、『岡』三七一)、「新見荘上使本位田家盛并三職連署注進状」(サ函一一六、『岡』三七二)。この福本の兄弟が東寺に対して祐清の形見の品の下賜を願い出たのが、著名な「たまかき書状」(ゆ函八四、『岡』一一五五)と考えられる。

(78) 酒井紀美「徳政一揆と在地の合力」(同『日本中世の在地社会』吉川弘文館、一九九九年、初出は一九九四年)。

(79)「新見荘上使本位田家盛注進状」（ツ函二六二、『岡』一四四）。
(80)この点は注(9)竹本「新見庄の道」が明らかにした交通路の状況とも合致している。
(81)榎原雅治「損免要求と豊凶情報」（注(11)『日本中世地域社会の構造』、初出は一九九一年）。
(82)「学衆評定引付」九月一八日条（ム函四四、『相生市史』矢野荘史料引付集〈以下『相』引〉二九）。
(83)「播磨国矢野荘名主・百姓等連署申状」（京函六六、『相』編二九九）。
(84)「学衆評定引付」一〇月九日条（ム函四四、『相』引二九）。
(85)「新見荘領家方百姓安宗等連署申状」（さ函一六九、『岡』一〇六六）。
(86)応永九年「最勝光院方評定引付」三月六日条（る函一九、『岡』六九八）。
(87)応永九年三月日「新見荘領家方年貢算用状」（『教』八一四）。
(88)「最勝光院方評定引付」三月六日条（る函一九、『岡』六九八）、「新見荘領家方年貢算用状」（『教』八一四）。
(89)「新見荘領家方所務職補任状案」（さ函七九、『岡』一〇二三）、「岩生宣深新見荘領家方所務職請文案」（『阿刀文書』室町一八）。
(90)「新見荘領家方所務職補任状案」（ゆ函八、『岡』一〇九四）、「岩生宣深新見荘領家方所務職請文」（さ函八〇、『岡』一〇二四）。
(91)「新見荘高瀬・中奥百姓等申状」（サ函三四八、『岡』五七二）。
(92)「新見荘高瀬・中奥百姓等申状」（サ函一〇六、『岡』三六四）。
(93)「新見荘代官祐清注進状」（ゆ函七〇、『岡』一一四三）。
(94)「新見荘代官祐清注進状」（サ函三五一、『岡』五七五）。
(95)「新見荘代官祐清注進状」（ツ函一四一、『岡』一二八）、「最勝光院方評定引付」三月一七日条（け函一四、『岡』八二四）。
(96)注(81)榎原論文。
(97)注(2)島田論文。
(98)清水亮「鎌倉期地頭領主の成立と荘園制」（同『鎌倉幕府御家人制の政治史的研究』校倉書房、二〇〇七年、初出は二〇〇六年）。

〈補注〉
旧稿発表後、高橋傑「鎌倉期における新見荘の地名と下地中分」（海老澤衷・酒井紀美・清水克行編『中世の荘園空間と現代―備中国新見荘の水利・地名・たたら―』勉誠出版、二〇一四年、以下A論文）も新見荘の下地中分について復元作業を行っており、その具体的な地名比定の根拠を同「備中国新見荘における正中二年検注帳の地名について」（『早稲田大学総合人文科学研究センター研究誌』二、二〇一四年、以下B論文）がまとめている。それら論考のうち、本章と大きく相違することとして以下の二点に言及しておきたい。

一点目として、高橋は本章では詳しく分析できなかった高瀬の入組状態の内実に踏み込んで検討を行っている。伊守忠の地区内部で領家方と地頭方がどう住み分けているかが依然として不明ではあるものの、検注帳の「押領」「論所」という注記の分布から両者の接触部分を探るという方法には一定の有効性があり、留意すべき成果といえる。ただし本章との関係でいえば、高瀬での下地中分が一般的な原則を踏まえず、例外的で複雑な方法で行われたということには変わりがない。次の二点目とも関わるが、特に本章の論旨を変更する必要はないと考える。

二点目として、本章では千屋を地頭方の一円地としたが、高橋は千屋南部（およそイカハラ以南）を領家方とみなし、結果として地頭方の領域を南北に分断している。もしこの通りなら領家方が地頭方を圧迫したという貴重な事例になりうるが、この説には以下の問題点があり、認めることは難しい。まず高橋は右の主張をA論文で行っているが、一方のB論文ではその千屋南部に地頭方のトチハタという地名があると「予想」しており（根拠は検注帳の記載順）、自らA論文を否定してしまっている。

次に正中二年帳のうち畠地の検注帳をみると、坂本北部から千屋南部にかけて、守忠名という一つの名が四七筆にもわたって連続して記載されている。そのなかにウソカイチやトチハタなどの地名が含まれ、トチハタの次に現れる地名がイカハラである。守忠名の畠地はこの四七筆が全てであり、名の分布には地理的な一円性が看取される。そのなかに領家方が割り込んでいるとは考えづらい。高橋A論文の論拠は、文永一〇～一一年帳に地名がみえないからといって地頭方だとは限らない、そして文永八年帳にみえるのに正中二年帳にみえない地名が千屋にはある、といったことだが、いずれも守忠名の分布の連続性を上回るほどの説明力はないだろう。

また高橋は千屋南部を領家方とする根拠として、新見氏に連なる人物による押領の記録が正中二年帳にあることを挙げるが、これは高橋自身もふれているように、このときに検注が実施された契機を考える必要がある。この検注は得宗家が地頭職を得た代替わりによるものとみられるから（本書第六章も参照）、地頭職を失った新見氏が依然として現地に残り、得宗領となった地頭方に対して押領を働いていると考えれば、あえて領家方の関与を想定せずとも問題なく説明することが可能である。

よって下地中分後の千屋南部を領家方とみなしうる積極的な根拠は、現時点ではみあたらない。高橋説は、広大な入組地のなかの一事例としてイカハラをとりあげた竹本豊重の研究に影響を受けたものと推測されるが、竹本説がすでに成立しなくなっていることは本章で論じた通りである。やはり下地中分の本質・原則という点から考えても、地頭方を南北に分断する必然性はなく、本章で図示したように連続した領域として理解するべきであろう。

第二章　下地中分後の室町期荘園

——備中国新見荘地頭職・地頭方と新見氏——

はじめに

近年、室町期を荘園制にとっての解体期とみなすのではなく、独自のシステムが構築された一時代として積極的な意義を認める「室町期荘園制」をめぐる議論が展開されている。その素材として、数多くの史料が残されている東寺領荘園が極めて重要な位置を占めることは疑いのないところである。例えばその論者の一人である伊藤俊一は、備中国新見荘、播磨国矢野荘、丹波国大山荘などの東寺領荘園を検討の俎上に載せ、室町幕府・在京守護の強い影響下における安定的な荘園支配を強調している(1)。

上記三つの荘園には一つの大きな共通点がある。それは下地中分を経験した荘園だが、史料的には大部分を領家方である東寺側に依存しており、地頭方の史料には恵まれないという点である。鎌倉～南北朝期、地頭の勢力伸張にともなって下地中分・地頭請といった措置が諸荘園で講じられ、以後の荘園のあり方を大きく規定することとなるが(2)、特に西国で多く行われた下地中分では、領家方と地頭方の領域を画然と分離することが目指される。そうなると領家方に関しては豊富な史料と重厚な研究蓄積を有する上記のような荘園であっても、地頭方の動向は表面に現れにくく、多くの面で課題が残されることになる。(3) 在地の状況を考えれば領家方と地頭方は相互に密接な関係を持つことは言うまでもなく、室町期の荘園として考える上でも、地頭職・地頭方の検討も踏まえて一つの荘園として把握することが望ましい。

「室町期荘園制」論に対しては、寺社本所領だけでなく武家領の位置付けをも視野に入れ、しかも在地動向のみにとどまらず中央政局との関係を明らかにすべきであるとの課題提起がなされているが、(4) 下地中分された荘園のその後を追究することは、そのような課題に対する解答の一端になるものと考える。

そこで本章では、室町期における新見荘の地頭職・地頭方をとりあげる。新見荘の通史は杉山博がその先駆といえるが、(5) それ以来、領家方における請負代官と直務代官の変転の歴史はしばしば格好の検討材料とされてきた。しかし当該期の地頭職・地頭方について正面からとりあつかった論考はきわめて少なく、浅原公章による言及があるものの、(6) その記述には不完全・不正確な部分が散見され、十分な検討がなされたとは言い難い状況にある。

本章では従来注目されなかった『蔭凉軒日録』の記事などを用いて、室町期における新見荘地頭職の伝領過程を通覧し、あわせて鎌倉期以来の地頭の系譜を引く国人の新見氏についてその動向を追究する。(7) 並行して領家方の状況についても適宜論及し、地頭方との関係性を明らかにすることで、一つの室町期荘園として総体的な評価を試みたい。なおそのなかで、室町期政治史の見過ごせない一断面にも言及することになろう。(8)

第一節　室町初期までの新見荘地頭職——下地中分と地頭請——

1 南北朝期

さて本項ではまず室町期の前提として、南北朝期における新見荘地頭職の行方から追ってみることにしよう。(9)元弘三年（一三三三）に鎌倉幕府が滅亡すると、還京を遂げた後醍醐天皇は次々と東寺領安堵の綸旨を発していくが、やがて旧領の安堵のみならず、丹波国大山荘・若狭国太良荘とともに新見荘の地頭職を新たに東寺に寄進するまでに至る。(10)これによって東寺は新見荘の領家方・地頭方の一円支配を認められることになった。

しかしこの状況は長くは続かなかった。建武三年（一三三六）には建武政権が瓦解し、それにともなって新見荘地頭職は武家方への勲功の賞として、新見九郎貞直に与えられている。(11)このことを命じた奉書には「如レ元所二返給一也」とみえるから、新見氏は鎌倉期にも所持していた地頭職を奪回したということになる。このことは後に掲げる史料1からも確かめられる。

次に新見荘地頭職が史料上に現れるのは正平六年（一三五一）のことで、大山荘・新見荘・太良荘という後醍醐天皇のときと同じ組み合わせで、地頭職を東寺に安堵する後村上天皇の綸旨が九月二八日付で発給されている。(12)この地頭職安堵は直前の八月に足利尊氏と直義の対立が再燃、一〇月には正平の一統に至るという流れに乗じて、南朝勢力の伸長を企図したものだろう。ただしこの前後も新見貞直による領家方への「濫妨」が続いていたことから、現地は依然として新見氏の支配下にあったとみてよいだろう。(13)

この後、貞治三年（一三六四）に領家方への「濫妨」の主体が新見氏から近隣の国人である多治部氏へと交替するのだが、(14)それに関係して地頭職にも動きがあった。この点についてはすでに先行研究でも指摘されているが、(15)次にあげる典拠史料に関わり若干の説明を補足しておく。貞治五年に領家方の所務職に補任され、(16)また明徳元年（一三九

○）には同じく給主職に補任された[17]東寺供僧の増長院義宝が、翌二年の現地の状況と自らの過去の事績について東寺に訴えた申状がある。[18] そのなかに「貞治年中渋河武州（義行）両国備後備中管領下向之時、令二随従一向二彼堺一之刻、山名右衛門佐（師義）入道、当庄東西号二一円拝領一、擬レ掠二取遵行一、其時当方又持二向領家職御教書一、与二彼代官一於二守護所一参会之間、地頭・領家各別之儀令二露顕一、当方預二遵行一了」との記述がある。義宝は「貞治年中」の渋川義行の九州下向に従って備後・備中まで赴き、新見荘の東（地頭方）・西（領家方）を一円拝領したと主張する山名師義の代官と守護所で談判し、領家方は地頭方と別個であって山名氏の知行には含まれないことを明らかにしたとの内容である。

貞治五年、義宝は寺僧組織の一つである学衆方の年預を務めているが、八月に所務職に補任されると、直後の九～一〇月ごろ[19]から翌六年二月まで「遠行」のため不在であることが学衆方の評定引付からわかる。[20] また多治部氏の濫妨停止を命ずる幕府引付頭人奉書が貞治五年九月に、[21] 渋川義行の守護遵行状が一〇月に発給されているから、[22] この「貞治年中」とは貞治五年のことである。つまり先の義宝申状と合わせて理解すると、貞治五年には山名師義が地頭職を手中に収め、多治部氏はその傘下で地頭代として、あるいは地頭職を与えられて現地を支配し、領家方の押領にも手を伸ばしていたのであろう。

このあと永和二年（一三七六）に山名師義は死去するが、多治部氏の領家方押領は明徳三年まで続いている。[23] ただし前年の明徳二年には新見入道道存という人物が東寺から「地頭」と称されており、[24] この間の地頭職をめぐる経緯は不明だが、[25] 多治部氏との競合の果てに新見氏が現地での実権を握ったということは、この後の状況をみても確かである。

結果的に、東寺が新見荘を一円支配できたのは上記でみた南北朝初期のごく短期間に限られる。しかし残りの南北朝期を通じて、新見氏にしても多治部氏にしても、地頭方を支配する者は領家方の支配をも常に視野に入れていたことが確認できた。実質的には一円支配と呼べる期間が相当にあったものであろう。

2 室町初期

応永元年（一三九四）、義宝が領家方の給主職を辞退する。すると先述の新見入道が代官として所務を請け負うこととなり、(26)これによって新見荘は地頭請の形をとることとなる。こののち新見氏に代替わりがあったのか新見二郎清直という名乗りに変わるが、応永七年に年貢未進により代官を改替されてしまう。このとき新見清直は「私地頭得分」で未進年貢を補塡することを申し出ているから、(27)地頭代であった可能性が高いが、正地頭が誰かはよくわからない。

事態が大きく変わるのは、足利義満の側室である西御所高橋殿が地頭職を入手し、応永八年に新たな代官を入部させてからである。(28)翌九年には与阿弥という代官が地頭方だけでなく領家方の代官職も知行すると言い出し、東寺側は狼狽することになる。(29)東寺としては下地中分をしているのだから「自二往古一、地頭・領家下地各別」であったところ、「付二不慮所望一、一作等預置歟、以レ之定二請所之様一、既及二沙汰一」、つまり思いがけず地頭方が望んできたために一年分の年貢収納を任せてしまった、それをもって「請所」と決めつけられてしまったのだという。(30)下地中分と地頭請というのはどちらかを選択するのが普通だが、このときの新見荘では下地中分の上にさらに地頭請という重複した形態が問題となったのである。もっともこの点は新見氏が代官のときから変わっていないわけだが、西御所の権勢は新見氏とは比べ物にならないために寺領喪失が強く懸念されることとなった。

動揺する東寺に対して、自分を領家方代官にしてくれれば無事に事態を収拾すると売り込んできたのが、西御所の側近で美作国に出自を持つ垪和為清という国人であった。(31)東寺は不信感を抱きつつも垪和と契約することになるが、(32)

西御所の権勢を笠に着た「地頭一具之所務」は「為㆓向後㆒難儀歟」と考え、代官職の請文に「非㆓地頭請㆒」の文言を載せるよう垪和に求めた[33]。しかし垪和は「無㆑謂次第歟」として拒否し、東寺側も「彼方所㆑申有㆑謂歟」として垪和の主張を受容している[34]。つまり結局のところ、垪和の代官請も実質的には西御所を後ろ盾とする地頭請であった。

また垪和は東寺に売り込みをかけた際には新見清直の使者として現れており、まずは清直を代官に推薦し、それが無理なら自分を、という形で話を持ちかけていた[35]。こうした提案が可能なのは、あらかじめ新見清直から垪和為清へ、利益共有を前提とした情報提供が行われていたからに相違ない。このように両者が連携をするに至った契機としては、やはり彼らの在京活動が考えられる。西御所側近たる垪和はもちろんのこと、新見氏が先述のように代官となった際も、現地には別の人物を派遣して自らは在京するという方式であったし[36]、その代官職を得たのも幕府奉行人（東寺奉行）である飯尾為清の口入あってのことであった[37]。両者はともに京都で活動し、幕府の関係者を通じて互いに接触を持ち、やがて手を結ぶようになったのであろう。

そしてこの垪和による地頭請は、東寺が初めに懸念した寺領喪失までには至らなかったが、垪和の売り文句の通りにもいかなかった。請文の内容が遵守されないことについて東寺は不満を訴え続けたが、自力で垪和を改替することはできなかった。次に大きく情勢が変わるのは応永一五年、すなわち義満の死去である。それを契機として垪和の地頭請は終わりを迎え、領家方代官は細川京兆家被官である安富宝城に改替される。安富氏による代官請は寛正二年（一四六一）まで継続することになる。

以上のように、室町初期の新見荘では下地中分の上にさらに地頭請という二重構造が現出していた。地頭方の支配者が領家方の所務にも手を伸ばすというのは、振り返れば南北朝期には現地で常態化していたことである。つまり下地中分されているといっても、現実には領家方は地頭方からの影響を避けられなかったのである。そしてそのような地頭請を支えたのが新見氏・竎和氏といった国人同士のネットワークであり(38)、その背後には西御所、さらにいえば義満(39)の後ろ盾があった。

第二節　足利義持と新見荘地頭職 ――禅仏寺への寄進――

1　足利義満死去後

応永一五年（一四〇八）に足利義満が死去してからしばらくの間、新見荘地頭職がどのような伝領過程をたどったのかはこれまでほとんど明らかになっていない。

【史料1】新見賢直申状案(40)

新見次郎三郎賢直謹言上

右、備中国新見庄地頭職事者、為二承久勲功之賞一、先祖治部丞資満、貞応元年令二拝領一以来、譜代知行無二相違一之処、依二禅仏寺申掠一、度々雖レ被レ成二御判一、自二(足利尊氏)等持院殿様御時一、代々致二忠節一、殊去永享十一年閏正月普広院殿様御代亡父経直依レ○捕二進○御敵垣屋備中頸一、忝(足利義教)普広院殿様御感之御書有レ之、其後文安二年依二理運之段申披一、任二評定衆意見状之旨一、被レ成二下御下知一、令二知行一之処、禅仏寺重就レ被レ申二掠之一、不レ預二一往之御尋一、被レ付二寺家一条、不便次第也、此段欲レ令二歎申一言上之時、会二藻〔薬〕西堂遂〔逐〕電一之上者、代々御判御教書并意見状等数通右備レ、所詮任二証文之旨一、為レ預二御裁許一、粗謹言上如レ件、

文正元年九月　日

史料1は文正元年（一四六六）に新見賢直が幕府に提出した申状である。内容は新見氏先祖からの地頭職知行の経緯と正当性を訴えたものだが、彼の主張からは禅仏寺に二度にわたり地頭職を掠め取られたこと、そのうち一度目は永享一一年（一四三九）以前であることが読み取れる。禅仏寺は京都七条柳原にあって季瓊真蘂が開創したとされるが(41)、その実態はよくわかっておらず、地頭職がいつごろ誰の「御判」によって寄進されたのかも不明確なままである。そこで本節では以上の点について、これまで注目されなかった『蔭凉軒日録』の寛正三年（一四六二）の一連の記事から探ってみることにしよう。

【史料2】『蔭凉軒日録』（『増補続史料大成』、以下同）寛正三年八月一一日条

十一日　禅仏寺被ㇾ為二鹿苑（足利義満）・勝鬘（藤原慶子）二院御菩提所一之事、見二于大岳和尚被ㇾ勤鹿苑院殿御拈香之法語一、仍為ㇾ奉ㇾ諭二公方御寺之事一、奉ㇾ懸二于御目一也、（後略）

いうまでもなく蔭凉軒とは相国寺鹿苑院に設けられた居室で、軒主と呼ばれる留守僧は禅僧の人事や寺領の経営などを統轄した鹿苑僧録との連絡役として将軍に親近し、やがては実権を握るようになって大きな力を持った。歴代軒主の日記が『蔭凉軒日録』であり、この頃の記主は初代ともいうべき季瓊真蘂である。

史料2によれば、禅仏寺が鹿苑院殿（義満）と勝鬘院殿（藤原慶子）の菩提所に指定されたことは、大岳和尚（周崇）が義満の供養のために勤めた拈香法語にみえており、禅仏寺が「公方御寺」である旨を諭すためにそれを義政にみせたと季瓊は記している。慶子は義満の側室であり、義持・義教の生母である。大岳周崇は義満・義持の帰依をうけて相国寺・天竜寺・南禅寺の住持を務めた人物である。また拈香法語とは追善仏事、特に中陰や年忌に際して禅僧が香をたき、死者に対して哀悼の意を表して唱える文章のことである。大岳は応永三〇年に死去しているから義満供養となると一三回忌まであろうが、上記に該当する拈香法語は管見の限りみつかっていない。

【史料3】『蔭涼軒日録』寛正三年九月八日条

八日（中略）雲沢軒領丹波須智村者、普広院殿御寄附之地也、是故普広院殿之御追善料所之御判事歎中、仍以二雲頂院領摂州昆陽野者鹿苑院殿御寄附之地一、勝定院殿《（足利義持）》被レ成二鹿苑院殿御追善料所一之御判、奉レ懸二于御目一也、其例無二余義一、可レ被レ成二御判一之由、被二仰出一、命二于布施下野守一也、禅仏寺領可レ被二鹿苑院・勝鬘院両殿御追善料所之御判一之事望二申之一、以二其例一可レ被二仰付一之由、被二仰出一也、仍以二旧例一重以二奉行一可レ伺レ之、（後略）

史料3によれば、季瓊は雲沢軒領の丹波国須智村について、これを寄進した普広院殿（義教）の追善料所と認める御判を発給するように義政に嘆願した。季瓊はその際に、義満が寄進した雲頂院領の摂津国昆陽野を義満の追善料所と定めた勝定院殿（義持）の御判を義政に示した。雲頂院は相国寺の塔頭の一つで、そのなかに季瓊が開創した居室が雲沢軒である。すると義政はその例に従って須智村に対して御判を発給することを決め、奉行人の布施下野守（貞基）に命じた。そこで季瓊はさらに、禅仏寺領を義満と慶子の追善料所として認める御判の発給もあわせて願い出た。義政はこちらの件に関してはただちに承諾せず、そのような前例があれば発給する、と返答している。

【史料4】『蔭涼軒日録』寛正三年九月一四日条

十四日　雲沢軒領丹波須智村・加賀国富墓公用百貫文、可レ為二普広院殿御追善料所一之事、布施下野守伺レ之、即可二書立一之由、被二仰出一也、又禅仏寺領備中新見庄地頭職、鹿苑院・勝鬘院殿御追善料御判之事、同伺レ之、可レ尋二于伊勢守一之由、被二仰出一也、蓋有二父与レ祖之別一故也、（後略）

その数日後（史料4）、義政は須智村のほかに加賀国富墓の公用百貫文を加えた雲沢軒領を、義教の追善料所とする御判の発給を承認した。一方、禅仏寺領である新見荘地頭職を義満と慶子の追善料所とする件については、伊勢守（伊勢貞親）に諮問するよう指示した。父と祖父とでは分け隔てがあろう、というのがその理由だという。つまり父である義教の（あるいは義持が父である義満の）追善料所を定めるのと、祖父である義満の追善料所を定めるのとでは違うという論理である。

さて、上述のように雲沢軒領須智村や雲頂院領昆陽野のケースでは、室町殿が生前に寄進した所領が、彼らの死後にその追善料所として指定されたことがわかる。さらに禅仏寺領新見荘地頭職に関しては、義満だけでなく慶子の関わりが重要であったことが示唆されている。よってここまでの記事をみた限りでは、新見荘地頭職を寄進したのは義満・慶子の両名と考えるのが自然である。

だが、この理解には大きな問題がある。慶子は義満より早く応永六年に死去しているが、その晩年には義満の寵愛を喪失していたといわれている(42)。前節でみた室町初期までの地頭職をめぐる状況を思い返しても、生前の慶子が義満との連名で地頭職の寄進に関与したと考えるのは時期的にかなり難しい。それでは慶子の死後はどうかというと、彼女とは対照的に義満の寵愛を享受していたのが、先述の西御所高橋殿であった(43)。その側近である坍和の地頭請が義満の死去まで続いたことをみても、生前の義満が西御所から地頭職をとりあげたとは考えられない。

2　義持への代替わり

義満・慶子でないとすれば、実際に地頭職を寄進したのは誰なのか。それは季瓊の記録をさらに追いかけると明らかになる。

【史料5】『蔭涼軒日録』寛正三年一一月一八日条

十八日（中略）禅仏寺・雲沢軒領安堵之御判拝領也、其故者、備中新見庄、以㆓勝定院殿被㆑定分㆒、被㆑成㆓鹿苑院殿御追善料所㆒也、以㆓丹波国須智村并賀州富墓内年貢百貫文㆒、被㆑成㆓普広院殿御追善料所㆒也、

先の記事からおよそ二か月後（史料5）、結局のところ季瓊は禅仏寺領・雲沢軒領ともに義政から安堵の御判を拝領することに成功した。その理由は、新見荘はすでに義持によって義満の追善料所に定められていたからだ、というのである。[44] どうやら彼らは当初そのことを知らなかったようで、この二か月の間に調べたのであろう。

新見荘地頭職を義満・慶子の追善料所に指定したのは義持であったとすると、禅仏寺に寄進したのも義持以外には考えられない。当然、生母の供養のためであろう。またこの事に関しては、文明一八年（一四八六）に当時の蔭涼軒主である亀泉集証が、禅仏寺領新見荘地頭職にかけられた東山殿会所の造作料段銭を免除するように義政に嘆願した際、その根拠として「当御代」（義尚）の御判とともに、義持の「御免除御判」を提示していることも傍証の一つとして挙げられる。[45]

この寄進の具体的な年次を断定するのは難しいが、まず上限は義満が死去した応永一五年（一四〇八）となろう。そして史料2を踏まえると、大岳周崇が存命し、義満一三回忌があった応永二七年が下限となる。さらに絞り込むとすれば、慶子の忌日仏事をみていくと、応永一八年に義持が一三回忌を挙行して以降、「毎度慇懃御沙汰」[46]、「恒年之儀」[47]などと恒常化していることがうかがえる。[48] よって応永一五年から一八年までには寄進があったとみてよいのではないか。[49] この時期は義持の代替わり徳政として寺社領興行政策が実施されたピークの時期とも合致しており、[50] 蓋然性は高いといえる。

以上のように、新見荘地頭職を禅仏寺に寄進したのは生母慶子の供養を思った足利義持であった。時期としては義満が死去した応永一五年から慶子一三回忌の応永一八年までが有力といえよう。おそらく義満の死後、義持は西御所から地頭職をとりあげ、義満・慶子の追善料所としたのだろう。

この点に関係することとして、応永一五年に義持は、義満の寵童としてよく知られた奥御賀丸の押領を停止して、大和国弘福寺・河原城荘を東寺に安堵している。また応永一六年には義持は但馬国楞厳寺に因幡国服部荘領家職を安堵しているが、その背景には西御所との間で年紀売りをめぐるトラブルがあったと指摘されている(51)。このように義満の死後、西御所や御賀丸といった義満の旧側近勢力と義持との間では摩擦が起きていたようであり、本章で検討した新見荘地頭職に関する動向もその一部とみなすことができるだろう。

ここで領家方との比較で考えると、領家方では義満の死去にともなって代官の改替が起こり、次節でもみるように細川京兆家が影響力を強める結果となった。一方の地頭方でも義満の死去からそう遠くないうちに地頭職が禅仏寺へ寄進されている。つまり地頭方も領家方と同じく、室町殿の交替が契機となって情勢が大きく変化したのであった。

第三節　室町後期の新見氏 ——細川氏・相国寺との関係——

前節でみたように、義持の寄進によって禅仏寺が地頭職を手にしたことで、新見氏はいったん新見荘に関わる権益から排除されることとなった。それ以降の新見氏の動向については史料1で自ら語っている部分もあるが、いまだ不明な点も多い。そこで本節では細川氏・相国寺（季瓊真蘂・亀泉集証）との関係を軸に、新見氏の足取りを追ってみることにしたい。

1　応仁の乱まで

立ち返って史料1では、永享一一年（一四三九）閏正月に新見経直が垣屋備中の首級を挙げ、義教から感状を受けた旨が記されていた。その感状にあたるのが次の史料6とみられ、あわせて史料7をみると事情がより明らかになる。

【史料6】足利義教御内書案[52]

垣屋備中入道頸到来、悦喜候、仍太刀一腰遣候、討手新見次郎三郎(経直)事、可レ有二褒美一候也、

(永享一一年)閏正月廿三日　御判

細川右馬助(持賢)殿

【史料7】『看聞日記』（『続群書類従補遺二』）永享一〇年九月一八日条

十八日（中略）聞、大覚寺坊官・柿屋《山名家人》備中両人、於二吉野一被レ討、其頭二上洛云々、（後略）

永享九年、義教の異母弟である大覚寺義昭が京都を出奔するという事件が発生し、翌一〇年には大和天河で蜂起したという風聞が流れた[53]。幕府が軍勢を差し向けて義昭を探索するなかで、二名の首が京都に届けられた。そのうち垣屋備中入道を討ち取ったのが新見経直であり、義教からの褒賞が細川持賢を通じて行われた。つまり経直は持賢の手に属して軍事行動をしていたことがわかる。

後述するように、新見氏は賢直の時代にも引き続き持賢の後ろ盾を得ていた。持賢は細川氏一族のなかでも京兆家とは補佐役として特別な関係にあった典厩家の祖というべき人物である[54]。そして新見氏と典厩家の関係は持賢だけではない。新見氏が『蔭涼軒日録』に現れるようになるのはやや下って文明一七年（一四八五）からだが、特に細川典厩の随員・使者として頻出するようになる。さらに名乗りをみても、新見経直の子の賢直は細川持賢の偏諱を、賢直の子（あるいは甥）の国経は持賢の子の政国の偏諱を受けたものと理解でき、両者の関係を裏付ける。つまり地頭職を義持に奪われて以降、新見氏は細川典厩家の被官として活動していたのである[55]。

一方、相国寺との関係はどうであろうか。嘉吉元年（一四四一）、嘉吉の乱に関係して赤松氏の縁者である季瓊が失脚する。史料1によれば文安二年（一四四五）に新見氏が地頭職を回復したというが、それは季瓊の失脚が可能と

したものであろう。しかし長禄二年（一四五八）には季瓊が蔭凉軒主として復帰し、義政によって地頭職を安堵される。[56]これが史料1でいう禅仏寺による二度目の掠め取りである。

ここで領家方の動向にも目を配ると、寛正二年（一四六一）には五〇年以上にもわたった安富氏による代官請がついに終焉を迎え、東寺による直務支配へと転換する。しかし同三年に現地に派遣された祐清という直務代官は、同四年に地頭方の名主らによって殺害されてしまい、報復として領家方の名主らが地頭方政所を焼き打ちするという事件が発生する。その後始末をめぐり、同五年にかけて領家方と地頭方の折衝が盛んに行われる。

その最中、細川持賢が東寺に対して「家人新見ト申者」（賢直か）を領家方の代官職に任じてほしいと口入してくるのである。[57]東寺がこれを拒絶すると持賢は新見氏にかえて「南禅寺僧」を推挙し、[58]さらには安富氏が自薦してくるなど問題は長期化するが、[59]東寺は結局これらの要求を退ける。

この頃まで地頭方では相国寺僧の荘主が代官として現地に置かれていたが、この寛正五年に相国寺は多治部氏と契約を結んで代官に据えている。[60]焼亡した地頭方政所の再建もこのときには終わって事件は収束に向かっており、相国寺がこの段階で代官を替えた理由ははっきりしない。ただ幕府奉公衆に属していた多治部氏[61]には将軍・季瓊を通じた人脈があったこと、多治部氏と競合関係にある新見氏への牽制という効果があったことは十分に考えうる。

そして文正元年（一四六六）、相国寺と新見氏の関係にはまたも変化が訪れる。文正の政変によって季瓊が再び失脚したのである。それが九月六日のことだが、これを地頭職回復の機会ととらえた新見賢直がその月のうちに幕府に提出した申状が史料1ということになる。この結果を明示する史料はないが、応仁の乱以降の状況をみる限りでは新見氏は回復に失敗したものと思われる。かたや季瓊も蔭凉軒主の座に復することなく文明元年に没している。

新見氏としては地頭方が不如意ならば領家方でということなのか、前年に勃発した応仁の乱に乗じてのことなのか、応仁二年（一四六八）には「新見三郎左衛門尉」（賢直あるいはその弟か）を領家方の代官職に任ずるよう、「細川両屋形」（勝元・持賢）が東寺に口入している。[62]やはり東寺がこれを拒絶すると、重ねて持賢が口入している。それでも東寺は姿勢を崩さず、その直後（一〇月）に持賢が死去することもあってか、応永以来となる領家方での新見氏の復権はこのときには実現しなかった。[63]

以上のように、この時期の新見氏は細川典厩家の被官として活動していた。地頭職をめぐる季瓊との争奪が長期にわたって繰り返され、政変の勃発にともなう季瓊の失脚が新見氏にとっては好機となりえた。また一方で新見氏は細川氏の口入を後ろ盾として領家方の代官職も狙っていた。領家方・地頭方の双方で権益を保持した室町初期の状況を回復すべく、活動を続けていたのである。

2　応仁の乱後

応仁の乱が起こると領家方は幕府御料所として接収されてしまい、[64]文明四年（一四七二）から九年までの間は領家方としては珍しく関係史料がほぼ途絶えてしまう。

地頭方の状況も季瓊の失脚後はしばらくうかがい知ることができないが、先にも述べた通り文明一八年の『蔭凉軒日録』にみえる段銭免除の記事から、いまだ地頭職は禅仏寺領となっていることが確認できる。文明一六年から蔭凉軒主となっている亀泉集証が、経緯は定かでないが禅仏寺の住持をも継承したものとみられる。

そしてこれも先述の通り、この頃から新見氏が細川典厩の随員・使者として『蔭凉軒日録』に現れるようになるのだが、それはすなわち新見氏と亀泉が頻繁に顔をあわせている状況を意味する。具体的にその場面をみていくと、宴会をともなうことがかなり多く、両者の贈答も定例化している様子がみてとれる。つまり地頭職をめぐって争ってきた新見氏と相国寺の関係が、応仁の乱後には明らかに新たなものへと変わってきているのである。

さらにみていくと、長享元年（一四八七）には「新見次郎三郎」（国経か）が新見荘年貢四〇貫文を亀泉のもとに納入している。(65)この年貢納入が何を意味しているかというと、翌二年には亀泉と「新見父子」（賢直・国経か）の間で新見荘の補任状・請文を取り交わしている。(66)つまり新見氏は相国寺と地頭職を争うのをやめ、地頭方の代官を務める形で相国寺と妥協したのである。

これ以降、新見氏と相国寺の友好的な関係を示す事例が散見するようになるが、そのいくつかを具体的に挙げてみよう。

長享三年、相国寺の大衆が鹿苑院主の私曲を訴えて蜂起するという事件があった。大衆の蜂起が噂された夜、複数の者が亀泉のもとに警固の衆を派遣してきたが、そのなかには斎藤元右や赤沢宗益ら京兆家被官のほか、典廐家被官である新見氏も含まれていた。(67)

延徳二年（一四九〇）、相国寺の西門の前で夜中に火事があった。すると新見氏の三名（三郎左衛門尉・又三郎・次郎三郎）がかけつけて釘貫門の警固にあたり、後日亀泉から感謝を受けている。(68)

同年、土一揆が蜂起して北野社に立て籠もるという事件が発生した。発生から数日後に新見氏が相国寺を訪れ、細川政元が留守の間に京兆家被官の安富元家に対して幕府から鎮圧命令があったこと、一揆の張本については調べがついたこと、鎮圧は容易だが北野社が焼亡せぬよう安富が計略を廻らせていることなど、亀泉に動静を伝えている。(69)

延徳三年、相国寺雲頂院が当知行していたという摂津国昆陽寺荘をめぐって高野山安養院から訴訟が起こされた。亀泉らが対応を図っていると、赤沢宗益と新見氏から、安養院が政元の周辺に対して計略を廻らせているから注意するようにとの警告があり、亀泉は典廐宅を訪れて新見三郎左衛門尉に謝意を表している。(70)

明応二年（一四九三）、明応の政変が勃発した。その当日、亀泉は世上のただならぬ騒ぎを知って初めは斎藤元右に、次いで新見三郎左衛門尉に使者を送って情勢について問い合わせたところ、新見は政元に擁立された天竜寺香厳院清晃（のちの足利義澄）が移座したことを告げ、これは「諸家同心之儀」であると回答している。(71) また政変の翌月、政元に与同している赤松政則の去就について様々な噂が流布するという事態が生じた。赤松氏被官の一族である亀泉はこれに動じなかったが、新見氏から使者があり、それらは根拠のない雑説に過ぎないことを典厩に確認した、と伝えてきた。さらにその夜には新見氏が亀泉を訪ね、上記の点を強調していった。(72)

このように、亀泉の身辺に事件・事故が起こると、典厩家被官であり地頭方代官でもある新見氏から協力を得るという関係が成立していた。またそのような場面で、新見氏は京兆家被官とともに行動し、京兆家の内情をも把握していた。新見氏は典厩家だけでなく京兆家にも通じており、両家をつなぐ存在であったといえよう。

さて一方、幕府御料所となっていた領家方は応仁の乱後にはどのような状況を迎えていたであろうか。この点についてはすでに辰田芳雄により論考がなされているので、(73) それに依拠して整理してみよう。文明一〇年に東寺への領家方還補が決まり、翌年には新見氏を含む備中国人に対して還補へ合力するよう幕府から命が下る。しかし現地では多治部氏が伊勢氏の庇護のもとで押領を続け、東寺による直務支配の実現は文明一七年まで下ることになるが、それも実質的には多治部氏との連携によるものであったという。さらに辰田によれば、この間には細川京兆家が代官職の奪取を目指して中央政局で活動を展開しており、その結果として延徳三年に実現するのが、形式的には東寺の直務支配ながら、実質的には京兆家の代官請という体制であり、それによって多治部氏の勢力が排除されたという。

以上の検討を踏まえて、本節の内容を次のようにまとめ直しておこう。まず地頭方においては、典厩家被官の新見氏が地頭職をめぐって相国寺と長期にわたる争奪を繰り広げた。しかし応仁の乱後には新見氏が地頭方代官となることで両者は妥協し、友好関係を構築していく。また領家方に関しては、京兆家被官の安富氏が長く代官の座にあったが、東寺の直務へと移行すると、新見氏が領家方代官にも名乗りを上げる。その後は幕府御料所化や多治部氏による押領という時期を経て、京兆家による代官請が成立した。

つまり室町後期の新見荘では、領家方は京兆家、地頭方は典厩家と、細川氏の中でも連携の強い二家による分掌体制ができあがり、荘域全体にわたって影響力を行使するようになった。その結果、一五世紀末には両家がバックアップする代官請がそれぞれに成立するに至った。そしてその両家の連携を担う存在が新見氏だったのである。

おわりに

本章では、室町期の新見荘について地頭職・地頭方の検討を軸としつつ、領家方との比較も交えることで、一つの荘園としての全体像を構築することに意を注いできた。ここで論旨を整理しておこう。

南北朝期には新見氏・多治部氏といった地頭方の支配者が領家方も抑えるという状況が続いたが、それは室町初期にも引き継がれ、地頭方から領家方の代官を出すという、いわば下地中分と地頭請の二重構造が現れた。それを支えたのは新見氏の持つ国人同士のネットワークであり、後ろ盾となったのが西御所・義満であった。

やがて義満は死去し、地頭方・領家方のいずれにも大きな情勢の変化がもたらされた。義持は生母慶子の供養のため、西御所から地頭職をとりあげ、相国寺の季瓊真蘂がのちに住持を務める禅仏寺に寄進した。これはかつて権勢をふるった義満側近層に対する揺り戻しの一環と理解できよう。また一方の領家方では地頭請が終わり、京兆家被官の安富氏へと代官が改替された。

その後、地頭方では典厩家被官となった新見氏と相国寺との間で地頭職の争奪が繰り返され、政変の勃発＝季瓊の失脚がその契機となった。応仁の乱後には新見氏が地頭方代官となり、相国寺との間に友好関係が築かれた。

領家方では安富氏の代官請から東寺の直務に移行すると、細川氏の口入により新見氏が領家方代官への補任を求めた。応仁の乱が起こると東寺は不知行に陥るが、その状況を終わらせたのは京兆家による代官請の成立であった。

本章で述べてきた内容は以上であるが、このうち以下の二点を強調しておきたい。一点目は、地頭方の動向は室町殿の交替や政変の勃発など幕府の中央政局と密接に連動していたことである。その濫觴はというと西御所が地頭職を獲得したことにさかのぼるが、その前提として新見氏が展開していた在京活動を想定することができよう[74]。国人の在京活動にともなって地頭職が室町殿の周辺に持ち込まれたわけである。

二点目は、細川氏の中でも強い連携を持つ京兆家・典厩家の二家が、それぞれ領家方・地頭方に対して影響力を行使するという分掌体制ができたことである。そのベースとなったのは常に領家方・地頭方をまたいで活動し、典厩家のみならず京兆家にも通じている新見氏の存在であったといえよう。

細川氏も、新見氏・多治部氏・妍和氏といった国人たちも、彼ら武家勢力は地頭方だけでなく領家方も狙うという姿勢を一貫してとり続けた。下地中分がなされたといっても、決して彼らは領家方と地頭方を別個の荘園とはみなさなかった。彼らを媒介にして領家方は地頭方から影響を受け続けたのである。

最後に、細川氏の動向に関係して問題を敷衍しておくと、守護在京を基盤とする室町期荘園制の枠組みが最も長く命脈を保ったのは、他の守護家が下国しても在京を続けた細川氏の領国であり、新見荘はそれに該当するとされる[75]。また細川氏が他の守護家に対して優越性を保ったのは、同族内の結束の強さによるものといわれている[76]。つまり細川氏が自らの優越性を活かし、長期にわたって荘園支配に関与した典型例として、新見荘を位置付けることができよう。

山田徹によれば、在京領主のなかでも特に有力者層が高い関心を示し、その結果として中央政局の強い影響を受けたのは、一つには規模が大きく、一つには交通の枢要に位置した所領であったといい、新見荘も大規模所領の事例として挙げられている。(77)さらにいえば新見荘の地理的な重要性については岸田裕之がふれており、交通の要衝であると同時に、特に細川氏にとっては山名氏が守護を務める伯耆国との境目に位置していた。(78)岸田が論じたのは明徳の乱という戦時の問題であるけれども、平時であっても細川氏にとって新見荘が高い重要性を持っていたことは、十分に意識しておいてよいだろう。

注

（1）伊藤俊一「南北朝〜室町時代の所領構成と所領支配」（同『室町期荘園制の研究』塙書房、二〇一〇年）。
（2）島田次郎『日本中世の領主制と村落』上巻（吉川弘文館、一九八五年）。
（3）例えば対照的に、下地中分が行われずに東寺が地頭職を確保し続けた若狭国太良荘の地頭方については、網野善彦『中世荘園の様相』（塙書房、一九六六年）や同「若狭国太良荘」（同『中世東寺と東寺領荘園』東京大学出版会、一九七八年）、近年では松浦義則「南北朝期の太良荘地頭方について」（『福井大学教育地域科学部紀要Ⅲ』六五、二〇〇九年）によって具体相が解明されている。
（4）山田徹「南北朝期における所領配分と中央政治—室町期荘園制の前提—」（『歴史評論』七〇〇、二〇〇八年）。
（5）杉山博『庄園解体過程の研究』（東京大学出版会、一九五九年）。
（6）浅原公章「新見氏の経歴」（『新見市史 通史編上巻』一九九三年）。
（7）なお新見氏の戦国期における動向については、辰田芳雄『室町・戦国期備中国新見荘の研究』（日本史史料研究会、二〇一二年）、吉永隆記「備中国新見庄をめぐる「国人」—多治部氏と新見氏—」（『就実論叢』四一、二〇一一年）、同「国人領主の在京活動—備中国新見氏と御蔵職—」（『史学雑誌』一二二—八、二〇一三年）が検討を加えており、新見氏の在地・在京の両活動について多面的に解明が進められている。
（8）以下、『岡山県史第二〇巻　家わけ史料』は『岡』、『岡山県史第一九巻　編年史料』は『岡編』と略記し、「東寺百合文書」については函番号も記した。

(9) 史料の関係もあって南北朝期の新見荘に関する専論は少ないが、網野善彦「元弘・建武期の備中国新見荘」(東寺文書研究会編『東寺文書にみる中世社会』東京堂出版、一九九九年)、辰田芳雄「新見荘の半済」(『岡山朝日研究紀要』三四、二〇一三年)などを挙げることができる。

(10) 元弘三年九月一日「後醍醐天皇綸旨」(ヒ函三七、『岡』六三七)。

(11) 建武三年二月二七日「左近大夫将監源某奉書」(『岡編』竹田家文書一)。本文書は『岡編』では「検討ノ余地アリ」とされているが、建武三年に東寺の知行が停止されたことは『東宝記』第六「不動堂不断護摩」(『続々群書類従』第一二)にもみえているから事実とみてよかろう。

(12) 正平六年九月二八日「後村上天皇綸旨」(せ函南朝文書一五、『岡』一一九〇)。

(13) 貞和六年(一三五〇)二月一一日「光厳上皇院宣案」(ゐ函二七—八、『岡』八〇三)、観応三年(一三五二)七月四日「室町幕府引付頭人奉書」(ホ函二九—三、『岡』三八)など。

(14) 貞治三年八月「東寺雑掌申状」(ホ函三一—一、『岡』三九)。

(15) 注(4)山田論文。

(16) 貞治五年八月二一日「権律師義宝新見荘所務職請文」(あ函二〇、『岡』九九三)。

(17) 明徳元年「最勝光院評定引付」(る函一三、『岡』六九二)。

(18) 「新見荘給主義宝申状」(ゆ函七、『岡』一〇九三)。本文書に差出書はないが、その内容および注(16)文書との筆跡の一致から義宝申状と判定できる。

(19) 虫損により正確な日付は判読できない。

(20) ム函四二、四三。寺僧クラスの義宝が荘園経営のために現地に下向していたというのは興味深い事実であるが、その点については稿を改めて論じたい(第一部第五章)。

(21) 貞治五年九月二四日「室町幕府引付頭人奉書」(せ函武家御教書并達四二、『岡』一一八五)。

(22) 貞治五年一〇月二三日「備中国守護渋川義行遵行状」(せ函武家御教書并達四三、『岡』一一八六)。

(23) 明徳三年六月八日「室町幕府管領細川頼元書下案」(ア函一〇七—一、『岡』三〇九)。

(24)　明徳二年「最勝光院評定引付」四月二五日条（る函一四、『岡』六九三）。
(25)　注(24)引付の通り、新見氏が「地頭」としてみえるのは明徳二年一二月に起きた明徳の乱よりも前である。山名師義から二男の氏之へと地頭職が相承され、明徳元年に足利義満の命で討伐を受けたときに氏之が剝奪されたものであろうか。
(26)　応永元年「最勝光院評定引付」二月二八日条（る函一六、『岡』六九五）。
(27)　応永七年「最勝光院方評定引付」五月二八日条（る函一八、『岡』六九七）。
(28)　応永九年「最勝光院方評定引付」三月六日条（る函一九、『岡』六九八）。
(29)　注(28)引付九月二日条。
(30)　注(28)引付九月二八日条。
(31)　榎原雅治「美作国垪和庄と垪和氏」（『吉備地方文化研究』一六、二〇〇六年）、松岡心平「室町将軍と傾城高橋殿」（同編『看聞日記と中世文化』森話社、二〇〇九年）。
(32)　東寺が垪和との契約に踏み切ったのは、西御所代官の押領は「不レ限二当寺一、諸方如レ此、堅及二異儀一之条、還而似レ無二故実一歟」（注(28)引付一〇月一〇日条）、つまり東寺だけでなくどこも同じ状況だから、異議を唱えてもかえって世間知らずと思われてしまう、との判断からである。
(33)　注(28)引付一〇月一〇日条。
(34)　注(28)引付一〇月一四日条。
(35)　注(28)引付九月二八日条。
(36)　第一部第五章。
(37)　注(24)引付四月三日〜五月二三日条、注(26)引付二月二八日条など。
(38)　応永八年に領家方の代官となり、翌年には垪和に取って代わられる岩生宣深という山伏がいるが、彼の背後にも新見氏との人脈があったものと推定される（第一部第五章）。
(39)　辰田芳雄「足利義満政権下の備中国新見荘」（『岡山朝日研究紀要』三三、二〇一二年）は、このとき西御所を背後で操っていたのは義満自身であると指摘している。
(40)　『岡編』竹田家文書六。

(41) 蔭木英雄『蔭凉軒日録―室町禅林とその周辺―』(そしえて、一九八七年)。
(42) 桜井英治『室町人の精神』(講談社、二〇〇一年)、伊藤喜良『足利義持』(吉川弘文館、二〇〇八年)。
(43) 注(31)松岡論文。
(44) なおこの翌日条をみると「勝定院可レ改二勝鬘院一也」という短い関連記事がある。解釈が難しいが、ここではひとまず新見荘地頭職の追善料所化にともなう院主の交替に関する記事と考えておきたい。
(45) 『蔭凉軒日録』文明一八年七月二一日〜二二日条。
(46) 『満済准后日記』(『続群書類従補遺一』)応永二三年五月七日条。
(47) 『満済准后日記』応永三〇年五月八日条。
(48) なお、その後の将軍家における慶子の位置付けというのも興味深い問題ではある。寛正四年に義政の生母である日野重子が死去した折、義政はかつて義持が慶子の位牌を勝鬘院に安置したときに焼香御成をしたかどうかを勝鬘院の老僧に尋ねている(『蔭凉軒日録』寛正四年一〇月一三日条)。つまり義持と慶子の事例は、将軍による生母の弔いとして拠るべき先例となっているのである。
(49) この寄進を仮に応永一八年とすると、禅仏寺を開創したとされる季瓊真蘂はその年にはまだ一一歳である。そもそも季瓊が蔭凉職に就いて『蔭凉軒日録』の記録を開始したのが永享七年(一四三五)、雲沢軒を開いたのが永享九〜一〇年というから(注(41)蔭木著書)、禅仏寺は季瓊が世に出る以前からすでにあったとみるべきではないか。
(50) 榎原雅治「室町殿の徳政について」(『国立歴史民俗博物館研究報告』一三〇、二〇〇六年)、注(42)伊藤喜良著書、清水克行「足利義持の二つの徳政」(藤木久志編『京郊圏の中世社会』高志書院、二〇一一年)。
(51) 注(42)伊藤喜良著書。
(52) 『岡編』竹田家文書四。
(53) 桑山浩然「大覚寺義昭の最期」(同『室町幕府の政治と経済』吉川弘文館、二〇〇六年)。
(54) 古野貢「京兆家分国の支配構造」(同『中世後期細川氏の権力構造』吉川弘文館、二〇〇八年)。
(55) 次項で述べるように一五世紀末の時点で新見氏が典厩家被官となっていることは、注(5)杉山著書でもすでに知られていた。
(56) 『蔭凉軒日録』長禄二年三月四日、五日、八日、一六日条。
(57) 寛正五年「最勝光院方評定引付」二月一七日条(け函一六、『岡』八二五)。

(58) 注(57)引付三月一〇日条。
(59) 注(57)引付八月一八日条。
(60) 寛正五年一一月二四日「新見荘上使本位田家盛注進状」(サ函一五六、『岡』四〇九)。
(61) 浅原公章「多治部氏の浮沈」(注(6)『新見市史 通史編上巻』)、田中修實「備中国新見庄をめぐる「国人」—多治部氏と新見氏—」(『就実論叢』四一、二〇一一年)。奉公衆としての多治部氏は、もとの名乗りである雅楽氏としても検出されるという。
(62) 応仁二年「最勝光院方評定引付」九月二一日条(け函二一、『岡』八二九)。
(63) 本章の対象外だが、新見氏の領家方代官への復帰は明応一〇年(一五〇一)についに果たされる(明応一〇年二月二〇日「新見国経新見荘領家方代官職条々請文」〈サ函二二一、『岡』四六七〉)。
(64) 応仁二年一〇月一九日「室町幕府管領細川勝元奉行人奉書案」(サ函一九七、『岡』四三三)。
(65) 『蔭涼軒日録』長享元年一二月二二日条。
(66) 『蔭涼軒日録』長享二年六月二六日条、七月二日条。
(67) 『蔭涼軒日録』長享三年五月六日、一九日条。
(68) 『蔭涼軒日録』延徳二年一〇月六日〜七日、二四日条。
(69) 『蔭涼軒日録』延徳二年三月二〇日条。
(70) 『蔭涼軒日録』延徳三年五月一九日、二一日条。
(71) 『蔭涼軒日録』明応二年四月二二日条。
(72) 『蔭涼軒日録』明応二年閏四月八日条。
(73) 辰田芳雄「応仁の乱後の東寺領新見荘の再興—細川京兆家の荘園請負構想—」(注(7)辰田著書)、同「明応の政変前夜の政治動向と新見荘—「代官妹尾重康」期について—」(同著書)。
(74) 康正元年(一四五五)、妙琳という人物が新見荘地頭職の一部、および備中国小坂部郷の一部を孫に譲与している(康正元年八月二二日「妙琳新見荘地頭職等譲状」〈『岡編』竹田家文書五〉)。妙琳は上記の所領を「本領」としているから新見氏であろう。また小坂部郷は幕府御料所であるので、これなども新見氏の在京活動の成果とみられる。
(75) 伊藤俊一「室町期荘園制の解体」(注(1)伊藤俊一著書)。

(76) 古野貢「「前期幕府―守護体制」と細川氏権力」(注(54)古野著書)。

(77) 注(4)山田論文、同「室町期越中国・備前国の荘郷と領主」(東寺文書研究会編『東寺文書と中世の諸相』思文閣出版、二〇一一年)。

(78) 岸田裕之「室町幕府・守護と荘園」(『講座日本荘園史四』吉川弘文館、一九九九年)。

第三章　備中国新見荘にみる名の特質と在地の様相

はじめに

「名」は荘園の主要な構成要素であり、その特質を解明することは荘園を理解する上で不可欠の命題である。古くさかのぼれば、名を家父長制的大家族による経営単位とする松本新八郎の「名田経営論」があり、(1)名を土地所有・経営と結びつける考え方が主流を占めていた。これに対して稲垣泰彦は、名とは名主の経営を中心として複数の経営体を加えて一定規模となるように編成された徴税単位であり、擬制的なものに過ぎないとして、名田経営論を明確に退けた。(2)

稲垣の所論の土台となったのは、渡辺澄夫を中心とする「均等名」の研究であった。(3)均等名とは文字通り均等な面積に分割された名のことで、公事・夫役負担を均等化するために荘園領主が便宜的に設定したものとされ、名が持つ制度的な徴税単位という側面が強調された。均等名の事例は興福寺領をはじめとする畿内の荘園に多く見出され、(4)その他では若狭国太良荘(5)や伊予国弓削島荘、(6)さらには九州の事例も挙げられたものの、(7)やはり現在でも一般的には畿内荘園のモデルとして理解されているといってよいだろう。(8)

一方、畿内以外の荘園については、永原慶二が備後国太田荘では名が小さな谷々に点在して分布していたことからそれぞれが完結的・閉鎖的に農業経営を行っていたとし、(9)中野栄夫は徴税単位としての性格が強い畿内の均等名に対して、遠隔地における名は不均等かつ大規模であり、在地領主的な名主の所領としての性格が強いとした。[10]蔵持重裕は太良荘を素材にして名主家の家長である名主の兄弟とその家族による名を媒介とした結合を扶養共同体と呼び、一族外の名内小百姓との関係は散田権による契約関係であって小百姓の経営は名主一族に依存するとした。[11]山本隆志も同じく太良荘をあつかって名主経営の労働力は名主の複合家族（兄弟、子ども、下人等）と下作人（浪人）を編成したものであり、このような同族的な経営を現実的根拠として収取単位に設定したのが名制度だとした。[12]蔵持・山本の説は複合的な家族による名主経営を強調したところに特徴があるが、この裏付けとして橋本浩は、備中国新見荘でも太田荘と同様に名が谷ごとにまとまって分布しているが、その内実をみると規模が近い複数の経営単位の集合であるとし、谷全体＝名を一つの家族的な経営体とする考え方を否定している。[13]そして海老澤衷は豊後国田染荘を題材とした長期間にわたる動態的な景観復元という新たなアプローチをとり、名は固定的なものではなく開発の進展や所領支配の変化にともなってその性格や地理的分布が変容していくことを論じ、やがては「集落名」という住民の生活を基盤とした名が成立するとした。[14]

名は徴税単位であると同時に経営単位でもあるという二面性はすでに他ならぬ渡辺の見通したところだったが、少なくとも畿内以外の荘園では以上のような後者の側面からの見直しにより、名は建て前としては徴税単位であるが実質的には名主の私有地的性格を帯びていくといった理解に至っている。[15]ここで注意したいのが先述の海老澤による指摘で、名の特質については形成・変容とその要因など、より長期的にかつ多面的に追究する必要があり、特に広域的な荘園を対象とすることで新たな可能性が広がることを示唆している。

本章ではこのような問題意識のもとに、山間地域の荘園である備中国新見荘をとりあげる。橋本があつかったのは実は広大な領域を持つ新見荘の一部分に過ぎず、名と地理的条件の関係など、踏み込んだ検討を行う余地は大きく残されている。周知のように当荘については膨大な先行研究が存在するが、そのうち名に関連するものでは橋本のほかに以下のような専論がある。浅原公章は名の解体や下地中分の状況について詳細な整理を行い、その背景には地頭の勢力拡大と鉄の獲得要求があったとした。(16)竹本豊重は名をとりまく景観を復元して、湿地開発技術を持ち込んだ地頭による高梁川の河原やその周辺に広がる中須と呼ばれる地形の開発形態を、全荘域に先行するモデルとして高く評価した。(17)渡邊太祐は竹本説に対して、谷の内部での新田開発を一つのモデルとして強調し、荘官・名主の主導による中須の開発はすでに飽和状態に達していたと論じた。(18)

橋本を含めてこれらの新見荘に関する先行研究はいずれも鎌倉期を主な対象としている。これは当該テーマを検討する上で有用な鎌倉期の土地台帳が残存しているためであるが、海老澤が提起するように名の動態的な変容が重要であるとするならば、より長期的な動向を追う必要性があろう。またさらに大きな問題として、政所や市庭といった政治経済の中心拠点を抱える荘域南部に議論が集中してしまっており、それ以外の荘域、特に北部については十分な注意が払われていない状況にある。

そこで本章では、鎌倉期のみならず南北朝・室町初期までも視野に入れた上で、主に当該期の帳簿類を用いて、新見荘の名の特質を地理的な分布状況、立地特性と開発形態などの観点から荘域全体にわたって検討したい。(19)

第一節　名の概況

1　地理と帳簿類

本論に入る前に、新見荘の地理について第一章の成果も踏まえつつ概括しておこう（荘域全体図は図2を参照）。荘域は南流する高梁川の最上流部とその支流である西川という二つの河川に挟まれた領域を中心としており、その合流地点付近が外部からの主な玄関口となっている。荘域南部は高梁川沿岸の沖積地を中心として平地が相対的に多く、基本的には北部へ行くほど山地の割合が増えるが、荘域最奥部に位置する高瀬という地域にも開けた盆地がある。下地中分によって荘域はおおむね東西に分割され、領家方は「西方」、地頭方は「東方」という別名があるが、例外的に高瀬は両者の入組地となっており、最南端にも入組地が存在している。本章でも便宜的に、現行の大字と中世の村名を折衷した七つの地域に荘域を分割する（①高瀬、②釜村、③千屋、④足立、⑤坂本、⑥井村、⑦西方）[20]。この地域区分は近世村を一部改編（井村から足立を分離）したものでもある。

次に土地台帳をはじめとする帳簿類の状況について簡単に整理しておきたい。本章では表1にまとめた帳簿類を主に使用し、引用の際には表1の史料№を用いる。当荘に残る帳簿類の中で最も古いのが文永八年（一二七一）の土地台帳である（№1～5、以下「文永八年帳」とする）。名・作人に関する記載が最も詳細で、名の内部構造の分析には好適なものとなっているほか、当荘の在地構造の研究の出発点となるものである。以下、その典型的な部分を抜粋しておくが、名・作人の記載については基本的には一段目が名、二段目以下が作人と理解され、作人は一筆あたり最大で三人まで連記されている。一部、特殊なケースが存在するがその点は後述する。

【史料1】文永八年帳（№1、一部抜粋、合点は省略）

二月十五日

久原

一ヽ(所)と〔定ヵ〕一反廿五ヽ(代)十八歩　成松　国清　武久

表1　鎌倉～室町初期における新見荘の帳簿類史料一覧

No.	年号　西暦　月　日	文　書　名	刊本	函番号
1	文永８年(1271)２月28日	領家方里村分正検田取帳案	『岡』193	ク函１
2	文永８年(1271)２月28日	領家方奥村分正検田取帳案	『岡』194	ク函２
3	文永８年(1271)２月28日	領家方里村分正検畠取帳案	『岡』195	ク函３
4	文永８年(1271)２月28日	領家方奥村分正検畠取帳案(前半)	『岡』196	ク函４
5	文永８年(1271)２月28日	領家方奥村分正検畠取帳案(後半)	『岡』197	ク函５
6	文永８年(1271)７月	惣検作田目録	『岡』625	シ函４
7	文永10年(1273)５月23日	五分一田畠漆等分帳案	『岡』198	ク函６
8	文永10年(1273)10月	西方作畠目録写	『教』81	—
9	文永10年(1273)11月	西方作田目録案	『岡』635	ヒ函11-1
10	文永10年(1273)11月	西方作畠目録案	『岡』636	ヒ函11-2
11	文永10年(1273)(６月)	西方麦畠検注取帳(前半)	『岡』162	ム函６
12	文永10年(1273)(６月)	西方麦畠検注取帳(後半)(後欠ヵ)	『岡』230	ク函49
13	文永11年(1274)５月14日	西方麦検畠取帳案	『岡』199	ク函７
14	建治元年(1275)７月27日	西方漆名寄帳	『岡』1006	さ函２
15	弘安７年(1284)12月	官物等徴符案	『岡』200	ク函８
16	永仁６年(1298)９月23日	西方胡麻并水手注文	『教』166	—
17	正安２年(1300)２月	西方麦・胡麻等算用状	『教』174	—
18	延慶３年(1310)９月15日	釜村所当米等徴符案	『岡』201	ク函10
19	正中２年(1325)４月12日	地頭方東方田地実検取帳	『岡』202	ク函11
20	正中２年(1325)４月12日	地頭方東方田地実検取帳案	『岡』203	ク函12
21	正中２年(1325)４月11日	地頭方東方畠地実検取帳(前半)	『岡』204	ク函13
22	正中２年(1325)４月11日	地頭方東方畠地実検取帳(後半)(後欠)	『岡』205	ク函14
23	正中２年(1325)４月11日	地頭方東方畠地実検取帳案(後欠ヵ)	『岡』206	ク函15
24	正中２年(1325)５月８日	地頭方東方田地実検名寄帳	『岡』207	ク函16
25	正中２年(1325)５月８日	地頭方東方田地実検名寄帳案	—	ク函17
26	正中２年(1325)５月８日	地頭方東方畠地実検名寄帳	『岡』208	ク函18
27	正中２年(1325)５月８日	地頭方東方畠地実検名寄帳案	—	ク函19
28	元弘３年(1333)９月18日	東方年貢納帳	『岡』209	ク函20
29	元弘３年(1333)10月	西方所当以下色々徴符案	『岡』210	ク函21
30	元弘３年(1333)11月15日	東方地頭方年貢納帳	『岡』211	ク函22
31	元弘３年(1333)11月	東方地頭方田畠并年貢等済物注文	『岡』212	ク函23
32	建武元年(1334)３月７日	国司入部雑事注文	『岡』216	ク函24-4
33	建武元年(1334)10月	月宛銭結解状	『岡』215	ク函24-3
34	建武元年(1334)12月	東方地頭方年貢米雑穀用途結解状	『岡』214	ク函24-2
35	建武２年(1335)２月９日	東方地頭方損亡検見并納帳	『岡』213	ク函24-1
36	建武２年(1335)２月９日	東方地頭方損亡并収納帳(前半)	『岡』163	ム函15
37	建武２年(1335)２月９日	東方地頭方損亡并収納帳(後半)	『岡』217	ク函25-1
38	明徳２年(1391)６月	僧信尊跡三名所当注進状	『教』664	—
39	明徳２年(1391)６月	西方田畠年貢等納帳	『岡』219	ク函31
40	明徳３年(1392)２月	西方年貢未進徴符	『教』669	—
41	明徳３年(1392)３月	西方年貢算用状案	『教』670	—
42	明徳４年(1393)12月	領家半分年貢目録	『岡』269	フ函71

一、　〻五〻　油地新　同　如是房

一、　〻十（代略）油地新　同　月行　時恒

次に、当荘では文永一〇年に下地中分が行われて荘域が分割されるが、その直後に作成された領家方の帳簿が文永一〇～一一年の麦畠検注帳である（No.11～13、以下「文永一〇～一一年帳」とする）。これは下地中分を受けて作成された内検帳と考えられ、この時の検注帳として残っているのは畠のみだが、分割後の領家方の領域を示す点で貴重な史料である。この後しばらくは領家方の収取状況に関する帳簿が続く（No.14～18）。

【史料2】文永一〇年帳（No.11、一部抜粋、合点は省略）

大田

後五月廿五日

一、（所）三反卅〻（代）　節岡　正　一、　二反廿〻（十）　同　宗安

一、　廿五〻　同　時延　一、　二反卅〻（卅〻）　同　国守

一方、地頭方の領域は正中二年（一三二五）の一連の帳簿に示される（No.19～27、以下「正中二年帳」とする）。田地・畠地について検注帳・名寄帳が一組ずつ、それぞれ正文・案文が残っている。これら地頭方の土地台帳の大きな特長は地名に関する情報が詳細な点である。なお地名について詳細な記載があるのは上述の文永八年帳、文永一〇～一一年帳、正中二年帳までであり、これ以降は限定的となる。

【史料3】正中二年帳（No.19、一部抜粋、合点・朱筆は省略）

三月十二日取

片樽新下　一所　十代　貞清

ノ田新中　一所　十五代　是次　問十郎

温屋サコ新中　一所　十五代　友貞　惣源二

鎌倉初期には当荘の本家は最勝光院、領家は小槻氏となっていたが、まず正中二年に最勝光院執務職が東寺に寄進され[21]、続いて元徳二年（一三三〇）に領家職も同じく寄進される[22]。さらに元弘三年（一三三三）には地頭職も東寺の手に渡ったことにより[23]、元弘から建武にかけて領家方・地頭方の同時期の帳簿が初めてそろうこととなる（No.28～37、うち領家方はNo.29）。

南北朝期に入ると地頭職は最終的に東寺の手を離れるが、領家職については小槻氏との間で延々と続いた相論の末、ようやく明徳元年（一三九〇）に和与が成立して東寺が確保するに至る[24]。そして収納を本格化した際の帳簿がNo.38～42である。

2　名の体系―成松名と二次名―

さて前記のような帳簿類をもとに、徴税体系に関わって新見荘にはどのような名が存在したかを概観し、その分類作業を行いたい。全体像を見渡せる史料は下地中分後のものしかないため、ここではまず領家方からみていく。領家方の史料で名の体系を明確に示しているのが弘安七年（一二八四）「官物等徴符案」（No.15）である[25]。ただし名の規模も情報として必要であるが、この史料には耕地面積が記されていないので、その点を元弘三年「西方所当以下色々徴符案」（No.29）によって補完したものが表2である。両史料にみえる名名《みょうめい》の対応関係も示したので、この間の約五〇年で名の体系にどの程度の変化があるかも確認したい。

また表2では名の地理的な分布状況を把握するため、文永八年帳と文永一〇～一一年帳をもとに名の所在地を比定し[26]、先述の七地域名とさらに詳細な地名を併記した。そのうち西方の地名には空欄が多くなっているが、西方では一つの名が複数の地名にまたがるケースが非常に多く、逐一記載することは煩雑にすぎるためやむなく空欄とした。この点についてはまた後に詳述する。

(A) 領　主　名

当荘には公文・田所・惣追捕使の荘官三職が置かれているが、それらの給名として宛てられているのが成沢名(公文)、延房名(田所)、得永名(惣追捕使)の三名である。地理的にはいずれも西方を中心として広く分布している。西方は領家方政所や市庭を抱える荘域の中枢であり、この表からもうかがえるように七地域の中で最大級の田地面積を持つ。

(B) 船　人　名

史料中では「船人等中」などと表記される流通・商工業者の給名である。そのほとんどが西方、具体的には高梁川沿いに分布することが文永一〇~一一年帳から確認でき、河川を利用した年貢などの運搬に従事したものと想像される。一色田の割合が高いのはその反対給付であろう。このうち重光名は元弘三年にみえなくなるが、消滅したのではなく地頭方に編入されたもののようで、正中二年帳には姿を現す。また友正・如是の二つが増えているが、これらも新設というわけではなく、文永八年帳や文永一〇~一一年帳で確認できる旧来の名である。

(C) 百　姓　名

史料中では「百姓分」とあり、これが百姓名であろう。規模の小さいものを除き、基本的には公事を負担している。

表２　領家方の名一覧

〈1〉

種　類	地　域	地　名	名　名		名の規模(No. 29)						
			弘安７年(No. 15)	元弘３年(No. 29)	名田(反)	一色田(反)	里畠(反)	山畠(反)	公事銭(文)	分米計(斗)	分銭計(文)
領主名	西方		成沢	成沢	12.4	5.7	13.9	7.6	520	75.0	6,290
	西方		延房	延房	22.6	—	6.0	—	—	141.6	1,200
	西方・足立	カタカネなど	得永	得永	2.8	4.0	13.5	—	940	52.8	3,640
船人名	西方	牛丸	重光	—	—	—	—	—	—	—	—
	西方		国弘	国弘	1.5	2.0	1.2	—	—	27.6	240
	西方		宗安	宗安	—	2.0	1.0	—	—	18.0	200
	西方		友光	友光	—	4.0	4.3	—	39	36.0	889
	西方		是包	是包	—	1.6	1.9	0.8	26	14.8	406
	西方		友平	友平	3.2	2.0	1.7	—	—	37.9	340
	井村	谷内	友清	友清	—	2.0	3.8	—	—	16.0	760
	西方		宗元	宗元	—	2.4	1.0	—	—	22.0	200
	西方		貞角	貞角	—	1.6	1.0	—	—	14.8	200
	西方		助家	助家	—	—	0.1	—	—	—	10
	西方		—	友正	—	2.0	1.1	—	—	18.0	210
	西方		—	如是	0.1	—	—	—	—	—	—
百姓名	西方	大田	節岡	節岡	18.8	—	14.0	—	980	41.4	15,980
	西方		則行	則行	12.4	—	14.6	7.5	1,767	75.3	4,687
	西方	鳴田	宗包	宗包	1.0	—	1.0	1.0	—	5.4	200
	井村	谷内	貞次	—	—	—	—	—	—	—	—
	井村	間尾	利真	利真	9.0	—	35.9	12.1	3,431	57.4	10,611
	釜村	三坂	恒守	恒守	—	—	3.6	—	—	—	760
	釜村	サウハラ	宗末	宗末	23.6	—	28.4	22.0	2,900	149.4	8,584
	釜村	渡田	近真	近真	18.0	—	21.9	8.0	2,900	112.5	6,280
	釜村	加摩	利宗	利宗	2.4	—	21.4	14.1	1,720	14.3	6,000
	釜村・足立	加摩・田曽	末国	末国	4.1	—	12.2	7.5	1,180	25.5	3,620
	足立	足立・田曽	助元	助元	6.4	—	18.0	10.0	1,430	39.2	5,030
	足立	足立	国吉	国吉	5.5	—	18.0	10.0	1,500	32.9	5,100
吉野分	高瀬	本郷	秋末	秋末	—	20.6	12.5	—	—	—	22,050
	高瀬	木谷	貞友	—	—	—	—	—	—	—	—
	高瀬	本郷	成沢	成沢	2.2	—	—	—	—	—	924
	高瀬	本郷	源入	源入	—	10.0	4.0	—	—	—	10,480
	高瀬	本郷	貞末	貞末	—	1.6	—	—	—	—	1,600
	高瀬	本郷	安宗	安宗	—	7.6	3.3	—	—	—	7,990
	高瀬	本郷	宗重	宗重	—	7.4	7.1	—	—	—	8,246
	高瀬	本郷	永久	永久	—	8.7	17.9	—	—	—	10,829
	高瀬	伊守忠	助房	伊守忠	22.6	—	4.0	—	—	—	9,972
	高瀬	伊守忠	近守								
	高瀬	伊守忠	正守								
	高瀬	伊守忠	重光								
	高瀬	伊守忠	国貞								
	高瀬	伊守忠	安友								

〈2〉

種類	地域	地名	名名		名の規模(No. 29)						
			弘安7年(No. 15)	元弘3年(No. 29)	名田(反)	一色田(反)	里畠(反)	山畠(反)	公事銭(文)	分米計(斗)	分銭計(文)
吉野分	高瀬	伊守忠	正作分	正作	—	1.8	—	—	—	—	1,800
成松名分	西方		清元	清元	10.6	—	18.1	6.1	1,170	65.5	4,790
	西方		則安	則安	—	1.3	—	—	—	13.0	—
	西方		守忠	守忠	5.3	—	3.8	—	—	—	3,000
	西方		宗貞	宗貞	—	2.0	—	—	—	18.0	—
	?		久道	久道	—	0.8	—	—	—	7.5	—
	?		橘太	—	—	—	—	—	—	—	—
	西方		一王	一王	—	3.3	—	—	26	30.1	26
	西方		助延	助延	—	2.0	1.5	—	—	17.0	300
	西方 西方		成正 国正	成正・国正	—	1.2	1.7	—	—	8.1	340
	西方		為真	為真	—	2.8	2.3	4.3	39	26.8	499
	西方		友光	友光	—	3.6	3.6	6.0	140	32.2	850
	西方		五郎	五郎	1.8	—	2.0	—	40	10.2	440
	西方		元安	元安	2.2	—	2.0	6.0	40	14.0	440
	西方		則久	則久	4.1	—	1.9	4.1	426	25.7	796
	西方		則真	則真	2.9	—	2.3	2.5	172	18.6	632
	西方		則遠	則遠	—	—	3.6	—	—	—	720
	西方		近平	近平	3.1	—	1.6	0.8	80	19.1	400
	西方		助貞	助貞	7.0	—	4.2	5.6	440	42.7	1,280
	西方		真恒	真恒	3.9	—	3.5	2.2	296	24.0	986
	西方		吉安	吉安	—	1.4	1.8	—	—	12.0	360
	西方		吉里	吉里	3.8	—	1.9	3.1	224	23.9	594
	西方		武方	武方	—	3.4	0.2	—	—	29.6	40
	西方		利永	利永	—	—	30.0	—	—	—	—
	西方		宗遠	宗遠	—	3.4	3.6	—	—	26.0	—
	西方		宗光	宗光	3.4	2.8	2.9	—	—	—	3,370
	西方		真近	真近	—	—	0.8	1.9	—	—	160
	西方		恒光	恒光	2.4	—	—	—	—	12.2	—
	井村	谷内	助利	—	—	—	—	—	—	—	—
	西方		安遠	安遠	—	0.4	1.1	—	—	3.2	220
	西方		延遠	延遠	—	—	2.0	2.3	—	—	400
	西方		末弘	末弘	—	—	3.5	2.6	—	—	700
	井村	谷内	心法	—	—	—	—	—	—	—	—
	足立	長谷	近吉	近吉	—	—	2.6	—	—	—	520
	井村	谷内	吉国	吉国	7.3	—	12.6	—	1,405	45.5	3,925
	釜村	ヒヨリ	清友	清友	2.5	—	7.0	—	715	15.5	2,115
	釜村	渡田	助守	助守	6.8	—	3.2	—	910	42.8	1,550
	足立	田曽	成包	成包	—	2.0	3.0	—	—	17.3	600
	足立	田曽	紀二郎	紀次郎	—	1.9	4.0	—	—	14.2	800
	足立	吉川	包貞	包貞	—	—	6.5	—	745	—	2,045
	足立	吉川	則真	則真	—	—	19.5	10.0	745	—	4,645
	井村	アセヒ	清真	—	—	—	—	—	—	—	—
	西方		重久	—	—	—	—	—	—	—	—
	西方		為久	為久	—	0.1	—	—	—	0.8	—
	西方		箱	箱	—	1.6	2.3	—	—	13.7	460

種　類	地　域	地　名	名　名		名の規模(No. 29)						
			弘安7年(No. 15)	元弘3年(No. 29)	名田(反)	一色田(反)	里畠(反)	山畠(反)	公事銭(文)	分米計(斗)	分銭計(文)
成松名分	西方		立勝	立勝	—	0.2	—	—	—	2.0	—
	西方		延成	延成	—	0.1	—	—	—	1.0	—
	西方		清四郎	—	—	—	—	—	—	—	—
	西方		菊万	—	—	—	—	—	—	—	—
	西方		権次郎	権二郎	—	—	1.5	—	—	—	300
	西方		国重	国重	—	—	35.0	—	—	—	—
	西方		助遠	—	—	—	—	—	—	—	—
	西方		—	友重	—	3.2	—	—	—	28.4	—
	西方		—	恒房	—	—	3.0	—	—	—	600
	西方		—	守清	—	0.7	—	—	—	5.0	—
	井村	宇津草	—	宇津草	—	3.5	—	63.0	—	20.8	—
	足立	足立	—	延清	1.5	—	5.0	—	145	9.6	1,145
	釜村	渡田	—	永貞	—	9.2	—	—	—	91.0	—
不明	?		藤次郎	—	—	—	—	—	—	—	—
	?		正作分	—	—	—	—	—	—	—	—
	?		十郎	—	—	—	—	—	—	—	—
	?		かちや給	—	—	—	—	—	—	—	—
	?		—	桂太	—	4.1	—	—	—	37.0	—
	?		—	御仏寺田	—	4.0	—	—	—	40.0	—
	井村	間尾	—	久遠	—	—	9.3	—	—	—	1,500
	?		—	善成寺分	10.0	—	10.0	—	—	—	12,000
総計					247.1	145.8	512.1	220.9	27,091	1,891.8	208,876

1)　山畠の面積は反別1斗代（No. 10、No. 17）として収量から逆算。

2)「分米計」は佃米・加徴米・水手・段別白米・節季米を含む。「分銭計」は年貢銭と公事銭の合計値。

3)　No. 15に記載がなくとも文永8年帳で成松名に由来すると確認できた名は「成松名分」に含めた（友重〜永貞）。

4)　本章の初出時は宗貞名の所在地を「釜村 三坂」としていたが、辰田芳雄氏の指摘により「西方」に修正した。

貞次名については領家方から地頭方に移動したものである。このように若干の移動はあったものの、船人名と百姓名に関してはこの五〇年間で名の体系にさほど大きな変化はみられない。

（D）吉野分

吉野というのは荘内の一地域である高瀬の別名である。ここに属する名には年貢米・公事銭の賦課がないことが大きな特徴である。百姓名の一種なのであろうが、吉野では少なくとも弘安七年まで鉄の現物納が行われており、その後は代銭納に転換するが（No.16）、当時の名残として特殊な位置付けを与えられたらしく、室町期に入っても「高瀬分」といった形で別掲されつづける（No.42）。このうち目立つ変化として、助房から安友までの六つの名が「伊守忠《いもりただ》」(27)という一つの名に統合されている。この伊守忠とは高瀬の中にある地名の一つであり、地名が名名として採用された例であるが、この点については別途考えたい。

（E）成松名分

「成松名」とは文永八年帳において全荘域の約四割の面積を占めた巨大な名で、吉野分と並んで新見荘の名の体系における大きな特徴といえるものであるが、由来については明確なことはわかっていない。その巨大さからみて当荘の開発領主とされる大中臣氏の領主名の遺制ではないかと推測される。そしてここで「成松名分」といっているのは、文永八年帳で成松名に属する作人として記載されていたもののうち、新たに名として分立したものを指している。

その成松名であるが、文永八年帳では膨大な耕地を計上したものの、わずか二年後の文永一〇年帳（No.11〜12）では一筆二反、同一一年帳（No.13）では二筆合計三・二反を数えるのみとほとんど消滅してしまっており、下地中分で争点となった地域の耕地面積を抜き書きした文永一〇年「五分一田畠漆等分帳案」（No.7）にも成松名の形跡はみえないのである。これだけ短期間のことであるから、文永八年の時点で成松名の徴税単位としての実質はすでに失われていたと考えざるを得ない。先に文永八年帳の説明で特殊なケースとしたのはこの成松名のことであり、その実質を担う者として成松名そのものではなく、やがて名として分立していくその下の作人をみるべきなのである。

そこで、それら「成松名分」の特徴を表2に即してみると、まずその名名から非常に雑多なものを含んでいることがわかる。次に百姓名と比べると、その規模は概して小さく、この五〇年間での消長の程度はより大きくなっている。また百姓名にはない一色田の設定があることから、大中臣氏の時代に与えられていた領主名としての特権が残っていたものと考えられる。

この点に関係して、文永八年帳（No.1）のある一筆に「本成松名ナリトイヘトモ年貢未進ノユヘニ在地等引進了」（「在地等」は朱筆）との注記があることに注目される。上述の理解とこの一筆が延房名につけられていることからすると、在地の方で成松名の特権を保持していたが年貢未進の代償としてそれを放棄することとなり、同じ領主名でも田所の給名である延房名へと変更されたものと解釈できよう。このようにして旧時代の遺制としての特権的な性格は徐々に失われていったものとみえ、百姓名と同様に公事を負担する名があることは表2からもわかるが、その数は弘安七年（No.15）には一二だったのが、元弘三年（No.29）には二二にまで増えており、百姓名との同質化が進んだことは明らかである。

次に、地頭方における名の体系は元弘・建武の帳簿（No.31・35〜37）から明らかにできるが、そこでは「百姓名」、「散田」、「高瀬」という分類が明示されている。このうちの散田（名）は領家方の一色田と同じ性格のものであろう。耕作者の名が記載されている点は、領家方より情報が詳細となっている。領家方でみられた成沢名・延房名・得永名の領主名三名は、地頭方では百姓名と散田名のなかに含まれている。公文・田所・惣追捕使の三職は地頭方にはいないのでその給名も大きな意味を持たないはずであるが、下地中分以前の名の体系が一応そのまま受け継がれているらしい。そして船人名に相当するものは、散田名のなかに「船給」として見出される。

以上の点から、地頭方の名の体系も領家方と基本的には変わらないといえる。このような理解にもとづいて地頭方の名を一覧にしたものが表3である。名の配列については対比しやすいように領家方の名の体系に合わせ、そのうち百姓名と散田名は正中二年帳の名寄帳（No.24～27）の記載順をもとに可能な限り地域別となるように並べ替えてある。地域・地名については文永八年帳、正中二年帳をもとに判定した。

地頭方でも成松名はわずかに里畠が残存しているが、領家方と違って成松名から分立していった名は明示されてはいない。しかし文永八年帳に照らせばそれらを特定することは可能である。例えば百姓名では三三名のうち成松名に由来するものが一〇名あるが、それ以外の通常の百姓名と比較すると、近吉名のような大きなものもあり、領家方でみられたような両者の規模の相違はもはや看取されない。すなわち地頭方では体系の上でも規模の上でも、成松名に由来するかどうかは差異を生み出していないことがわかる。

以上の検討により、新見荘では旧時代の巨大な領主名であった成松名の分解により派生した二次的な名（以下、成松二次名）も百姓名との同質化が進み、百姓名に準ずる性格を与えられていることが明らかになった。よって、以下では荘園における一般的な名として百姓名を中心にあつかうが、成松二次名についても同様に検討対象に加えることとする。

表3 地頭方の名一覧

〈1〉

種類	地域	地名	名名	作人	名の規模(No. 35～37)					
					田(反)	里畠(反)	山畠(反)	分米(斗)	分雑穀(斗)	分代銭(文)
領主名	西方・井村・千屋	(広域)	成沢		17.2	—	—	90.0	—	—
	西方	今井	成沢	今井	5.5	3.6	20.6	27.5	31.4	—
	井村	ツフ子谷	成沢	藤次郎	1.0	1.6	2.3	7.0	7.1	—
	井村	中須	延房		29.4	—	—	205.8	—	—
	西方・井村・坂本	(広域)	得永		7.4	0.6	8.0	51.8	9.8	—
船給	井村	中須	覚念		1.0	—	—	7.0	—	—
	井村	中須	若入道跡		1.0	—	—	7.0	—	—
	井村	中須	二郎太郎		3.2	—	5.0	22.4	5.0	—
百姓名	西方・井村	(広域)	武忠		7.5	1.0	33.6	44.9	33.6	—
	井村・坂本	(広域)	是次		7.9	4.4	25.5	47.4	38.7	—
	西方	牛丸	節岡		1.5	—	—	6.2	—	—
	井村	中須・横見・谷内	貞次		14.6	3.7	7.1	88.2	18.1	—
	井村	中須	千与包		8.8	4.0	6.4	61.6	18.4	—
	井村	中須	菊石源大夫		—	0.8	—	—	2.4	—
	井村	中須	友清 *		11.2	—	14.2	67.0	14.2	—
	井村	トヤノ鼻	助久 *		5.6	5.3	19.8	33.6	35.7	—
	井村・坂本	中須・横見・八谷・坂本	近吉 *		22.0	30.9	139.7	124.1	232.4	—
	井村	中須	助房		3.6	—	—	16.8	—	—
	井村	木戸	木戸	弥大夫	2.1	4.5	46.4	12.1	59.9	—
	井村	居敷野	居敷野		0.8	1.0	8.0	4.7	11.0	—
	井村	小谷	末永		16.0	1.6	3.9	95.1	8.7	—
	井村	小谷	宗道 *		8.4	12.3	8.3	49.5	45.2	—
	井村	小谷	国忠		10.4	5.6	20.6	61.9	37.4	—
	坂本	片樽・タチャ谷	貞清		4.9	4.3	20.6	29.2	33.5	—
	坂本	坂本	重行		5.2	3.6	36.0	31.2	46.8	—
	坂本	坂本	光重 *		10.2	0.2	12.1	60.7	12.7	—
	坂本	坂本	友貞		41.7	22.0	97.3	246.3	163.1	—
	千屋	大コソ・ホソヲ谷・根嶋	依真		6.6	0.2	20.3	38.7	20.9	—
	千屋	二御前・ウツヲ谷・ヲトロ	則元		13.7	3.6	31.7	80.6	42.5	—
	千屋	根嶋	為宗 *		12.3	—	24.9	73.4	24.9	—
	千屋	神原・中谷	光依	仏阿	20.4	4.0	61.9	120.0	73.9	—
	千屋	サウサ原	光依	蓮阿	22.2	—	30.0	123.7	30.0	—
	千屋	矢椙・一盃原	助依 *		16.5	3.0	13.1	97.5	22.1	—
	千屋	赤子	赤子		4.8	—	—	28.6	—	—

〈2〉

種　類	地　域	地　名	名　名	作　人	名の規模(No. 35〜37)					
					田(反)	里畠(反)	山畠(反)	分米(斗)	分雑穀(斗)	分代銭(文)
百姓名	千屋	鈴上	鈴上		8.1	—	80.4	48.4	80.4	—
	千屋	根嶋	大上　＊		6.3	—	10.8	37.4	10.8	—
	千屋・釜村	田口	貞成　＊		9.5	5.0	47.1	56.0	62.1	—
	釜村	西田口	清国		13.4	3.9	95.6	78.9	107.2	—
	釜村	奥谷・日ヨリ・大タ田	清遠　＊		4.4	1.2	136.8	25.9	140.4	—
	釜村	佐津見	真弘		18.9	7.2	108.4	112.4	129.9	—
	釜村	竹谷・井ノヒレ	重延		6.6	—	58.4	41.7	58.4	—
高瀬	高瀬	野	野	三郎大夫	11.6	—	—	—	—	8,597
	高瀬	野	野	仏念	6.4	—	—	—	—	5,750
	高瀬	野	野	性阿	10.5	—	—	—	—	8,100
	高瀬	松フロ・中原・大原・木谷	重久　＊	新阿	19.9	—	—	—	—	18,900
	高瀬	松フロ・中原・大原・木谷	重久　＊	円仏	13.5	—	—	—	—	10,997
	高瀬	亀尾	助宗		22.1	—	—	—	—	21,497
	高瀬	亀尾	助宗	刑部	4.9	—	—	—	—	4,397
	高瀬	亀尾	助宗	二郎大夫	4.0	—	—	—	—	3,897
	高瀬	ササヤ	正恒		15.1	—	—	—	—	14,700
	高瀬	梅田・伊守忠	得永		12.1	—	—	—	—	12,060
散田名	西方・井村	直坂・中須	直坂藤三郎		—	1.8	5.2	—	10.6	—
	西方・井村	直坂・中須	番匠三郎二郎		—	—	2.0	—	2.0	—
	西方・井村	直坂・中須・谷内	吉久		2.0	—	7.5	14.0	7.5	—
	西方	直坂	弥太郎		—	—	1.9	—	1.9	—
	井村	中須	高生小二郎		1.2	—	1.0	8.4	1.0	—
	井村	中須・谷内	七郎三郎		—	—	0.2	—	0.2	—
	井村	中須・谷内	七郎三郎		—	0.3	3.0	—	0.9	—
	井村	中須	兵庫入道		—	0.7	2.8	—	4.9	—
	井村	中須	宗清　＊		1.5	0.6	3.2	10.5	5.0	—
	井村	中須	源五郎		—	—	1.3	—	1.3	—
	井村	谷内	常念		—	2.0	12.2	—	18.2	—
	井村	中須	弥五郎		—	0.8	—	—	2.4	—
	井村	中須	浄智		—	—	0.2	—	0.2	—
	井村	中須	源六		—	—	1.6	—	1.6	—
	井村	中須・谷内	弥大夫		—	0.1	5.5	—	5.8	—
	井村	中須	虎二郎		—	0.9	—	—	2.7	—
	井村	谷内	紀八郎		—	—	6.0	—	6.0	—
	井村	横見	時恒		6.3	6.5	6.5	43.8	26.0	—
	井村	谷内	孫王		—	—	8.6	—	8.6	—
	井村？	横見？	近吉　＊	正分	15.5	5.4	13.5	108.5	29.7	—
	井村	谷内	惣六		—	0.6	—	—	1.8	—

種類	地域	地名	名名	作人	名の規模(No. 35〜37)					
					田(反)	里畠(反)	山畠(反)	分米(斗)	分雑穀(斗)	分代銭(文)
散田名	井村	中須	貞房		13.4	—	—	93.8	—	—
	井村	中須・横見	為末		0.6	4.5	—	4.2	13.5	—
	井村	横見	成松		—	2.2	—	—	6.6	—
	井村	横見	神坂小太郎		—	—	1.1	—	1.1	—
	井村	中須・横見	紀六郎		4.3	—	0.5	30.1	0.5	—
	井村	中須	進士		1.2	—	—	8.1	—	—
	井村	中須	吉国　*		0.2	—	—	1.4	—	—
	井村	中須	日光		4.6	—	—	32.2	—	—
	井村	中須	正作		8.5	—	—	59.5	—	—
	井村	中須・横見・谷内	弥七		1.1	—	4.5	7.4	4.5	—
	坂本・千屋	ツエカ平・ウソカイチ・ショウカ平	守忠　*		—	1.3	40.5	—	44.4	—
	釜村	加摩	唯八		—	—	22.8	—	22.8	—
	西方	牛丸	牛丸		—	—	20.4	—	20.4	—
	西方	牛丸	節岡		—	—	20.0	—	20.0	—
	西方	牛丸	紀大夫		—	—	2.8	—	2.8	—
	西方	牛丸	国弘		—	1.6	1.1	—	5.9	—
	西方	牛丸	重光		5.0	—	8.5	—	—	4,997
	西方?	市庭分?	重光	与三	6.0	—	—	42.0	—	—
	西方	市庭分	重光	藤十郎	0.1	—	—	0.4	—	—
	西方	市庭分	梅枝三郎		0.1	—	—	0.7	—	—
	西方?	市庭分?	彦三郎		0.3	—	—	2.1	—	—
	西方	市庭分	上座		0.4	—	—	2.8	—	—
	西方?	市庭分?	鶴次郎		1.0	—	—	7.0	—	—
	西方	市庭分	法阿		1.3	—	—	9.1	—	—
	西方	市庭分	明信房		3.3	0.2	—	22.8	0.6	—
	西方	市庭分	金剛三郎		0.6	—	—	4.2	—	—
	西方	市庭分	是阿		0.8	—	—	5.6	—	—
	井村	二日市庭	念法		3.0	—	—	21.0	—	—
総計					613.4	168.5	1,458.3	3,001.1	1,949.2	113,892

1）文永8年帳で成松名に由来すると確認できた名には＊を付した。

2）本章の初出時は守忠名の所在地を「千屋」としていたが、正中2年帳（畠地）の再精査により「坂本」を追加した。

第二節　名と作人の地理的分布

1　西　方

前節では徴税体系の観点から名を分類したが、次に地理的条件との関係について検討を加えたい。先に表2について説明した際、西方には複数の地名にまたがる名が多いと述べたが、まずはその地理的な分布状況を確認することから始めよう。

文永八年帳の西方の田地面積について、名名を縦軸に、地名を横軸にとって集計したものが表4である。前節の理解に基づいて成松名は作人に分解し、そのうち名として分立していくものとそうでないものとで別々に記号を付してある。名名・地名ともに文永八年帳の記載順に沿って並べてあるが、それはすなわち検注順といえるわけで[28]、基本的に記載順が隣接していれば地理的にも隣接していることになる。西方の田地は地形から考えて①高梁川沿いの低湿地と、②そこから西側の谷間に広がる平坦部の二種類に大別することができるが（図3）、それぞれ代表的な地名を表4から挙げると、前者は「荒張」や「楢原」、後者は「別所」や「久原」などとなる。

これらの前提のもとに名の分布状況をみると、まず小規模な名が非常に多く、この表には三反未満の名は表示していないが、その数は六四にも達し、そのうちこの時点で名として名請しているものが一二、やがて名請することになる成松二次名が二八あり、無数の群小名が点在している。また領主名である得永名・成沢名は除くとして、例えば国清、武久、吉里のような①高梁川沿いと②谷間平坦部の双方の田地を持っているケースもみられるように、地理的に分断された散在的な名が多く存在することがわかる。これらのケースを作人レベルでみてみると（表5）、別々の所在地にある田地を耕作する作人の組み合わせの結果であることがわかるが、これは西方では他の名でもよくみられることである（表6）。よって西方の名に関しては制度的に編成された徴税単位としての色彩が濃厚であり、「均等名」とまではいえないまでも畿内型の様相を示しているといえよう。

2　釜村・千屋

続いて西方との比較の対象として、これまで重視されてこなかった荘域北部の釜村・千屋について名の分布状況を検討してみよう。まず釜村からみてみると、一つの地名のみに集中している名が大半となっている（表7）。また宗貞・恒守はいずれも「三坂」と「佐津見」の二か所に田地を持っているが、作人レベルでみると佐津見で耕作している者は全て三坂でも耕作している（表8）。この二地名は隣接する谷筋に位置しているから（図4）、釜村の名は地理的な連続性を強く持っていることがわかる。

もう一つの千屋についても釜村と同様の傾向を示しており（表9）、ほとんどのケースにおいて一つの名の田地は一か所に集中しているか、あるいは「根嶋」・「ヤスキ」・「中谷」などといった隣接地に広がっている（図5）。このように釜村・千屋の名は、西方のような作人レベルの耕作実態を超越した次元での編成は行われておらず、その意味

音部	鳴田	合計（反）
		10.9
		4.4
		32.1
0.5		29.9
	9.4	53.0
		4.8
		5.3
		13.7
		4.0
		3.7
		3.3
		9.8
		5.9
		5.0
		4.1
		4.7
		3.1
		4.4
		7.0
		4.8
		3.7
		3.2
		3.3
		13.5
		3.4
		3.9
		3.8
		7.8
		3.4
3.0		3.0
6.2	12.4	344.1

以下の表でも同様。

表４　西方の名別・地名別田地面積（文永８年帳）

名　名	地名別田地面積(反)												
	由世	大田	宮田	楡田	荒張	檜原	大莚	別所	横枕	久原	金子	辻田	深田
是元	6.0	4.9											
宗元	1.2				0.8	2.4							
節岡		22.1	1.2	6.2		2.6							
得永			16.4			3.0	0.7	0.6	2.0	4.8			2.0
成沢			14.2			15.1	0.6			13.0			0.7
是包				3.3		1.5							
守忠　＊				0.6	4.7								
国清　—					2.3	1.7			4.0	5.4			0.3
武方　＊					1.4							2.6	
友平					3.7								
成松、正					3.3								
助貞　＊						0.7				5.5		3.6	
武久　＊						2.5	2.7		0.4				0.4
(空白)						1.0	2.0						2.0
吉里　＊						1.0		0.3		2.8			
一王　＊							4.7						
則久　＊								0.9		2.2			
友光　＊								4.2		0.2			
末弘　＊								0.5		1.4	3.9	1.2	
月行　—										4.8			
則遠　＊										3.7			
友重　＊										3.2			
近平　＊										1.4		1.9	
則行										1.2	10.2	0.2	2.0
宗光　＊										3.4			
恒平　—											1.1	1.0	1.8
延遠　＊											2.6		1.2
助遠　＊												7.2	0.6
恒光　＊													3.4
弥平二入道　—													
合計	12.6	27.0	31.8	10.1	18.8	54.5	12.9	25.5	8.4	63.5	17.7	24.3	18.6

1)　成松名の作人のうち、のちに名となるもの（成松二次名）には＊を、そうでないものには—を付した。
2)　合計面積が３反未満の名（数にして64）は表示を割愛した。

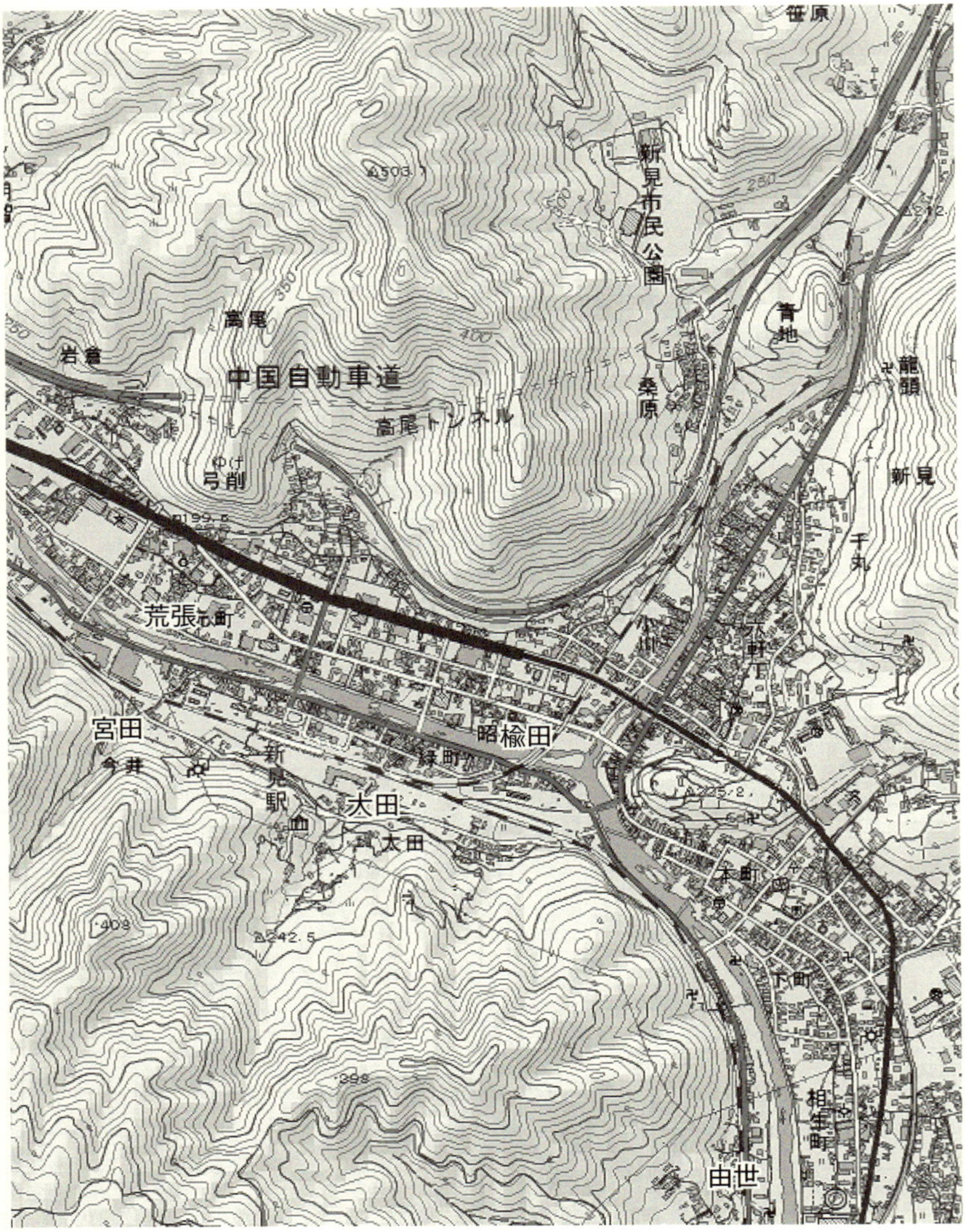
笹原
新見市民公園
青地
龍頭
高尾
岩倉
中国自動車道
桑原
高尾トンネル
弓削《ゆげ》
新見
千丸
荒張
小川
宮田
今井
新見駅
太田
緑町
本町
下町
相生町
由世

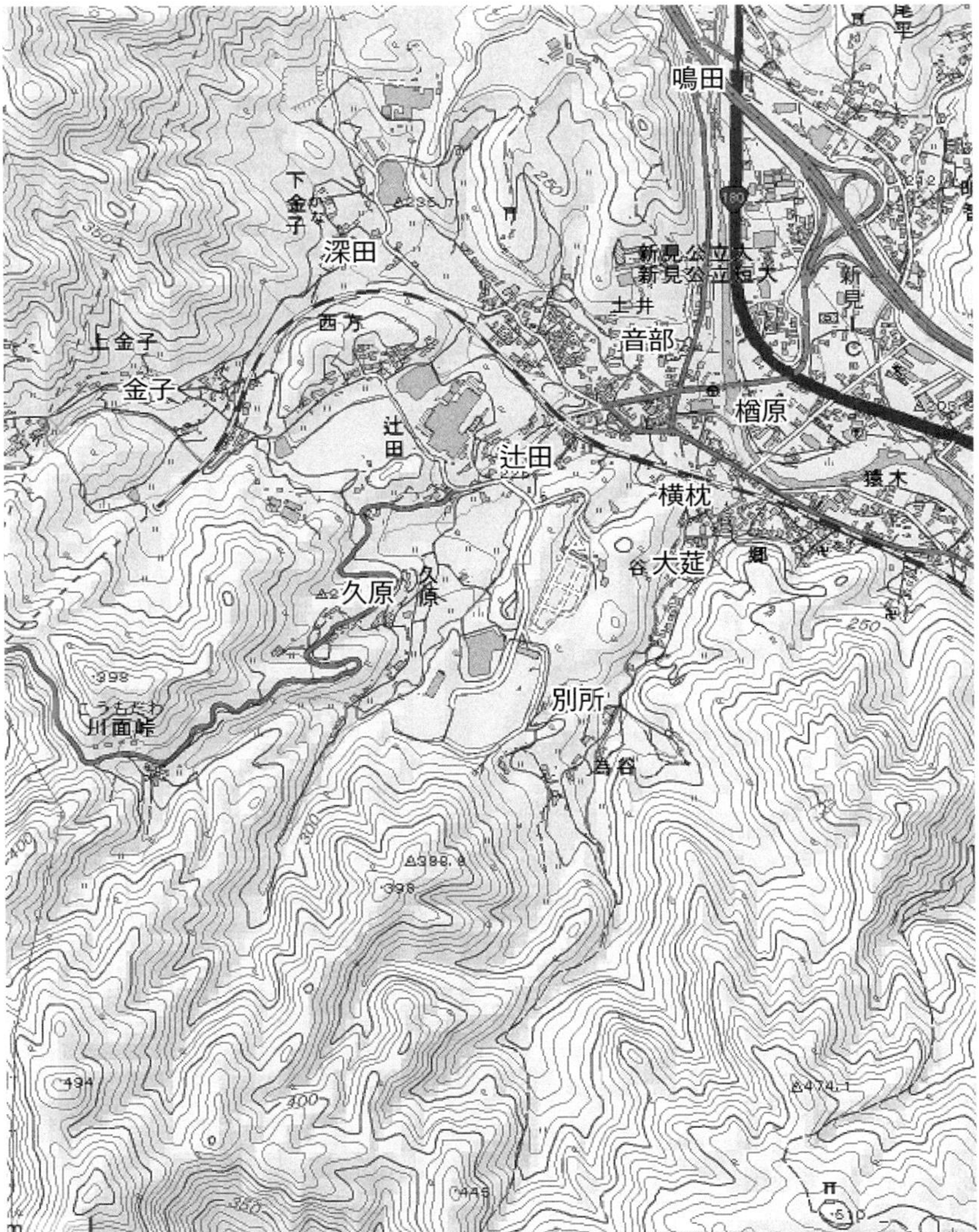

図３　西方地図（国土地理院『地理院地図』をもとに作成）

表5-1　作人別田地面積（文永8年帳）

名名	作人	地名別田地面積(反)					合計(反)
		荒張	檜原	横枕	久原	深田	
国清	武久		1.7	2.7	4.7		9.1
	守清	1.8				0.3	2.1
	家清			1.3	0.7		2.0
	（空白）	0.5					0.5

表5-2　作人別田地面積（文永8年帳）

名名	作人	地名別田地面積(反)				合計(反)
		檜原	大莚	横枕	深田	
武久	正	0.9	0.9			1.8
	清久	1.6				1.6
	忠清		1.0			1.0
	為清		0.8			0.8
	家清			0.4		0.4
	（空白）				0.4	0.4

表5-3　作人別田地面積（文永8年帳）

名名	作人	地名別田地面積(反)			合計(反)
		檜原	別所	久原	
吉里	重安		0.3	2.8	3.1
	正	1.0			1.0

表6　作人別田地面積（文永8年帳）

名名	作人	地名別田地面積(反)					合計(反)
		由世	大田	楡田	荒張	檜原	
是元	元綱	6.0					6.0
	友光		4.9				4.9
宗元	貞光					2.4	2.4
	貞角	1.2			0.8		2.0
是包	（空白）			3.3			3.3
	是光					1.5	1.5

では橋本浩がいうような、名が谷ごとにまとまりをみせる「中間地域」型(29)にあたるであろう。そしてこれら以外の荘内の主要地域として、地頭方の本拠地である井村をみても釜村・千屋と同様の傾向を示している。橋本は成松二次名の地理的分布までは分析しなかったために西方の事例をもって「中間地域」型としたが、それは不適当であり、むしろ西方は「中間地域」型の例外というべきである。

3　名編成と地理的条件

以上の結果を整理すると、新見荘には先行研究でいわれてきたような谷ごとにまとまって分布する集中型の名だけ

表7　釜村の名別・地名別田地面積（文永8年帳）

名名	地名別田地面積(反)							合計(反)
	田口	サウハラ	ヒヨリ	三坂	佐津見	渡田	加摩	
貞成	8.5							8.5
吉永　―	0.8							0.8
教あミ(タ)―	0.8	1.2						2.0
真遠　―	7.2							7.2
成松、正	1.0				3.2			4.2
西阿弥　―	2.7							2.7
末継　―	0.6							0.6
宗末		1.0						1.0
宗貞		1.5		29.5	6.8			37.8
清遠　＊			4.9					4.9
恒守				3.1	2.6			5.7
真弘					10.6			10.6
近真						25.7		25.7
国久　―						6.2		6.2
宗真　―						8.0		8.0
助守　＊						0.1		0.1
永貞　＊						5.2		5.2
末利							2.5	2.5
末国							2.5	2.5
合計	21.6	3.7	4.9	32.6	23.1	45.2	5.0	136.0

でなく、畿内型としてイメージされる散在型の名とが、それぞれ谷間と平地という地理的条件に対応して混在していたのである。すなわち一つの荘園の中でも名の分布のあり方は一様ではなく、それは従来のような畿内型・非畿内型といったモデルが必ずしも適切ではないということを意味しており、今一度、地理的条件を考慮に入れて検討しなおす必要があるだろう。

例えば畿内以外の荘園で均等名編成が行われた例としては若狭国太良荘がよく知られるが、これを新見荘西方と比較すると、三方を山で囲まれた谷の内部に平地が存在し、谷の開口部で氾濫原に面しているという点で地形的に類似しており、そこで耕作される田地の規模についても太良荘は二八町八反余と、(30) 新見荘西方の三四町四反（表4）に対

表8　作人別田地面積（文永8年帳）

名名	作人	地名別田地面積(反)			合計(反)
		サウハラ	三坂	佐津見	
恒守	教アミ(タ)		3.1	2.6	5.7
宗貞	正		5.2	0.5	5.7
	久安		3.8		3.8
	藤三郎		1.8	1.4	3.2
	久光		2.5	0.3	2.8
	宗真		0.9	1.9	2.8
	重貞		1.1	1.6	2.7
	末久	1.2	1.2		2.4
	永房		1.0	1.1	2.1
	清遠		2.0		2.0
	助貞		1.7		1.7
	貞助		1.7		1.7
	国正		1.4		1.4
	久光入道		1.3		1.3
	延房		1.0		1.0
	重安		0.8		0.8
	武久		0.6		0.6
	末時		0.6		0.6
	友貞		0.4		0.4
	是光	0.3			0.3
	や藤二		0.3		0.3
	宗綱		0.2		0.2
	真清		0.2		0.2

表9　千屋の名別・地名別田地面積（文永8年帳）

名　名	地名別田地面積(反)								合計(反)
	ツエヒラ	ワサマ	知屋	根嶋	ヤスキ	中谷	赤子	鈴上	
守忠　＊	0.2								0.2
成里		7.4		2.2					9.6
清重			11.4	1.0					12.4
依真			1.0	4.3					5.3
為国　―				5.0	1.5				6.5
成沢				1.2					1.2
吉永　―				3.5	1.0	0.1			4.6
光依				1.7	14.1	1.6	2.4		19.7
真包								1.0	1.0
国行　―				0.2					0.2
助依　＊					2.7				2.7
成松、正					7.4				7.4
平進　―						0.2			0.2
行宗　―						4.0			4.0
大上　＊						1.5			1.5
成行						0.1			0.1
源四郎　―						1.0			1.0
源三郎　―						0.3			0.3
合計	0.2	7.4	12.4	19.1	26.7	8.8	2.4	1.0	77.8

赤子・鈴上については田検注帳ではなく畠検注帳（No. 4〜5）に記載がある。

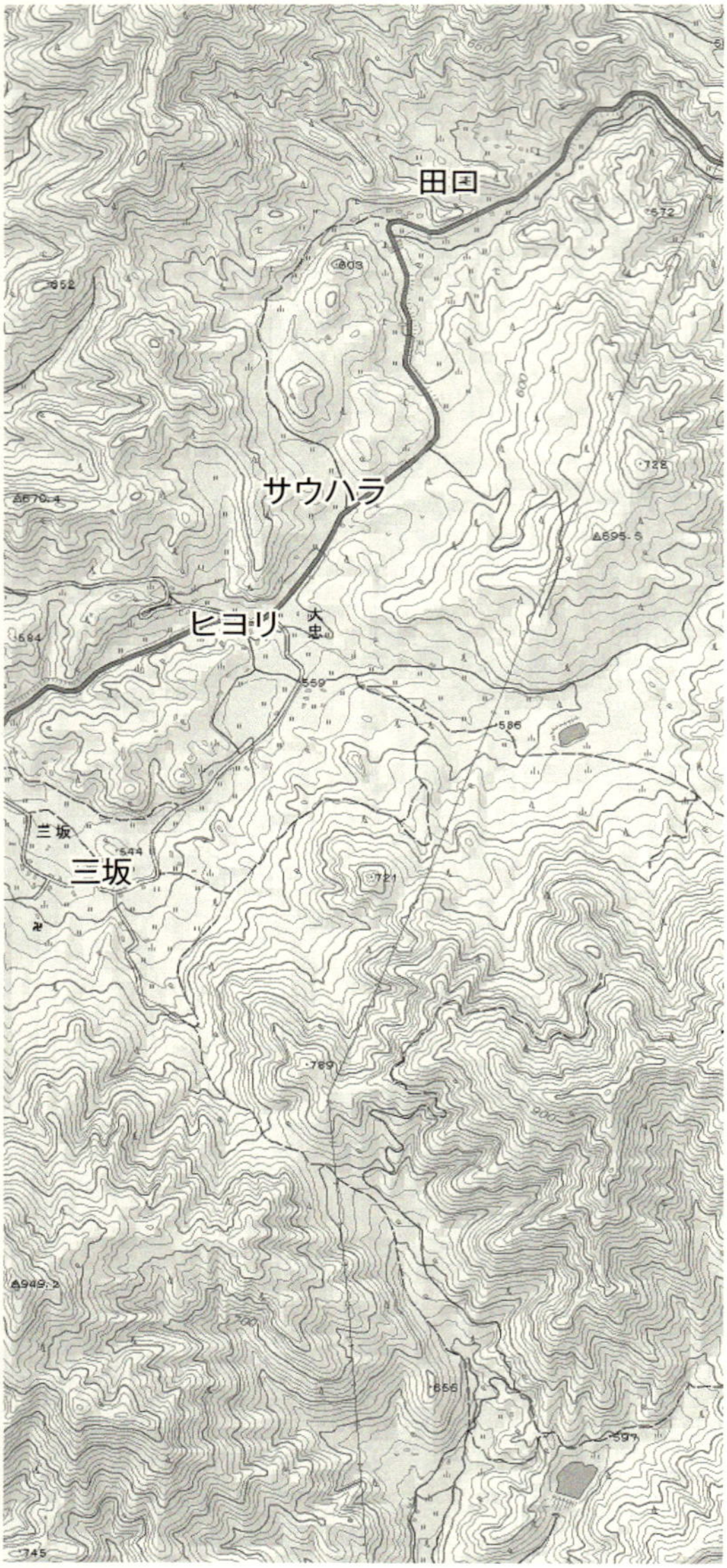

してそれほど大差はなく、地理的条件は近似していると言ってよい。ただし太良荘の場合は条里制が敷かれており、(31)その点では畿内の荘園と同じ環境下にあった。新見荘では条里制遺構はもちろんみつかっておらず、均等名というところまではいっていないが、山間部の荘園であっても一定規模以上の平地が展開している地域には、領主による擬制的な名編成が可能であると考えられよう。

さらに新見荘の例に即して言えば、政所など領主の支配拠点からの距離による膝下地域と遠隔地域の相違という要因も十分に考えうるわけだが、西方と同等以上のまとまった平地を持つ高瀬については、文永八年帳の地名記載が耕地面積に比して詳細でないために同様の検討を行うことは難しく、この点については可能性を指摘するだけにとどめ

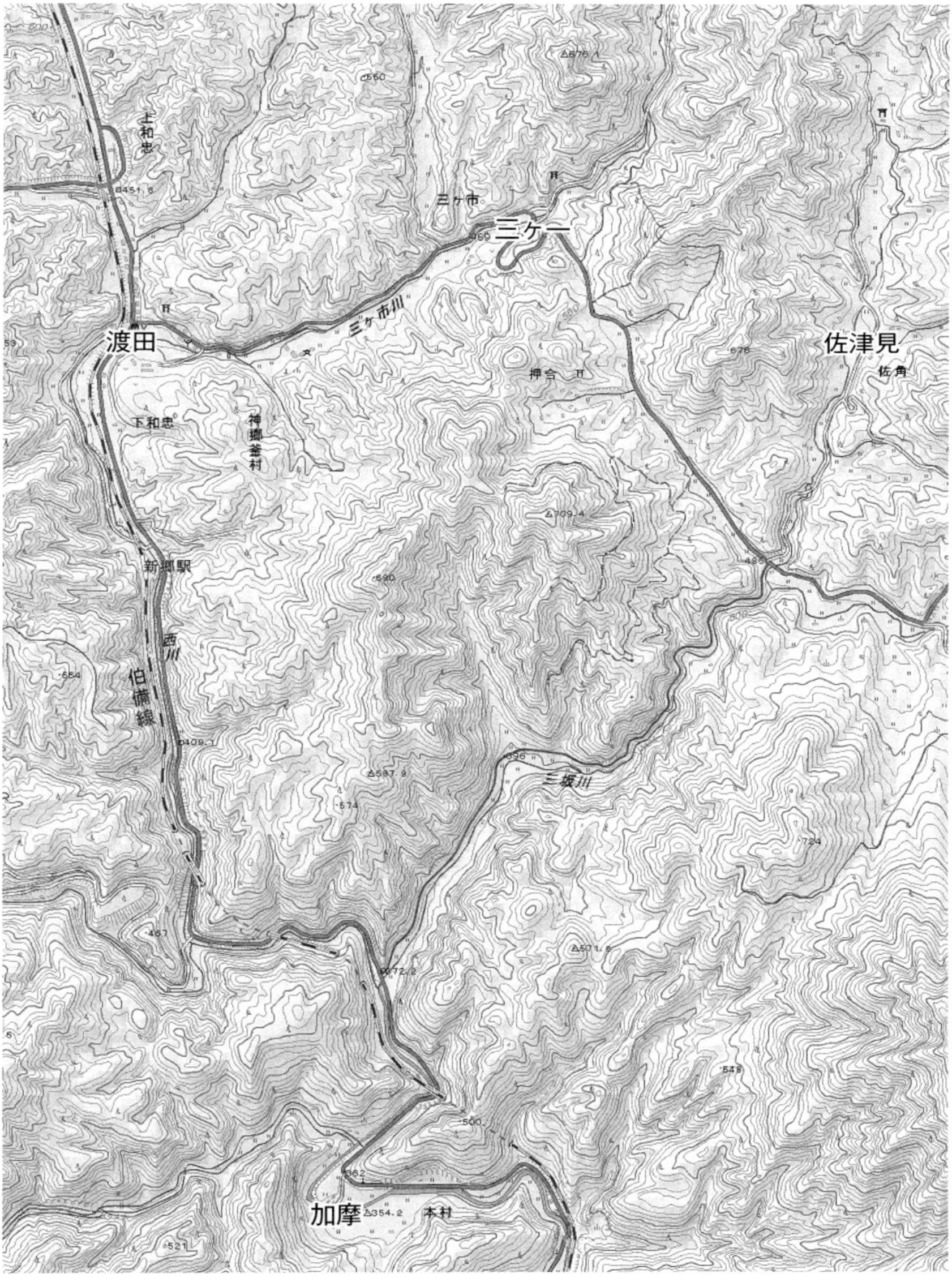

図４　釜村地図（国土地理院『地理院地図』をもとに作成）

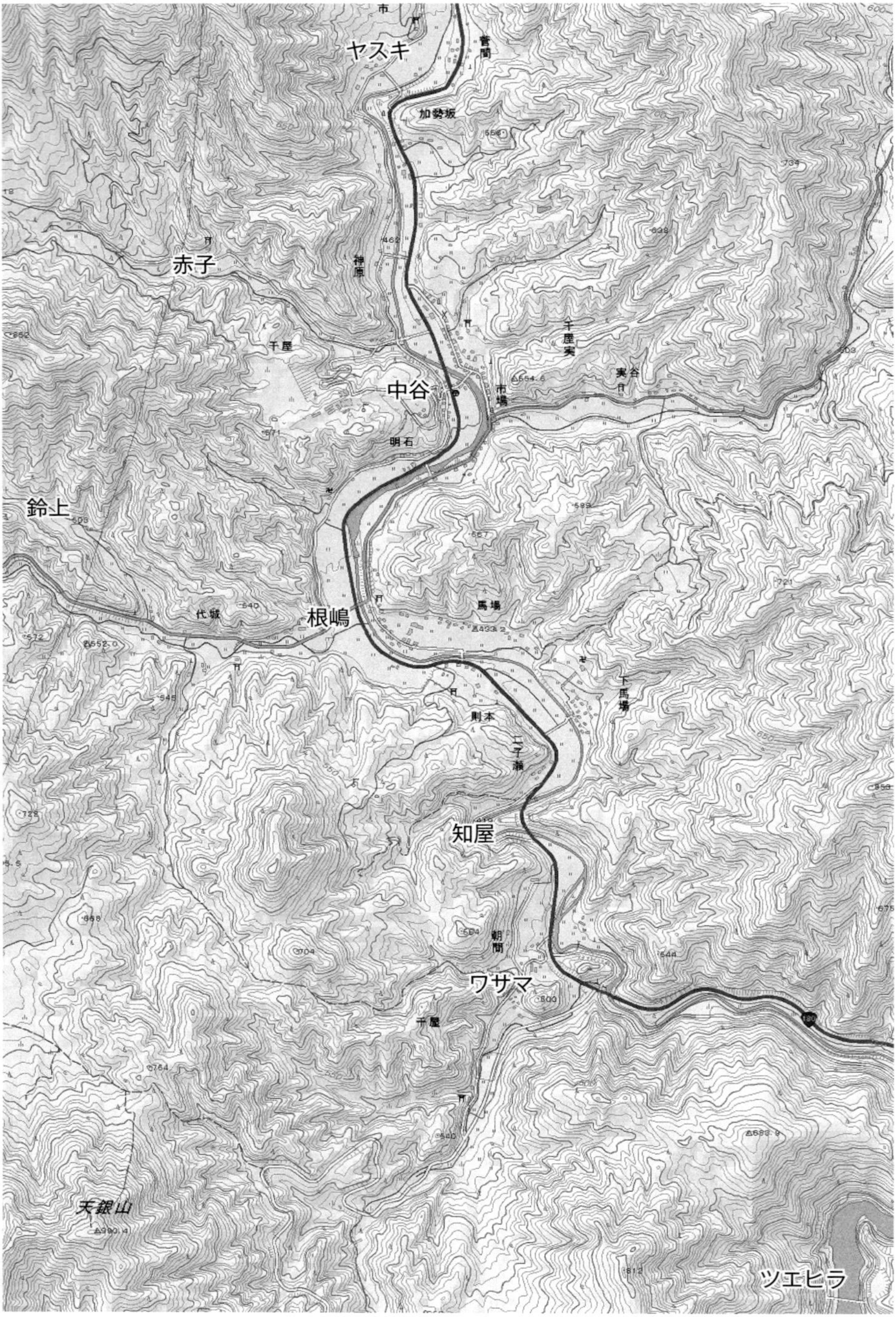

図５　千屋地図（同前）

ておく。

第三節　名と在地住民の生活

1　地名由来の名とその特性

前節では西方において成立した擬制的な名編成とその要因について検討したが、本節ではその対極方向に視点を移そう。すなわち在地住民の生活実態はどの程度、名に反映しているのだろうか。名名、すなわち名の呼称については貢納責任者の人名に由来するという理解が一般的であろうし、新見荘の名も実際にその原則通りであることはすでに概観した（表2・3）。しかしもう一つの傾向として、地名に由来するものが新たに現れてくることもすでにふれた通りである。以下ではそれらの事例を順にみていき、立地特性や作人の情報などからその性格について探っていきたい。

初めに表2から領家方の例を挙げると、「伊守忠」と「宇津草」がそれに該当する。いずれも地名としては文永八年帳の時点でみえていたが、名として現れるのはともに永仁六年（一二九八）からである（No.16）。

まず「伊守忠」については先述の通り荘域最奥部の高瀬に属する名で、従来は人名で個別に把握されていた六つの名が一つの地名として統合された例である。橋本浩は伊守忠を「高瀬の南部にある谷の名称」としているが(32)、具体的にどの谷を指すのかはよくわからないため詳細な検討を加えるのは難しい。

次の事例は「宇津草《うつのくさ》」(33)で、これは井村の山間部にある（図6）。高梁川から支流の谷内川に沿って谷を上がってい

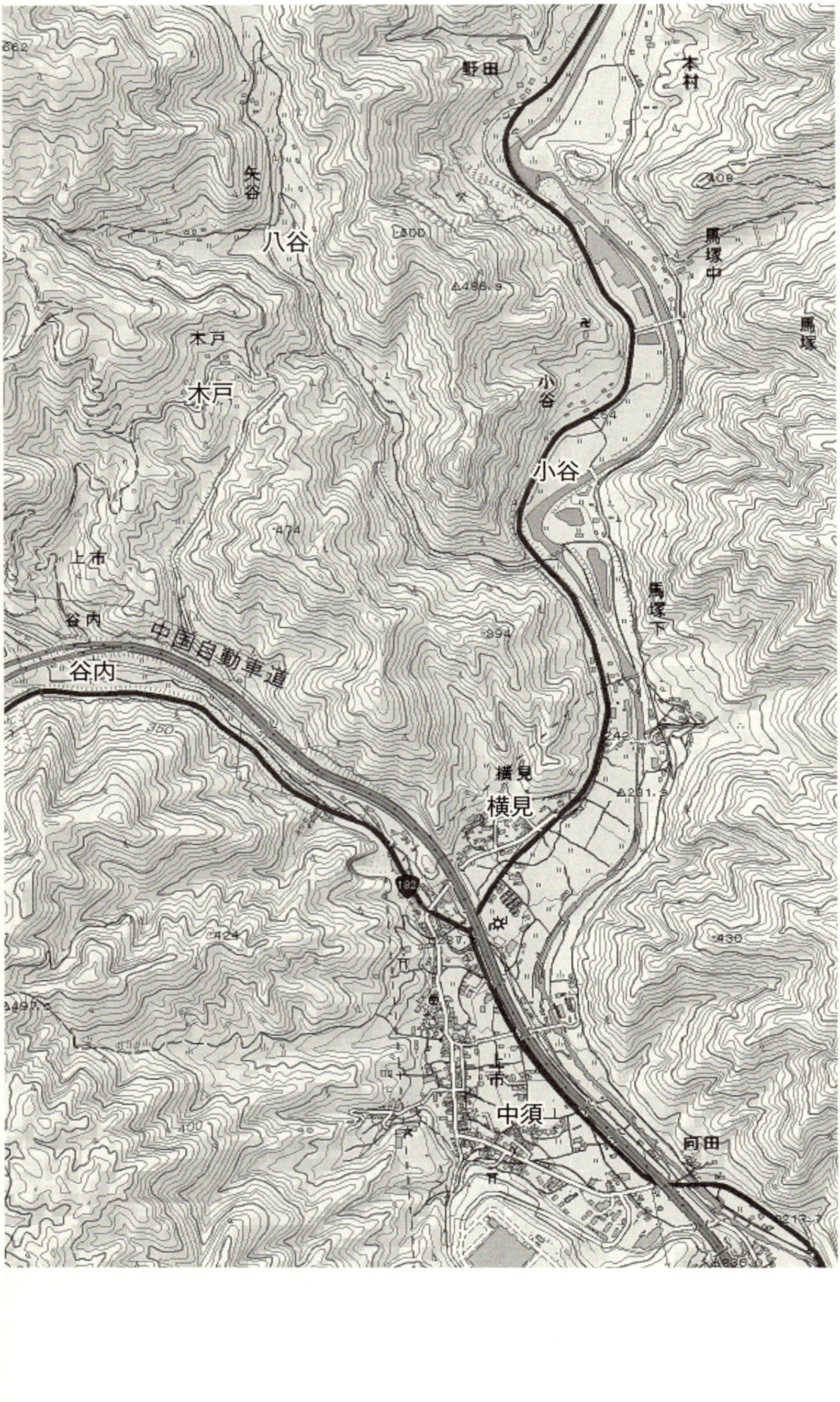

野田
本村
矢谷
八谷
馬塚中
馬塚
木戸
木戸
小谷
小谷
上市
谷内
中国自動車道
谷内
馬塚下
横見
横見
上市
中須
向田

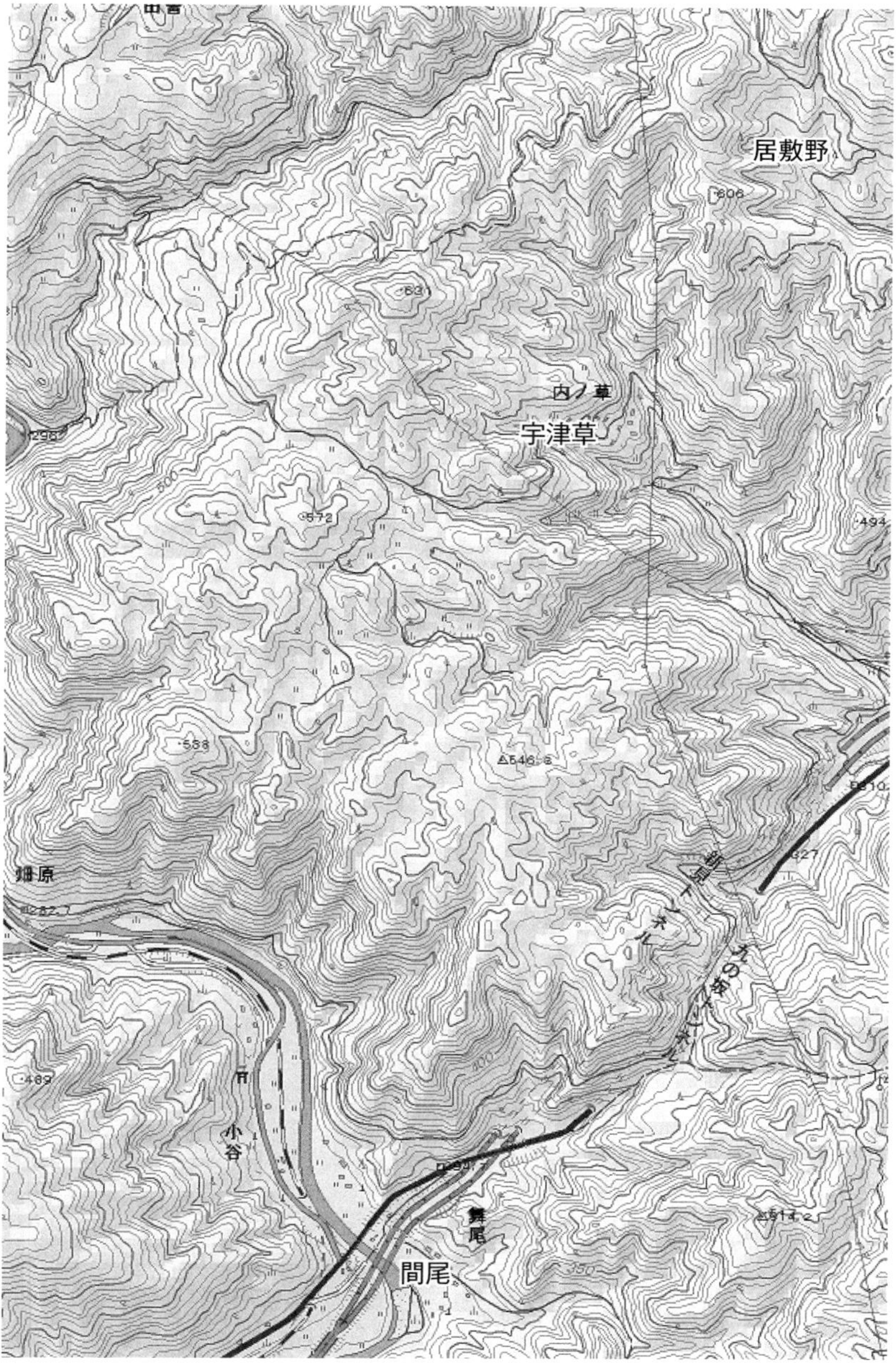

図６　井村地図（国土地理院『地理院地図』をもとに作成）

き、かなり急峻な山道を奥深く入ったところにある地名で、さらに行くと思いのほか開けた台地がある。文永八年帳で宇津草の耕地の状況をみるとその記載内容は極めて特殊で、全て成松名に属しているのだが作人の記載はほとんど空欄のままであり、作田については全てが新田で、作畠には他の地域にはみられない「道上ノ破家」、「間尾谷ヨリ北ヒラ」、「王子前一坪」といった類の細かい在所の注記が施されている。これらのことから宇津草は荘内でも最も新しく開発された土地であることがわかる。(34) 考えられる状況としては、耕地の丈量は済ませたものの名請人を確定できず、仮の処置としてすでに実質のない成松名を設定しておいた、というところであろうか。(35) 文永一〇～一一年帳には名・作人ともに記載があるので、耕作の実態があったことは確かである（表10）。ここにみえる正守は他の地域にはみえない名前で、(36) 建治元年（一二七五）までは名名としてみえるが（No.14）、これがのちに「宇津草」に転化していったかと思われる。作人の構成にまで目をやると「正」の通字を共有するグループが見出され、当地の開発が正守以下の一族を中心として行われたことを想像させる。

表10　宇津草の耕作状況（No.11～12）

名名	作人	畠	
		筆数	面積(反)
正守	正	5	8.8
	正守	3	2.5
	正真	3	3.2
	正光	3	3.0
	正宗	2	1.2
	行正	2	3.7
	則正	1	0.3
	末国	5	7.2
	利貞	5	4.0
	近守	1	2.6
	本真	1	1.6
	安真	2	1.3
	中六	1	0.5
	しやう　あミたふつ	1	0.5
せうねん	正	1	3.5
合計		36	43.9

次に地頭方の事例に移ろう。表3からは井村の「木戸」と「居敷野《いしきの》」、千屋の「赤子《あかし》」(37)と「鈴上《すずかみ》」、そして西方の「牛丸」と、領家方よりも多くの事例を検出できる。

そのうち「木戸」は宇津草と山一つ隔てた東隣りにある谷で、またそのすぐ北側に位置する谷が「居敷野」である（図4）。両方とも宇津草と同様、高梁川の支流からさらに奥に入った谷ということになるが、文永八年帳にはほとんど情報がなく、それ以降に開発された土地と考えられる。そこで正中二年帳からその性格を探るが、まずは木戸の弥大夫という作人に注目したい（表11）。正中二年帳の検注帳で「弥大夫」となっている箇所が名寄帳では「正」となっており、また建武の帳簿（No.35）でも「木戸、弥大夫」とあることから、弥大夫は木戸の名主であったことがわかる。弥大夫は木戸のほかに近隣（中須・谷内）の名田や散畠も耕作しているのだが、それらの多くには「朝夕」、「朝夕給」との注記が施され、その中には地頭方の中心地である中須の「地頭所前」や「正作瓦」の作田も含まれることから、弥大夫は「朝夕」＝地頭に仕える下人の一人だとわかる。[38]よって木戸の開発は、地頭方から派遣された弥大夫を主体として行われたものと推測される。

同様に居敷野の作人をみると、近吉名でも耕作をしている者が多いことがわかるが（表12）、近吉名は八谷・横見を中心として広い領域に分布する名で（図4）、その八谷から分岐した谷に位置するのが居敷野である。近吉名は成松二次名の一つで、文永八年帳によれば荘内で唯一の「土井（朱筆）」が横見にあったが、その周辺の田約一町二反を耕作しているのが近吉である。文永八年帳は下地中分の際に利用されたものとされ、[39]また横見は先述のように正中二年帳では地頭所のある中須に隣接することから、この土井（土居）は地頭方のものと考えられる。よって近吉名は地頭方の足場となる名であったといえよう。その近吉名に耕地を持つ作人が居敷野をも耕作していたということは、居敷野も木戸と同様に地頭方による新たな開発地であった可能性が高く、文永八年帳に痕跡が一切みられないこともその裏付けとなる。八谷から居敷野へと開発の手が伸び、近吉名が拡張してそこから分離したのが名としての「居敷野」であろう。[40]

表11　木戸の耕作状況（正中２年帳）

名名	作人	田合計 筆数	田合計 面積(反)	畠合計 筆数	畠合計 面積(反)
木戸	弥大夫	4	1.6	3	4.1
	藤大夫	1	0.3	—	—
	藤二郎	2	0.3	11	14.2
	秦六	1	0.2	8	22.0
	紀藤二	—	—	10	15.0
	十郎	—	—	10	12.3
	藤三郎大夫	—	—	8	11.3
	浄二郎	—	—	6	9.4
	二郎太郎	—	—	1	1.0
合計		8	2.4	57	89.3

田合計＝新田＋本田。畠合計＝里畠＋山畠。

表12　居敷野と近吉の耕作状況（正中２年帳）

作人	名名	田合計 筆数	田合計 面積(反)	畠合計 筆数	畠合計 面積(反)
問二郎	居敷野	—	—	6	19.1
	近吉	—	—	13	41.9
清七	居敷野	1	0.4	4	8.9
	近吉	—	—	3	15.0
得阿	居敷野	1	0.7	2	8.5
	近吉	2	2.5	3	10.9
源三郎	居敷野	—	—	1	1.0
	近吉	—	—	4	6.6
藤三郎	居敷野	1	0.4	5	11.2
宗蓮	居敷野	1	0.2	4	8.1
（その他）	近吉	25	36.2	108	236.8
合計	居敷野	4	1.7	22	56.8
	近吉	27	38.7	131	311.2

田合計＝新田＋本田。畠合計＝里畠＋山畠。

なお、木戸・居敷野の立地特性を示すデータとして、建武の帳簿（No.35〜37）から損田・河成などを除いた得田の比率を計算すると、平均的な名が五〇〜七〇％といった数値を示すところを、木戸は一六・〇％、居敷野が二七・六％と格段に低く耕作環境は良好でなかったようである。また畠の損亡については基本的に里畠一五分の一、山畠二分の一という比率が荘内一律で設定されているのだが、木戸の山畠は五八・六％、居敷野の里畠は三〇・〇％、おなじく山畠は四六・九％といずれも独自の値をとっており、この点で他の地域とは異なる特別な扱いを受けていることがわかる。

次に「赤子」と「鈴上」であるが、この二つも隣接する谷の名前であり、高梁川あるいは支流から分節していずれも北西方向へと伸びている（図5）。表9でみたように、もともと文永八年の時点で赤子は光依名、鈴上は真包名が専有しており、これらが名としての「赤子」と「鈴上」の前身であろう（ただし赤子は光依から分離）。文永八年帳における赤子・鈴上の記載状況には特徴があって、田検注帳には記載が一切なく、そのかわり畠検注帳（No.4～5）のなかで「田分」として田地が記載されているが全て新田であること、そしてそれらは「別所分」として検注されていることである。当地に何らかの宗教施設があったものか、詳しい事情はわからないが[41]、以上の点からともかく後発的な開発地であったことがうかがわれ、その点ではこれまでの事例と類似の性格を持っている。

そして残る「牛丸」はこれまでの例とは地形的に全く異なり、荘域の南端部に横たわる標高四〇〇～五〇〇メートルの山を指し、現在では「牛丸大仙」と呼ばれている。牛丸は当荘の特産品である漆の主要産地の一つで（No.7・14、正中二年帳）、また高瀬以外では唯一領家方・地頭方の入組地となっており、双方の船人名・船給が集中する特殊な地域であった（文永一〇～一一年帳、正中二年帳）。船人名の作人で「牛丸左近」と名乗っている者があるから（No.40）、牛丸周辺に船人の居住地があったようである。正中二年帳の畠の検注帳では「重光」となっていた部分が、名寄帳では「牛丸」に書き換えられており、名の把握方法が人名から地名へと変化したことを明確に観察できる例である。

なお、これ以降の傾向についても簡単にみておくと、ここまで領家方は地頭方に比して事例が少なかったが、室町期にかけて類例が増加してくる。明徳三年（一三九二）には「サンカエチ」、「タソ東西」、「吉川」といった新たな名の出現を確認でき（No.40）、このうち「タソ東西」は田曽に立地する成包名と紀次郎名（表2）が、「吉川」は同様に則真と包貞が統合されたものとみられるが、「サンカエチ」については前身となった名が見出せない。永享一〇年（一四三八）には「三ヶ一名」となっているから[42]、現在では「三ヶ市」と表記される一帯、西川支流の三ヶ市川が流れる谷筋を指すのであろう（図4）。さらに寛正二年（一四六一）に名主一同が提出した連署起請文によれば[43]、これまでにみえた「内の草名」、「ミんかい名」(三ヶ一名のことであろう)、「よしかわ名」に加えて、「中はら名」が現れる。このとき列記された名の序列からみて、「中はら名」は高瀬の安宗名が当地の「中原」という小地名をとって転化したものである。このように領家方では地名に由来する名が徐々に増加していく様子がわかるが、もう一方の地頭方については史料が非常に少ないため、南北朝期以降の傾向は残念ながらよくわからない。

2　集落名の成立と位置付け

さて、これまで諸事例をながめてきたが、いずれも文永八年帳では名としてはみられず、いわゆる本名体制の枠外から後発的に成立した新名である。地名を冠した名が現れるということにどのような意味があるだろうか。この点に関して、海老澤衷は信仰や水利の拠点を持ち、自己完結性の強い集落が新たに名として独立したものを「集落名」と呼称することを提唱した。(44) 本章で検討した事例の全てに独自の信仰拠点があったことは確認できないが、(45) 宇津草・木戸・居敷野・赤子・鈴上と、いずれも周囲よりも遅れて開発された谷奥の名であることが指摘できる。開発形態が周囲と異なればその後の集落の発展のあり方もおのずから異なるであろうし、そして谷奥ということは独自の水利の獲得があったはずで、集落として自己完結性が強かったことは十分想像される。すなわち開発形態や耕作環境を背景とした集落の独自性が徴税単位としても表現されたものが、このような「集落名」であると考えられる。

海老澤が指摘した田染荘の事例では集落名として成立するのは戦国期とのことだが、新見荘の事例からはすでに鎌倉後期からその発生がみられ、さらに室町期にかけて漸増していく様子が示された。つまりこのような事象は中世後期を通じたより広汎なものだった可能性がある。さらに竹本豊重が整理した中世から近世までの村区分の変遷によれば、(46) 中世に集落名としてみえた地名の大半が、寛永・正保期には三ヶ一村、赤子村、鈴上村、吉川村、田曽村、内草村、木戸村といった村に移行し、元禄期にそれらが統合されて近世村が成立したという。つまり中世の集落名は近世初頭に至るまで存続・発展しており、結果として近世村の構成要素となったのであった。その一方で上記に含まれない居敷野は集落としての実体が保たれなかったのであろうし、牛丸は船給の集積地として設定された特殊な土地であったから在地住民の生活に根差した集落とはならなかったものと推測される。

このように集落が名として把握されるということは、集落が徴税単位となって貢納を請け負ったということであり、集落という在地住民の実体的な生活単位を徴税単位に組み込んだともいえるであろう。その意味では徴税単位・経営単位という名の二面性が、集落という領域的な要素を媒介として一体化に近づいたものが集落名といえるのではないだろうか。名の擬制的な性格が強かった西方では、牛丸を除いて集落名が一つも生まれていないというのはその裏返しであろう。

おわりに

本章では、新見荘における名の体系を整理した上で百姓名およびそれに準ずる性格を持つ成松二次名をとりあつかうこととし、その特質について検討を行ってきた。

新見荘の名の地理的分布のあり方として、これまでは作人の耕作実態にもとづいて谷ごとにまとまって分布する集中型の名に大きな特徴があるとされてきたが、そこには例外が存在した。実は荘域中枢で最大の田地を持つ西方こそがその例外にあたり、そこでは地理的に連続性のない田地を耕作する作人を組み合わせた散在型の名が編成されていたのであった。そして本章ではその大きな要因として一定規模の平地の存在を挙げ、山間部の荘園でも地理的条件によって擬制的な名編成が行われうることを指摘した。

このことからさらに考えると、荘園領主の側は基本的には在地の諸条件に左右されない西方のような名編成を志向するが、それができない場合は現地住民の生活にもとづいた名編成を取らざるを得なかったということであろう。名が貢納請負のシステムである以上、名主による作人からの徴収をいかに順調に行わせるかが荘園経営の鍵であり、請負責任者である名主と一般構成員である作人の組み合わせがそれを左右したはずである。しかしそのような恣意的な名編成を行うためには現地の情報を把握していなくてはならず、また地理的な制約がある場合には選択肢はおのずと限られ、結果として在地の様相が名に反映される、という構造が想定される。

それでは名に反映された在地の様相とはいかなるものがあるかと考えたとき、強調すべき事象として挙げたのが集落名という新たな種類の名の成立であった。新見荘で観察された事例は後発的に開発された谷奥の名という開発形態・立地条件の上で共通した属性を持ち、それが周囲に対する独自性として高まった結果、在地住民の生活単位である集落が徴税単位に組み込まれたものと考察した。

この集落名の成立には、集落の自己完結性の形成を促すような地理的あるいは政治的条件が必要と思われるから、どこの荘園でも観察できるというわけにはいくまい。しかし擬制的な徴税単位とされた名のうえに自覚的な集落が浮かび上がってきたということ、言いかえれば集落という地縁的な共同体が貢納の主体として承認されたということであり、それは名の性格からすれば非常に重要な変質といえるであろう。

そして地縁共同体の貢納主体化ということになれば、これはまさに惣村の指標としてつとに知られる地下請の問題と直結することになる。さらに集落名の事例は近世にまでつながっていったという点からすれば、移行期村落論でいうところの「村請」の議論との接点も生まれてこよう。第二部でも示すように、惣村と呼ばれる事象はおよそ南北朝・室町期に現れてくるもので、また言うまでもなく移行期村落論は戦国期以降を対象としたものであり、そして集落名の成立も従来は戦国期のこととされてきた。しかし本章で示したように、集落名は早いものでは鎌倉後期から現れ、その後も室町期に至るまで長期間にわたって漸増していったのである。これらは規模としては小さいかもしれないが、少なくとも質的には地下請・村請の原型といってよいのではなかろうか。これはとりもなおさず、中世村落論のなかにどのように集落名を位置付けるかという問題でもあり、山間荘園という地理的な要因をどう考えるかという設問にも発展しよう。これらの点については、村落と自治という問題に即して終章でも再論することにしたい。

注

(1) 松本新八郎「名田経営の成立」(同『中世社会の研究』東京大学出版会、一九五六年、初出は一九四二年)。
(2) 稲垣泰彦「中世の農業経営と収取形態」(同『日本中世社会史論』東京大学出版会、一九八一年、初出は一九七五年)。稲垣のねらいは、鎌倉末期にみられる名の分解を土地所有・経営の分解とは別次元のものと位置付けることで、小経営の成立時期を鎌倉末期から中世初期に引き上げることであった。
(3) 渡辺澄夫『増訂畿内庄園の基礎構造』上・下(吉川弘文館、一九六九〜七〇年)。
(4) 島田次郎「畿内荘園における中世村落—大乗院領大和国出雲荘を中心として—」(宝月圭吾先生還暦記念会編『日本社会経済史研究』古代中世編、吉川弘文館、一九六七年)、稲垣泰彦「荘園開発のあとをさぐる—大和国池田荘—」(同編『荘園の世界』東京大学出版会、一九七三年)、安田次郎「興福寺大乗院領大和国横田庄の均等名」(『史学雑誌』八八—一一、一九七九年)。
(5) 網野善彦「若狭国太良荘の名と農民」(同『中世東寺と東寺領荘園』東京大学出版会、一九七八年、初出は一九六一年)、同『中世荘園の様相』(塙書房、一九六六年)、黒田俊雄「鎌倉時代の荘園の勧農と農民層の構成—若狭国太良庄のばあい—」(同『日本中世封建制論』東京大学出版会、一九七四年、初出は一九六一年)。
(6) 網野善彦「鎌倉・南北朝期の評価について」(注(5)『中世東寺と東寺領荘園』、初出は一九六三年)。
(7) 工藤敬一「九州における均等名体制の成立と性格」(同『九州庄園の研究』塙書房、一九六九年、初出は一九六六年)。

(8) 永原慶二『荘園』(吉川弘文館、一九九八年)。
(9) 永原慶二「荘園制支配と中世村落」(同『日本中世社会構造の研究』岩波書店、一九七三年、初出は一九六二年)。
(10) 中野栄夫『中世荘園史研究の歩み―律令制から鎌倉幕府まで―』(新人物往来社、一九八二年)。
(11) 蔵持重裕「太良荘における名主家族結合と名主職」(同『日本中世村落社会史の研究』校倉書房、一九九六年、初出は一九八二年)。
(12) 山本隆志「太良荘の名主と村落」(同『荘園制の展開と地域社会』刀水書房、一九九四年)。
(13) 橋本浩「中間地域における百姓名の存在形態」(『日本史研究』二八二、一九八六年)。
(14) 海老澤衷「豊後国田染荘の復原と景観保存」(同『荘園公領制と中世村落』校倉書房、二〇〇〇年、初出は一九九一年九月)、同「中世における荘園景観と名体制」(同著書、初出は一九九一年一一月)。
(15) 注(8)永原著書。
(16) 浅原公章「文永期の在地構造」(『新見庄 生きている中世』備北民報社、一九八三年)。
(17) 竹本豊重「地頭と中世村落―備中国新見荘―」(石井進編『中世の村落と現代』吉川弘文館、一九九一年)。
(18) 渡邊太祐「鎌倉前期における谷の開発と畠地―備中国新見荘を題材として―」(『地方史研究』五九―六、二〇〇九年)。
(19) 以下では『岡山県史第二〇巻　家わけ史料』を『岡』、『教王護国寺文書』を『教』と略記して文書番号を付し、「東寺百合文書」については函番号も記した。
(20) 本章でも断りのない限り、領家方の通称としての「西方」ではなく、現在も大字として通用する固有地名の「西方」という意味で用いる。
(21) 『東宝記』第七「後醍醐院新補供僧」(『続々群書類従』第一二)、正中三年(一三二六)「太政官牒」(『広島県史　古代中世資料編五』一一六号)。
(22) 「後醍醐天皇綸旨案」(ナ函一一―七、ゐ函四〇―一、『岡』一五六)。
(23) 「後醍醐天皇綸旨」(ヒ函三七、『岡』六三七)。
(24) 「東寺契約状案」(え函一一、『岡』八九一)、「官長者契約状案」(る函一三所引文書、『岡』六九二)。
(25) 本史料は注(13)橋本論文でもあつかっているが、構造の理解に誤りがある。本史料では「成沢名」と「延房名」の間に、「小足」

や「正分下作人等」として作人二〇数名分に対する年貢・公事の徴収額が列記されているのだが、この「小足」と「正分下作人等」を橋本は領主名や百姓名などと同列のものとして理解した。しかし、これらは全て「成沢名」の内訳であり、その点は数値からも確認できる。よって橋本の理解よりも構造はシンプルである。徴符は公文が作成するものであったから、その給名である成沢名については作人レベルで詳細に徴収額を記したのであろう。なお「小足」については『日本国語大辞典』には「小刻みに歩くこと」などとあるが、弘安七年五月日「若狭国太良荘年貢米結解状」(『教』一二一)で、年貢米の未進総額を記載したあとの部分に「小足、別紙ニ注レ之」とあり、未進者の内訳を別紙に記したとみられることから、「明細・内訳」といった意味かと推測される。

(26) 本章では帳簿に記載された地名の所在地を比定する際には、竹本豊重「新見庄の地名について」(『岡山県史研究』二、一九八一年)、同「新見庄の道」(『新見庄 生きている中世』備北民報社、一九八三年)をベースとし、浅原公章・上仲林造「中世(動乱の新見庄)」(『新見市史 通史編上巻』一九九三年)によって補完するという方法を採った。

(27) No.12に「イミリタ丶」とみえるので、このように読んでおく。

(28) 検注順路については注(26)竹本「新見庄の地名について」「新見庄の道」を参照。

(29) 注(13)橋本論文。

(30) 建長六年(一二五四)実検取帳の数値(網野善彦『中世荘園の様相』塙書房、一九六六年)。ただし同八年勧農帳では二一町六反余に減少するという。

(31) 須磨千穎「若狭国遠敷郡の条里について—文永二年中手西・東両郷検田帳案の地図上復元—」(同『荘園の在地構造と経営』吉川弘文館、二〇〇五年、初出は一九八一年)。

(32) 注(13)橋本論文。

(33) 現在の地名表記では「内ノ草」となっている。

(34) 宇津草の耕地については、注(16)浅原論文、注(17)竹本論文、注(18)渡邊論文も谷奥での新田開発の事例として言及している。

(35) 検注の過程については富澤清人『中世荘園と検注』(吉川弘文館、一九九六年)を参照。

(36) 伊守忠にも「正守」がみえるが(表2)、地理的に離れているので別と考える。

(37) 現在では「明石」の表記が用いられている。

(38) 正中二年帳には弥大夫、十郎三郎、紀八郎の三名が「朝夕」としてみえる。

(39)　高橋傑「文永期の新見荘検注関連帳簿について」(『鎌倉遺文研究』二八、二〇一一年)。
(40)　この点に関係して、正中二年帳の検注帳と名寄帳の記載を比較すると、前者では「居敷野」となっていた畠五筆四・八五反が、後者では「近吉」に修正されている箇所が見受けられる。検注帳で居敷野の範囲を広く取りすぎたために名寄帳で修正したのであろう。
(41)　西方にも「別所」という地名があるが(表4)、これとの関係も含めて不明である。
(42)　「領家方年貢公事物等注文案」(ク函四〇、『岡』二二一)。
(43)　「名主百姓等申状并連署起請文」(え函二三、『岡』八九六)。
(44)　注(14)海老澤論文。
(45)　正中二年帳をみると赤子には「山王免」、鈴上には「大歳免」が設定されている。
(46)　注(17)竹本論文。

第四章　中世山間荘園の水田開発
——備中国新見荘の帳簿分析から——

はじめに

中世荘園における現地の人々の生活を復元するという大きな目的を前提としたとき、生業の場としての水田のあり方に可能な限りミクロな視点から迫っていくことは、現在の研究状況においても最重要課題の一つであり続けている。その点に関して、最も厚い蓄積があるのは関東の水田に関する研究であろう。それら議論の一つの焦点となってきたのは、台地・丘陵内部の谷間に切り開かれた水田と、大河川沿いの低湿地に作られた水田という二つの形態を主要なモデルとして、中世水田の開発プロセスをどのように把握するかという問題であった(1)。

近年では、必ずしも単一のプロセスのみに議論を収束させず、現地の地理的環境に応じた水田の多様性を示し、それらを類型化することに重点が置かれている状況にある。そのような点に鑑みれば、関東の平野・台地に所在する水田と対置しうる別事例、例えば山間荘園の水田の様相についてミクロレベルの検討を行い、その特性を提示することには大きな意義があるといえよう。

そこで本章では、中国山地の最奥部に位置する備中国新見荘を主な事例として、山間荘園の水田開発について論じてみたい。新見荘には鎌倉期の検注帳が複数残されており、水田開発の進展状況や下地中分の領域構成など、史料にもとづいた現地の実態解明が進められてきた(2)。このうち水田開発の問題については、荘域の広大さによるのであろう、先行研究には荘内の特定地域にフォーカスして論ずる傾向があり、荘域の全体的な構造を視野に入れて再検討を行う必要性が生じている。

本章では、新見荘の検注帳にみられる「古作」「本田」「新田」「油地新田」などといった地目と面積の関係性に注目して、耕地の地理的環境という観点から、水田開発のあり方について考察を加えたい。その際、新見荘の荘域を地理的環境の異なるいくつかの地域に区分し、それら各地域の荘域全体における位置付けについても検討を行いたい(3)。

第一節　新見荘の地勢と関連史料

1 地　勢

まず新見荘の地勢について一通りの確認を行っておこう(4)。新見荘は備中国の北部にあって、同国随一の河川である高梁川の最上流部に位置する。伯耆・備後とは隣接しており、三国の境界地域と言ってもよい。新見荘の東側を高梁川、西側をその支流である西川が流れ、両河川に挟まれた領域が荘域の中心を占めている。

荘域の南部は「里村」といい、政所や市庭といった荘園の中枢施設が立地していて、高梁川の沖積地には相対的に多くの平坦地がみられる。一方、北部は山がちな土地柄で「奥村」といわれた。ただし荘域の最奥部には、鎌倉期までは「吉野」、以降は「高瀬」と呼ばれた地域があり、緩やかな傾斜地に耕地が広がっていて、北部のなかでは異質な景観を呈している。高瀬はやがて奥村から分離して、残った地域は「中奥」と呼称されるようになる。

南北では標高差もかなりあり、当然ながらそのことは気温差に直結する。例えば荘域の南端部にある三日市庭の比定地（真福寺）[5]付近は標高約一八〇m、対して最北部では五五〇～六〇〇m地点で水田が耕作されている。現地を歩いた経験でいっても、風の影響もあって南北の気温差は大きく感じられた。冬季になると北部では相応の降雪があり、荘域よりもやや北側に外れるが、岡山と鳥取の県境付近では二か所のスキー場が営業している（いぶきの里スキー場、花見山スキー場）。

このように、同じ一つの荘園の内部とはいっても、新見荘の地勢や気候には大きな地域差が存在した。このような状況下、新見荘で行われた下地中分では領家方が「西方」、地頭方が「東方」という基本構造をとっていたが、それは同時に、高梁川沖積地の大部分が地頭方に属していたということをも意味している。

なお、本章の分析にあたっても第一章に準じて①高瀬、②釜村、③千屋、④足立、⑤坂本、⑥井村、⑦西方の七地域の区分を使用する。

2　関連史料

新見荘の田地に関する検注帳として現存するのは、大別して文永八年（一二七一）と正中二年（一三二五）に作られた二種類の帳簿群である（以下「文永八年帳」と「正中二年帳」）。いずれも正検注（悉皆調査）の結果をまとめたものだが、その史料的な性格をあらためて整理すると以下の通りである。

まず文永八年帳は、当時の領家であった小槻氏が荘域全体を対象として行った検注の成果で、里村・奥村および田地・畠地の別に帳簿が残されている。[6]このうち田地の帳簿には地目の記載があり、その典型例を里村分から抜粋したのが史料1である。これをみると「古乍」「新」「油地新」などとあるが、それぞれ「古作」「新田」「油地新田」という三種の地目を示していることは、検注帳の別の箇所をみれば確かめることができる。

【史料1】文永八年帳（検注日二月一八日、合点は省略）

一、〔所〕〻〔定カ〕一反十五、〔代〕　油地新卌　得永　友清
一、　〻二反廿〔代略〕　古乍一反卅　成松　心法
一、　〻十五、　新　延国　包安

問題は地目記載がない場合だが、これは「古作」と考えられる。というのは、地目三種のうち「古作」だけは単独では現れず、史料1のように必ず「新田」「油地新田」「川成」などとセットで注記されている。よって一筆（一件）全体が純然たる「古作」だという場合には、地目記載を省略されているものとみてよいだろう。

「古作」と他二種の違い、すなわち新旧の違いを考える上では、文永一〇年の作畠目録にある「油地畠六十一丁五代　建暦取帳定」との文言も参考になる。[7]つまり検注帳などは現存しないものの、建暦年間（一二一一～一二一三）に検注が行われたらしく、よってそれ以前に開かれた田地が「古作」、以後のものが「新田」「油地新田」だと理解できる。

各地目の生産性に関しては、文永八年帳の約五か月後、同年七月に作られた作田目録が手がかりとなる。[8]同目録は新見荘の田地を「本田」と「出田」に分けて把握し、「出田」の内訳として「古作出田」と「油地新田」がある。この「本田」が文永八年帳でいう「古作」に、「古作出田」が「新田」に相当するようである。[9]同目録には五斗代・四斗代・三斗代という三種の斗代表記がみられるが、三種とも設定があるのは「本田」だけで、しかも三種合わせて約三六町のうち五斗代が二二・五町と突出して多く、明らかに生産性の高い地目と評価されている。そして「古作出田」は四斗代、「油地新田」は三斗代と、格差が設けられている。

これら地目のうち、研究史のなかで特に議論が集中したのが「油地新田」の性格についてである。すなわち「油」とは何なのか、いかなる「新田」なのかという問題であるが、先行研究は大きく言って二説にまとめることができる。第一の説は、中国地方で行われていた製鉄との関係で理解しようとするものである。つまり砂鉄採取に際して、山を削って流された土砂が平坦地を形成して水田化するが、そこに油膜状の酸化鉄が発生したものが「油地新田」だとする説である。(10) 第二の説は、荘園領主による文字通りの油の調達という観点から論じたものである。つまり油の原料としての胡麻を年貢として賦課された畠が「油地」であり、連作障害を避けるためにそれを水田化したものが「油地新田」だとする説である。(11) 両説の是非については、後ほど検討することとしたい。

次に正中二年帳は、文永一〇年に下地中分がなされてしばらく後、地頭方で行われた検注に関わる帳簿群である。このときの検注の主体は問注所氏（三善氏）で、鎌倉初期の地頭であった新見氏から交替したものかとされているが、(12) その間の詳しい経緯は不明である。田地・畠地のそれぞれについて検注帳・名寄帳がともに残されていて、(13) 田地に関しては「本田」「新田」という地目で把握し、さらに「新田」については「上田」「中田」「下田」の三等級で評価している。史料2は検注帳の一部で、等級記載があるのが「新田」、ないのが「本田」である。

【史料2】正中二年帳（検注日四月三日、合点は省略）

公文給
中原 新下 一所 一反十五代 成沢 浄蓮
同所 新上 一所 二反五代 近吉 源七
同所 新中 一所 卅代 同 源七
井ノ口 一所 二反廿代 同 藤四郎

「本田」という記述は検注帳にはほとんどないが、名寄帳では確認できる。建暦年間を除けば、これら二時点以外には正検注が行われた形跡はないので、正中二年帳の「新田」は文永八年以降に開かれた水田という意味かと思われる。なお地目・等級別の斗代は正中二年帳に関しては不明である。

もう一つここで触れておきたいのは、文永八年帳・正中二年帳ともに、耕地を「所」という単位で記載している点である。一筆あたり一所というのがほとんどだが（文永八年帳で九五％、正中二年帳で九八％）、二所や三所をまとめて一筆として検注しているケースもときおり見受けられる。この「所」という単位の実態に関しては、近世検地帳の「筆」とは異なる単位だといった指摘はあるものの、(14)詳細は未検討というのが現状であり、この点についても後述したい。

第二節　検注帳のデータ分析

1　地目別面積と開発状況

さて、以下では新見荘の水田開発について検注帳のデータに即して考えていこう。その際、まず参照すべきは竹本豊重による研究であろう。竹本は井村（⑥）の高梁川沖積地において地頭が行った湿地開発を、全荘域に先駆けた開発モデルとして高く評価した。(15)他方、渡邊太祐は西方（⑦）の谷奥での新田開発を強調しており、谷の出口や高梁川付近の緩斜面は、環境・技術面から鎌倉前期（文永八年〈一二七一〉まで）の段階で開発の限界に達していたとする。(16)しかし先述の通り、広大な荘域とそれに由来する地域差を抱えた新見荘にあっては、荘内の特定地域をクローズアップするだけではなく、荘域全体を見渡して検討することが求められる。これらのことを念頭に置いた上で、新見荘の検注帳を具体的に分析していこう。

表13と表14は、それぞれ文永八年帳と正中二年帳の田地の面積を、地域別・地目別に集計してみたものである。まず文永八年帳との比較に最も適している正中二年帳の数値は本田であろう。前者の総合計が一〇五四・〇反であるのに対して、後者の地域別計は五六〇・九反であり、およそ半減している。両者の間には下地中分が横たわっていることを考えれば、これは合理的な数値だといえる。そのうち下地中分で地頭方一円地となった③千屋・⑤坂本や、地頭方が主要部分を占める⑥井村については極端な変化はみられない。一方、領家方と折半された②釜村は半分以下にまで減少している。しかし表14を地目別にみると、釜村では本田よりも新田の方が多く、七地域のなかで新田率は最高である（五四・九％）。それに次いで新田率が高いのは、大部分が領家方に属するため面積としては少ない⑦西方や、高梁川沿いに耕地の広がる③千屋・⑤坂本で、三割以上を新田が占めている。

表13　文永8年帳の地域別・地目別の田地面積

	古作（反）	油地新田（反）	新田（反）	地目別計（反）
①高瀬	124.3	46.9	34.0	205.1
②釜村	98.8	28.0	9.3	136.0
③千屋	49.0	15.2	10.3	74.4
④足立	16.9	5.0	6.5	28.4
⑤坂本	53.4	3.8	0.9	58.1
⑥井村	162.8	31.1	14.0	207.9
⑦西方	291.8	39.3	13.1	344.1
地域別計	796.9	169.1	87.9	1,054.0

表14　正中2年帳の地域別・地目別の田地面積

	本田（反）	新田（反）	地目別計（反）	新田率
①高瀬	135.4	18.8	154.2	12.2%
②釜村	34.2	41.6	75.8	54.9%
③千屋	86.4	40.3	126.7	31.8%
④足立	—	—	—	—
⑤坂本	53.9	26.3	80.2	32.8%
⑥井村	217.5	51.7	269.1	19.2%
⑦西方	33.7	17.8	51.4	34.5%
地域別計	560.9	196.4	757.3	25.9%

そこで、さらに正中二年帳で谷の「出口」地名を探してみると、例えば「赤子出口」、「井ノヒレノ出口」、「塩見谷出口」、「八谷出口」など、新田が検注されているケースをいくつも挙げることができる。もし渡邊説の通りなら、文永八年から正中二年（一三二五）の間に大きな環境の変化、あるいは技術の進展がなければ、高梁川付近や谷の出口でこれだけの新田は計上しえ

ないはずであろう。

そうなると、中世農業の「開発限界」ということをどう考えるか、という問題も浮かんでくる。趨勢としてゼロからの開発の余地が少なくなっていくのは当然としても、近年の環境史・災害史の研究状況からすれば、(17)災害復旧という意味での再開発は断続的に行われていたとみるべきではないか。新見荘のような山地上流部の荘園では洪水被害は少ないかもしれないが、土砂災害の危険性は常につきまとうであろうから、造成と損壊の繰り返しがあったことを念頭に置いて、より柔軟に考える必要があるのではなかろうか。

2 「一所の面積」と地目

次に、表13で示した文永八年帳の田地の面積を、「所」の合計値で割った数値、すなわち一所あたりの面積（以下「一所の面積」）の平均値をまとめたのが表15であり、それをグラフ化したのが図7である。これらをみて明らかなのは、荘内のどの地域を切り取ってみても、一所の面積の大きさは⑴古作、⑵油地新田、⑶新田という順になっていることである。さらに各地域内で、文永八年帳に記載された小地名別に一所の面積を集計したのが表16であるが、やはり多くの場合、⑴古作、⑵油地新田、⑶新田という序列になっている（表中◎）。その傾向から外れるのは、サンプル数が少ないケース（三筆以下）がほとんどで（表中△）、十分なサンプル数がありながら異なる傾向を示すのは（表中×）、②釜村の「三坂」と⑦西方の「大田」の二か所のみである。このうち大田などは、総田数二七・〇反のうち七割以上の一九・三反を油地新田が占め、その比率は荘内でも際立って高く、非常に特殊な地区である。この点に関しては用水路の整備による開発の進展があった可能性が指摘されているが、(18)それ以上の検討はひとまず本章では措くこととする。

同じように、正中二年帳についても一所の面積を地目別に求めたのが表17である。先と同様に、このうち本田の数値を文永八年帳と比べてみると、③千屋・⑤坂本・⑥井村ではおよそ一・五倍に拡大している。前述の通りこの三地域の面積自体には大きな増減がないので、代わりに「所」の数が減少したことを意味するが、この点はまた後ほど考えたい。

表15　文永８年帳の１所の面積（平均値）

	古作（反）	油地新田（反）	新田（反）	地目別計（反）
①高瀬	1.61	0.87	0.67	1.16
②釜村	0.93	0.67	0.31	0.81
③千屋	1.36	0.76	0.47	1.02
④足立	0.94	0.71	0.46	0.73
⑤坂本	0.75	0.48	0.10	0.68
⑥井村	1.51	0.59	0.28	1.04
⑦西方	1.04	0.93	0.32	0.96
地域別計	1.15	0.75	0.41	0.96

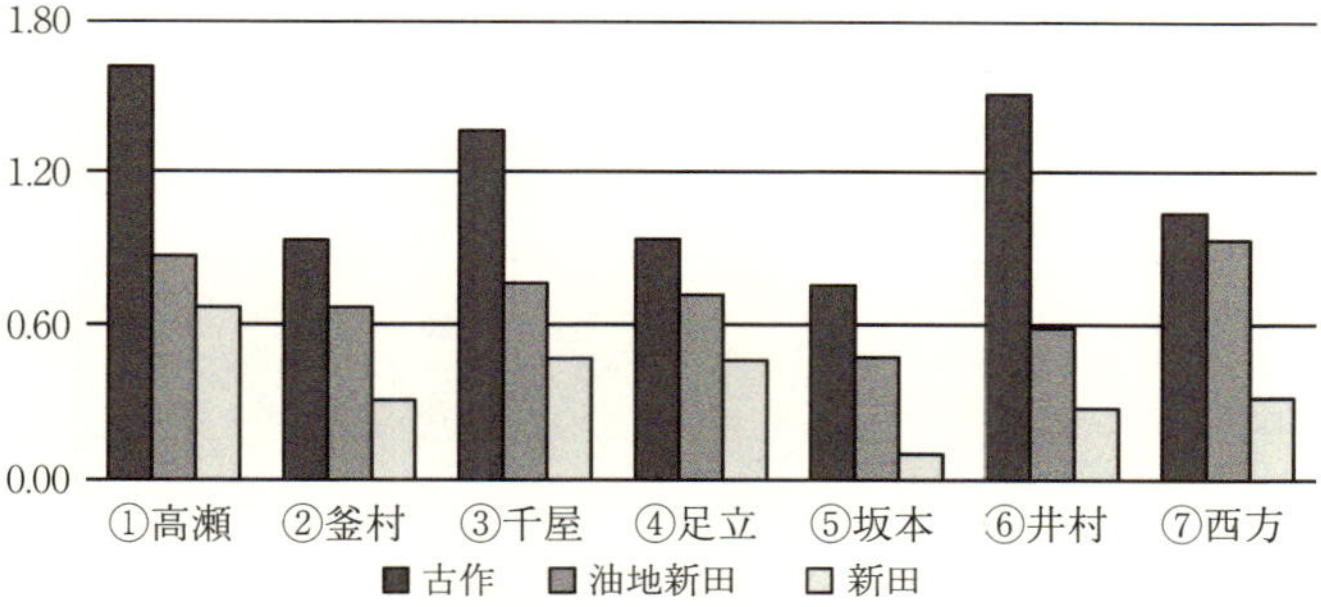

図７　文永８年帳の１所の面積（平均値）

小地名に関しては、正中二年帳では詳細すぎて集計に適さないため、かわりに検注日別を採用したのが表18である。これをみると、地域別はもちろんのこと、ほとんどの検注日において本田の方が新田より大きいという傾向が表れている（表中◎）。唯一、新田の方が大きくなっているのが⑤坂本で四月二日に検注された分であるが（表中×）、この坂本という地域の特色についても後述する。

このうち新田について、等級別（上田・中田・下田）を加えて集計したのが表19である。地域別計でみると、(1)本田、(2)上田、(3)中田、(4)下田の順に大きいことがわかる。ただし地域別でみると一部例外もある（表中×）。こ

表17　正中2年帳の1所の面積（平均値）

	本田（反）	新田（反）	地目別計（反）
①高瀬	2.29	0.61	1.71
②釜村	1.31	0.53	0.73
③千屋	1.57	0.82	1.22
④足立	—	—	—
⑤坂本	1.08	0.91	1.01
⑥井村	1.53	0.59	1.18
⑦西方	1.68	0.54	1.01
地域別計	1.59	0.64	1.15

表18　正中2年帳の検注日別の1所の面積（平均値）

	検注日	本田（反）	新田（反）	本＞新
①高瀬	3月26日	5.37	0.27	◎
	27日	2.19	0.81	◎
	28日	1.88	0.53	◎
②釜村	3月21日	—	0.10	—
	23日	—	0.08	—
	24日	1.59	0.59	◎
	4月1日	1.17	0.48	◎
	4日	1.43	0.61	◎
③千屋	3月15日	—	0.60	—
	19日	2.31	0.90	◎
	21日	1.04	—	—
	4月1日	1.26	0.35	◎
	2日	1.55	1.09	◎
⑤坂本	3月12日	—	0.23	—
	15日	1.00	0.10	◎
	4月2日	0.82	1.52	×
	3日	1.23	0.51	◎
⑥井村	2月22日	—	0.17	—
	26日	—	0.45	—
	3月1日	0.70	0.35	◎
	4月3日	2.30	0.77	◎
	4日	1.40	1.03	◎
	5日	1.49	0.62	◎
	6日	1.29	0.31	◎
⑦西方	2月22日	—	0.24	—
	3月1日	—	0.38	—
	4月6日	1.68	0.63	◎

表16　文永8年帳の小地名別の1所の面積（平均値）

	小地名	古作（反）	油地新田（反）	新田（反）	古＞油	油＞新
①高瀬	吉野	2.20	0.90	0.50	◎	◎
	本郷	1.89	0.83	0.49	◎	◎
	木谷	1.36	0.73	0.52	◎	◎
	伊守忠	1.20	0.96	0.90	◎	◎
②釜村	田口	1.10	1.03	0.19	◎	◎
	サウハラ	0.74	—	—	—	—
	ヒヨリ	0.50	0.49	0.35	◎	◎
	三坂	0.63	0.76	0.31	×	◎
	佐津見	0.97	0.45	0.50	◎	△
	渡田	1.06	0.49	—	◎	—
	加摩	1.15	1.50	—	△	—
③千屋	ツエカヒラ	—	—	0.20	—	—
	ワサマ	0.79	0.31	0.05	◎	◎
	知屋	1.90	0.60	0.57	◎	◎
	根嶋	1.24	0.95	0.58	◎	◎
	ヤスキ	1.82	0.96	1.50	◎	△
	中谷	0.90	1.13	0.16	△	◎
④足立	足立	1.06	0.40	—	◎	—
	田曽	1.03	—	0.57	—	—
	吉川	—	0.20	0.60	—	△
	カタカネ	0.48	1.20	0.31	△	◎
	フシヤ谷	0.30	—	—	—	—
⑤坂本	カタクレ	0.48	—	—	—	—
	タチヤ谷	0.25	0.70	0.04	△	◎
	イヲキリ	—	0.47	0.03	—	◎
	坂本	0.78	0.43	0.15	◎	◎
⑥井村	八谷	—	—	0.68	—	—
	木戸	—	—	0.15	—	—
	井村	3.63	0.37	0.15	◎	◎
	中洲	0.69	0.64	0.60	◎	◎
	谷内	1.05	0.56	0.19	◎	◎
	トヤノハナ	1.21	0.53	—	◎	—
	横見	1.97	0.80	0.26	◎	◎
	小谷	1.89	0.78	0.08	◎	◎
	間尾	1.40	0.56	0.65	◎	△
	アセヒ	0.03	—	0.08	—	—
	宇津草	—	—	0.25	—	—
⑦西方	由世	1.77	—	0.08	—	—
	大田	0.35	1.75	0.26	×	◎
	宮田	1.26	1.12	0.50	◎	◎
	楡田	1.12	—	—	—	—
	荒張	1.34	—	—	—	—
	檜原	1.05	0.84	0.51	◎	◎
	大莚	1.05	0.25	0.60	◎	△
	別所	0.65	0.30	0.06	◎	◎
	横枕	0.88	0.05	0.18	◎	△
	久原	1.06	0.36	0.05	◎	◎
	金子	1.02	0.86	—	◎	—
	辻田	1.35	—	—	—	—
	深田	0.98	0.10	0.40	◎	△
	音部	1.03	—	—	—	—
	鳴田	1.55	—	—	—	—

◎…条件に合致、△…合致せずサンプル数僅少、×…合致せず

表19　正中２年帳の本田・新田等級別の１所の面積（平均値）

	本田(反)	［新田］上田(反)	［新田］中田(反)	［新田］下田(反)	本＞上	上＞中	中＞下
①高瀬	2.29	0.35	0.82	0.34	◎	×	◎
②釜村	1.31	0.85	0.54	0.46	◎	◎	◎
③千屋	1.57	0.83	0.87	0.56	◎	×	◎
⑤坂本	1.08	1.26	0.39	0.43	×	◎	×
⑥井村	1.53	0.72	0.33	0.60	◎	◎	×
⑦西方	1.68	0.69	0.44	0.29	◎	◎	◎
地域別計	1.59	0.81	0.60	0.47	◎	◎	◎

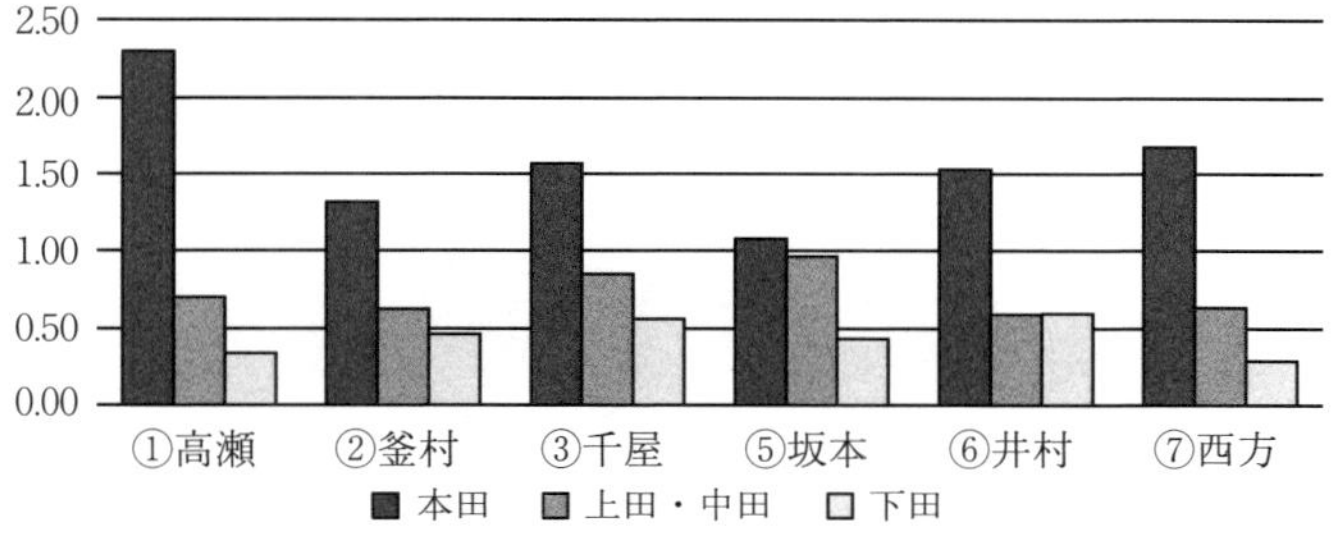

図８　正中２年帳の本田・新田等級別の１所の面積（平均値）

れは中田の位置付けに問題があるらしく、中田を上田と合算してみると（図8）、おおよそ(1)本田、(2)上田・中田、(3)下田という関係を確認することができる。

以上の結果から、次の二点を指摘できよう。第一に、検注帳の「所」という単位はそれ自体検討する価値があるということである。「筆」とも微妙に異なる「所」という単位をあえて検注帳に記載している以上、何らかの現地の実態を反映したものとみるべきであろう。第二に、これら地目の一所の面積には明らかな格差があるということである。古作・本田より新田は小さく、油地新田はその中間に位置していた。等級に関しても、中田の扱いには注意を払う必要があるものの、おおむね一所の面積に比例していたといえよう。

それでは、「所」という単位は具体的に何にもとづいたものなのか。また地目と面積の相関性にはどのような意味があるのだろうか。以下ではこれらの点について、現地の地形や耕作状況などを踏まえて考察を加えたい。

表20　文永8年帳・正中2年帳の1所の面積（最小値・平均値・最大値）

	文永8年帳			正中2年帳			
	古作(反)	油地新田(反)	新田(反)	本田(反)	[新田]上田(反)	[新田]中田(反)	[新田]下田(反)
最小値	0.017	0.033	0.017	0.05	0.05	0.05	0.05
平均値	1.15	0.75	0.41	1.59	0.81	0.60	0.47
最大値	11.50	3.60	3.00	7.60	5.00	4.20	3.70
上位1%除外	6.00	3.20	2.00	6.80	4.60	3.80	1.50

3　「所」と「セマチ」

いったい「所」というのは何を示す単位なのか。思えば検注帳において、所在地・名・作人を全く同じくする耕地が、何筆も連続して記載されるというのはよくあることである。例えば文永八年帳の②釜村の「佐津見」地区では、名が「真弘」、作人が「依助」という田地が一四筆にもわたって続いている（検注日一月三〇日）。そのうち一筆だけは「源三郎」という二人目の作人が記されているものの、このような変化の乏しい記録をわざわざ帳面に連ねたのは、それら一筆一筆が耕地として一続きでないからだろう。裏を返して言えば、「所」とは連続性を持った耕地の集合体だということになる。

それでは、どの程度の規模の集合体であったのか。その点を明らかにするため、いますこし「所」の数値上の特性を追ってみよう。一所の面積の平均は先にみたところだが、ここで下限と上限についても確認しておこう（表20）。例えば文永八年帳の古作では、最小値は六歩＝〇・〇一七反である。厳密に言えば、この田地は三所まとめて一筆で一八歩となっているので（里村・検注日二月一八日）、一所あたりの最小値は六歩以下ということになる。仮に一歩＝三・三㎡（一反＝五〇代＝三六〇歩＝一一八八㎡）とすると、六歩でおよそ二〇㎡である。一方、最大値は一町一反二五代＝一一・五反（里村・検注日二月一六日）で、最小値のおよそ七〇〇倍にもなる。正中二年帳の本田では、最小値は一八歩＝〇・〇五反（検注日四月三日）[19]、最大値は七反三〇代＝七・六反（検注日同前）であり、両者の間には一五〇倍の格差がある。

　このように同じ一所といっても、その偏差はかなり大きい。とはいえ、上述の最大値は相当に極端な値でもある。あらためて検注帳のデータを降順に排列し、上位一％の数値を除外した上で最大値をみてみると（表20）、場合によって大きく数値が下がり、例えば文永八年帳の古作は六・〇反に、正中二年帳の下田も半分以下になる。このようなごく一部の異様な数値は、ひとまず埒外に置いて考えてよかろう。

　次に、素朴な疑問として「所」と「枚」とはどう違うのだろうか。中世において耕地を数える際の「枚」に相当すると考えられるのが、「セマチ」と呼ばれる単位である。漢字では「狭町」「瀬町」「畝町」などと表記され、『日葡辞書』では「Xemachi（セマチ）」のことを「一日の農耕面積、あるいは、田の区画」と解説している[20]。管見によれば紀伊国の高野山領でよく用いられており、例えば官省符荘・名手荘・調月荘・荒川荘・鞆淵荘などの検注帳をみると、水田の面積に付帯して「せマチ」「狭」「町」「丁」などといった形で記録されている。史料3がその一例で、官省符荘に関する帳簿からの抄出であるが、「せマチ」と「丁」が同じように用いられている。この場合の「丁」が面積の単位でないことは明らかで、おそらく「町」の略記で「マチ」とでも読んだのではなかろうか。

【史料3】応永三年七月「官省符庄伏原村分田支配帳中書」[21]

上一反百十歩せマチ三　井溝坪　地主定春　乍弥三郎
中三百歩せマチ六　サヤノ池ノ尻ノ坪　地主福行小田原　乍彦九郎紺野
中小四十歩丁五　同坪　地主虎松　乍法阿弥同村
下八十歩丁四　梨本坪　地主座主田　乍弥四郎ナクラ

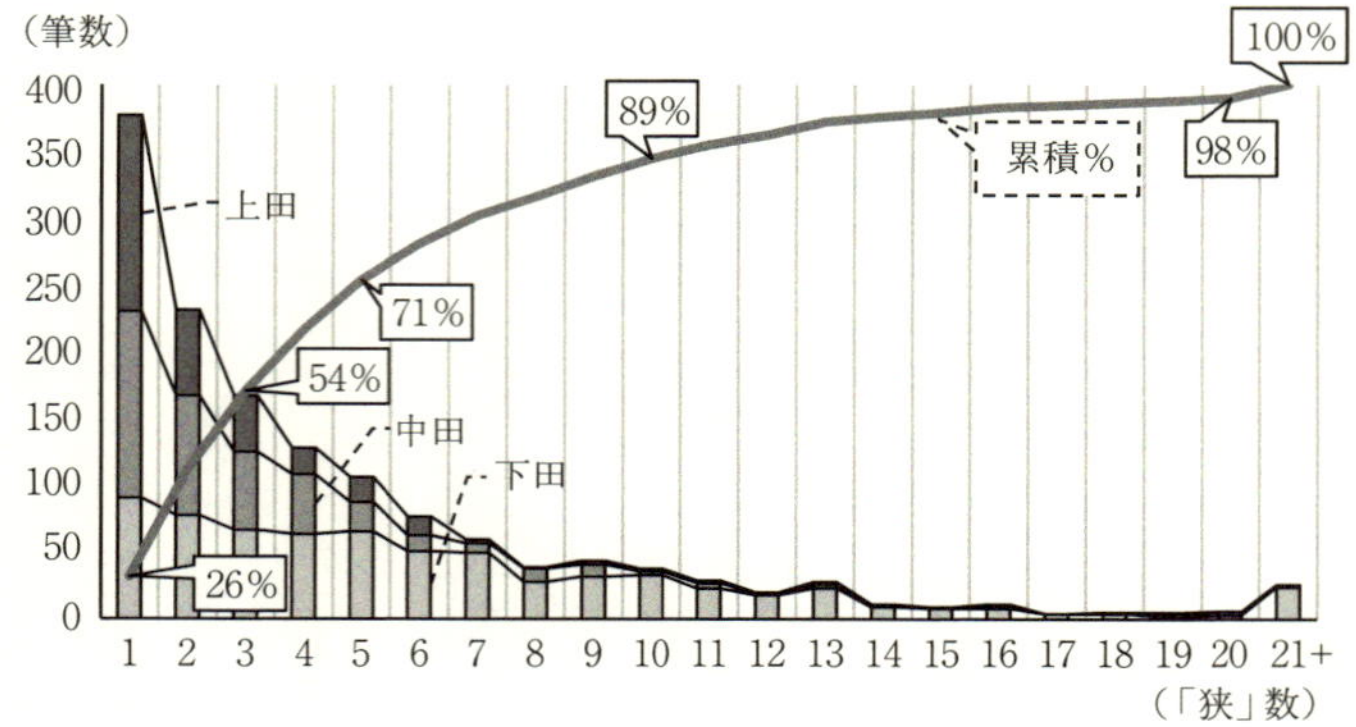

図9　正長元年帳の「狭」数別の筆数

表21　正長元年帳の「狭」あたりの面積

	上田（反）	中田（反）	下田（反）
最小値	0.007	0.002	0.001
平均値	0.13	0.08	0.03
最大値	0.78	0.75	0.67
上位1%除外	0.66	0.44	0.31

このセマチという言葉を、開発との関わりのなかで位置付けたのが宝月圭吾である。すなわち宝月によれば、鎌倉末期ごろから近畿地方の山間部において、溜池灌漑によって急斜面に開墾された零細な田地を表現した言葉が「瀬町」であったという。[22]しかし先記の高野山領のうち、官省符荘・名手荘・荒川荘などは紀ノ川沿いの平野部にも荘域が広がっている。それらの検注帳のなかで田地を把握する単位として広範に使用されている以上、セマチとは「山間部の急斜面」という特定の状況のみを想定すべき用語ではあるまい。

以下、宝月説の当否も念頭に置きつつ、セマチの性格についてさらに掘り下げてみたいが、ここで新見荘との比較材料として、これも山間荘園といってよい鞆淵荘の正長元年（一四二八）の検注帳をとりあげる。[23]同帳（以下「正長元年帳」）ではセマチは「狭」と表記されているが、これがどのようなデータであるかをみてみよう。

まず一筆あたりの「狭」数をみると、最小で一、最大では六〇にまで昇る。しかし六〇などという数値はやはり特殊なものである。図9は「狭」数別の筆数を縦棒で、その累積％を曲線で示したグラフだが、「狭」数の記載がある全一四三二筆のうち、「狭」一〇以下のものが八九％、うち五以下のものでも七一％を占めており、二〇を超えるようなものはわずか二％に過ぎない。等級との関連でいえば、等級が低いほど「狭」数は多くなる傾向にあり、「狭」一〇を超える一五八筆のうち、八〇％にあたる一二六筆が下田である。

「狭」あたりの面積についても、「所」のときと同様に最小値・平均値・最大値を計算してみたのが表21である。これらの数値をみるに、まず等級が高いほど面積も大きいことがわかる。枚数は少ないが一枚が大きい上田、その反対に狭小だが多数の田地から成る下田、といった姿がイメージされる。そして「所」に関して得られた数値と比べて、およそ一桁前後小さくなっている。例えば「狭」の平均値は上田で〇・一三反だが、「所」の平均値は文永八年帳の古作でその約九倍（一・一五反）、正中二年帳の本田で約一二倍（一・五九反）、新田の上田で約六倍（〇・八一反）である。少なくとも平均値や最大値に関しては、中田同士、下田同士を比較してみても、同じような関係性にあることがみてとれよう。

このように、一筆あたりの「狭」数は一〇以下であることが普通で、さらにその大半は五以下であった。そして「所」と「狭」の面積の格差は、一〇倍程度の範囲に収まっていた。よって「所」の規模とは、セマチにしておよそ一〇枚以内であったと考えられる。この観察結果を検証する意味も込めて、ここで宝月が論拠として用いた史料でもセマチについてみてみよう。

【史料4】応永一三年三月晦日「僧快全学道衆竪義料田寄進状」(24)

註進　学道衆竪義料田事

合一所　大者　河副、今ハユワせ田ト名ク、作人
二人　小二瀬町、加二苗代一定 オサワトノ作 修禅院代官　小二瀬町 作刑部 修禅院下人　各一石四斗
此在所ハ、アキノ河ノ西ノハタニ一所アリ、以上大ノ分ニ瀬町四アリ、北二瀬町ハオサハトノ、南ハ刑部作（中略）
一反糯田、今ハタウノマヘト名クル也、高野ノ課役無シ　作孫太郎 大光明院ノ下人　定田一石四斗上品在所也
此在所ハ、安楽川ノ妙見ノ森ノ東ニ在リ、瀬町四此外在二苗代一（後略）

この史料では、荒川荘（安楽川荘）に所在する二か所の田地を「瀬町」という単位で表記している。そのうち前者の「ユワせ田」には「オサワトノ」と「刑部」という二人の作人がいて、それぞれの田地の面積は小（一二〇歩）で二瀬町ずつあり、南北に隣接して所在しているものと理解できる。そして、それらをまとめて「一所」と称し、合計して大（二四〇歩）、瀬町四と記している。単純計算で一瀬町あたり六〇歩（〇・一六七反）である。後者の「タウノマヘ」は「孫太郎」が耕作する一反の田地で、こちらも四瀬町で構成されており、一瀬町あたりでは九〇歩（〇・二五反）という計算になる。二か所ともに斗代は一石四斗で、「上品在所」だというから、これを上田だとすれば、先にみた鞆淵荘の上田の数値と比較しても、セマチの数・面積ともに特に不自然な数値ではない。

以上のことから、「所」という単位は一〜一〇枚程度の耕地が集合しているのが一般的なあり方だったといえる。もちろん文永・正中・正長と前後一五〇年の時間差がある帳簿を比較しているので、その間に「所」と「枚」の関係性に変化が起きていることは十分に考えられるが、その意味でもこの程度の幅を持たせて理解しておけば、大きな過誤は避けられるだろう。

このように考えると、やはり一所で一町などといった巨大な数値は、標準を大幅に超える枚数を一筆として検注したものといわざるを得ない。そして先述のように地目との間に相関性を持つこと、また文永八年帳・正中二年帳がそ

うであるように、田地に限らず畠地の検注でも用いられたことからして、「所」とは一種の中世的な「開発の単位」といえるものではないだろうか。

第三節　水田と開発のあり方

1　空中写真にみる水田の面積

さて前掲の通り、鞆淵荘の「狭」あたりの面積、つまり水田一枚の平均面積は最も大きい上田でも〇・一三反（約一五〇㎡）、下田になるとわずか〇・〇三反（約四〇㎡）であった。それでは圃場整備前の現代において、標準的な水田一枚の大きさはどの程度であっただろうか。

国土地理院のウェブ地図サービス『地理院地図』（https://maps.gsi.go.jp/）では、鞆淵荘域（紀の川市上鞆渕・中鞆渕・下鞆渕）の一九七五年の空中写真を閲覧でき、はっきりと畦畔が写っていれば水田一枚ごとの面積を測定することもできる。まず荘域全体を見渡してみると、測定できる限りで極小のものは約五〇㎡、大きいものでは二〇〇〇㎡を超えるものがまれにみつかる。平均については統計をとるのが難しいため、荘域の中央部にある中村地区を例にとり（図10）、よく観察されるデータの範囲を示すと、おおよそ三〇〇～八〇〇㎡といったところかと思われる。それに比べて荘域西南端の和田地区では（図11）、下位に属する一〇〇～二〇〇㎡ほどの水田の割合が高くなり、平均はやや下がるだろう。また新見荘域に関しても、同サイトの一九七六年の空中写真で水田の面積を測ることができるが、一例として先述の三坂地区をみてみると（図12）、中心を占める水田のサイズは鞆淵荘の中村と近似しているといえる。

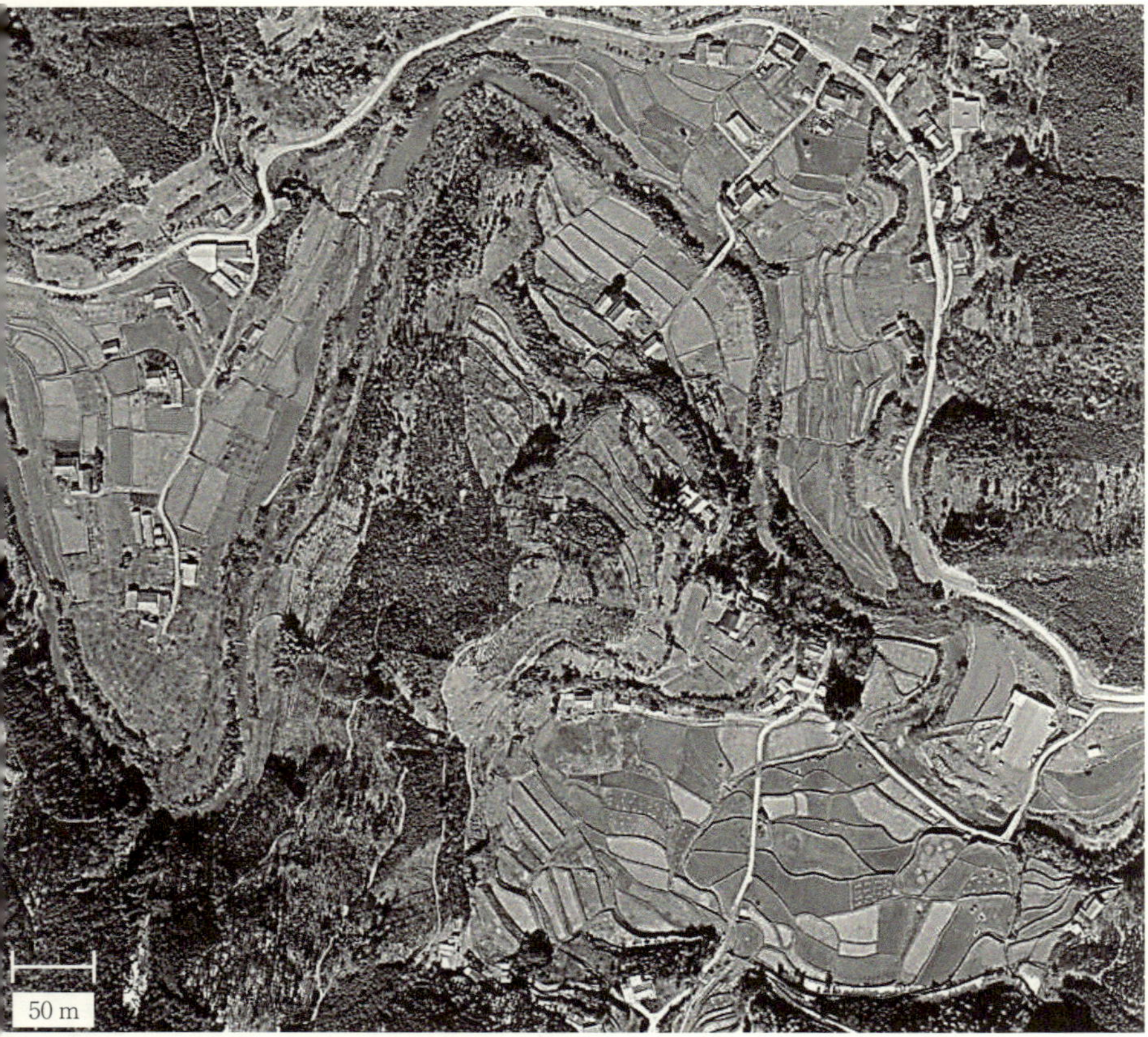

図 10　鞆淵荘故地（中村）の空中写真（国土地理院『地理院地図』をもとに作成）

このような観察結果を踏まえて、ここで強調しておくべきことは次の二点である。第一に、少なくともこのような山間部においては、中世の水田一枚の大きさは、現代と比べれば半分以下に過ぎなかったということである。この背景には度量衡の問題もあるのかもしれないが、それのみで説明できるような格差では決してなく、中世から現代に至る長年月の間に、一枚一枚が実際に拡張していったということを意味しているのであろう。

第二に、そのような現代ですら、圃場整備がなされるまでは水田一枚の平均が一反を超えるようなことはなかっただろうということである。むろん圃場整備後はその景観が一変するわけだが、つまり宝月が「零細」と表現した六〇歩や九〇歩の、数枚合わせてようやく一反に届くというサイズの田地は、決して急斜面に限定されたものではなく、山間荘園にあっては標準的なものであった。

実は、先述の史料4で後略した部分には「タナ田（棚田）」と称された別の田地に関する記述があり、山間部の急斜面に並んだ零細な田地だとする宝月の評価は、その点も考慮してのものであった。しかし、その「タナ田」の現地比定を行った海老澤衷によると、その所在地は平野部に極めて近いところであり、決して山間部の零細な田地ではなかったという(25)。確かに史料4でみたのは、むしろ面積が広く生産性も高い、上田に相当する田地であった。宝月がいうような、現代で想像されるところの「棚田」景観を形成するのは、狭小な傾斜地に開かれた生産性の低い谷田であり、検注帳でいうところの下田であろう。

2 土地の傾斜と開発の方向性

至極当たり前のことではあるが、水田を耕作するにはそこに水を張らなくてはならず、耕作面が水平であることが畠よりも強く求められる。よって水田開発のあり方は、土地の傾斜度に規制されるはずである。斜面ばかりの山間荘

図 11　鞆淵荘故地（和田）の空中写真（国土地理院『地理院地図』をもとに作成）

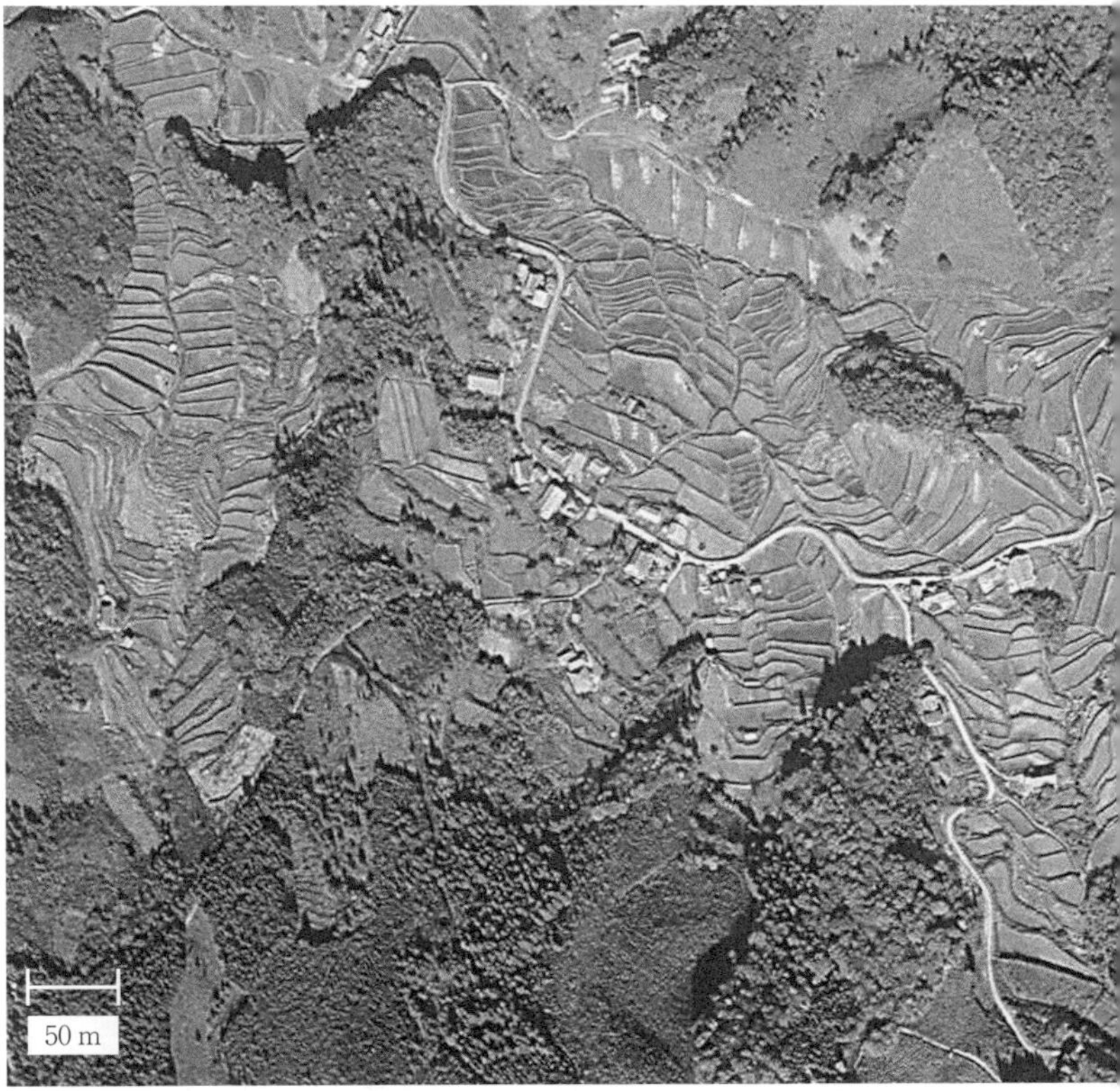

図 12　新見荘故地（三坂）の空中写真（同前）

園とはいえ、当然場所によって傾斜度に強弱があり、そこで耕作される水田一枚の面積に格差が生じるということは直感的に理解できる。つまり立地条件が水田の面積や等級を左右するということであり、そのような地理的な規制を最も強く受けたのが下田だといえる。

そこで、そのような理解に果たして問題がないか、再び『地理院地図』の空中写真を用いて検証しておこう。地目と開発の問題について考えたいので対象を新見荘に戻して、水田一枚の面積に相違が看取される①高瀬の仲村（図13）、②釜村の三坂（図14）、③千屋の朝間（図15）という三地区を選び、それぞれ任意の二点間（Ａ・Ｂ）の標高差と距離をもとに平均斜度を算出してみた（表22）。この数値と写真を見比べると、斜度の大きさの序列は⑴朝間、⑵三坂、⑶仲村だが、水田一枚の大きさの序列は⑴仲村、⑵三坂、⑶朝間となり、予想通り斜度と面積は反比例の関係を示している。もちろんこれは現代の水田に関してのことではあるが、少なくとも圃場整備前であれば、斜度を決定する各地域の基本的な地形は中世と大きくは変わらないはずである。

このように水田一枚の面積が土地の斜度に規制される以上、ある程度の枚数の集合体である一所の面積もまた、斜度に規制されるはずである。そして先述の通り、一所の面積は地目によって格差が生じていた。新見荘の検注帳で用いられたそれらの地目は、基本的に田地の新旧を示すものだった。つまり新しい田地ほど急傾斜地に作られたため、一枚・一所の面積が小さくなったという図式で考えることができよう。

以上のことから、次のような結論を得ることができる。まず一所の面積が相対的に広い古作・本田は、傾斜の小さい土地に展開していた。新見荘の七地域全てを高梁川あるいはその支流が流れているが、先述の文永八年作田目録の斗代を信じれば古作は最も生産性が高く、そのような安定的な水田がそれら河川付近の低地に立地していたと考えられる。そして、そこから周辺の傾斜が大きい土地に向かって、生産性の劣る新田が開発されていったのである。

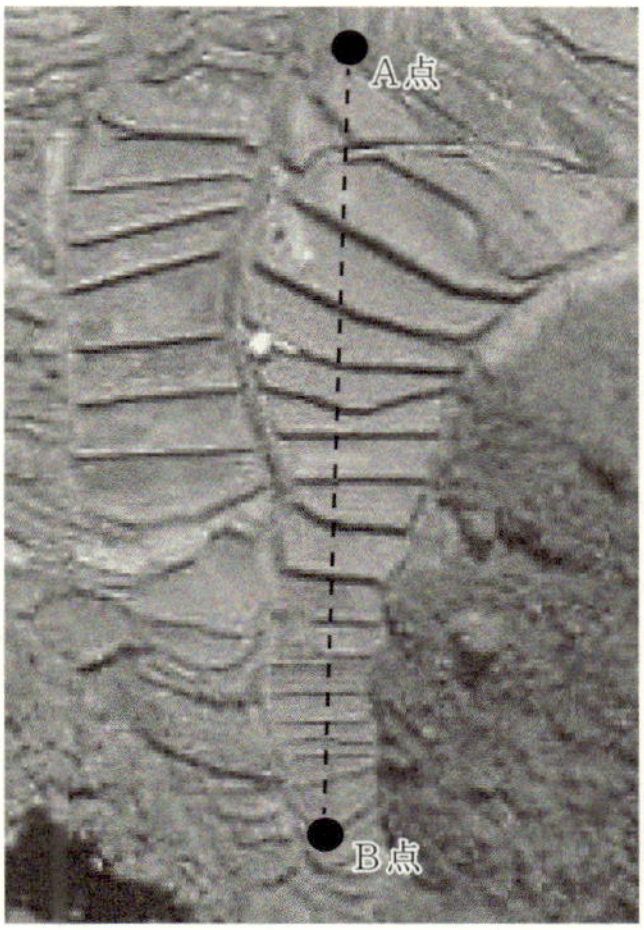

図 14　新見荘故地（三坂）の空中写真（同前）

図 15　新見荘故地（朝間）の空中写真（同前）

図 13　新見荘故地（仲村）の空中写真（国土地理院『地理院地図』をもとに作成）

表 22　任意の 2 点間の平均斜度

	①高瀬 仲村地区	②釜村 三坂地区	③千屋 朝間地区
A 点標高	530 m	530 m	460 m
（緯度）	35.0860	35.0778	35.0858
（経度）	133.3174	133.3963	133.4405
B 点標高	520 m	500 m	415 m
（緯度）	35.0873	35.0796	35.0852
（経度）	133.3205	133.3963	133.4423
標高差	10 m	30 m	45 m
距離	316 m	200 m	178 m
平均斜度	3.2%	15.0%	25.3%

次に油地新田の中間的な位置付けについては、古作の外縁にあった畠が水田化したとするのが理解しやすいであろう。砂鉄採取説に関しては、その証左となる中世遺跡が荘域内でみつかっていないという現状を踏まえると、[26]油地新田の広範な分布を説明する上で難がある。結局、「油地」を油年貢という観点で読み解く渡邊説が妥当といえる。[27]この点に関しては、渡邊が挙げていない史料に「山畠一丁七反十五代（中略）四反あふらちのふそくにいる分こま二斗八升」との記載がある。[28]これは帳簿処理の上で油地（里畠）が不足したため、山畠四反を油地に編入して分胡麻二斗八升を賦課したものと理解でき、油年貢説を裏付けるものである。もし「油地」が砂鉄採取で流出した土砂の堆積地であるなら、「不足」などという表現は用いるまい。

ここで想起されるのが、中世から近世にかけての土地利用の集約化のプロセスにおいて、削平と堆積による人工的な「平坦化」が進行したとする金田章裕の指摘である。[29]金田が論拠にしたのは讃岐・大和・美濃・遠江などの平野部の荘園といってよいが、一方で新見荘のような山間部の荘園でも、傾斜地での水田の造成という意味での平坦化の努力は常に行われたはずである。実際、中世から現代までという長いスパンではあるが、水田一枚の面積が倍以上に拡張したことは先にみた。当然、畠地に湛水して水田化するためにも、平坦化と畦畔の整備が行われたに違いない。その上で、畠地も作られていなかったような急斜面を、新田としてわずかずつ切り開いていったのであろう。その結果、一所の面積は⑴古作、⑵油地新田、⑶新田という順序になったと説明することができる。

このように山間荘園の水田開発は、土地の傾斜に規制されながらも平坦化という形をとりながら進められ、初めは緩傾斜地から、やがて急傾斜地へとその手を伸ばしていったのであろう。

3　坂本の新田開発—地域別の特性—

ところで先の表18で示したように、正中二年帳で一所の面積をみたときに、⑤坂本の一部では新田が本田を上回るという特異な傾向が現れていた。この点に関してデータを子細にみてみると、坂本には「石原屋敷前」という小地名があって、その付近には一所で五反、同じく四・六反、同じく三反という三筆の新田がある（検注日四月二日）。それらによって平均値が押し上げられた結果が表18の数値だということがわかる。

このなかで注目を要するのが四・六反の一筆である。というのもそこには「先地頭立㆓井料田㆒云々」との注記があり、これは正中二年帳のなかで「井料田」の所在地が判明する唯一のケースである。ただしこれは検注帳に関してのことで、名寄帳をみると井料田が一〇か所に増加しているが、ほかの九か所はどれも一反以下の小さいものばかりで（〇・四反が六件、〇・六反が二件、一反が一件）、しかも名寄帳であるから場所まではわからない。おそらく具体的に田地を指定しない浮免であろう。やはり一か所で四・六反もの井料田の設定は、全荘域を見渡しても明らかに突出している。

この坂本という地域の大きな特色として、現代の状況ではあるが三本の長大な井手（用水路）が水利を担っているという点を挙げること

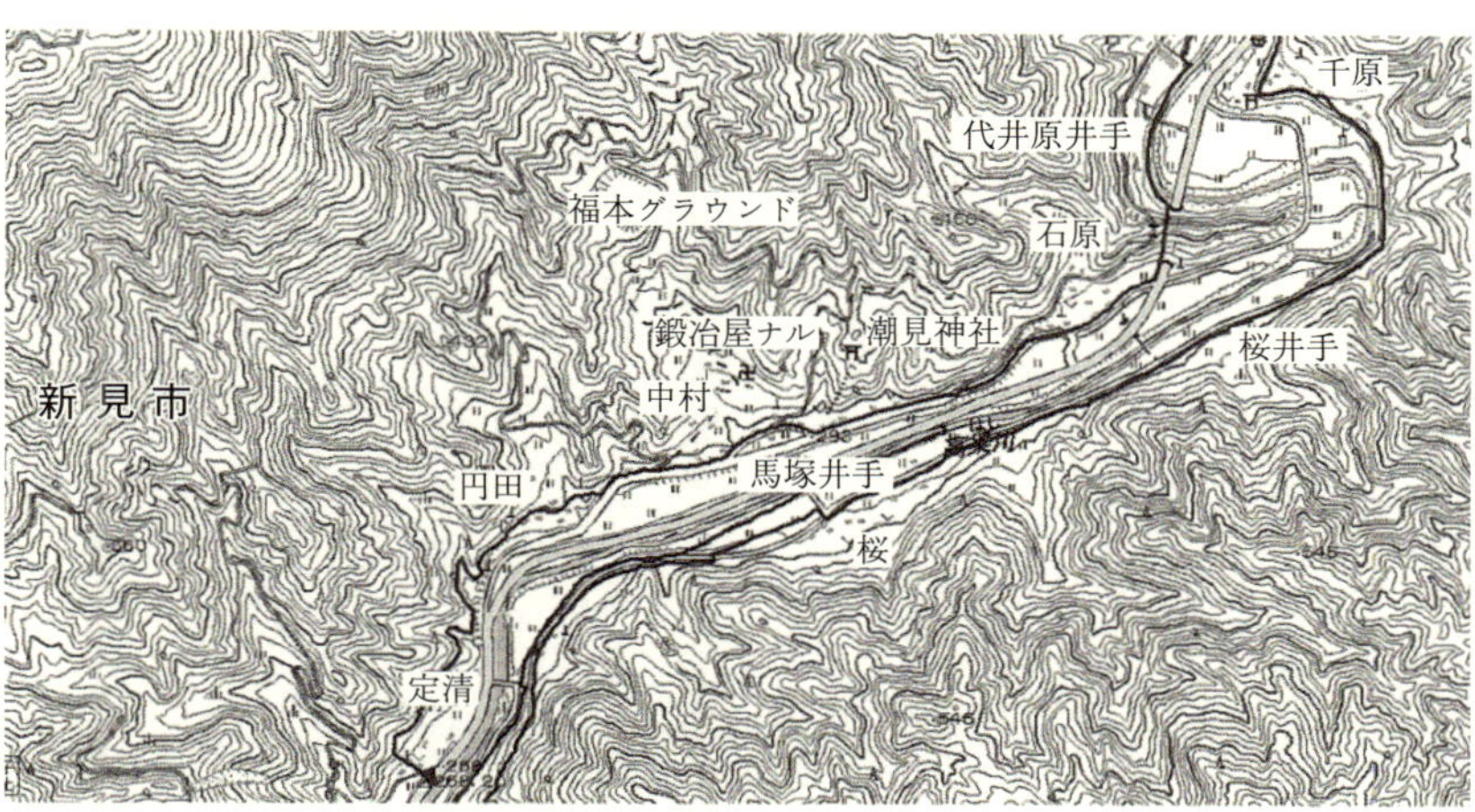

図16　坂本の水利・地名（注(30)大島論文より引用）

ができる。そのうち最大の「代井原《だいいばら》井手」は全長三kmに及び、しかも「石原」の集落の前を通過している[30]（図16）。先述の井料田の特異な設定状況からすれば、中世の坂本には荘内有数の用水路が開削されていた可能性は高い。それが現代の長大な井手の前身となったのではないだろうか。

坂本の新田についてみると、文永八年帳では合計してわずか〇・九反に過ぎず、全地目に占める割合は一・六％と、七地域のなかで最低であった（表13）。それが正中二年帳では新田が二六・三反まで増えており（表14）、かつ一所の面積も拡大して本田と大差がなくなっていた（表17）。坂本という地域の地形をみるに、深い谷がなく、そのような本田と近いサイズの新田が立地しうるのは高梁川沿いと考えるほかはない。

以上のことから、鎌倉後期の坂本では長大な用水路による新田開発が高梁川沿いに展開していたと考えられる。これは従来の新見荘研究において強調されてきた谷内部の開発や、排水技術を駆使した低湿地開発とも異なる開発形態ということができよう。

なお明治期の旧土地台帳に記載された字名のなかから、排水の悪い泥田を意味する「深田」地名を探してみると、坂本を除く六地域の全てに「大深ケ（田）」「小ブケ（ダ）」などの地名が分布している（「フカ田」は皆無）。また類似のものとして、高瀬・千屋・井村（現行の大字では上市）には「重田」「ヲモ田」という地名がみられる（「オモ田」は皆無）。やはり注目されるのは坂本にはいずれもみられないことであり、その一方で千屋をみると高梁川沿いにもこのような地名が残っている。同じ荘内で、かつ同じ高梁川沿いにある地域でも、開発のあり方には相違があり、それが現代にまで影響を及ぼしているということではないだろうか。

おわりに

本章では、山間荘園における水田開発の実態について、今までほとんど論じられなかった検注帳の「所」という単位に検討を加え、一所の面積と地目・等級との間に相関性が見出されることを糸口として考察を進めてきた。以下、その成果をまとめておこう。

まず一所というのは一～一〇枚ほどの連続した耕地の集合体と考えられる。また一枚の面積の大小と土地の斜度の強弱とは反比例の関係にあった。そのため一所の面積も、程度に違いはあっても傾向としては同様だったはずで、地目・等級によって一所の面積に格差があったということは、土地の斜度に格差があったことを意味しよう。そして、それら地目は田地の新旧を表示したものであった。以上のことから、山間荘園では緩傾斜地から急傾斜地へ、という開発の方向性があったことがわかる。

さらに水田一枚の面積に関して言えば、中世では上田であっても一反の数分の一というのが普通のサイズであり、現代からみれば二倍以上の格差が存在した。もしその程度の水田を「零細」と呼ぶのであれば、山間荘園の水田はほとんどが「零細」ということになってしまう。現代の「棚田」イメージと結びつけうるのは、そのなかでも特に狭小な下田と評価されるような田地に限られるのである。

これは第二節でふれた「造成と損壊の繰り返し」という観点にも関わるが、山間部での水田開発のあり方とは、おそらくは一〇〇㎡内外といった規模で、わずかずつ傾斜地を崩しては埋めて平坦地を作り、そこに畦畔を施して水田化していったのであろう。そして畦畔が壊れれば作り直すということを繰り返し、場合によっては田地から畠地へ、また田地へという転換も経つつ、長い時間をかけて徐々に一枚一枚が拡張していったものと考えられる。先述のように文永八年帳と正中二年帳で比較しやすい箇所を並べてみると（千屋・坂本・井村の三地域、正中二年帳は本田のみ）、総面積はさほど変わらないのに「所」の数が減り、その分だけ一所の面積が広がっていた。これは水田が拡張される過程のなかで、「所」同士が隣接していき、複数の「所」が統合された結果だと理解しておきたい。

そして新見荘のような広大な荘園では、一つの荘園の中でさまざまな形態の開発が、時間差をもちつつ展開していた。従来強調されていた谷内部と大河川沿いという区分だけでなく、同じ大河川沿いかつ地頭の影響下にあった井村と坂本を比べても、そこには大きな相違が存在した。低湿地の排水を課題としていた井村に対して、坂本では大規模な用水路の整備による取水に重点が置かれており、「深田」「重田」地名の不在もそのことを示していよう。改めて言うまでもなく、水田開発とは一面において水や地形との格闘であり、地形の変化に富む広大な荘園では、そのあり方もおのずと多様になってくるのである。

かつて永原慶二は、中国山地にあって新見荘よりもさらに大きい備後国太田荘に関して、谷上部からの湧水を利用して開発された谷田が安定田、主要河川である芦田川（太田川）沿いの平地部は水害等による不安定田で、後発的な開発地だとした。(31) これは本章で検討した新見荘とは真逆の状況であり、その点では同じ山間荘園の水田開発といっても、そのメカニズムについては比較・再検討の余地を残している。新見荘に関して言えば、高梁川の最上流部にあって洪水のおそれが少ないということが要因として挙げられるかもしれない。そのほかにも日照、気温、地質など様々な要素が考えうるが、いずれにしても後考に委ねることにしたい。

注

（1）高島緑雄『関東中世水田の研究』（日本経済評論社、一九九七年）、鈴木哲雄『中世日本の開発と百姓』（岩田書院、二〇〇一年）、同『中世関東の内海世界』（岩田書院、二〇〇五年）、原田信男『中世村落の景観と生活』（思文閣出版、一九九九年）、同『中世の村のかたちと暮らし』（角川学芸出版、二〇〇八年）、同「中世〜近世における沖積地の開発と景観—船木田荘と多西郡三郷—」（同編『地域開発と村落景観の歴史的展開—多摩川中流域を中心に—』思文閣出版、二〇一一年）など。

（2）浅原公章「文永期の在地構造」（『新見庄 生きている中世』備北民報社、一九八三年）、竹本豊重「地頭と中世村落—備中国新見荘—」（石井進編『中世の村落と現代』吉川弘文館、一九九一年）、渡邊太祐「鎌倉前期における谷の開発と畠地—備中国新見荘を題材として—」（『地方史研究』五九—六、二〇〇九年）、海老澤衷「中世における水田開発と鉄生産」（小野正敏・五味文彦・萩原三雄編『水の中世—治水・環境・支配—』高志書院、二〇一三年）、似鳥雄一「下地中分と荘園経営—備中国新見荘を中心に—」（第一部第一章）、高橋傑「備中国新見荘における正中二年検注帳の地名について」（『早稲田大学総合人文科学研究センター研究誌』二、二〇一四年）、同「鎌倉期における新見荘の地名と下地中分」（海老澤衷・酒井紀美・清水克行編『中世の荘園空間と現代—備中国新見荘の水利・地名・たたら—』勉誠出版、二〇一四年）など。

（3）以下では『岡山県史第二〇巻　家わけ史料』を『岡』と略記して文書番号を付し、「東寺百合文書」の函番号を記して示した。

（4）第一部第一章（荘域全体図は図2）および第三章も参照。

（5）土山祐之「現地調査にみる新見荘三職—西方・金谷地区の水利と地名—」（注（2）『中世の荘園空間と現代』）二三頁。

（6）田地のうち里村がク函一、『岡』一九三、奥村がク函二、『岡』一九四。畠地のうち里村がク函三、『岡』一九五、奥村がク函四・五、『岡』一九六・一九七。

（7）ヒ函一一—二、『岡』六三六。

（8）シ函四、『岡』六二五。

（9）高橋傑「文永期の新見荘検注関連帳簿について」（『鎌倉遺文研究』二八、二〇一一年）。

（10）注（2）浅原論文、竹本論文、海老澤論文。

（11）注（2）渡邊論文。

（12）網野善彦「元弘・建武期の備中国新見荘」（東寺文書研究会編『東寺文書にみる中世社会』東京堂出版、一九九九年）。

(13) 田地の検注帳がク函一一、『岡』二〇二。畠地の検注帳がク函一三・一四、『岡』二〇四・二〇五。田地の名寄帳がク函一六、『岡』二〇七。畠地の名寄帳がク函一八、『岡』二〇八（それぞれの案文はク函一二、ク函一五、ク函一七、ク函一九）。
(14) 竹本豊重「新見庄の地名について」（『岡山県史研究』二、一九八一年）。
(15) 注(2)竹本論文。
(16) 注(2)渡邊論文。
(17) 水野章二「災害と開発」（井原今朝男編『環境の日本史三　中世の環境と開発・生業』吉川弘文館、二〇一三年）などを参照。同論文では洪水被害が大きく扱われている。
(18) 注(5)土山論文。
(19) この一筆は検注帳の案文では「新」とのみあって等級の記載がなく、正文では「新」の上に朱筆で「本」と訂正がなされ、名寄帳では「本」となっている。
(20) 土井忠生・森田武・長南実編訳『邦訳日葡辞書』（岩波書店、一九八〇年）。
(21) 和歌山の部落史編纂会編・和歌山人権研究所著『和歌山の部落史　史料編前近代一』（明石書店、二〇一四年）「中世高野山金剛峯寺領庄園検注帳類」二号。
(22) 宝月圭吾「中世の産業と技術」（『岩波講座日本歴史八　中世四』岩波書店、一九六三年）。
(23) 高木徳郎「正長元年鞆淵薗大検注帳」（『和歌山県立博物館研究紀要』七、二〇〇一年）。
(24) 『大日本古文書　高野山文書三』「続宝簡集」五三一号。
(25) 海老澤衷「（棚田学会第二回シンポジウム報告）棚田のルーツをさぐる」（『日本の原風景・棚田』二、二〇〇一年）。
(26) 白石祐司「新見市たたら再現事業の経緯」（注(2)『中世の荘園空間と現代』）。
(27) ただし油地が水田化された要因として胡麻の連作障害を強調する点には疑問も残る。確かに文永八年作田目録で油地新田の斗代が最も低いことは地力の低下ともとれるが、そもそも連作障害は畠作では広くみられる現象で、畠年貢の代表的な品目である麦や大豆でも普通に起こりうる。畠地を水田化する動機としては胡麻に限らず一般的なものではないか。
(28) 延慶三年（一三一〇）九月一五日「新見荘末国名・利宗名所当米等徴符案」（ク函一〇、『岡』二〇一）。
(29) 金田章裕「平野の人工的平坦化と土地利用の集約化」（同『微地形と中世村落』吉川弘文館、一九九三年）。

(30)　大島創「公文大中臣氏と製鉄による集落および水田の形成—坂本・千屋地区—」(注(2)『中世の荘園空間と現代』)。

(31)　永原慶二「荘園制支配と中世村落」(同『日本中世社会構造の研究』岩波書店、一九七三年、初出は一九六二年)、同「大田荘」(『講座日本荘園史九　中国地方の荘園』吉川弘文館、一九九九年)。

第五章　南北朝～室町期の代官契約と荘園経営
――備中国新見荘と東寺領荘園――

はじめに

あらためて説くまでもなく、「代官」とは「正員」を補完すべく設置される職務の代行者であり、荘園経営においては領主と在地をつなぐ中枢的な存在である。そのなかでも特に注目されるのが、南北朝期から室町期にかけて多く登場してくる「請負代官」と呼ばれる存在である。中世後期を荘園解体期とみた永原慶二が、請負代官制を荘園支配の行き詰まりという当時の政治・社会状況が生み出した徴税の最終形態と位置付けたことはよく知られている(1)。それに対して当該期、特に室町期を荘園制にとっての単なる解体期とみなさず、積極的な意味を付与するのが室町期荘園制論である。その代表的論者である伊藤俊一は、請負代官だけでなく直務代官も含めた「代官請負制」を室町期荘園の支配方法と位置付け、室町幕府―守護権力による荘園支配の確立がもたらした安定的なシステムが請負代官であると評価し、従来の議論に大きな転回を迫っている(2)。

この中世後期の代官による荘園経営というテーマは、当該期の社会システムをどのように評価するか、という大きな問題に直結している。その点において、伊藤が室町期荘園制論のなかに代官請負制を位置付けたことは、現時点で最も体系的な成果だといえよう。

しかし永原や伊藤に限らず、本テーマに関わる先行研究の数々を振り返ってみると、いくつかの問題点に気づく。それは、まず対概念というべき「請負代官」と「直務代官」の定義が論者によってまちまちで、両者の境界線や相互関係の解明が進んでいないということである。先行研究の諸説については後述するが、それらを整理・比較した上で、何をもって「請負代官」や「直務代官」とみなすのか、検討しなおすべき段階に来ている。

さらにいえば、先行研究では代官と契約をめぐる具体相の究明も十分とはいえない。すなわち個々の代官の補任に至るまでの経緯と契約内容、彼らの素性と代官としての資質、荘園経営の実態と契約の履行状況などといった問題である。このうち代官の現地での経営実態という点に関しては、代官は生産や収取に直接には関与しないという見解を伊藤が示しているが、(3)これも請負代官と直務代官とでは濃淡があり、検討の余地があるように思われる。また伊藤は当該期における「未曽有」の水干害と現地での再開発の動きについて論じ、室町期荘園制の問題として代官選任の「マネーゲーム」化を指摘しているが、これも必ずしも具体的な論証にもとづくものではない。(4)

そこで本章では、東寺領である備中国新見荘を主たる素材としてあつかい、上記の課題について検討する。新見荘のような荘園領主との間に物理的距離のある遠隔荘園では、当該期固有の問題が特に尖鋭に現れることが予想される。そのことと関係してか、新見荘はいったん請負代官を採用しながら、のちに直務代官へと回帰した歴史を持っており、直務・請負の変動のメカニズムを探るには好適の素材である。そして新見荘は下地中分を経た荘園だが、すでに筆者が論じたように、(5)在京志向の強い細川氏が領家方・地頭方の双方の支配に長期にわたって関与したことから室町期荘園制の一典型といえる。その要因として規模の大きさや、山名氏領国との境目に位置するという地理的な重要性が挙げられる。

新見荘の通史叙述は、一貫した荘園崩壊の過程として描写した杉山博が一つの出発点だといえるが、(6)その後の史料の新出、史料集の刊行にともなって杉山の叙述には修正と深化が加えられてきた。特に本章のテーマに関連するものとしては、永原・伊藤がともに考察の材料としているほか、網野善彦は市庭都市との関係から新見荘の請負代官についてあつかっている。(7)近年では、辰田芳雄が幕府中枢の政治情勢から新見荘現地での年貢収取までを視野に入れた長期的かつ多岐にわたる議論を展開しており、(8)酒井紀美は現地と京都の情報伝達のあり方を詳細に読み解くことで室町期の社会状況にまで論及している。(9)さらには新見荘を主題にすえた論集も刊行され、本章と直接・間接に関わりのある論考が先にふれた伊藤・似鳥のほかに数多く収められている。(10)これら近年の成果により、当該期の新見荘とそれをとりまく政治・社会状況については大幅に理解が深まった。

ただし残された課題として、直務から請負へ、そしてまた再び直務へと変転していくなかで、領主と代官の契約をめぐるせめぎあい、思惑の交差がどのようなものであったかをさらに深く追究する必要がある。新見荘では寛正年間に直務代官として現地に下向して殺害された祐清という人物が著名だが、彼が補任された背景や代官としての経営方針については論じ尽くされてはいない。それらの点から、あらためて請負と直務の関係性とその内実に迫ることも可能だと思われる。

以上の諸点を課題に設定した上で、本章では中世後期における代官の選定・契約と彼らによる荘園経営の実態について検討する。時期としては南北朝〜室町期を対象とし、応仁の乱の直前を下限とする。それによって請負代官、ひいては室町期荘園制が安定して機能したとされる応永〜永享年間のおよそ五〇年と、その前後の時代との比較を行う。新見荘の代官の変遷については先述の通り永原・伊藤もあつかっているが、その詳細や評価については見直しが必要と思われるため、あらためて本章でも詳述していく。また新見荘を中心に観察を進めていくが、他の東寺領荘園も適宜とりあげることで、寺領の全体的な構造と、そのなかでの新見荘の位置付けについても考えてみたい[11]。

第一節　代官の分類・定義と新見荘の位置付け

1　代官の分類・定義と移行過程

手始めに、「請負」・「直務」という代官の分類と定義について整理しておきたい。先行研究では、主に二つの要素をもって「請負代官」が定義されてきたといってよい。一つ目は代官の出自で、領主の家・組織の外部から起用された人物かどうかである。二つ目は契約形態で、代官が毎年定額の年貢を領主に納入しつづけ、残余を得分として獲得する「請切」と呼ばれる形態をとるかどうかである。なお請切でない場合に一般的なのが、代官は毎年可能な限りの年貢を納入し、散用状などの会計書類を提出して領主の監査を受け、そのなかで五分の一や十分の一といった定率の得分を控除することを認められるという形態で、こちらは史料上では「所在所務」などと呼ばれる[12]。このいずれかの契約形態をとることで、徴収した年貢の増減に応じて獲得できる得分も増減する仕組みとなり、代官にとっては職務精励のための動機づけとなりうる。

この二要素のうち、出自から請負代官を説き起こしたのが例えば網野善彦であり、東寺領において禅僧・山伏が代官をつとめた事例を強調している[13]。一方、永原慶二も請負代官の多様な出自に言及してはいるが、東寺の寺僧など内部の人物も請負代官とみなしており、むしろ請切という契約形態に重きを置いた叙述をしている[14]。またこの二要素を組み合わせた説もあり、桜井英治は網野と同様に守護被官・禅僧・土倉といった出自を請負代官の特徴としてまず挙げた上で、その契約形態には所在所務と請切の二種があると併記した。(15)伊藤一義は永原に準拠して直務代官＝所在所務、請負代官＝請切と定義し、それに東寺の寺官・非寺官という出自の要素を掛け合わせて代官を四種類に分類した。(16)伊藤俊一は出自と契約形態を足し合わせ、領主の関係者が領主に詳細な報告をしながら経営に当たるのが直務代官、関係者でない者が請切で契約するのが請負代官と定義した。(17)なお本章で正面からあつかうことはないが、新田英治が明らかにした、金融業者が「来納」と称して領主に融資を行ったのち、年貢を徴収して債権の回収にあてるという方式の請負代官もよく知られる。(18)新田は明言していないが、このタイプは来納の仕組みから考えれば、出自は外部、契約形態は請切というのが普通であろう。

このように請負代官の定義にはそれぞれ違いがあり、それゆえ直務代官との線引きも不統一な状況にある。請負代官・直務代官の双方を明確に定義しているのは伊藤一義と伊藤俊一だが、後者の定義では外部者で所在所務、あるいは内部者で請切といったケースが見落とされてしまう。そこで前者のような四種類の分類について、それぞれの位置付けを考えてみよう。まず代官が内部者、つまり東寺であれば寺僧・寺官の場合、そのほとんどにおいて契約形態は所在所務である。この内部者・所在所務というパターンが、直務代官と呼ぶにふさわしいものであろう。

それに対して外部者の場合、その契約形態として一般には請切が想起されようが、実際には所在所務の事例も決して珍しくはなく、応永年間を中心に数々の事例を見出せるのである。(19)そしてそれら事例を生んだ荘園の大部分はのちに請切に移行しており、そのなかには後述するように新見荘も含まれる。(20)一方、その逆に請切から所在所務へと移行した例はまれで、数少ない事例の一つが新見荘である。(21)

以上のことから、代官に関する潮流として、内部者・所在所務の直務代官から、まずは外部者の採用、次いで請切への傾斜、という二段階の移行が起こったといえる。外部者の採用は彼らの能力、例えば幕府・守護との交渉力、経済力・財務力などに期待してのことであろうが、請切への傾斜がそれより遅れたのは、裏返せば東寺が所在所務の維持にこだわったともいえよう。所在所務は領主・代官の双方にとって煩雑な毎年の監査をともなうが、それは代官による興行への期待を前提とする。よって請切への転換とは、監査という責務からの解放と同時に、収取強化への意欲の放棄を意味する。荘園経営にとってはきわめて重大な分岐点であるといえよう。本章ではこのようにして現れた外部者・所在所務、および外部者・請切という二つのパターンをともに請負代官とみなし、より早い時期のあり方といえる前者をⅠ型、そこから転換して増えていった後者をⅡ型と称する。

すると最後に残るのは内部者・請切というパターンだが、これは東寺領では管見の限り一事例しかみつかっておらず、しかもその時期は文正元年（一四六六）とかなり遅い[22]。出現の順序に鑑みて、本章ではこれを請負代官のⅢ型としておく。非常に特殊なケースだが、直務との関係性を考える上では重要な存在であり、その点についても後述する。

2　東寺領における新見荘の位置付け

次に、請負代官の増加という東寺領の趨勢のなかで、新見荘がどのような位置を占めるのか、請切への移行時期という観点から把握しておこう。東寺領荘園における請切の初見年次と請口（請負額）について可能な限り整理してみたのが表23である。ひとまず応仁元年（一四六七）までを対象年代とし、請口についてはその後の変化も追跡してみた。

表23をみると、請切は東寺領全体に均一に広まったのではなく、まず京都との間に距離のある荘園から徐々に採用されていったという傾向が読み取れる。荘園によってはその時期はかなり遅く、特に京郊の膝下荘園などでは請切への転換はみられない[23]。

表23　東寺領荘園における請切の初見年次と請口

荘　園	初見年次	請　口
周防国美和荘①	正慶二年(一三三三)	四〇石→四〇貫文
遠江国原田荘②	貞治二年(一三六三)	二四貫五五〇文→二〇貫文
備中国新見荘	応永二年(一三九五)	六〇貫文→一二〇貫文→一五〇貫文
大和国河原城荘③	応永一一年(一四〇四)	五〇貫文→四〇貫文→一五～二〇貫文
摂津国垂水荘④	応永一五年(一四〇八)	一〇～二〇貫文
近江国三村荘⑤	永享四年(一四三二)	四三貫文→四五貫文
播磨国矢野荘⑥	長禄四年(一四六〇)	八〇貫文→五〇貫文
丹波国大山荘⑦	長禄四年(一四六〇)	二〇貫文
若狭国太良荘⑧	なし	
山城国上下久世荘⑨	なし	
山城国上桂上野荘⑩	なし	

①　藤井崇「一五世紀大内氏分国における代官請負制について―周防国美和荘兼行方を中心に―」(池享編『室町戦国期の社会構造』吉川弘文館、二〇一〇年)、伊藤俊一「南北朝～室町時代の所領構成と所領支配」(同『室町期荘園制の研究』塙書房、二〇一〇年)、高橋傑「周防国美和荘兼行方の年貢収取について」(東寺文書研究会編『東寺文書と中世の諸相』思文閣出版、二〇一一年)。

②　村井章介「東寺領遠江国原田・村櫛両荘の代官請負について」(『静岡県史研究』七、一九九一年)。なお同じ遠江国の原田荘と村櫛荘は関係史料の中では一括してあつかわれることが多いが、村櫛荘については所務権限のない本家職しか東寺は所持していないので(本家米は当初五貫文、のち半済分回復により一〇貫文)、本表からは除外した。

③　黒川直則「東寺領大和国河原城荘の代官職」(『資料館紀要』二七、一九九九年)。

④　垂水荘ではかなり早い時期に属する康永元年(一三四二)以降、定額の年貢納入を誓約した請文が複数みられ(康永元年八月二一日「行賀垂水荘給主職請文」(ル函三一、『吹』一二三)、康永三年四月一一日「松若丸垂水荘所務職請文」(ル函三三、『吹』一二九)、康永四年三月四日「妙童丸垂水荘所務職請文」(ル函三五、『吹』一三三)、貞和元年(一三四五)一二月六日「妙童丸垂水荘所務職請文」(ル函三七、『吹』一三四))、一見すると請切が採用されたかのようである。しかしそれらは全て「当年」や「明年」といった文言があることから単年契約であり、代官の人物・請口ともに年によって変動している。これは前年の実績をもとに東寺が請口を決定したものと考えられ、その意味ではこれも毎年の監査を必要とする所在所務というべきものである。実際のところ、文和四年(一三五五)からは他荘と同じように請口を指定しない得分定率の契約へと移行し(文和四年六月七日「宰相房清我垂水荘所務職請文」(ル函五〇、『吹』一四七))、そして応永一五年(一四〇八)に毎年固定の請切契約が現れる(応永一五年六月六日「浜四郎守光垂水荘代官職請文」(や函五一、『吹』二三九))。

⑤　村井祐樹「東寺領近江三村庄とその代官」(注①『東寺文書と中世の諸相』)、永享四年「宝荘厳院方評定引付」八月五日条(た函六一、『大日本古文書』一〇―一四)。なお三村荘では文和四年(一三五五)に年貢の定数が七〇石と定められているが、その後も散用状の提出と東寺の監査は行われており、実際には所在所務が

続いている。

⑥ 榎原雅治「十五世紀東寺領矢野庄の荘官層と村」(同『日本中世地域社会の構造』校倉書房、二〇〇〇年)、注①伊藤俊一論文。
⑦ 辰田芳雄「荘園領主の荘支配衰退過程―請切代官の存在形態を通して―」(同『中世東寺領荘園の支配と在地』〈校倉書房、二〇〇三年〉)、注①伊藤俊一論文。
⑧ 松浦義則「室町初期太良荘の代官支配について」(『福井県文書館研究紀要』八、二〇一一年)。
⑨ 田中倫子「久世荘」(『講座日本荘園史七』吉川弘文館、一九九五年)。
⑩ 伊藤一義「東寺領山城国上桂上野荘の給主職について」(東寺文書研究会編『東寺文書にみる中世社会』東京堂出版、一九九九年)。

以上の点からみて、新見荘は確かに遠隔荘園の一つと位置付けてよいだろう。また代官契約と荘園経営という本章のテーマ、特に直務のあり方にも注意を払うという観点からすれば、請切だけでなく所在所務の内実も明らかにする必要がある。所在所務から請切へと移り、再び所在所務へとUターンした経緯を持つ新見荘ではなおさらである。これらのことを確認した上で、以下では新見荘を中心として代官の事例検討を進めていきたい。

第二節　南北朝期――直務から請負への転換――

1　給主義宝の荘園経営

元弘三年(一三三三)、鎌倉幕府の滅亡にともない後醍醐天皇から新見荘の地頭職を寄進された東寺は、すでに保持していた領家職とあわせて新見荘の一円支配を実現する。しかしその後の新見荘では武家方勢力による押領が恒常化する。建武三年(一三三六)に国人の新見氏が地頭職を奪取して領家方までも支配下におさめ、貞治三年(一三六四)には近隣の多治部氏が新見氏にとってかわっている。(24)

そのような状況下の観応三年(一三五二)、東寺は教密上人栄真という寺内では聖クラスにあたる人物を(25)「給主職」

に補任し、現地への下向と所務の実施、および新見氏の動向への対処を命じた。[26]この「給主」とは、もとは所領の所務を任されると同時に一定の得分を与えられたものだが、応永年間には所務に関与しなくなり、代官の荘園経営に問題が発生した時に事態を収拾することが職務になる。[27]つまり南北朝期の段階では「給主」と「代官」はほぼ同義であるが、永原慶二が強調したように室町期には在京代官と地下代官という代官の二重構成が一般化し、そのうち前者のことを「給主」と呼ぶようになる。[28]こうなると一種の保証人である。

次いで貞治五年、増長院義宝という人物が新見荘の「所務職」に補任された。[29]この「所務職」とは史料上では在京代官・地下代官のどちらの意味でも使われる用語で、文脈により見分ける必要があるが、このときの義宝は「正員」として「代官」を任用することが前提となっているので、在京代官＝給主職とみなすことができる。[30]義宝は寺僧クラスで、さきの栄真よりも寺内でははるか上層に位置し、さらにこの年には寺僧組織の一つである学衆方の年預を務めていた。しかし義宝はこの「所務職」に補任された翌月から、学衆方の評定を欠席して新見荘の現地に下向し、多治部氏とその背後にいた山名氏による押領に対処したことがわかっている。[31]

このように義宝は在京代官であっても問題処理のためにみずから現地に臨んでおり、荘園経営に対する積極性をうかがうことができる。実のところ義宝は、元徳元年（一三二九）に生まれて応永一〇年（一四〇三）に死去するまでの間に、[32]新見荘のほかにも多くの東寺領荘園の経営に関与している。[33]まず山家浩樹によれば、義宝は『続群書類従』や『歴代残闕日記』に所収の「延文四年記」と称される記録の記主と比定され、そこで散見される荘園関係の記事から、矢野荘の経営に深く関与していたほか、新見荘も含めて多くの荘園に関わりを持っていたらしい。[34]記事が短いため具体的には不明な点も多いが、延文四年（一三五九）という彼のキャリアからすれば初期の様子がうかがえるのは貴重である。

その後の義宝は主に給主職という形で多くの寺領経営に携わるようになるが、そこで皮切りとしたのが新見荘であった。それらの事績を整理してみたのが表24である。義宝はキャリアの終盤にあたる明徳元年（一三九〇）、新見荘の給主職に再任する。(35) しかし翌二年には明徳の乱の余波で新見荘でも動乱が生じ、年貢の収納が滞った。(36) 東寺は義宝を糾弾し、事態収拾のため給主を増員して「両給主」とすることを取り沙汰したらしく、それによって得分が折半されることに反発した義宝は東寺に申状を提出し、当時の現地の状況と給主としての自らの尽力について訴えた。(37) そのなかで義宝は明徳二年のみならず貞治五年の状況についても言及したのち、新見荘以外にも話題を転じ、「於二最勝光院方一、涯分興隆数ヶ条乎」と東寺寺僧組織の一つで新見荘を管轄する最勝光院方に対して、自分がいかに貢献してきたかを述べている。新見荘については「補任已両三ヶ度」と言っているから、給主職はこれで三度目の補任だったらしい。

以上のことから、義宝という人物は南北朝〜室町期に代官として数多くの東寺領荘園の経営に携わった寺僧クラスのエキスパートであり、そのなかで比較的早い時期から手掛けてきたのが新見荘だったといえる。南北朝期の東寺では、荘園経営の能力を期待され、(38) 常陸国信太荘、伊予国弓削嶋荘、矢野荘の給主職・所務職を文和二年（一三五三）までに歴任した華厳院弘雅という人物の存在が知られている。(39) 義宝も寺内では弘雅と同じような役割を求められ、さらに幅広く活躍していた人物として評価できよう。これらの事例は、南北朝期の直務が限られた一部の人材に成否を強く依存していたことを物語っている。

しかし義宝にとって新見荘の経営は「守護方沙汰」や「地下秘計」などでコストがかさみ、明徳二年の動乱で発生した年貢の紛失・未進により「私力之費莫太」となって、得分で補塡するのも限界に達したらしい。(40) 応永元年には義宝は給主を辞退してしまい、かわって新見入道道存という人物、すなわち新見氏が代官の地位を手にすることとなる。(41)

表24　義宝の荘園経営への関与

年　次	荘　園	事　項
貞治五年(一三六六)	新見荘	所務職(給主職)に補任。
応安七年(一三七四)	垂水荘	給主職に補任①。
康暦二年(一三八〇)	久世荘	一方給主職に補任②。
永徳元年(一三八一)	三村荘	この年までに給主職に補任③。
永徳四年(一三八四)	原田荘・村櫛荘	この年まで縁者の禅僧を代官に起用・扶持④(給主職か)。義宝いわく「原田庄寺用加増、倍二于先年一」⑤。
嘉慶元年(一三八七)	三村荘	地下代官の未進・死去により給主職の辞退を申し出るも、「改替又難治歟、且其器用無レ之」として留任⑥。
明徳元年(一三九〇)	新見荘	給主職に再任。
応永元年(一三九四)	新見荘	給主職を辞退⑦。
応永八年(一四〇一)	垂水荘	預所職(給主職か)を辞退⑧。
応永八年(一四〇一)	矢野荘	供僧方給主職に補任⑨。
不　明	柳原下地	義宝いわく「柳原下地興行者、一身之帳〔張〕行、諸人御覚悟歟」⑩。

① 応安七年四月二一日「増長院義宝垂水荘給主職請文」(ル函六九、『吹』一九四)。
② 康暦二年五月一八日「大僧都義宝久世荘一方給主職請文」(レ函七六)。
③ 勝山清次「南北朝時代の東寺領近江国三村荘 —守護領荘園の代官支配—」(『京都大学文学部研究紀要』五二、二〇一三年)。
④ 村井章介「東寺領遠江国原田・村櫛両荘の代官請負について」(『静岡県史研究』七、一九九一年)。
⑤ (明徳三年三月以降)「新見荘給主義宝申状」(ゆ函七、『岡』一〇九三)。本文書に差出書はないが、貞治五年(一三六六)と明徳元年(一三九〇)の給主職補任・再任に対応する記述、貞治五年八月二一日「権律師義宝新見荘所務職請文」(あ函二〇、『岡』九九三)・注①・注②文書との筆跡の類似から、義宝申状と判定できる。また年月については、義宝が地下代官として用いていた宇野六郎正治という者が没落したとの記述が本文中にあり、宇野は明徳三年三月まで新見荘で活動していた形跡があることから(「新見荘西方年貢散用状案」『教』六七〇)、本文書は同月以降の作成とした。
⑥ 村井祐樹「東寺領近江三村庄とその代官」(東寺文書研究会編『東寺文書と中世の諸相』思文閣出版、二〇一一年)。
⑦ 応永元年「最勝光院評定引付」二月二八日条(る函一六、『岡』六九五)。
⑧ 応永八年「廿一口方評定引付」二月六日条、五月六日条(『吹』二二四、天地之部一二)。
⑨ 応永八年「学衆方評定引付」七月一〇日条(ネ函七一、『相』引六一)、伊藤一義「東寺領山城国上桂上野荘の給主職について」(東寺文書研究会編『東寺文書にみる中世社会』東京堂出版、一九九九年)。
⑩ 注⑤「新見荘給主義宝申状」。

これが新見荘領家方での請負代官の初見である。[42] その際に交わされた契約は、新見入道が「可㆑下㆓代官㆒」とあることから、現地には地下代官を差し下す、つまり本人は在京代官という形であり、また得分は五分の一というものであった。[43] これは先に分類した請負代官Ⅰ型にあたる。

このようにして新見荘では直務から請負へと転換がなされた。その背景として、新見氏は足利義満やその愛妾として権勢をふるった西御所高橋殿という後ろ盾を持ち、西御所の側近で新見氏と同じく国人であった妌和氏と手を組んでいたことがわかっている。[44] このような幕府中枢との人脈は、請負代官に期待される要素としてこれまでの室町期荘園制論で指摘されてきたものである。と同時に、東寺にとって不如意な状況をもたらす根源にもなっていくが、その点は第三節で詳しく述べたい。

そしてさらに注目すべきは、そのわずか一年後にはⅠ型から六〇貫文請切のⅡ型へと移行していることである。[45] 先述のように、所在所務から請切への変更は興行の期待と監査の責務をともに放棄することを意味し、荘園経営にとっては重大な選択である。そこで次に、領主をして所在所務を放棄せしめた要因、すなわち直務が直面した荘園経営上の問題点について、新見荘以外の事例も交えながら考えてみたい。

2 直務の限界性—現地情報の把握—

所在所務から請切へという契約形態の変更、あるいは同時に代官の改替が行われる最大の契機は、当然ながら代官の契約不履行、すなわち年貢未進であろう。問題は未進の原因と、その処理をめぐる領主と代官の対立のあり方である。新見荘の場合、明徳の乱の影響で未進が発生してしまい、義宝は状況を説明したはずだが、不信感を抱いた東寺は給主の増員をちらつかせて任務遂行を迫った。義宝も得分が折半となるなら辞任すると抗弁し、実際にその後一〜

二年で辞めてしまった。義宝のように寺僧として寺内で一定の地歩を占め、直務代官として長年にわたり寺領経営を支えた人物ですら、遠隔荘園の現地でのトラブルについて領主と理解を共有するのは困難だったことをよく示している。もし代官が外部者で信頼性の低い人物だったなら、それはなおさらであろう。

新見荘では戦乱による未進が直務の放棄につながったが、代官が訴える未進の理由として頻度が高く代表的なものといえば、第一に災害による損亡、第二に和市の下落であろう。そのような代官の主張の是非を判定するには現地の豊凶と和市を把握する必要があるが、これも領主にとって容易なことではなかった。というのは、代官の補任状や請文をみていくと、「損否は考慮しない」とか「和市不正をしない」といった趣旨の文言を記載した事例は枚挙に暇がない。基本的に前者は請切、後者は所在所務の場合に用いられる文言だが、例えば後述する新見荘の岩生宣深、安富宝城、祐清、祐成などは全てこれらに該当しており、豊凶・和市の把握が難しい課題であったことの証左となっている。

このうち豊凶については榎原雅治の専論があり、東寺は他の荘園領主、守護・国人、代官・上使といった豊凶に関する情報網を持っていたが、それらは嘉吉年間以降に崩壊してゆくことが指摘されている。(46)

とはいえ、それ以前の時期に関しても、損免要求が代官との契約に影響したであろうケースを見出すことはできる。原田荘では所在所務で代官をしていた祖葉という禅僧が明徳元年（一三九〇）に詳細不明の「不法子細」(47)により改替されるが、その四年前には損免を要求して却下されており、次の代官からは請切が固定化していく。垂水荘では浜四郎守光という代官が応永一三年（一四〇六）に所在所務で契約するが、さっそく同一四年には損免を要求しだし、そして同一五年には請切へと転換している。(48)新見荘では応永二六年に安富宝城との損免交渉があり、それまではいわばⅠ・Ⅱ折衷型の契約であったが、その翌年にはⅡ型に変更されている（後述）。

次に和市であるが、これはもちろん鎌倉後期から一般化していく現物納から代銭納への転換に由来する問題である。佐々木銀弥によれば、和市に関する不正防止の策として先述のような「和市」文言の記載、使者を派遣しての取引の監視、地下番頭・百姓・商人の立会などがあったが、それらによって不正の余地がなくなったわけではなかったという。[49]佐々木がこの点に関して挙げたのは南北朝期以降の事例ばかりだから、これは中世後期に表面化した問題だといえる。

実のところ、和市をめぐって京都と現地の間で問題が発生した事例は、いくつもの荘園で、しかも長期にわたって観察される。まず矢野荘では康暦二年（一三八〇）、基準よりも小さい枡を使用した経費水増しにあたる和市不正の嫌疑により、田所家久を東寺が尋問している。[50]三村荘では嘉慶元年（一三八七）、給主義宝の「和市に関して起請文を提出せよ」との命令に、代官明義は「和市とは年々変動するもので、近江国内でも地域差があり、京都や西国を基準にされたら困る」と反対し、「現地に人を下して一〇～一二月の和市を確かめてほしい」と要求している。[51]太良荘では正長二年（一四二九）、先代官朝賢と手を結んだ百姓等から過去の和市不正を告発され、代官乾嘉が失脚している。[52]美和荘では永享一〇年（一四三八）、代官内藤盛貞の「年貢を米で支払いたい」との申し出に対して、東寺では「きっと『和市已下問答』が煩わしいから断ろう」と評議している。[53]大山荘では長禄四年（一四六〇）、代官岡弘経を改替して所在所務から請切へと転換したが、その前年に東寺は「算用不審条々」として、「国役」や「守護方年始歳末礼物」と並んで「和市違目」を挙げている。[54]そして寛正二年（一四六一）、東寺では「諸荘園の年貢米が『和市高下、依〻時不定』なので、九～一二月の諸物の和市を毎月一五日に注進させよう」と評議している。[55]

問題はこれらトラブルの中身である。その点については第四節の先取りになるが、直務代官に回帰した時期の新見荘の史料が参考になる。寛正三年六月、新見荘で三職と総称された現地の荘官（公文・田所・惣追捕使）から、「麦事外うりねおゝく候て、代すくなくうりたて候」と東寺に報告があった。(56)つまり麦の価格が大幅に下落し、売却して得られた代銭が少なかったという。その二か月後には代官祐清が現地に着任し、入れ替わってそれまで在荘していた了蔵という寺内の下級職員が上洛して、寛正二年分の未進年貢のその後の納入状況に関する散用状を提出した。(57)そこには寛正三年の麦の価格について「百文へちに一斗五升宛」とあり、逆算すると一石あたり六六六文となる。

また寛正四年、祐清は麦の価格が「石別三百文ニ不レ足」という状況を「先代未聞」と表現し、そのために麦の売却を延期した。(58)一か月後に売却したが、祐清によれば代銭は「半割符分」(五貫文)に届かず、(59)三職はやはり「事外うりね多く候」といって、「未こと〳〵くも人かわす候」と、麦が売れ残ったと説明している。(60)このほか寛正六年、文正元年(一四六六)ともに麦一石の価格は五〇〇文とみえており、(61)また過去の史料から同様に計算してみると、応永元年は五〇〇文、(62)応永一五年は五五七文という価格が得られる。(63)これらと比較してみると、了蔵が報告した寛正三年の六六六文という麦の価格は決して安値とはいえず、「麦事外うりねおゝく候て」との三職の報告は虚偽、さもなくばかなりの誇張を含んだものということになる。

さらにこの時期の米価についてもみていくと、祐清の報告では「去年(寛正三年)ハ事外減直ニ候て」「去々年の和市ニ百俵か内ニ十五貫可レ違由、皆々地下人申候」といい、(64)また「当年(寛正四年)ゐ中、事外世中能候、但米減直候」とのことで、(65)いずれも米価の暴落による年貢銭収入の減少を訴えている。

この寛正三〜四年という時期は、三村荘でも米価が暴落していたらしく、(66)これについて東寺は「去今両年米減直之条、都鄙歴然」、(67)「当年京ゐ中、和市減少之条、無二其隠一」と評している。(68)つまり長禄・寛正の飢饉のピークとされる寛正二年の翌年から二年続けて、京都・近江・備中の米価がそろって暴落したことになる。一応、人口の減少による需要の低下、生産の回復による供給の増大というメカニズムが考えうるが、中世を代表する飢饉の直後の現象としては想像しづらいものがある。

そして寛正四年八月、祐清は現地で名主らに殺害される。その事後処理のため、もとは矢野荘で田所の地位にあった本位田家盛という人物が新見荘に派遣されるが、しばらく所務をつとめたのち、寛正六年に解任される。解任の理由については寛正三〜六年分の和市を不正に安く報告したためと指摘されているが[69]、三村荘のことも考え合わせると、寛正三〜四年分に関しては本位田の報告が全くの不正ともいいきれないだろう。

ここまでの経緯からいえるのは、荘園現地からの和市の報告には虚実が入り混じっていたということである。そして本位田のような外部者の代官はもちろん、内部者で相当の意欲を持って現地に臨んだ祐清すら、東寺は疑惑の目でみていた。それは先述の麦の価格に関する祐清の報告に対して、「減直曲事也、可レ然様、可レ有二其沙汰一也」と注した東寺の事書が残されていることからもわかる[70]。

このほかにも南北朝〜室町期に特徴的な荘園経営上のトラブルの種がある。守護役とそれに付随する支出、「国下用」などと総称される礼銭や接待費の類である。この手の経費は太良荘・大山荘・矢野荘などの散用状をみれば事例に事欠かないし、新見荘でも岩生宣深が所在所務でもないのに損免要求のために提出した散用状（後述）に数多く計上されている。

この問題が代官の処分につながった事例を一つ挙げておくと[71]、寛正三年に上月太郎次郎なる者が矢野荘の請負代官となり、一年目だけはⅠ型（以降はⅡ型）という契約で散用状を提出したが、不正経理が発覚して同五年に改替されている。というのは上月の若党で地下代官を務めていた横沼という者が、矢野荘東隣の室津安福寺で人夫入足として一〇貫文を借りたが、散用状には倍以上の二一貫八三文を計上したという。しかも銭主には一銭も返済しなかったため、守護使が入部・譴責するという騒ぎに発展している。これは「国下用」にかこつけた経費の水増しと着服が行われたケースといえるが、東寺が知りえたのはたまたま問題が大きくなったからで、もっと小さな不正は表沙汰にならないだけで実際には多数あったのではなかろうか。

以上のことから、所在所務の問題とは単に代官が不正を働くということではなく、遠隔荘園の現地情報を京都で把握するのは不可能であり、代官の報告の是非を判定することは至難であったということにその核心がある。仮に代官にとっては正当な支出であっても、そのことを領主に理解させるのは容易ではなかった。このような問題の構造は中世前期から存在したであろうが、南北朝期からは和市や守護役といった新たな問題が付け加わり、また能力への期待や政治的な事情により外部者を代官に用いる風潮が強まった。その結果、領主と代官の相互不信は不可避のものとなっていった。

このように問題が顕在化するなか、内部者で遠隔荘園の代官に成り手がいるかというと、直務代官として領主に忠実であろうとすれば、義宝のように労多くして功少なしという状況に追い込まれる危険性が高まる。もちろん内部者にとっては、現地に下向すること自体が大きな負担だったということもあろう。こうして所在所務を担える人材は得がたくなり、その維持はさらに難しくなって、室町期を通じて徐々に請切へと切り替わってゆく。荘園経営の基本方針は直務から離れていくことになるのである。

第三節　応永年間——請負代官の契約と経営——

1　新見氏・岩生宣深・垪和為清

政治・社会に長期的な安定と平和が訪れたとよくいわれる応永年間、新見荘の経営は請負へと舵を切ることになった。そこで次に、実際のところどのような請負代官が登場してきたのか、そのあり方をみていくことにしよう。

応永元年（一三九四）に代官となった新見氏は、間もなく道存から二郎清直へ代替わりしたとみられるが、[72]応永四年頃から未進が問題化し、[73]応永七年をもって清直は代官を改替されたらしい。応永八年には岩生宣深という山伏が同じく請口六〇貫文で代官となった。[74]契約の際、宣深は自分が受け取るはずの補任状の文案を自ら作成して東寺に提出し、[75]そのなかに「損亡や動乱があった場合は別途措置する」などの文言を織り込み、予防線を張ろうとした。しかし東寺はそれら宣深有利の文言を全て削除した補任状を発給している。[76]果たして宣深は早くも応永八年分から二〇貫文の未進を発生させた上、[77]様々な経費・損失があったとして、Ⅱ型なのにあえて散用状を提出して年貢減免を要求した。[78]東寺はこの散用状に取り合わなかったが、宣深の度々の嘆願により結局は一五貫文を減免した。[79]このやりとりをみる限り、請切契約といっても宣深に遵守の意思はうかがえず、東寺も貫徹の姿勢を示せてはいない。その意味では補任状・請文もすでに形骸化している。

東寺と宣深が減免交渉をしている最中、新たに新見荘の代官職を所望する水速入道なる者が東寺に各種の証拠文書を提示して、[80]宣深の経営に問題があることを暴露した。その大要は、①宣深は得分の割譲を条件に水速とひそかに合力契約を交わしていたこと、②常楽院なる京都寺院に借銭五〇貫文の担保として所務を渡してしまったこと、③実際の収納額は約五八貫文で先述の散用状に記された約二九貫文よりはるかに多いこと、であった。問い質された宣深はこれらを事実と認め、所務は元通り宣深が知行して常楽院には借銭を返すこと、水速には得分の三分の二を渡すこととし、ひとまず事態は落着をみた。[81]いわば宣深は東寺に無断で、しかも水速と常楽院の両者に二重に又請させようとしたらしい。先に請負代官の来納慣行についてふれたが、これは領主でなく請負代官（宣深）が又請代官（常楽院）

に来納させようとしたケースである。そのうえ宣深は得分を確保するため、収納額を偽って減免交渉を行っていた。

この宣深については周辺の人間関係にも注意する必要がある。このとき水速が暴露した証拠文書は東寺が書写した案文という形で現在残っているが、そのうち数点の奥には水速の説明を東寺が書き留めた覚書がある。それらをみると、宣深には「禅僧梵忠房」と「山戸木彦太郎」という「従父兄弟」がおり、その山戸木は「先給主新見二郎之代官」である「山片」という人物と所縁があるという[82]。つまり先だって在京代官を改替された新見清直のもとで地下代官をしていたのが山片である。それら文書のうち山戸木宛ての梵忠書状にいわく[83]、常楽院は地下代官を派遣せずに、かわりに「案内者」である梵忠に所務を任せてきたという。そこで梵忠は「山片殿、此間地下事、御存知候ぬと存候」といい、現地に詳しい山片と相談して所務を進めてほしい、と山戸木に依頼している。

この「山戸木（山戸岐）」というのは、現地の地名としては新見氏が拠点を置いていた地頭政所の近傍にみえるもので[84]、人名としては正中二年（一三二五）に得宗領として行われた検注で押領人と記された「山戸岐十郎[85]」、建武三年（一三三六）の大津西浦合戦に武家方として参加した「備中国住人新見山戸木十郎[86]」などがみえることから、山戸木や梵忠は新見氏の一族、庶流であったものとみられる[87]。さらには「山片」に関しても、現在は「山形」と表記する字名が残っており、やはり当時の地頭政所の周辺に分布しているため[88]、あるいはこれも新見氏の一族であったかもしれない。

そもそも宣深が水速と合力契約したのは「庄家無為」「所務安全」のためで、具体的には「先代官新見二郎地下違乱[89]」の排除が目的のはずだった。しかし実のところ宣深は、新見氏一族の梵忠・山戸木や清直の代官であった山片と縁故を持っていた。その背景として新見氏が内部で対立していた可能性もあるが、山片の動向などはそれだけでは説明がつかない。東寺は宣深が所務を質入れしたことを「以外次第」、新見氏代官の山片と手を組んだことを「珍事々」と評している。[90] 東寺は新見氏を排除したつもりで、実際には彼らの人脈に丸めこまれていたのである。

ここまでは領家方について述べてきたが、並行して地頭方でも情勢が大きく変化する。義満側室の西御所高橋殿が地頭職を手に入れ、応永八～九年に代官を地頭方に入部させ、さらに領家方の代官職まで所望した。[91] そこで東寺にやってきたのが、西御所側近で国人の塀和為清である。[92] 塀和氏は出自とする美作国塀和荘が鎌倉期以来の足利家領だったためか将軍家からの信頼が深かったという。[93] このとき塀和は新見清直の使者として現れ、「新見清直か自分を代官にしてくれれば、領家方一円知行を回復して、毎年一二〇貫文の年貢運送を請け負う」と提案する。[94] これは当時細川氏の手に渡っていた半済分を取り戻し、請口を倍増するということである。東寺はこれを契約欲しさの「飾詞」であって信用ならないと評しつつも、他に打つ手もないため結局は承諾し、宣深から塀和へと代官を改替した。これで代官職は実質的に西御所の手に渡ったことになる。[95]

その後は東寺の懸念通り、一二〇貫文の契約などまるで無かったかのように塀和は「或五十貫文、或六十貫文沙二汰之一」という状況となる。[96] 応永一三～一四年に東寺はたびたび塀和の契約不履行を訴えたが、[97] 塀和は「自二東寺一、可レ申二成一円一上者、可レ出二契状一之由被レ仰」、つまり一円知行の回復を言い出したのは東寺の方だと主張しはじめ、実は西御所からの内命により応永一一年に一円知行は回復していたと説明している。[98] しかし東寺が守護細川氏から得た情報によれば、半済分はすでに応永九年には返還されていたという。[99] このように塀和為清は岩生宣深と同様に契約無視や情報隠匿に終始したが、その背後には義満・西御所の権勢があり、かつ在地では新見氏と結託していた。結局この状況は、義満が死去する応永一五年まで改善されなかった。

以上の通り、この頃の新見荘の荘園経営には、契約無視、虚偽報告、第三者介入、情報隠匿など、いわば請負代官の不安要素が表出していたことを確認した。そのなかで注目されるのは、荘園経営から新見氏はいったん排除されるが、その後相次いで代官に就任したのは新見氏と関係を持つ人物だったことである。さらには幕府中枢にも接近するなど、彼らの人脈は都鄙にまたがり、ときに領主の想像を超えて展開していた。請負代官本人にとって、そのような人脈の構築と活用が重要な強みとなっていたのである。

2　安富宝城と細川氏

応永一五年（一四〇八）五月、足利義満が死去する。これ幸いと東寺がすぐさま坍和為清の改替に踏み切ったことは、その翌月に新見荘代官職を望む者が次々と名乗りを上げていることからわかる(100)。それら競望者を押しのけて請負代官となったのが、細川京兆家被官の安富宝城である。後述する安富智安も含めて、このときから寛正年間まで約五〇年にわたる安富氏代官の時代の始まりである。

これまでの経験で請負代官のリスクをはっきりと知ったはずの東寺は、それでもなお請負代官を採用するにあたって、今回はそれなりに対策を講じた。そのポイントは契約形態にある。代官職の補任に際して、まず宝城が東寺寺僧の覚勝院宣承に請文を提出し、さらに宣承が東寺に請文を提出する形をとった(101)。すなわち給主宣承と代官宝城という構造であり、請口は一二〇貫文、得分は宣承と宝城で折半するという契約である。これは東寺に対しては定額契約だが、宣承と宝城の間では定率契約なので宝城は宣承の監査を受ける必要があり、いわばⅠ型とⅡ型の折衷的な形態である。つまり宣承が宝城を比較的近い距離でコントロールする体制であった。しかもこの体制は、大覚寺の院家である覚勝院が細川頼之以来代々にわたって細川氏と築いてきた師檀関係によって、背後から支えられていた(102)。そのため、宝城の年貢納入は未進・減免に関する史料はあるもののあくまで散発的で、ときには先納も行われるなど(103)、前任者たちと比べれば安定していたといえる。つまり代官との有力な人脈を持つ給主の設置によって、契約の履行が担保されたのである。

ところで宝城には、宝密という兄がいた。熱狂的な和歌愛好者である細川満元の被官として兄弟ともに勅撰歌人となったが、歌道に専心した宝密に対して、為政に力点を置いた宝城というコントラストが描かれるという(104)。しかし宣承によれば宝城は「天性無沙汰種性之仁」(怠惰な性格)だといい(105)、又代官の安富四郎左衛門は「不如法」(不まじめ)と宝城を評している(106)。つまり宝城という人物は、少なくとも代官としての資質を周囲から高く評価されてはいなかった。やはり垪和から宝城への代官改替は、垪和の後ろ盾だった義満の死去と、京兆家被官としての宝城の立場が大きな要因とみるべきである。

東寺と宝城の関係に大きな変化が訪れるのは応永二六年のことで(107)、前年分の未進について宝城が損免を求めてきたため、宣承を介して交渉した結果、今回に限り損免二〇貫文を認めることとなった。しかし宝城が一二月に二〇貫文を送進し、そのうち一〇貫文を当年分に指定してくると、東寺はこれを強く問題視し、またも宣承と協議することとした。要するに「二〇貫文は全て前年分として支払え」ということであろう。

すると翌二七年、前年の最勝光院方の年預、すなわち宝城との損免交渉の責任者であった金蓮院杲淳が、応永一五年に宣承が提出したものと全く同一本文の請文と、次いで請口を一七〇貫文に増額し、うち給主得分を三〇貫文とした請文を作成している(108)。

これと並行して同年、宝城は代官職の契約を更新する。その際の請文について、東寺が作成した土代と実際に宝城が提出した正文を比較すると(109)、東寺側が自らを有利にしようと新たに盛り込んだいくつかの条項のうち、宝城も合意したのは「宣承の給主得分三〇貫文は宣承の一期の後は東寺に納める」という点のみであった。また請口は給主得分も含めて一五〇貫文で、先述の杲淳請文の請口一七〇貫文も反映されてはいない。しかも宝城は「もし新たに給主が定まっても、前述の宣承分のほかは給主得分は沙汰しない」との条項を付け加えている。

これらのことを考え合わせると、どうやら前年の損免交渉をみて宣承では宝城を制御しきれないと判断した東寺が、新たに杲淳を給主代とでもいうべき形で両者の間に入れ、体制のテコ入れを図ったらしい。これで宝城が支払う給主得分は定額になったから、Ⅰ・Ⅱ折衷型からⅡ型への変更である。よって給主の役割は監督者から保証人に変化したといえるが、宣承は最勝光院方のメンバーではなかったので、前年の年預であった杲淳の起用によって最勝光院方の直接的な関与を強め、請負代官の維持を目指したものであろう。しかし請口増額や給主代設定などの条項は宝城に拒否され、条件を改善しようとした東寺側の思惑は空振りに終わった。

その後、応永三一年には杲淳が、さらに同三三年には宣承が死去する。それにともない、東寺は宝城に対して給主得分三〇貫文を寺納するよう通達している。(110)

しかしこの年、宝城の身辺に深刻な事件が起こる。このころ宝城は主人である管領細川満元に薬を処方していたらしいのだが、一〇月に満元が死去してしまい、宝城は「今度京兆抜薬入之条、違二上意一」という次第となって、高野山に遁避するに至ったのである。(111)

それをみて宝城の後任の代官職を所望してきたのが、相国寺の乾賀（乾嘉）(112)副寺であった。東寺と乾賀は請口を一八〇貫文に増額することで合意し、杲淳の後継者である金蓮院杲慶を在京代官とする補任状の作成まで手続きが進んだ。(113)

実はこの乾賀は、太良荘でも応永二〇年からⅠ型の請負代官を務めており、(114)すでに東寺領で一定の実績を挙げた人物であった。そのときの在京代官が杲淳であり、後継の杲慶も含めた人脈があったために、新見荘代官職の話がスムーズに進んだものと思われる。

しかしその直後、満元三男の細川持賢が三宝院満済の仲介で口入してきたため、乾賀の件は破談となり、元通り宝城が代官に収まることとなった[115]。細川持賢は京兆家を補佐する役割を担う典厩家の初代とされる人物で[116]、京兆家当主の満元死去という状況下、京兆家被官である宝城の利益保護に動いたわけである[117]。

一方の東寺としては、より安全な人物、より有利な条件という点で、乾賀との合意はリスク軽減のチャンスであった。しかし結局は細川氏一族の連携に阻まれ、やはりこのときも主体性をもって代官と契約を結ぶことができなかった。

3　請負代官のリスクと室町期荘園制

かつて永原慶二は、請負代官制を荘園制解体期に最も適合的な徴税形態と評価し、荘園領主にとってのリスクにも言及はしたものの、代官の補任・解任権は荘園領主が握り、契約不履行の代官はただちに解約されるなど、説明の力点をむしろ代官契約の規制力に置いていた[118]。また伊藤俊一は応永～永享年間をもって室町期荘園制の安定期ととらえ、その安定がもたらしたシステムが請負代官であると評価し、室町幕府―守護権力によって代官契約の履行が保証されたとしている[119]。当該期の荘園制の歴史的な位置付けは永原とは対照的だが、代官契約に実効性を認める点は共通しているといえる。

しかし本節で観察してきたように、代官には遵守の意思がなく、東寺にも貫徹の姿勢がみえないという状況からすれば、請負代官の契約にそこまでの規制力があったとは言い難い。領主の目が届かない遠隔荘園では、代官が契約を無視して予想外の行為に走る危険性と隣り合わせで、契約の形骸化が起こっていた。東寺はその対策として、代官に対して強い人脈を持った人物を給主に据えて代官を監督させた。このためもあって安富氏の年貢納入は一定の成功を収めたが、それも永続的なものではなく、東寺はテコ入れを狙って最勝光院方から給主代を送り込もうとしたがそれは失敗した。そして後述するように、嘉吉から寛正までのおよそ二〇年間にわたって未進が常態化することになる。

新見荘では岩生宣深や妌和為清など、早くも補任一年目から問題を起こした代官たちがいたが、他の荘園でも、未進を理由に一年限りで代官が改替されたケースはしばしば見受けられる。(120)特記に値するのは、これらの現象がいずれも室町期荘園制の安定期とされる応永~永享年間の段階ですでに起こっていたことである。

そこで問題となるのは、室町期荘園制の「安定」をどう評価するかである。室町期荘園制が当該期に再構築された社会システムとして、前後の南北朝期や戦国期にはない安定性を持ったという点に異論はない。しかし「安定」の恩恵を真に享受するには、幕府や守護との有力な人脈を、代官だけでなく、代官を任用する領主自らも持つことが必要であった。さもなければ契約を度外視した代官の恣意的な振る舞いを制御できず、代官の補任・改替にすら外部からの制約を受けた。室町期荘園制の体制が確立された当初から、請負代官を通じた荘園経営は退転のリスクを内包していたのである。

第四節　寛正年間——直務代官への回帰——

1　安富智安の改替と直務代官の選定

新見荘では嘉吉元年(一四四一)から寛正元年(一四六〇)まで、長期にわたって年貢未進が累積した。(121)その間、東寺は代官の人事に手出しができず、代官は安富宝城から智安に交替しているが、東寺が智安から請文をとっていないこともあり、[122]具体的な交替時期はわからない。請負代官は完全な機能不全に陥ったわけだが、そのような状況に対して、東寺は直務代官の復活という手段を取ることになる。このことは新見荘の歴史の大きな特徴といえるが、構造的に限界を抱えているはずの直務への回帰という事象を果たしてどう考えるべきであろうか。以下、寛正年間の直務に至るまでの過程とその内実について検討し、その上で請負と直務の関係について最終的な評価を行うことにしたい。

寛正二年、幕府の支持を得た東寺はようやく智安の改替に成功し、新見荘は再び「寺家直務」「寺家代官」による支配へと戻ることになった。[123]その背景として、新見荘を取り囲み同質の支配構造を持つ備中国衙領において、安富氏排除と直務化要請の動きが在地レベルで存在し、それが新見荘にも波及したことが指摘されている。[124]

すると東寺では代官の選定に入る。一度は相国寺の集元都主に請口二〇〇貫文の請切で任せると決定したが、評定に参加していない少僧都以下の若衆から「代官は寺官のなかから選ぶべきだ」との批判があり、彼らより上席で最勝光院方を構成する宿老からは「ならば若衆から代官を人選して派遣せよ」との反論があって、この件は沙汰止みとなる。[125]つまり「寺家直務」を認められたといっても、「直務御代官」というのはあくまで在地からの要請であり、[126]東寺上層部としてはかつてのような直務代官よりも請負代官に任せたいというのが本音で、[127]このときの若衆の主張はもはや「復古的」であった。[128]

さらに東寺が評議を重ねているさなか、智安が管領細川勝元の口入で代官職への復帰を希望してくるが、東寺は幕府から得た「直務の奉書」を盾にこれを拒絶し、結局この年は代官が決まることなく、祐深・祐成という二名の寺官が上使として派遣された。[129]

明けて寛正三年、禅僧路線の宿老と寺官路線の若衆が再び対立するが、評議の流れは二〇〇貫文請切を優先する方向へ傾いていき、競望してきた寺僧の宝光院尭全に対しても所在所務は認めず、二〇〇貫文の寺納を条件として提示している。[130] その後、数人の競望者が現れるも全て破談になったため、東寺はやむなく二〇〇貫文請切という条件を翻し、先の競望者の一人であった祐清という聖クラスの人物を、得分五分の一の所在所務で代官に選定した。[131] その際、ひとまずは当年の所務だけ任せ、収納状況をみてその先も「始終御代官」とするか決めると条件を付け、それだと本来は「上使分」にあたるが、[132]「国亀鏡」すなわち現地での体裁を考慮して「御代官」として扱うことにした。つまり祐清の選定はやむを得ない当座の処置であり、「代官」というのも当初はただの名目に過ぎなかった。そもそも祐清は東寺御影堂に勤仕する「三聖人」の一人であり、代官として遠方に派遣されることが異例であったという。[133]

この結果、新見荘では応永元年（一三九四）以来となる所在所務が復活する。ただしその復活も限定的なものであったことは、祐清が抱いていた思惑からもわかる。現地に下向しておよそ半年後、祐清は次のように東寺に注進している。[134]

内々一所務仕候て、請口なとをも定申候て、御公平のあるやうニと存、涯分中節〔忠〕いたすへきよし、心中ニさしはさミ候て罷下候処ニ、思之外地下も無沙汰ニ候間、請口事ハ定申ましく候、所在の所務之事ハ更不レ可レ有二等閑一候、

これによれば、祐清はまず一年所務をやってみて、それを基準に請口を算定するつもりだった。しかし思いのほか収納状況が悪くそれができない。所在所務についてはしっかりやるつもりだ、という。つまり祐清としても所在所務はあくまで当座のことで、想定していたのは「寺官による請切」という形態への移行であった。これは先述のように、いまだ東寺では前例がなかった請負代官の第三のパターンである。

以上のように、直務代官を復活させた東寺ではあったが、祐清という人選も所在所務という形態も消極的な選択の結果であり、果ては「代官」という肩書すら仮のものに過ぎなかった。そして現地に臨んだ祐清の念頭にあったのは、

「寺官による請切」という従来にない方向性であった。結局このときの新見荘では寺官による請切は実現しなかったが、これに先立つ長禄四年（一四六〇）には、長年にわたって所在所務を維持してきた矢野荘や大山荘でも外部者の代官による請切へと転換している（表23）。そしてついに文正元年（一四六六）には、矢野荘で寺官による請切が出現することになる。(135) 既述の通り、当初は内部者から外部者へ（Ⅰ型）、所在所務から請切へ（Ⅱ型）という二段階によって請負代官は展開してきた。しかし寛正年間にもなると、内部者であっても請切が採用されるようになり（Ⅲ型）、もはや所在所務が志向されるのは膝下荘園のみとなったのである。

2　請負への移行と直務による補完

すでにこの頃の東寺にとって、直務は単に実現が難しいというだけでなく、必ずしも望ましくないものになっていた。所在所務である以上、領主と代官の軋轢は半ば必至であり、その難点から祐清も後任の本位田家盛も逃れられなかったのは先述の通りである。つまり中世後期の荘園経営において、直務・請負はともに問題を抱えていたが、結果として遠隔荘園では請負が主流を占めていくのである。

領主がリスクを抱えつつも請負を志向していったのは、単純にいえば相対的に直務よりも障壁が低かったからということになるが、この段階での請負のメリットも考える必要があろう。まず重視すべきは、代官の監査という負担から自由になれる点である。そして次に、代官職に値段を付けてオークション方式で希望者に売りさばくという、その簡便性と投機性もあるだろう。これはすでに桜井英治が「代官職の商品化」として指摘したことだが、(136) 東寺は新見荘に可能な限り高値を付けようとしたし、祐清の下向も最終的な目的は値付けであった。その意味では、本章冒頭でふれた「マネーゲーム」という伊藤俊一の表現にも妥当性があろう。

もちろん投機性とは請負のリスクの裏返しである。新見荘では塀和為清の改替、安富宝城の遁避など、代官職に空席ができるやそこへ収まろうと直ちに競望者が現れたが、そのように群れ集まった競望者たちはしばしば契約不履行を引き起こした。これは新見荘に限らず当時の社会相といってよいが、そのことに対する公家の論評として、請負代官に関する多くの記事を持つ『建内記』に先行研究でも引かれた一節がある。[137]記主の万里小路時房は嘉吉の乱直後の時期、正親町三条実雅に「元弘・建武大乱已来、庄園或不知行、或半済、或代官職競望、致二少分之沙汰一、其内猶不済・未済等、近年之作法如レ此」と「密々」に述懐している。[138]つまり南北朝内乱による荘園不知行、半済による侵食に次いで、「代官職競望」も荘園支配の阻害要因と認識されていた。このような所感は東寺などの寺社としても、禅宗を除けば同様であっただろう。

そして、ここに直務の新たな存在意義をみることができる。内部者であれ外部者であれ、代官職の競望者たちに対して、領主が主導権を握るには契約交渉の際に相応の材料が必要となる。東寺は最初から望んで祐清を任用したわけではなかったが、祐清派遣に際して意図されたのは、直務代官の所務実績をもとに、次の請負代官と有利な条件で契約することであった。つまりこの段階の直務は、請負を軌道に乗せるために一時的に用いられたものであった。

祐清は不慮の死を迎えたが、その後の新見荘の散用状をみていくと、まず祐清殺害事件があった寛正四年（一四六三）分の収納額は最終的には六九貫五〇〇文だったが、寛正五年分はその倍以上の一四八貫六〇一文に達した。[139]寛正六年分は損免があったので九二貫八八九文と落ち込んだが、[140]文正元年（一四六六）分は一四八貫九七三文が確保された。[141]つまり一八〇貫文や二〇〇貫文は高値に過ぎたとはいえ、応仁の乱までには安富氏が代官であった頃の最盛期の水準に収納が回復している。このとき所務に携わったのは寺官の祐深・祐成で、両名は先述の通り寛正二年にすでに一度現地に足を踏み入れていたが、祐清殺害後の寛正四年一一月に再び祐深が上使として下向し、[142]寛正六年七月には祐成が代官職に補任されている。(143)両名の荘園経営に関する経験は極めて豊富で、祐深は上久世荘・上野荘・東西九条女御田・拝師荘の、祐成は上記全てに加えて矢野荘供僧方・同学衆方・同公文職・太良荘の代官をそれぞれ歴任しており、特に祐成は新見荘を訪れる以前に上記の全てを経験している。(144)また両名とも寛正四年九～一〇月には垂水荘で上使として浜見（検注）の実施に携わっている。(145)

すなわち南北朝期と同様、いまだに直務でも代官の経験と能力次第で一定の成果を残すことはできた。しかし既述の状況からして、この直務も永続を期待されていたとは思えない。この直後に応仁の乱で新見荘が不知行に陥るため断言は難しいが、あくまで請負が本命であり、そこに推移することを目標に置いた直務だったとみるべきだろう。

また請負を契約後も維持していくには、リスク制御の努力、つまり代官が好き勝手をしないよう適度にテコ入れをする必要がある。例えば新見荘では、安富宝城のときに東寺が給主代を設定しようとしたが失敗していた。そこで請負を軌道修正するための方策となりえたのが直務であった。本章の直接的な検討の範囲外になるが、応仁の乱以後の直務の行方については、一条家・九条家・山科家などの公家領荘園を題材に論じた安西欣治の研究がある。(146)それによれば、家門自身の現地下向に象徴される「直務運動」は家領の回復・維持に効果があったが、直務の目的はその永続にはなく、より有利な条件で代官請負に移行するための布石であり、代官の非法を排除するための実態をともなった恫喝であったという。

すなわち東寺領と公家領という違いはあり、また後者では直務を行うのは代官でなく領主自身であるが、あくまで請負への移行手段として直務が補完的に効力を発揮したという関係は、応仁の乱以後の社会にも引き継がれたのである。

おわりに

本章では、南北朝～室町期に荘園経営の枢要的な位置を占めた代官について、契約内容や経営実態、直務と請負の相互関係などの観点から、新見荘を中心とする東寺領を対象として分析を進めてきた。

まず明らかになったのは、所在所務をその要件とする直務の限界性である。遠隔荘園では所在所務に必要な現地情報の把握が極めて困難だったが、中世前期から存在した豊凶の問題に加えて、南北朝期からは代銭納を行う際の和市、守護役に関わる支出などもトラブルの要因となった。またそれらの問題が、外部者の代官が増加することで浮き彫りになった。そのため領主と代官の相互不信はますます避けがたいものとなり、人材の確保や監査の継続に労力を要する所在所務は、領主にとって大きな負担となった。

そして次に示したのは、室町初期から潜在していた請負のリスクである。岩生宣深や埦和為清は新見氏を核とした人脈、幕府中枢からの庇護を背景に、補任後まもなく深刻な契約無視に走った。安富宝城の経営は給主の監督もあって安定するが、これも細川氏の後ろ盾による契約だったため、東寺は条件の改善を試みるも失敗し、代官が智安に交替しても請文をとれず、長期の未進を許す結果となった。室町期荘園制はその当初から、幕府・守護との有力な人脈なしには代官を制御しきれないという大きな不安を抱えていた。

このように直務も請負もそれぞれ小さからぬ難点を抱えていたが、代官の監査という負担からの解放、競売形式で高値が付く期待などの理由で請負が本流となった。後景に退いた直務はあくまで請負への移行を軌道に乗せ、維持するために補完的に用いられるという状況に至るのである。

ただし強調しておきたいのは、以上の経過は遠隔荘園に限ったことであって、膝下荘園では依然として直務が維持されていたというコントラストである。膝下以外でも所在所務が長く保たれた太良荘・大山荘・矢野荘などの存在を考えれば、やはり荘園領主にとってあるべき姿は直務なのである。この点、伊藤俊一は南北朝期や嘉吉の乱後の混乱期には直務が必要とされ、室町期荘園制の安定期には請負が機能したと説明しているが(147)、そこでは直務と請負の補完関係は捉えられているものの、膝下荘園と遠隔荘園の質的な相違は見落とされていよう。

換言すれば、中世後期には荘園の根本要素ともいうべき遠隔地からの収取が失われていく一方で、膝下の支配はある程度保持されていた。寺領の地理的構成が膝下偏重へと変質したのである。その点も含めて中世後期の荘園経営の変遷を整理しておくと、当初は遠近を問わず現地に内部者を派遣した直務の時代から、やがて遠隔荘園に関してはいわば省力と投機の請負の時代へと移る。その後はそれら遠隔荘園を徐々に喪失しつつも、膝下の直務に依存して生き残りを図る時代へと向かうことになる。

やはり荘園経営の本質として、現地に臨んで支配を行う者、すなわち在地性を持つ者が強みを発揮する。先だって筆者は下地中分をテーマに、地頭方が持つ現地への即応力が領家方に対する優位性となることを指摘したが(148)、本章ではそのような本質に対する荘園領主の取り組み、姿勢が時代によってどう変化するのかをみてきた。その点では膝下・直務という形態が最も安定的なことは疑いない。先にふれた公家領における家門の現地下向は、遠隔荘園であっても領主自らが現地に赴くことで、あたかも膝下のように効果的に直務が行えることを期したものだろう。これが荘園領主に残された最後の切り札といったところであろうか。

本章では応仁の乱以降の荘園経営については十分に検討が及ばなかったが、特に膝下荘園に関してはあらためて考える必要があろう。収取の実効性が徐々に失われていくとしても、そのなかでの荘園領主の経営方針、現地との折衝、戦乱状況の影響など、東寺領に限っても再論の余地があろうし、まとまった膝下荘園群をもつ高野山領なども重要なフィールドになりえる。室町期荘園制の解体、ひいては中世荘園制の終焉に至るプロセスを考える上で、戦国期の荘園制をどう評価するかという問題と合わせて、今後の課題としたい。

注

(1) 永原慶二「荘園解体期における請負代官制」(『講座日本荘園史四』吉川弘文館、一九九九年)。
(2) 伊藤俊一「南北朝～室町時代の所領構成と所領支配」(同『室町期荘園制の研究』塙書房、二〇一〇年)。
(3) 伊藤俊一「室町期荘園制論の課題と展望」(『歴史評論』七六七、二〇一四年)。
(4) 伊藤俊一「応永～寛正年間の水干害と荘園制」(海老澤衷・高橋敏子編『中世荘園の環境・構造と地域社会―備中国新見荘をひらく―』勉誠出版、二〇一四年)。
(5) 第一部第二章。
(6) 杉山博『庄園解体過程の研究』(東京大学出版会、一九五九年)。
(7) 網野善彦「十五世紀初頭の市庭都市と請負代官」(同『日本中世都市の世界』筑摩書房、二〇〇一年)。
(8) 辰田芳雄『中世東寺領荘園の支配と在地』(校倉書房、二〇〇三年)、同『室町・戦国期備中国新見荘の研究』(日本史史料研究会、二〇一二年)、同「足利義満政権下の備中国新見荘」(『岡山朝日研究紀要』三三、二〇一二年)、同「新見荘の半済」(『岡山朝日研究紀要』三四、二〇一三年)。
(9) 酒井紀美『戦乱の中の情報伝達―使者がつなぐ中世京都と在地―』(吉川弘文館、二〇一四年)。
(10) 注(4)『中世荘園の環境・構造と地域社会』。同書所収の論考のうち本章と関連が強いものとして、久下沼譲「新見荘代官祐清の年貢収取及びその評価を巡る再検討」、川﨑玉幸「新見荘をめぐる大覚寺覚勝院と細川氏・安富氏」、大澤泉「備中国国衙領の支配構造と新見荘」、辰田芳雄「百姓等申状・三職等注進状の収集と分析」などがある。
(11) 以下、本章では史料集の名称を次のように略記して文書番号を付し、「東寺百合文書」の函番号も併記した。『岡山県史第二〇巻家わけ史料』東寺百合文書は『岡』、『相生市史第七巻』『相生市史第八巻上』『相生市史第八巻下』のうち矢野荘史料引付集は『相引』、同じく矢野荘史料編年文書は『相』編、『吹田市史第五巻　史料編二』は『吹』、『教王護国寺文書』は『教』とした。

(12) 寛正二年「廿一口方評定引付」八月一八日条（く函二四、『相』引一三八）、寛正三年「廿一口方評定引付」四月八日条（ち函一七、『相』引一三九）、寛正三年「最勝光院方評定引付」四月二六日条（け函一三、『岡』八二三）、寛正四年二月二二日「新見荘代官祐清注進状」（ツ函一四一、『岡』一二八）などを参照。

(13) 注(7)網野論文。

(14) 永原慶二「請負代官制の展開」（同『荘園』吉川弘文館、一九九八年）。

(15) 桜井英治『室町人の精神』（講談社、二〇〇一年、文庫版二〇〇九年）。

(16) 伊藤一義「東寺領山城国上桂上野荘の給主職について」（東寺文書研究会編『東寺文書にみる中世社会』東京堂出版、一九九九年）。

(17) 注(2)伊藤俊一論文。

(18) 新田英治「室町時代の公家領における代官請負に関する一考察」（宝月圭吾先生還暦記念会編『日本社会経済史研究　中世編』吉川弘文館、一九六七年）。

(19) 遠江国原田荘の祖文・祖葉（禅僧）。近江国三村荘の林時光・宇野教林（六角氏被官）。丹波国大山荘の喜阿弥（遁世者・室町殿側近）、中西明重（京都酒屋）、岡弘経（山城国下久世荘侍分）。若狭国太良荘の乾嘉（相国寺僧）。山城国上桂上野荘の革嶋貞安（国人）。播磨国矢野荘の高市了済・了快・了慶父子（在地有力者）、祖久（長福寺僧）、雲岳慶首座（普慶寺僧）。新見荘の新見入道道存（国人）、本位田家盛（もと矢野荘荘官）など。上記事例の参考文献については表23に記載の注番号を参照。

(20) 新見荘以外では原田荘、三村荘、大山荘、矢野荘が該当する。

(21) 南北朝末期の原田荘では請切から所在所務へ（注(19)の祖文・祖葉）、そしてまた請切へと推移している。

(22) 矢野荘の駿河聡快（東寺寺官）。

(23) 山田徹「室町時代の支配体制と列島諸地域」（『日本史研究』六三一、二〇一五年）は政治地理学的な観点から、遠江・越中・備中より内側を在京領主の支配下にある「近国地域」と分類し、その外側の「中間地域」や「遠国地域」との性格の相違を論じている。表23で早くに請切が導入された美和荘・河原城荘は「中間地域」、原田荘・新見荘は「近国地域」の外縁部ということになり、地理的要因との相関はやはり明確であろう。

(24) 第一部第二章。
(25) 以下、東寺の寺内組織に関しては富田正弘「中世東寺の寺院組織と文書授受の構造」(『資料館紀要』八、一九八〇年)、同「中世東寺の寺官組織について」(『資料館紀要』一三、一九八五年)を参照した。
(26) 観応三年七月一七日「教密上人栄真新見荘領家方給主職請文」(え函三一、『岡』八八六)。
(27) 注(16)伊藤一義論文。
(28) 注(1)永原論文。
(29) 貞治五年八月二一日「権律師義宝新見荘所務職請文」(あ函二〇、『岡』九九三)。
(30) 本章では混乱を避けるため、このケースと同様に史料上では「所務職」とあっても、可能な範囲で「給主職」(在京代官)や「代官職」(地下代官)に言い換えることとする。
(31) 第一部第二章。
(32) 『大日本史料』延徳二年(一四九〇)一二月一五日条所収「醍醐寺文書記録聖教目録」三五上三六五函をみると、観宝、義宝、行宝と改名しており、貞和二年(一三四六)の時点で「生年十八」であったことがわかる。
(33) 注(25)富田「中世東寺の寺院組織と文書授受の構造」。
(34) 山家浩樹「「延文四年記」記主考」(東寺文書研究会編『東寺文書と中世の諸相』思文閣出版、二〇一一年)。
(35) 明徳元年「最勝光院評定引付」九月(日付未詳)条、同一四日条(る函一三、『岡』六九二)。
(36) 岸田裕之「室町幕府・守護と荘園」(『講座日本荘園史四』吉川弘文館、一九九九年)。
(37) (明徳三年三月以降)「新見荘給主義宝申状」(ゆ函七、『岡』一〇九三)。
(38) 本章では詳しく論ずる余裕がないが、荘園経営に携わる代官に求められる能力・資質としては、現地の有力者を地下代官や荘官として起用し、硬軟取り混ぜてコントロールする能力、さらに所在所務の場合は散用状など経理に関する文書を作成する事務的能力をひとまず挙げておきたい。
(39) 伊藤俊一「高井法眼祐尊の一生—南北朝〜室町時代前期における東寺の寺領経営と寺官—」(注(2)『室町期荘園制の研究』)。
(40) 注(37)「新見荘給主義宝申状」。

(41) 応永元年「最勝光院評定引付」二月二八日条（る函一六、『岡』六九五）。
(42) 地頭方に関しては第一部第六章を参照。
(43) 注(41)引付。
(44) 第一部第二章。
(45) 応永二年八月「新見荘領家方所務職請文土代」（ツ函八六―二、『岡』一二三）、（応永二年）八月「権大僧都某奉書土代」（ツ函八六―一、『岡』一二二）。
(46) 榎原雅治「損免要求と豊凶情報」（同『日本中世地域社会の構造』校倉書房、二〇〇〇年）。
(47) 至徳三年「最勝光院方評定引付」三月四日条（る函一二、『静岡県史資料編六　中世二』一〇四二）、明徳元年「最勝光院方評定引付」一〇月五日条（る函一三、『静岡県史資料編六　中世二』一一一六）。
(48) 応永一三年一二月二日「浜四郎守光垂水荘所務職請文」（『吹』二三七、勧智院聖教文書類特五―一九）、応永一四年「廿一口方評定引付」一二月一七日条（く函三、『吹』二三八）、応永一五年六月六日「浜四郎守光垂水荘代官職請文」（や函五一、『吹』二三九）。
(49) 佐々木銀弥「荘園制下の和市」（『講座日本荘園史四』吉川弘文館、一九九九年）。
(50) 牛尾浩臣「東寺領荘園の和市と算用状―播磨国矢野庄の場合―」（佛教大学文学部史学科創設三十周年記念論集刊行会編『史学論集―佛教大学文学部史学科創設三十周年記念―』一九九九年）。
(51) 村井祐樹「東寺領近江三村庄とその代官」（注(34)『東寺文書と中世の諸相』）。
(52) 松浦義則「室町初期太良荘の代官支配について」（『福井県文書館研究紀要』八、二〇一一年）。
(53) 永享一〇年「最勝光院方評定引付」四月二日条（る函四四、『大日本古文書』一〇―五）。
(54) 長禄三年四月一〇日「大山荘算用不審事書」（に函一二六、『兵庫県史史料編　中世六』東寺文書一丹波国大山荘七六四）。
(55) 寛正二年「廿一口方評定引付」一二月六日条（く函二四、『相』引一三八）。
(56) 寛正三年六月二〇日「新見荘三職連署注進状」（サ函一〇三、『岡』三六二）。
(57) 寛正三年九月五日「新見荘未進年貢散用状」（『教』一六九六）。
(58) 寛正四年六月二一日「新見荘代官祐清注進状」（ツ函二二五、『岡』一三八）。

(59) 寛正四年閏六月二五日「新見荘代官祐清書状」(ゆ函三六、『岡』一一一三)。
(60) 寛正四年閏六月二六日「新見荘三職連署書状」(ゆ函三七、『岡』一一一四)。
(61) 寛正七年三月一一日「新見荘領家方年貢散用状」(「田中教忠氏所蔵東寺文書」、注(8)『中世東寺領荘園の支配と在地』三七八～三八六頁所収)、応仁元年(一四六七)五月一八日「新見荘領家方年貢散用状」(ク函四一、『岡』一二一二)。
(62) 応永元年一二月八日「新見荘西方寺家年貢散用状」(『教』七一七)。
(63) (応永一五年)「新見荘領家方年貢注文案(後欠)」(『教』八四六)。本文書は年月日を欠くが、応永一五年一一月一四日「新見荘領家方年貢注文案」(サ函二五、『岡』三二五)と数値・内容が合致することから年次が比定できる。
(64) 寛正四年二月二二日「新見荘代官祐清注進状」(ツ函一四一、『岡』一二八)。
(65) 注(59)文書。
(66) 注(51)村井祐樹論文。
(67) 寛正四年「宝荘厳院方評定引付」一〇月一九日条(け函一五)。
(68) 寛正四年「宝荘厳院方評定引付」一一月一一日条(け函一五)。
(69) 辰田芳雄「「代官」本位田家盛の所務について」(注(8)『室町・戦国期備中国新見荘の研究』)。
(70) 寛正四年(閏六月一日以降)「新見荘荘務事書」(『教』一七一一)。
(71) 以下の経緯は、寛正五年「廿一口方評定引付」八月三〇日条～一一月一六日条(ち函一八、『相』引一四一)。
(72) 応永二年八月九日「新見荘領家方代官新見清直請文」(さ函七二、『岡』一〇二二)、応永八年一一月九日「室町幕府管領畠山基国奉書案」(コ函一三、『岡』二九六)。
(73) 応永五年六月二三日「新見荘年貢注進状」(『教』七五六)、応永六年「最勝光院方評定引付」四月一九日条(る函一七、『岡』六九六)、応永七年「最勝光院方評定引付」五月二八日条(る函一八、『岡』六九七)。
(74) 備前児島を拠点とする五流山伏であり、児島を中心とする瀬戸内水運を背景に荘園経営に関与したとされている(近藤祐介「室町期における備前国児島山伏の活動と瀬戸内水運」〈鐘江宏之・鶴間和幸編著『東アジア海をめぐる交流の歴史的展開』東方書店、二〇一〇年〉)。
(75) 応永八年四月二八日「新見荘領家方所務職補任状案」(さ函七九、『岡』一〇二三)。

(76) 応永八年五月三日「新見荘領家方所務職補任状案」(さ函八二、『岡』一〇二六)。ただし請人の請文には東寺が削除した部分が復活しており(応永八年四月二八日「紙屋八郎二郎新見荘領家方所務職請人請文」〈さ函八一、『岡』一〇二五〉)、ここに宣深らのしたたかさ、東寺のチェック体制の限界をみることができるかもしれない。
(77) 応永九年「最勝光院方評定引付」二月六日条(る函一九、『岡』六九八)。
(78) 応永九年三月日「新見荘領家方年貢散用状」(『教』八一四)。
(79) 応永九年「最勝光院方評定引付」三月六日条〜四月一一日条(る函一九、『岡』六九八)。
(80) 応永八年九月一八日「岩生宣深・栗木教賢連署契約状案」など四点(さ函八三―一〜四、『岡』一〇二七〜一〇三〇)、応永八年一一月二一日「新見荘東寺分年貢納帳案」など五点(フ函七四―一〜五、『岡』二七〇〜二七四)。
(81) 応永九年「最勝光院方評定引付」七月五日条〜一七日条(る函一九、『岡』六九八)。
(82) 応永九年三月一〇日「岩生宣深・栗木教賢連署利銭借状案」(さ函八三―二、『岡』一〇二八)、(応永九年)五月二一日「梵忠書状案」(さ函八三―三、『岡』一〇二九)。
(83) 注(82)「梵忠書状案」。
(84) 竹本豊重「新見庄の地名について」(『岡山県史研究』二、一九八一年)。
(85) 網野善彦「元弘・建武期の備中国新見荘」(注(16)『東寺文書にみる中世社会』)。
(86) 正中二年四月一一日「新見荘地頭方東方畠地実検取帳」(ク函一四・一五、『岡』二〇五・二〇六)。
(87) 建武三年正月一九日「田代市若丸軍忠状」(『岡山県史第一九巻　編年史料』一三五八、田代文書)。
(88) 地番としては、新見市上市九九二〜一〇〇〇番地などがその一例。
(89) 応永八年一一月二一日「新見荘東寺分年貢納帳案」(フ函七四―一、『岡』二七〇)の覚書部分。
(90) 注(82)「梵忠書状案」の覚書部分。
(91) このときの状況については第一部第二章も参照。
(92) 松岡心平「室町将軍と傾城高橋殿」(同編『看聞日記と中世文化』森話社、二〇〇九年)。
(93) 榎原雅治「美作国垪和庄と垪和氏」(『吉備地方文化研究』一六、二〇〇六年)。
(94) 応永九年「最勝光院方評定引付」九月二八日条(る函一九、『岡』六九八)。

(95) 辰田芳雄「足利義満政権下の備中国新見荘」(『岡山朝日研究紀要』三三、二〇一二年)は、この西御所による代官職獲得について、応永一一年に河原城荘の代官職を強引に買得した寵童の御賀丸とともに、料所化をねらった義満が裏で操縦していたものと位置付けている。

(96) 応永一三年一二月日「東寺雑掌頼勝申状案」(応永一三年「最勝光院方評定引付」所収文書、る函二一、『岡』七〇〇)。

(97) 注(96)文書、応永一四年八月「東寺申状案」(さ函九三―一、『岡』一〇三一)、応永一四年一二月「東寺雑掌重申状案」(さ函九六、ゆ函一〇、『岡』一〇三二)。

(98) (応永一四年ヵ)「坍和為清申状案」(さ函二一九、『岡』一〇八二)。

(99) 注(97)「東寺雑掌重申状案」。

(100) 応永一五年「最勝光院方評定引付」六月六日～二〇日条(る函二三、『岡』七〇二)。

(101) 応永一五年八月一〇日「安富宝城新見荘領家方所務職請文案」(あ函三七、『岡』九九四)、応永一五年八月一五日「覚勝院宣承新見荘領家方所務職請文」(ゆ函一一、『岡』一〇九五)。

(102) 注(10)川崎論文。

(103) 応永一七年、宝城が年貢の一部(五〇貫文)を期限より二か月早く納めたため、「利并」として月五%、計一〇%(五貫文)が年貢の残額から割り引かれている(応永一七年八月二一日「新見荘年貢送進状」(『教』九四四)、応永一七年「最勝光院方評定引付」一二月二四日条(る函二四、『岡』七〇三))。

(104) 稲田利徳「細川氏被官の文芸活動―安富宝密・宝城の場合―」(『国文学攷』二〇九、二〇一一年)。永享一一年(一四三九)完成の最後の勅撰集「新続古今集」に各一首入集、細川氏被官では他に例がないという。

(105) (応永二六年)一二月一日「覚勝院宣承書状」(ゆ函七五、『岡』一一四七)。本文書の年次比定については、①宝城の年貢未進を話題にしている、②最勝光院方の年預も経験した金蓮院杲淳を宛先とする、という二つの共通点から、無年号一一月一日「覚勝院宣承書状」(サ函二六八、『岡』五一七)が本文書の前月のものとみられる。その端裏書に「亥　十一　二」とあるので、杲淳が年預を務めた年で亥年を探すと、応永二六年と特定できる。なお引用箇所は『岡』では「天壮無沙汰程壮之仁」と翻刻されていたのを修正した。参考までに写真を掲げておく(京都府立京都学・歴彩館　東寺百合文書WEBより)。

(106) 応永一七年「最勝光院方評定引付」六月一五日条（る函二四、『岡』七〇三）。
(107) 応永二六年「最勝光院方評定引付」四月二三日〜一二月九日条（る函三一、『岡』七〇八）。
(108) 応永二七年閏正月二四日「金蓮院杲淳新見荘領家方所務職請文」（ツ函一一一―一、『岡』一二二四）、応永二七年三月九日「金蓮院杲淳新見荘領家方所務職請文」（ツ函一一一―二、『岡』一二二五）。
(109) 応永二七年三月日「安富宝城新見荘代官職請文土代」（ツ函一一二、『岡』一二二六）、応永二七年四月一六日「安富宝城新見荘代官職請文」（京函一〇九―一、『岡』一一九四）。
(110) 応永三三年「最勝光院方評定引付」二月四日条（る函三五、『岡』七一〇）。
(111) 『満済准后日記』（『続群書類従補遺一』）応永三三年一〇月二三日条。
(112) 乾賀（乾嘉）は寛正三年七月一三日に近江坂本で山徒に殺害されるが（今谷明「東班衆の世界」〈同『戦国期の室町幕府』講談社、二〇〇六年〉）、『碧山日録』（『増補続史料大成』）同日条では「賀都文」、『蔭凉軒日録』（『増補続史料大成』）同月一八日条では「嘉都聞」とあるから、乾賀と乾嘉は音通とみてよかろう。
(113) 応永三三年「最勝光院方評定引付」一一月二〇日〜三〇日条（る函三五、『岡』七一〇）、応永三三年一二月七日「新見荘領家方所務職補任状案」（あ函四一、『岡』九九五）、同日「観智院宗海書状案」（さ函一〇七、『岡』一〇三四）。
(114) 注(52)松浦論文。
(115) 応永三三年「最勝光院方評定引付」一二月二四日条（る函三五、『岡』七一〇）。
(116) 古野貢「京兆家分国の支配構造」（同『中世後期細川氏の権力構造』吉川弘文館、二〇〇八年）。
(117) 兄の持元・持之でなく持賢が乗り出した理由は不明だが、永享一〇年（一四三八）までに典厩家の被官となった新見氏の動向が関係しているかもしれない（第一部第二章）。
(118) 注(1)永原論文。
(119) 注(2)伊藤俊一論文。

(120)　村櫛荘の広瀬次郎左衛門入道（応永一四年）、矢野荘の内村入道宗真（永享三年）、三村荘の浄蔵坊（永享五年）、河原城荘の珍蔵院宗秀（永享七年）、大門坊快舜（永享一〇年）、原田荘の歓喜寺慶朗（永享八年）など。
(121)　寛正二年八月日「新見荘未進年貢注文」（京函一〇九―二、『岡』一一九五）。
(122)　同様の事例は、新見荘よりさらに遠隔地にある美和荘でもみられる。永享四年（一四三二）、同じ大内氏被官である沓屋重正から内藤盛貞へと代官職が引き継がれるが、大内持世挙状と重正請文はいずれも正文が残っているのに（せ函武七一―一・二）、盛貞請文はみあたらない。代官が交替しても請文は作られなかったらしい。
(123)　寛正二年九月二日「室町幕府奉行人連署奉書」（の函四二、『岡』八一六）、同日「室町幕府奉行人連署奉書」（ホ函五二、『岡』四一）。
(124)　注(10)大澤論文。
(125)　寛正二年「最勝光院方評定引付」九月一一日～一六日条（け函一二、『岡』八二二）。
(126)　寛正二年「最勝光院方評定引付」八月三日条（け函一二、『岡』八二二）。
(127)　注(9)酒井『戦乱の中の情報伝達』三五～三六頁。
(128)　伊藤俊一「南北朝～室町時代における東寺「寺僧」集団の変容」（注(2)『室町期荘園制の研究』）、注(2)伊藤俊一論文。
(129)　寛正二年「最勝光院方評定引付」一〇月一〇日～一一日条（け函一二、『岡』八二二）。
(130)　寛正三年「最勝光院方評定引付」四月二六日条（け函一三、『岡』八二三）。
(131)　寛正三年七月二三日「祐清新見荘領家方代官職請文」（ゆ函二七、『岡』一一〇四）、寛正三年「最勝光院方評定引付」七月一六日条（け函一三、『岡』八二三）。
(132)　上使として下向した祐深・祐成に三職が訴えたところでは「安富方の時ハ、上使にてある代管《〔官〕》なんとゝて、年々かゑられ候之間、さ様事、地下たいくつ仕候処、御本所さへ、か様仰下され候」（寛正二年一一月一五日「新見荘上使乗円祐深・乗観祐成連署注進状」〈え函二八、『岡』九〇一〉）とあり、安富も東寺も「上使」は単年で交替させるのが当時の慣習で、そのことに対する不満が現地にはあったらしい。
(133)　注(2)伊藤俊一論文。
(134)　寛正四年二月二二日「新見荘代官祐清注進状」（ツ函一四一、『岡』一二八）。

(135)文正元年九月一八日「駿河聡快矢野荘例名供僧・学衆両方代官職請文」(ヤ函一一七、『相』編一〇八八)。
(136)注(15)桜井『室町人の精神』文庫版一九五〜一九九頁。
(137)永原慶二「領主経済と土倉」(同編『古文書の語る日本史四』筑摩書房、一九九〇年)、島田次郎「荘園制的収取体系の変質と解体」(『講座日本荘園史四』吉川弘文館、一九九九年)。
(138)『建内記』(『大日本古記録』)嘉吉元年九月一七日条。
(139)寛正六年一二月日「最勝光院方年貢散用状」(る函六四、『岡』七三一)。
(140)注(61)寛正七年三月一一日「新見荘領家方年貢散用状」。
(141)注(61)応仁元年五月一八日「新見荘領家方年貢散用状」。
(142)寛正四年一一月六日「新見荘上使増祐・祐深連署注進状」(サ函一二〇、『岡』三七六)。
(143)寛正六年七月二五日「乗観祐成新見荘領家方代官職請文」(サ函一六五、『岡』四一七)。
(144)注(25)富田「中世東寺の寺官組織について」。
(145)寛正四年一〇月日「垂水荘浜見取帳」(ぬ函四五、『吹』三四〇)。
(146)安西欣治『崩壊期荘園史の研究—直務運動と代官請負—』(岩田書院、一九九四年)。
(147)注(2)伊藤俊一論文。
(148)第一部第一章。

第六章　二人の代官による荘園の分割支配

――備中国新見荘地頭方の事例から――

はじめに

近年の中世後期荘園制に対する関心の高まりのなかで、請負代官に関わる諸相の解明は重要なテーマの一つとみなされ、諸事例をもとに成果の蓄積が進展している(1)。本章もその流れをくみ、一つの事例を取り上げて検討を加えるものである。素材とするのは南北朝初期の備中国新見荘である。新見荘では文永年間に下地中分が行われ、領家方と地頭方とに分かれていたが、そののち鎌倉末期には本家職・領家職が、さらに南北朝初期には地頭職が、相次いで東寺へと寄進された。本章で注目するのはこのうち地頭方の動向である。このとき新たに領主となった東寺は、他の東寺領にはみられない珍しい経営方法を採用した。二人の代官を任命して、地頭方を分割支配させたのである。

この二人の代官（以下「両代官」）は東寺外部の人物とみられるが、その点から彼らを請負代官の典型とみなし、たびたび取り上げたのが網野善彦である(2)。網野は彼ら両代官が東寺に提出した収支決算に関する帳簿を、当該期の荘園経営の実情を詳細に知りうる稀有の事例として紹介し、その内容を読み解くことで彼らの経営能力を高度なものと評価したのであった。

ただ請負代官の職務内容を考えたとき、室町期にかけて主流を占めるようになるのは、荘園領主に対しては一定額の年貢納入を請け負うのみで、経営の詳細を報告して監査を受けたりはしないという、当時「請切」と呼ばれた契約形態である。例えば室町期荘園制の論者である伊藤俊一は、荘園領主に詳細な報告をしながら経営に当たるのが「直務代官」、納入する年貢額さえ確保できれば領主は経営に介入しないのが「請負代官」としている。(3)そこへ行くと新見荘の両代官は東寺に収支報告をしているわけで、その意味での位置付けが問題となるが、直務代官から請負代官へという歴史的な趨勢の中で、その中間的な「過渡期の代官形態」が存在したと永原慶二は説明しており、(4)本章であつかう事例はまさにそれにあたると理解できる。(5)

また東寺にとっての新見荘の位置付けを考えると、寺領屈指の大型荘園であると同時に、維持の難しい遠隔荘園でもあった。短期間のうちに領家職・地頭職のいずれをも手にした東寺が新見荘からの収取に相当な期待を寄せ、経営の安定に心を砕いたことは疑いなく、地頭方の分割支配もその結果とられた手法とみるべきである。

実際にはその後まもなく南北朝内乱に突入し、東寺は地頭職を失ってしまうため、両代官による分割支配は長くは続かなかった。しかし如上の状況に鑑みれば、地頭方の分割支配を担った両代官はのちに典型となっていくいわば丸投げ型の請負代官とは異なり、領主である東寺の意向を強く受けて経営に臨んだ可能性が高い。

以上のことから、本事例は単に短期で終わった特殊な形態として片づけるべきではなく、その内実を検討する価値は十分にあるといえよう。

そこで本章では両代官の所務の状況、彼らの出自や相互関係について検討した上で、新見荘地頭方の分割状況を地理的分布などの側面から明らかにし、そこに反映された代官経営に対する荘園領主の意向を探ることとする。網野による両代官の所務に関する検討は先述の帳簿に関する個別的なものが主で、その準備段階において作成された文書との関係性やそれらの全体的な流れについての言及は十分でなく、また分割支配の実相にまで踏み込んだ考察はなされていない。よって本章では網野が紹介した両代官の帳簿（以下「所務帳」）(6)を中心としつつも、当該期に現地から提出された文書群を総体的に再検討し、さらに数量的な分析を加えることで両代官の経営実態を明らかにしたい(7)。

第一節　地頭方分割までの経緯

1　東寺の地頭職獲得

まず東寺が新見荘地頭職を得るまでの経緯について簡単に整理しておきたい。新見荘地頭職のはじめは、新見氏の先祖である「治部丞資満」が承久の乱の際にあげた勲功の賞として貞応元年（一二二二）に拝領したことにさかのぼるとされる(8)。

その後しばらく地頭職は行方不明となるが、文永一〇年（一二七三）に下地中分が行われたことが領家方の史料から明らかにされている(9)。

正中二年（一三二五）には地頭方の検注が実施されて検注帳(10)・名寄帳(11)がまとめられており、このとき何らかの代替わりがあったことを示唆する。網野によればこの検注を行ったのは問注所氏で、地頭職が得宗の手に渡ったものと考えられる(12)。問注所氏は地頭代ということになろう。

そして元弘三年（一三三三）に鎌倉幕府は滅亡し、得宗領としての新見荘は当然ここで終焉を迎える。すでに元徳二年（一三三〇）に領家職を得ていた東寺は(13)、この機会をとらえて丹波国大山荘・若狭国太良荘とともに新見荘地頭職の獲得に成功した。(14)これによって東寺は新見荘の一円支配が可能となったのである。

2 所務開始への準備

地頭職を手に入れた東寺は、同年のうちに所務の開始にこぎつけている。本項ではそこに至るまでの流れについて、より細かくみていこう。

鎌倉幕府が滅亡したのは元弘三年（一三三三）五月のことであった。六月には後醍醐天皇が京都への帰還を果たし、その際に東寺にも立ち寄っている。天皇は同月のうちに摂津国垂水荘、七月に入って播磨国矢野荘例名、太良荘、大山荘と東寺領を安堵する綸旨を次々と発していった。

そして九月一日、旧領の安堵にとどまらず新たに大山荘・新見荘・太良荘の地頭職を東寺に寄進する旨の綸旨が発せられた。(15)それを受けた東寺長者から供僧中に通達があったのが九月四日のことである。(16)

ただちに新見荘の現地との連絡も行われたらしく、地頭方の沙汰人で武忠と名乗る図師から、早くも九月一八日付で年貢納帳が提出された(17)（以下「A帳」）。A帳は米・麦・漆・桑代銭の収納額を日付別・名別・作人別に記録したものだが、日付をみると元弘三年六月一三日から八月二四日までの期間に収納された分となっている。つまりA帳は東寺が地頭職を得る直前までに進められていた元弘三年の年貢の収納状況を報告したものである。なお、このときの収納は誰によって進められていたかが問題となるが、この点については次節で言及する。

A帳でもう一つ重要な点は、奥に「中沢明了房知行分」と記された付箋が貼られていることである。この中沢明了房（以下「明了」）という人物の素性については後述するが、彼が両代官のうちの一人である。つまりA帳は地頭方のうち、明了がこれから知行する予定の分について、これまでの収納状況をまとめたものということになる。ただし、この付箋はA帳の本文とは別筆であることが写真帳から確認できるので、図師が提出した時点では代官の人選は未定で、後から明了分と定められたのであろう。

A帳の作成からやや時間をおいて、同じく図師武忠の手になるもう一点の年貢納帳が一一月一五日付で提出された(18)(以下「B帳」)。B帳の冒頭はA帳と同じく日付別・名別・作人別の年貢収納額の記載から始まるが、その部分にみえる名の名称はA帳に記載された名とは一切重複せず、明了分とは異なることがわかる。

次にB帳の途中からは「中沢殿御沙汰分御年貢納帳事」という事書に続いて、A帳の収納額を名別に集計しなおした数値と、A帳の追加情報として名別の損田の数値が並んでいる。つまりこの部分に記載されているのは明らかに明了分である。

そしてB帳は最後に「勝蔵房御沙汰分損田事」との事書があって名別の損田の数値が記されて終わっている。この勝蔵房というのが、両代官のもう一人で勝蔵房尊尓(以下「尊尓」)という人物である。ここでみえる名はB帳冒頭部分とは重複するものがあるが、A帳とは一つも重複しないため、B帳冒頭部分も尊尓の知行分に関する記録だとわかる。つまり、明了分と尊尓分はそれぞれ名を単位として分割されており、そのことがB帳の段階で明示されている。このことは後述する明了・尊尓が提出した所務帳と照らし合わせても齟齬しない。

B帳のうち尊尓分が収納された日付をみていくと、六月一六日から八月二一日までとなっており(ただし漆・桑代銭は日付がないため不明)、A帳の明了分とほぼ同じ期間に尊尓分も並行して収納が進んでいたことがわかる。

以上のように、地頭職を獲得した東寺は所務開始への準備のため、現地の図師から二点の年貢納帳をもって直近の収納状況を報告させ、それをもとに名を単位として両代官の知行分を分割したのであった。ここで問題となるのは、A帳・B帳における両代官への名の振り分けはどのように、何を基準として行われたのかという点であるが、それは次節以降で検討することにしよう。

第二節　両代官の所務開始

1　所務帳の形式・内容

上述の過程を経て分割された地頭方であるが、明了は早速にも所務にとりかかったらしく、B帳が作成されたのと同月、元弘三年（一三三三）一一月日付で当年の実績をまとめた所務帳を東寺に提出している[19]（以下「C帳」）。そして明くる建武元年（一三三四）には新たに尊尓も所務を開始しており、この年の実績に関する所務帳は両代官そろって建武二年二月九日付で提出している。このうち明了分には署判がないが、A帳・B帳との名の名称の一致、および次に述べる尊尓分との帳簿形式の類似から、明了分とみて間違いない[20]（以下「D帳」）。もう一方の尊尓分の特徴としては、支出の部の明細が独立した別文書の形式をとっていることで（ただし料紙は同一のものに書き継いである）、全部で四点の連券となっている[21]（以下「E帳」）。

C帳～E帳という三点の所務帳は類似した形式で作成されているが、そこから読み取れる所務のプロセスについてはすでに網野がもっとも豊富な情報量を持つE帳に即して詳述している[22]。そこで本章の行論上必要な範囲で、これら所務帳の形式・内容を概観していきたい。

C帳～E帳に共通する点として、まず田畠の名別目録から始まっている。先述した正中二年の検注結果をもとにした名別面積から、仏神免・人給・河成などを除田・除畠として控除し、課税対象となる定田・定畠の面積を確定する。

さらに損田・損畠も控除し、収穫がみこまれる得田・得畠の面積を決定する。そしてそれに斗代を乗じて分米・分雑穀の数量を算出する。なお地頭方の名は百姓名と散田名とに分かれているが、(23)両者は田地の斗代が異なり、百姓名は六斗代が基本であるのに対し、領主直轄の請作地である散田名は七斗代と割高である。一方の畠地は里畠（三斗代）と山畠（一斗代）に分かれる。

なおC帳～E帳にみえる百姓名は、A帳・B帳で両代官に振り分けられたものを継承しており、それに明了分・尊尓分それぞれ二～三の追加があるのみである。散田名もA帳・B帳の振り分けは基本的に継承しているが、もとより浮動的なものであるためかA帳・B帳に記載のないものが大幅に増加している。

上記に続いて、それら名別の数値を合計した全体の目録、いわば惣目録へと所務帳の記載は移っていく。まず現納された米・雑穀に、容量の異なる枡による再計量から生まれる見かけ上の増加分である交分を付加する。付加後の数値は延米と呼ばれる。次に正月行事の経費や井料など百姓等への下行分、さらには彼ら代官自身にとってもっとも肝心な代官得分などを必要経費として控除する。そして残った分を市庭に持ち込み、折々の和市に従って売却して銭に換えている。

以上が米・雑穀に関する記載であるが、それに準ずるのが高瀬の年貢銭である。高瀬とは新見荘の最奥部にある村の名前で、もとは鉄年貢を納めていた特殊な地域である。地頭方だけでなく領家方においても、名の体系のなかで高瀬村に所在する名（以下「高瀬分」）はつねに別枠扱いを受けていた。所務帳の記載形式としては、百姓名・散田名と同じように名別目録が作られて定田・除田・損田・得田の順で計算されていくが、米ではなく反別一貫文の年貢銭が賦課されている。なお高瀬分が配分されているのは尊尓分のみであり、すでにB帳の段階でも高瀬分は尊尓分の一部として別掲されていた。この点についてはまた後にふれる。

残るはそれ以外の品目ということになるが、例えば新見荘の特産物としてよく知られる漆・紙などはシンプルに名別の収納額が列記されていく。

またその他の財源として、まず市庭後地の地子銭を挙げておかねばならない。新見荘の市庭は領家方と地頭方で分割管理する形がとられているが、さらに地頭方の分を明了・尊尓の間で分割することにしたらしい。所務帳をみると市庭在家の請人の名前と彼らに割り当てられた屋敷地・後地の面積が記載され、そのうち後地に対して反別五〇〇文の地子銭が賦課されている。なお屋敷地は例外もあるが〇・二反でほぼ固定されている一方、後地は各自〇・〇五反から一・三反まで多少の幅がある。

そしてもう一つの財源として段別銭というものがある。これは上述の百姓名・散田名・高瀬分に、通常は控除される仏神免・人給や損田も加えた合計面積に、反別五〇文を乗じて賦課するものである。なおこの段別銭も高瀬分と同じく尊尓分のみに配分されている。

以上がいわば収入の部ということになるが、それと対をなす支出の部についてもみてみよう。当然のことながら荘園としての支出なので京進が大半を占めるわけだが、そのうち一部は月宛銭という名目で三月・五月・七月の三度に分けて京進し、一〇月を起点として納入を繰り上げた月数に六％の利子を乗じて、合計額を年貢として計上している。つまり見方を変えれば、これは年貢の前納割引の一形態である。

その他の支出としては、正月行事や秋の祭りに要した経費、漆など年貢収納にかかった手間賃、倉の屋根をふく板材の費用などの経常的な費用や、建武新政府が任命した国司からの上使が元弘三年一二月に入部した際の接待費といった臨時的な費用が計上されている。

さて、前節では両代官が任命されるまでの収納を誰が進めていたかという点について保留したままであったので、ここで論及する。

2　新見氏の動向とその影響

C帳の惣目録の部分を詳しくみると、例えば米でいえば惣田数およそ三五丁、分米二一三石のうち、現納されたのは八一石に過ぎない。その一方で控除分をみると、「先司新見収納」＝新見氏が収納したとして七四石、「先司庶子若党八月中苅二取之一」＝新見氏庶子の若党が刈り取ったとして七石が計上されている。また漆などは同様の状況がさらに顕著で、本来収納されるはずの一二二合のうち現納されたのはわずか一六合で、「先司新見収納」が八九合にのぼっている。つまり両代官に先んじて収納を進めていたのは新見氏であった。すでに網野も言及しているように[24]、これらのC帳の記述は得宗領となって以後も新見氏が現地で勢力を保ち続けたことを示している。

そこでさらに、このような新見氏が収納したとされるC帳の数値を逐一点検すると、米（七四石五斗七升五合六勺）・麦（三石八斗）・漆（八升九合五勺九才二厘）・桑代銭（二貫八一二文）の全てにおいて、A帳・B帳に記載された明了分の合計値と完全に符合している。またC帳の損田の合計値（一丁一反半一八歩、六石五斗一升五合）もB帳の明了分と符合しており、「先司内検之時」という注記がC帳には施されている。つまり明了分のうち、すでに新見氏が収納を終えてしまった分を記録したものがA帳であり、それを再集計して、新見氏による内検で検出された損田の数値を加えて報告しなおしたのがB帳だということになる。B帳の損田の数値に付された注記をみると、「一反半ほりニ七月成」（地頭正作分）、「十代政所ほりニ成」「廿五代七月自ほりニ成」（ともに延房名）などとあり、田が堀に変えられたのだという。これらの損田が発生した名の地理的分布をみてみると（推定の根拠については第三節を参照）、いずれも地頭方政所や市庭が置かれ、新見氏も拠点とした地頭方の中枢である中須という地域（図17）に分布すると考えられ（25）、新見氏の軍事活動の一端とみることができる。

以上のように、両代官のうち先行して開始された明了の所務は、在来勢力である新見氏に先を越されてしまい、元弘三年分の収納は十分に確保することができなかった。実はD帳・E帳と比較した場合、C帳には収納した米・雑穀の売却や、支出に関する記述がなく、所務帳として完結していない。これも新見氏の影響により所務が不完全に終わったためと理解できる（26）。

すなわちA帳は地頭方のうち明了分を振り分けるための基礎になったと同時に、新見氏による収納の状況を報告したものということになる。これによって新見氏の動向が地頭方分割のあり方を左右したという仮説が浮上することとなる。

しかしそう考えた場合、いくつか不審な点が残ることも言及せねばならない。第一に、A帳・B帳は単に元弘三年分の年貢収納状況の報告という体裁をとり、新見氏云々という記述が全くみあたらないことである。

第二に、C帳の控除分には新見氏のほかに、「問注所収納」＝問注所氏が収納したとして米一三石、漆一五合、桑代銭六〇文が計上されていることである。問注所氏の動向については、E帳の「嘉暦・元徳両年、自二関東一有二上使入部一」、C帳の「元徳三年依二名主歎申一、自二問注所一免」や「田成畠壱反三十代加レ之定、嘉厂〔暦〕二年」といった注記から、嘉暦二年（一三二七）や元徳三年（一三三一）の時点でも得宗領としての新見荘の支配に関与していたことがわかり、元弘三年まで同様の状況であったろう。

だが同年五月に幕府が滅亡した際、後醍醐天皇が軍陣を張っていた伯耆との国境に位置する新見荘には早期に情報が伝わったはずであり、問注所氏が長く影響力を行使できたとは思えない。つまり「問注所収納」が現実的に可能だ

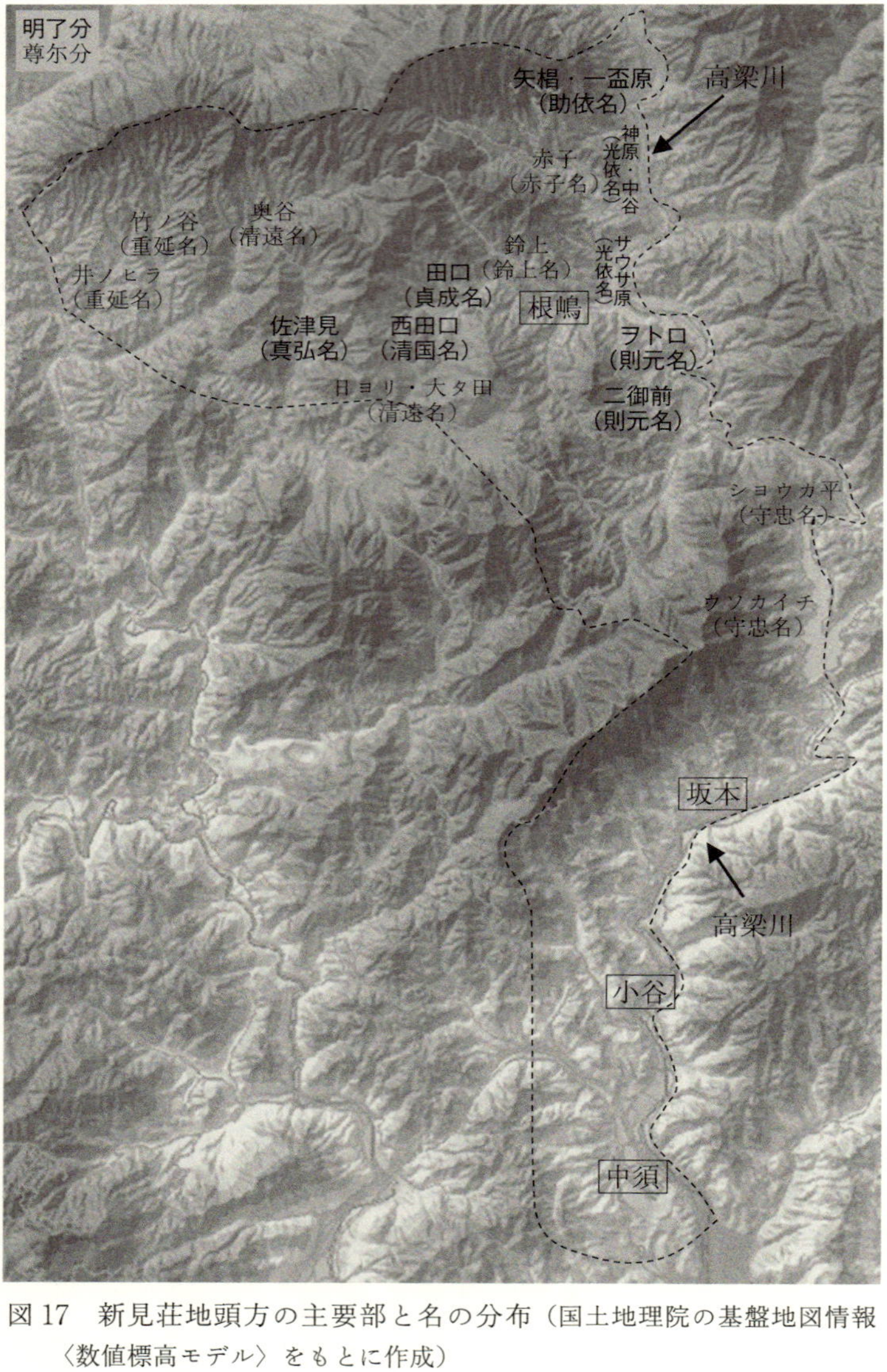

図 17　新見荘地頭方の主要部と名の分布（国土地理院の基盤地図情報〈数値標高モデル〉をもとに作成）

ったのは五月からそう遠くない時期に限られるはずである。一方、年貢米の収納は七月から始まって八月に本格化することはA帳・B帳からみてとれる。新見氏若党による刈田狼藉があったのも先述の通り八月である。つまり夏麦ならともかく、問注所氏が元弘三年分の米一三石を収納したというC帳の記事は季節的にみて信頼性が低い。ひょっとして前年分の数値でも潜り込ませたのではないだろうか。

第三に、C帳の市庭後地銭についてもやはり「先司新見収納」が集計値から控除されているのだが、その額面をみると最終的な現納分と全く同じ一一四六文となっていることである。偶然に起こりうることとはいえ、単に現納分を予定よりも半減しようとして機械的にはじき出された架空の数値ではないかとの疑念を抱かせる。

以上のことから考えると、これらC帳の控除分に関する数値には恣意的な操作が加わっている可能性があり、全面的に信用するには不安がぬぐえない。

ただ一方で、新見氏若党による刈田狼藉の被害があった名はC帳の名別目録からわかるのだが（是次名・得永名・近吉名正分など）、これらも地理的分布を調べると新見氏の拠点があった中須の周辺に分布することがわかる。このため新見氏に関する注記が全て虚構とも考えづらく、ある程度の事実を反映したものと考えられる。

これらのことを総合して今一度考えると、新見氏による収納は実際に行われたとみてよいだろう。しかしA帳がはじめからその被害状況を報告するために作成されたものかどうかは断言できない。例えばA帳の数値を「先司新見収納」という名目でC帳の控除分に繰り入れたのは明了の事後的な操作に過ぎず、A帳は別の理由で作成された可能性もある。よって新見氏の動向が地頭方の分割に作用したかどうかは、残る尊尓分の検討も通して明らかにすべき課題である。

新見氏が明了分の収納を進めていた時期に並行して尊尓分でも収納が行われていたことは先述したが、その主体が誰であったかは史料から直接に知ることはできない。そこで新見氏の問題はいったん保留することとし、次項では視点を別に移そう。

3　両代官の出自と相互関係

本項では両代官の出自と相互関係について検討を試みる。まず明了についてであるが、A帳・B帳をみると中沢氏を名乗っている。中沢氏といえば、正中二年（一三二五）に問注所氏が実施したとされる先述の検注において、名寄帳に署判を据えている検注使の一人に中沢刑部左衛門尉盛連という人物があり、備後国太田荘桑原方で地頭太田氏の代官であったと推定されている。(27) そしてこの中沢盛連の一族にあたるのが明了ではないかとされている。(28)

また明了の新見荘内での立場については、彼が連署に加わった二通の起請文からうかがうことができる。うち一通は建武二年（一三三五）正月日付のもので、D帳の末尾に貼り接いであり、一緒に提出したものとみられる。(29) 起請文の内容は、地頭方の検注に際して百姓等と手を結び、東寺に対して不忠を働くことのないよう誓約したもので、このとき東寺から派遣されて所務の監察にあたっていた上使又四郎、(30) A帳・B帳の作成に携わった図師武忠、そして明了、尊尓の計四名が連署している。この検注が代替わりの正検注を指すのか、あるいは単に内検のことなのかはわからない。

もう一通は無年号八月一三日付のもので、(31) その趣旨をみると、夏麦検注に違背した百姓等について骨張の交名を提出せよと東寺から命ぜられたが、自分たちは骨張が誰かは知らないと誓約したものである。連署しているのは辰一丸、三善忠胤、そして明了の計三名である。辰一丸は建武元年三月に領家方の公文職に補任されている大中臣辰一丸のことである。(32) 三善忠胤については、鎌倉末〜南北朝期に領家方の田所職を相伝していたのが三善氏であり、(33) この忠胤も田所として連署したものだろう。領家方では公文・田所・惣追捕使をもって在地荘官の三職と総称しているので、残る明了は惣追捕使として連署に加わった可能性が高いが、あるいはより上位の預所であったのかもしれない。いずれにせよ、こちらの起請文が領家方に関するものであるのは間違いない。

できごとの文脈としては、辰一丸が公文職に補任された建武元年三月以降に領家方で検注違背が起き、それを契機として地頭方でも起請文の提出が求められたと考えるのが妥当であろう。よって領家方の起請文は建武元年八月のものと比定される。

以上のことから、明了は問注所氏指揮下の検注使や太田荘地頭代の系譜を引く人物であると同時に、地頭方では代官として、領家方では三職または預所として、双方で同じ時期に得分を保持する特別な存在であったことがわかる。この頃の現地では最大の有力者だったといえるのではないか。

さてもう一方の尊尓であるが、残念ながら出自について直接的に知りうることは今のところない。そこで明了との比較から相対的な関係性を探ってみよう。まず明了よりも一年遅れて所務を開始していることから、現地に基盤を持たない外来者と考えられる。

次に知行分の規模であるが、代銭納分については明了分が約一四〇貫文（D帳）であるのに対して、尊尓分は約一五二貫文（E帳）とわずかに大きい。ただし現物納分については尊尓分が漆七〇合、紙一五束（E帳）で、明了分の方が漆一二二合、紙三〇束（C帳）[34]と大きいことを考慮に入れれば、両者の規模はほぼ均衡しているといえる。

しかし代官得分をみると両者の間には明らかな差が認められる。明了の得分は米二〇石・雑穀二〇石（D帳）となっているが、尊尓はその半分の米一〇石・雑穀一〇石（E帳）に過ぎない。

このように収納の規模はほぼ同じでも得分では明了が尊尓を凌駕していることから、両代官といってもその実態としては、現地の有力者である明了が主導権を握る形であったと考えてよかろう。
以上の検討により、両代官の出自と相互関係がある程度明らかになった。次節では地理的分布などの点から地頭方の分割状況についてさらに掘り下げ、両代官の知行の実態をより具体的に明らかにしたい。

第三節　地頭方の分割状況

1　名の地理的分布

すでに述べてきたように、このときの新見荘地頭方の分割は名を単位として行われた。その際にベースとなったのは正中二年（一三二五）の検注結果である。そこで本項では正中二年の検注帳(35)をもとに、両代官の所務帳に記載された名の地理的な分布状況について検討してみたい。そのためには検注帳に記載された地名の所在地を比定する必要があるが、その点についてはすでに竹本豊重(36)や浅原公章(37)による成果があり、地頭方の領域もおおむね判明している。(38)本章ではそれらの先行研究に従って検注帳に記載された名の主な分布地域を割り出し、それをもとに両代官が知行する名の分割状況を把握する。

問題となるのは、両代官の知行分に地理的な一円性があるのか、明瞭な分割線を引くことができるのかという点である。この点についてはすでに浅原も何らかの分割線が引けることを予期したのであろう、地図を作成はしたものの、それについて説明を加えていない。(39)よって本章でも改めて検討する価値はあろう。

まず百姓名の分布状況を確認してみよう。新見荘における最大の河川は高梁川であり、主にその右岸に沿う形で地頭方の領域は南北に広がっている(40)（図17）。そのうち北部をみると、高梁川沿いでも谷奥でも、名がある範囲にまとまって分布する傾向があり(41)、地名との対応関係を図示するのはさほど難しくない。これらを一見すると両代官の知行分に何らかの分割線を引くことが可能なようにも思われる。

しかし一方では様相の異なる地域も存在する。例えば根嶋という地域（図17）には明了分（大上名・依真名）と尊尓分（成沢名・為宗名）が混在しており、検注帳の記載順をみても単純な分割線を引くのは難しいことがわかる（表25）。また南部に目を転ずると、名の分散・混在の度合いが増して北部のようには分布状況を図示できなくなってくる。小谷という地域（図17）では明了分（末永名・近吉名・貞清名・国忠名・為忠名）が大部分を占めるが、そのところどころに尊尓分（宗道名）が割り込む形となっており、検注帳の在所の表記が「同所」であっても両者が並存する箇所がある（表26）。これと似た状況は坂本とよばれる地域（図17）にもみられ、明了分（友貞名など）のなかに尊尓分（重行名）が点在している。

そしてこのような入り組み状況が最も顕著なのは、すでに幾度かふれた地頭方の中枢にあたる中須である（図17）。その一帯には百姓名のほかに、散田名のうちかなりの部分が集中して分布している。それらの検注状況をみてみると、明了分と尊尓分が狭い領域の中で交互に現れ、やはり複雑な分布を示している（表27）。

以上の検討を経てくると、両代官の知行分には地理的な一円性は見出せず、明確な分割線を引くことはできないという結論に至るのである。これだけ両者が錯綜している状況からすると、新見氏による収納の先取りは明了分だけに限定されたとは到底考えられず、尊尓分でも同様の被害があったに違いない。

それではなぜこのような分割方法がとられたのだろうか。代官の側としては知行分に地理的な一円性があった方が経営しやすいはずであるし、特に現地で地歩を築いている明了にとっては領主化への道が開かれることにもなる。ま

表25　根嶋周辺の検田状況（検注日4月1日）

在　所	面　積	名	知行者
根嶋谷	0.4反	大上	M
同所	0.2反	大上	M
同所	0.5反	大上	M
同所	1反	大上	M
屋敷下	1反	大上	M
同家前	0.05反	大上	M
鈴上出口、堂前	0.7反	大上	M
同出口	0.05反	成沢	S
森前	0.5反	大上	M
森下クタリ	2.5反	大上	M
根嶋谷	1.5反	成沢	S
同所	0.2反	成沢	S
森下	0.4反	為宗	S
同所	1.2反	為宗	S
家前	1.1反	為宗	S
家向	1反	為宗	S
	0.05反	依真	M
家前	0.3反	為宗	S
同家前クタリ	3.2反	為宗	S
成沢家前	0.8反	依真	M
同前	2反	依真	M
同所	0.8反	依真	M
同所	1.8反	依真	M
河ハタ	0.2反	成沢	S
家上	0.1反	成沢	S

表26　小谷周辺の検田状況（検注日4月3日）

在　所	面　積	名	知行者
小谷井出口	3反	宗道	S
同所	2反	末永	M
同所	4.8反	宗道	S
同所	2.2反	近吉	M
同所	0.8反	貞清	M
同所	1.2反	末永	M
屋敷前	7.6反	国忠	M
大道下	0.2反	宗道	S
	2.6反	国忠	M
	1.2反	国忠	M
	0.1反	宗道	S
中須	0.6反	為忠	M
屋敷前	3反	為忠	M
古河跡	0.2反	国忠	M
森下	0.2反	国忠	M
龍王前	0.6反	宗道	S
	0.6反	末永	M
小谷	0.3反	末永	M
同所	4.6反	末永	M
屋敷前	0.2反	宗道	S
屋敷前	0.1反	末永	M
小谷	4.2反	末永	M

表25～27について
1)　正中2年の検注帳から抜粋して作成した。田地の記載順は検注帳の通りだが、さしあたり不要な項目（等級・作人など）は削除してある。
2)　C帳～E帳によって判明する知行者が明了の場合はM、尊尓の場合はSと記した。また散田名には＊を付した。

表27　中須周辺の検田状況（検注日4月5日）

在所	面積	名	知行者	
中須	0.4反	吉延	?	
屋敷内	1反	吉延	?	
シミツ	0.4反	吉久	S	*
屋敷内	1反	吉久	S	*
屋敷内	2.2反	貞房浄念	S	*
屋敷前	0.1反	貞次	M	
同所	0.2反	貞次	M	
同所	0.6反	貞次	M	
屋敷内	0.9反	貞房浄念	S	*
屋敷内	2.7反	貞房浄念	S	*
ソノヽ内	0.4反	貞房浄念	S	*
同所	0.4反	貞房浄念	S	*
同所	1反	貞房浄念	S	*
シミツ前	1.4反	友清	S	*
同シリ	0.6反	友清	S	*
シミツノ尻	0.3反	貞房浄念	S	*
中須	0.5反	吉久	S	*
	0.1反	吉久	S	*
屋敷前	2反	日光	M	*
屋敷内	2.7反	貞房浄念	S	*
井ノ尻	0.4反	助房	M	
同所二日市庭	0.1反	貞房浄念	S	*
	0.2反	貞房浄念	S	*
常念前	2.2反	貞房浄念	S	*
同前	1.2反	貞房浄念	S	*
同前	1.4反	貞房浄念	S	*
同所	2.6反	日光	M	*
	0.1反	弥七	M	*
山戸岐前	0.5反	武忠	M	
ウツノクサ竹後	2.4反	友清	S	*
同所	0.9反	貞房浄念	S	*
堂後	1.5反	弥七	M	*
同後	0.6反	弥七	M	*
河ハタノ竹後	1反	延房	S	*
マトハノ後	0.1反	延房	S	*
地頭所前	1.8反	延房	S	*

たこのときの地頭方の分割には現地の図師が関与していたが、次項でも述べるように図師の給名は明了分に属していてその影響下にあった。もし分割が明了のフリーハンドに委ねられていたなら、中須などは一円に明了分となっていても一向に不思議はない。

また東寺はこの頃までに大山荘や伊予国弓削嶋荘で下地中分を自ら経験しており、新見荘や矢野荘例名は下地中分後に寄進を受けた。下地中分と両代官への分割では問題の質が違うとはいえ、少なくとも彼らが荘園経営における地理的な要素に無頓着だったとは考えづらい。

それにもかかわらず地理的な一円性が欠如しているのは、果たして偶然や無計画の産物なのであろうか。このような疑問を抱きつつさらに検討を進めよう。

2　両代官の収入構造と優位性

本項では両代官の収入構造に着目して比較を行い、地頭方分割のあり方を探ってみたい。

D帳とE帳をもとに両代官の代銭納分の収入がどのような品目で構成されているかをまとめたのが表28である。これをみると両者の違いは一目瞭然で、明了分では米・雑穀の代銭だけで九〇％以上に達するのに対して、尊尓分では高瀬年貢銭や段別銭といった明了分にはない品目が五〇％以上を占めている。

これらの尊尓分が専有している品目についてはすでに第二節で説明したが、特に高瀬分は鉄年貢納入という独自の歴史を持ち、下地中分の後も領家方・地頭方ともに手放さず、どちらの収取体系の中でも別枠として扱われたことから、特殊な権益であったといってよい。両代官の知行に際して高瀬も他の地域と同様に名単位で分割することも可能だったはずだが、このように一括して尊尓分に繰り入れられたのは、他の地域での錯綜した状況とは対照的であり、尊尓分に優位性を与えるべく明確に意図された配分だとわかる。

それではもう一方の明了分にはいかなる優位性が付与されたのであろうか。そこで注目するのが市庭後地銭である。C帳に記載された明了分の市庭後地銭の明細をみると、一六の市庭在家・請人とそれぞれ割り当てられた屋敷地・後地の面積が列記されている。先ほど屋敷地は〇・二反でほぼ固定と説明したが、実は明了分には例外的に屋敷地のない請人が三名存在している。彼らの素性を調べてみると、まず紀藤二入道という人物は「市庭沙汰人」との注記があり、正中二年（一三二五）の検注帳でも市庭沙汰人として「市庭保頭給」を受給していることから、いわば市庭の管理責任者だとわかる。次に明心という人物であるが、正中二年の検注帳にも明心という作人がおり、「市庭」との注記が付されている。このような作人の注記はほかに例がないことから、明心も紀藤二入道と同様に市庭の責任者と推測される。もう一人は又次郎という人物で、これも正中二年の検注帳から探すと、重光名・牛丸名の作人で船給を受給している又二郎という人物がみつかる。同様にC帳をみても、重光名の船給田畠に又二郎という作人がみえる。よって又二郎は船人あるいはその管理者であろう。つまり彼らは商業・流通の責任者であり、市庭に屋敷地を持たないのは荘内で別に屋敷を構えていたからに違いない。そして尊尓分の市庭在家には、彼らのような存在は見出せないのである。

表28　両代官の収入構造

明了分(D帳) 種類	金額(文)	構成比	尊尓分(E帳) 種類	金額(文)	構成比
米代銭	100,956	71.7%	米代銭	43,770	28.7%
大豆代銭	15,195	10.8%	大豆代銭	7,646	5.0%
粟代銭	1,522	1.1%	粟代銭	4,580	3.0%
蕎麦代銭	11,436	8.1%	蕎麦代銭	6,252	4.1%
桑代銭	4,450	3.2%	桑代銭	1,305	0.9%
百姓等弓銭	1,900	1.3%	百姓等弓銭	1,000	0.7%
市庭後地銭	2,420	1.7%	市庭後地銭	2,026	1.3%
市庭駄銭	400	0.3%	市庭駄銭	400	0.3%
市庭弓銭	1,400	1.0%	市庭弓事銭	1,400	0.9%
紺借屋并座役銭	1,200	0.9%	紺借屋并座役銭	1,200	0.8%
			高瀬年貢銭	68,860	45.2%
			段別銭	13,434	8.8%
			栗代銭	175	0.1%
			歳男銭	200	0.1%
合計	140,879	100.0%	合計	152,248	100.0%

さらに船給に関していうと、明了分では散田名のなかにその存在が明示されているが（C帳・D帳）、尊尓分では船給はみあたらない。よってこれらは明了分の優位性とみなすことができる。

また同じような観点からすれば、図師の存在を忘れてはいけない。このときの地頭方の分割には武忠と名乗る図師が強く関わっていたわけだが、地頭方で図師給を認められた名はただ一つしかない。それが武忠名であり、やはり明了分に配分されているのである。

以上のことから、明了は高瀬分を尊尓に譲る一方、図師・保頭・船人といった存在を自らの手元に引き寄せる格好をとっており、商業・流通の面で優位性を持っていたといえよう。

このような形で所務帳を詳細にみてくると、明了分と尊尓分には合理的な構造の違いが確認でき、それぞれに優位性が確保されていることから、地頭方の分割は決して偶然や無計画ではなく、明確な意図をともなった作業の結果であることがわかる。

よって前項で明らかになった地理的な一円性の欠如も単なる偶然ではなく、当事者のうち誰かの意向が反映しているはずである。となると、それはやはり荘園領主である東寺の意向であろう。

もちろん京都の荘園領主が現地の地理を詳細に把握しているはずはなく、基本方針を指示するのみで、具体的には図師が作業したのであろう。それでは荘園領主が図師に直接指示を下すことなどあったのだろうか。それについては徴証があるので次項で掲げよう。

3　図師の活動と給名

これまでみてきたように、新見荘地頭方の分割では図師が重要な役割を果たした。中世における図師の実態に迫った研究というのは意外に少ないのだが、近年では村石正行の成果に注目される。(42)それによると図師は在地に精通した古老が任じられ、かつ開発領主的な性格を持つ有力者層でもあり、また検注に際して地頭自らが当事者として図師に任じられることもあったという。

本章で挙げてきた新見荘の図師は全て武忠と名乗り、花押も一致する同一人物である。元弘三年（一三三三）九月の地頭職寄進から短期間のうちに地頭方分割の基礎資料となるA帳・B帳を作成したわけだが、この間の事情については建武二年（一三三五）と比定される六月二五日付の明了注進状(43)に次のような手掛かりがある。

一、図師ニ被ニ仰下一候地頭方泥帳以下文書事、催〔促〕足令レ申候之処、京都下向之後、大事労を仕候、いまに無沙汰候

よし、なけき申候、今度御状ニ驚入候、調進仕候、いまたてきす候、今度夫丸上洛之時、可ニ進上一之由、令ニ申入一候、

これはきわめて長大な注進状のうちの一か条である。記事から状況を読み取ると、東寺から図師に「地頭方泥帳」(44)などの文書を提出するよう指示があったが、遅れているために明了を通して催促があった。それに対する図師の返答によると、京都から下向した後に病を得たために無沙汰してしまった、ということらしい。つまり図師は上洛して直接に東寺の指示を受けていたのである。当然その内容は地頭方の分割支配に関することであろう。すなわち図師は現地についての知識に加えて、京都の領主との直接のやり取りにより、代替わりの直後でも円滑な収納を実現していたのである。(45)

このような荘園経営への貢献にもとづき図師には給名が与えられていたが、この点について若干補足しておきたい。前項では単に「武忠」名と紹介したが、実は正中二年の検注帳の段階では田畠ともに「武久」名であり、そのうち田地の作人が「武忠」であった。それが名寄帳では「武忠」名に統一されたものである。

このような「武忠」と「武久」の互換性を念頭において史料をみていくと、下地中分前の文永八年（一二七一）の検注帳(46)のなかで、領家方政所の周辺の田地に、のちに地頭方が接収したことを示す「東方へ行」などと書かれた押紙が集中して貼られた箇所があり、その大部分を「武久」が耕作している（検注日二月一二日）。新見荘の中心地をめぐる領家方と地頭方の争い、そしてそれに関与する有力者の武久という構図を想像させる。

また応永八年（一四〇一）の領家方の年貢納帳(47)をみると、署判者が「武久」である。正中二年の武久とは別人であろうから、血縁関係は不明ながら何代かにわたって武久・武忠を名乗る現地の有力者が、荘官として収納関係文書の作成に携わったものと考えられる。

そして地頭方では図師の名前がそのまま給名の名前として用いられた。[48] それが武久名・武忠名であり、彼らの荘園経営への貢献度の高さを物語るものといえよう。

4　荘園領主の意向と両代官の関係性

さて、本章では両代官の知行分に地理的な一円性が認められないことをもって荘園領主側の意向が働いた結果としたわけだが、その具体的な目的は何だったのであろうか。荘園経営の安定化という大前提を踏まえて、最後に考えてみたい。

そもそも代官を二人にしたのはなぜか。一つには荘園の規模の大きさをカバーするためであろう。しかしそれだけでは一円性の欠如までは説明できない。

状況からみて確かなのは、新見氏への対処という点である。こののち早くも建武三年（一三三六）には新見氏が地頭職を奪回しているから、[49] 彼らの勢力は新見荘周辺から完全に放逐されたわけではなかった。必然的に地頭方の中枢である中須は東寺側との争奪の焦点となる。表27でみたような錯綜もいとわず中須を分割したのは、両代官による新見氏への警戒という意図が含まれていよう。

この点、新見荘と一緒に東寺が地頭職を得た太良荘も似たような状況で、前地頭の乱入に対する警固のために近隣の国人が代官に任命されている。[50] また大山荘でも前地頭の乱妨が無視できない状態となっており、[51] いずれも在来勢力への対処が最大の課題だったのである。

そして関連してもう一点、現地の有力者である明了と現地に基盤を持たない尊尓という、出自の異なる代官を組み合わせたのはなぜであろうか。この点については推測の部分が大きくなるが、代官への牽制と領主化の抑止という側面を挙げておきたい。両代官がそろった建武元年の収納は確かに成功裡に終わった。しかし同じ年に領家方では検注違背が発生し、地頭方でも代官らが起請文を提出していたのである。

現地に対して強い影響力を持つ人物を起用すれば収納が順調にいく見込みは高まるが、代官と百姓等が癒着して違乱を働くリスクも高まることになる。二通の起請文のどちらにも連署した明了には、東寺の不審の眼が向けられていたことであろう。つまり尊尓は明了を掣肘する存在として起用されたと考えれば、両代官の関係性を合理的に理解できるのではないだろうか。

おわりに

本章では新見荘地頭方で行われた二人の代官による分割支配の実態について分析し、そこに込められた荘園領主の意向を探ってきた。論旨は以下の通りである。

①両代官とは現地の有力者である明了、現地に基盤を持たない尊尓、という出自の異なる二人の組み合わせであった。前者が主導権を握り、後者はそれを掣肘する存在と推測される。

②両代官の知行分に地理的な一円性は見出せず、明確な分割線は引けない。これは荘園領主である東寺の意向と考えられ、新見氏への対処が大きな目的であった。

③分割作業を具体的に進めたのは図師であった。京都とも往復するなど、代替わりの直後でも円滑な収納の実現に大きな役割を果たした。

こうしてみると両代官というのは荘園領主にとってなかなかメリットがある方法のようにも思われるが、結局のところ定着はしなかった。なぜか。代官二人に分割できるような大規模所領が南北朝内乱の過程で失われるということもあろうし、室町期になると丸投げ型の請切代官が主流になり、荘園領主は経営の内実から離れていく。またその頃になると代官の人選に難航する場面が散見されるようになり、とてもではないが代官を常時二人も用意できる状況ではなくなっていく。荘園領主にとって代官の適任者というのはそれだけ得難いものであり、この両代官というのは後代からみれば「古き良き」方法といったところではなかったか。

また荘園領主により分割された領域が一円性の欠如を示すというのは非常に興味深い点であり、下地中分が一円的中分を原則としていたこととは明確なコントラストを描いている(52)。その要因については本章では推測をめぐらすばかりで、具体的な検討は他日を期すほかないが、やはり考えられるのは、これは東寺が目指した分裂支配というものの一つの形であったという可能性である。つまり両代官に一円性を与えないことで相互に接触・掣肘させ、自由を与えないことで安定的に荘園支配を行うことを意図したのではないだろうか。

注

(1)　本章に関係する東寺領の事例に限っても、村井章介「東寺領遠江国原田・村櫛両荘の代官請負について」(『静岡県史研究』七、一九九一年)、黒川直則「東寺領大和国河原城荘の代官職」(『資料館紀要』二七、一九九九年)、永原慶二「荘園解体期における請負代官制」(『講座日本荘園史四』吉川弘文館、一九九九年)、堀祥岳「榎木慶徳による勧進と開発—東寺領垂水庄代官の一側面—」(『早稲田大学大学院文学研究科紀要』四九—四、二〇〇四年)、伊藤俊一「南北朝〜室町時代の所領構成と所領支配」(同『室町期荘園制の研究』塙書房、二〇一〇年)、藤井崇「一五世紀大内氏分国における代官請負制について—周防国美和荘兼行方を中心に—」(池享編『室町戦国期の社会構造』吉川弘文館、二〇一〇年)、高橋傑「周防国美和荘兼行方の年貢収取について」(東寺文書研究会編『東寺文書と中世の諸相』思文閣出版、二〇一一年)、松浦義則「室町初期太良荘の代官支配について」(『福井県文書館研究紀要』

八、二〇一一年）、村井祐樹「東寺領近江三村庄とその代官」（東寺文書研究会編『東寺文書と中世の諸相』思文閣出版、二〇一一年）、勝山清次「南北朝時代の東寺領近江国三村荘―守護領荘園の代官支配―」（『京都大学文学部研究紀要』五二、二〇一三年）などが挙げられる。

（2）網野善彦「貨幣と資本」（『岩波講座日本通史九　中世三』岩波書店、一九九四年）、同「中世都市研究の問題点と展望」（同『日本中世都市の世界』筑摩書房、一九九六年）、同「荘園・公領の世界」（同『続・日本の歴史をよみなおす』筑摩書房、一九九六年）、同「元弘・建武期の備中国新見荘」（東寺文書研究会編『東寺文書にみる中世社会』東京堂出版、一九九九年）など。

（3）注(1)伊藤論文。

（4）注(1)永原論文。

（5）第一部第五章で分類した請負代官Ⅰ型にあたるケースである。

（6）本章では両代官が提出した帳簿を、便宜的に単に「所務帳」と呼称する。これは当該帳簿が非常に多彩な内容を持っており、既存の学術用語では包括的な名称を付することが難しいためである。この点は、『岡山県史第二〇巻　家わけ史料』でも文書冒頭の事書や端裏書の記述をほとんどそのまま文書名として採用し、その結果まちまちな名称になっていることにも端的に表れている。

（7）以下では『岡山県史第二〇巻　家わけ史料』を『岡』と略記して文書番号を付し、「東寺百合文書」の函番号を記して示した。

（8）文正元年（一四六六）九月日「新見賢直申状案」（『岡山県史第一九巻　編年史料』竹田家文書六）。

（9）高橋傑「文永期の新見荘検注関連帳簿について」（『鎌倉遺文研究』二八、二〇一一年）。

（10）「新見荘地頭方東方田地実検取帳」（ク函一一、『岡』二〇二）、「新見荘地頭方東方畠地実検取帳（後欠）」（前半はク函一三、『岡』二〇四、後半はク函一四、『岡』二〇五）。それぞれの案文がク函一二、ク函一五。

（11）「新見荘地頭方東方田地実検名寄帳」（ク函一六、『岡』二〇七）、「新見荘地頭方東方畠地実検名寄帳」（ク函一八、『岡』二〇八）。それぞれの案文がク函一七、ク函一九。

（12）注(2)網野「元弘・建武期の備中国新見荘」。

（13）「後醍醐天皇綸旨案」（ナ函一一―七、ゐ函四〇―一、『岡』一五六）。

（14）「後醍醐天皇綸旨」（ヒ函三七、『岡』六三七）。

（15）注(14)文書。

(16)「東寺長者御教書」(あ函七八、『岡』一〇〇二)。
(17)「新見荘東方年貢納帳」(ク函二〇、『岡』二〇九)。
(18)「新見荘東方地頭方年貢納帳」(ク函二二、『岡』二一一)。
(19)「新見荘東方地頭方田畠并年貢等済物注文」(ク函二三、『岡』二一二)。
(20)「新見荘東方地頭方損亡并収納帳」(冒頭部分がム函一五、『岡』一六三、後続部分がク函二五―一、『岡』二一七)。
(21)「新見荘東方地頭方損亡検見并納帳」ほか(ク函二四―一〜四、『岡』二一三〜二一六)。
(22)注(2)網野「中世都市研究の問題点と展望」。ただし網野が尊尓分(E帳)の内容を元弘三年の実績としているのは誤りである。D帳とE帳は米・大豆・粟・蕎麦を換銭する際に同じ和市を用いていることが日付・価格からわかるので、両帳の内容は同じ年、つまり建武元年の実績である。これはおそらくE帳の連券の一部(ク函二四―二〜三、『岡』二一四〜二一五)が建武元年の年紀をもち、事書に「去年……結解状事」などとあることからきた誤解であろう。この「去年」は連券全体の最終的な日付である建武二年二月九日からみた「去年」、すなわち建武元年を指す。このことはD帳に「去々年未進」(明了が所務を開始した元弘三年)の記載があることからも裏付けられる。
(23)これら名の体系および領家方との比較については、第一部第三章を参照。
(24)注(2)網野「元弘・建武期の備中国新見荘」。
(25)当該地域とその周辺の景観については、竹本豊重「地頭と中世村落―備中国新見荘―」(石井進編『中世の村落と現代』吉川弘文館、一九九一年)に詳しい。
(26)C帳では二三石(交分なし)あった未進がD帳では九・五石(延米)と減少しているので、元弘三年分の収納は不完全ながらも建武元年にかけて継続して行われていたらしい。
(27)雉岡恵一「室町幕府奉行人中沢氏の成立について」(東寺文書研究会編『東寺文書にみる中世社会』東京堂出版、一九九九年)。
(28)注(2)網野「元弘・建武期の備中国新見荘」。
(29)「新見荘東方地頭方預所尊尓等連署起請文」(ク函二五―二、『岡』二一八)。
(30)又四郎は花押の一致によりE帳では則宗と名乗っていることがわかる。
(31)「新見荘預所明了等連署請文」(ヒ函二五四、『岡』六四三)。

(32)「新見荘領家方公文職補任状案」(さ函九、『岡』一〇〇七)。
(33) 正和三年(一三一四)「沙弥行覚新見荘田所職惣領分譲状案」(サ函三二―三、『岡』三二八)、貞和二年(一三四六)「沙弥覚証新見荘田所職惣領分譲状案」(サ函三二―四、『岡』三二九)、応安六年(一三七三)「沙弥道泉新見荘田所職并延房名名主職譲状案」(サ函三二―五、『岡』三三〇)。
(34) D帳には漆・紙について記録がないためC帳の数値を引用した。よって漆に関しては先述の通り「先司新見収納」や「問注所収納」も含んだ見込みの値である。なおD帳では「漆収納酒直」二〇〇文が経費として控除されているので、漆の収納自体は行われたはずで、所務帳への記載が省略されたものとみられる。
(35) 注(10)文書。なお利用にあたっては一筆ごとに名寄帳(注(11)文書)とつきあわせて情報を補完・訂正した。
(36) 竹本豊重「新見庄の地名について」(『岡山県史研究』二、一九八一年)、同「新見庄の道」(『新見庄 生きている中世』備北民報社、一九八三年)。
(37) 浅原公章「備中国新見庄における検地」(『新見市史 通史編上巻』一九九三年)。
(38) 第一部第一章。
(39) 浅原公章「新見氏の経歴」(『新見市史 通史編上巻』一九九三年)。
(40) 図17で示した領域の北西部のさらに西側に展開する高瀬、地頭方の飛び地のかたちで荘域の最南端に位置する牛丸などの地域も地頭方に属するが、これらは領家方との入組地とみられ、図示するのが難しいため図17では省略した。地頭方の高瀬は先述の通り全て尊尓分だが、牛丸は田地が明了分(重光名)、畠地が尊尓分(牛丸名)という特殊な分割状況になっている。
(41) この傾向は第一部第三章で指摘した下地中分前の状況と大きく変わっていない。
(42) 村石正行「中世の図師について―市河文書延慶二年卯月日「志久見郷田在家目録」の検討―」(『長野県立歴史館研究紀要』一三、二〇〇七年)。
(43)「新見荘地頭方預所沙弥明了注進状」(ル函二一一、『岡』八〇)。
(44) 正中二年の検注帳・名寄帳のことと推測される。
(45) 図師や明了の手続きの迅速さをみると、東寺と現地の間では地頭職の寄進や地頭方の分割について水面下で情報の往来があり、見切り発車のような形で準備を進めていたのではないかとも思われる。

(46)「新見荘領家方里村分正検田取帳案」(ク函一、『岡』一九三)。
(47)「新見荘東寺分年貢納帳案」(フ函七四―一、『岡』二七〇)。
(48)渡邉太祐「荘園文書にみる年貢収取―備中国新見荘を事例として―」(『古文書研究』六八、二〇一〇年)は武忠が人名であることを否定するが、本章で掲げた文書群をみるかぎり、図師本人が「武忠」と名乗っていることは間違いない。
(49)「左近大夫将監源某奉書」(『岡山県史第一九巻　編年史料』竹田家文書一)、『東宝記』第六「不動堂不断護摩」(『続々群書類従』第一二)。
(50)松浦義則「南北朝期の太良荘地頭方について」(『福井大学教育地域科学部紀要Ⅲ』六五、二〇〇九年)。
(51)(元弘三年)一〇月二七日「散位景村請文」(ヒ函二六〇、『兵庫県史史料編　中世六』「東寺文書丹波国大山荘」一九〇)など。
(52)第一部第一章。

第二部　中世惣村の実態

第一章　中世惣村と領主権力

——紀伊国鞆淵荘と高野山支配——

はじめに

まずここで、第二部全体に共通する先行研究の整理と問題意識の提示を行っておきたい。かつて石田善人は、中世において最も自治性の進んだ村落共同体を「惣村」と呼び、その主な指標として①惣有財産、②地下請、③惣掟・地下検断を掲げ、「惣庄」から「惣村」への発展段階論として叙述した。(1) それをうけて、三浦圭一・黒田弘子は惣村内部での上層住民と中下層の対立・連帯関係について論じ、(2) 仲村研・峰岸純夫は「惣庄」と「惣村」の関係を二重構造論によってとらえた。(3) これらはいわば惣村に関する構造論である。その後、藤木久志の「自力の村」論、(4) 勝俣鎮夫の「村町制」論(5) が相次いで世に出たことで、村落を社会の自立的な単位とみなし、その集団としての動向を具体的に解明しようとする方向に村落論全体が転換していく。そのなかで田中克行は、詳細な分析のもとに紛争解決・身分構成・地下請のあり方など惣村の自立の実態を多面的に明らかにした。(6) 惣村の形成要因についても議論が進み、蔵持重裕は近隣との紛争を契機として形成された一種の危機管理体制が惣村であり、戦時が生んだ国家的村落と評価した。(7) また高木徳郎は自然環境との関わりを重視し、資源確保・環境管理のための主体的な取り組みのなかから惣村が成立

するとした。(8)

以上、惣村をめぐる分厚い研究史のなかから主要な論点に関わるもののみを抽出して整理してみたが、村落の自治・自立を視点の中心に据えたこれらの研究によって村落論は大きく進展し、中世社会の諸相の解明に寄与してきた。しかしもう一方の結果として、中世史学全体の状況として惣村の概念を用いた議論が多様化するあまり、そもそも「惣村」とは何か、という根源的な部分で、共通理解が不鮮明になっていることも否めない。「惣村」とは史料用語というよりも研究上の概念であり、議論の錯綜を避けるためには、何をもって「惣村」とみなすかを明確にせねばならない。その意味では石田が示した指標も、近年の研究状況に照らして再検討すべき時期に来ている。そのためには今一度、村落の実態把握から議論を構築する必要があるだろう。

そこで本章では上記の課題を解決するため、南北朝期と室町期の二度にわたって領主層に対する闘争が展開されたことから、惣村研究の題材として注目を集めてきた紀伊国鞆淵荘をとりあつかう。鞆淵荘は紀伊国北部の荘園であり、紀ノ川支流の貴志川のさらに支流である真国川の中流に沿って位置する。古くは、平安時代に石清水八幡宮領として立荘されたが、元弘三年(一三三三)に後醍醐天皇の綸旨によって高野山へと領有権が移された。高野山からみればほぼ真西、直線距離で約一〇キロとまさにその膝下といってよい位置にあり、高野街道が荘域の中心を走っている。

そして南北朝期の貞和・観応年間、室町期の応永年間の二度、番頭・百姓等によって構成される自治的な共同体が、下司・高野山など領主層による課税強化に対して抵抗運動を展開し、一定の成果を収めたとされる。彼らの組織は村落ではなく荘園を単位としたもので、史料をみる限りでも「惣荘」と表記すべきものである。

それらの闘争の後、高野山は正長元年(一四二八)に鞆淵荘の大検注を実施し、それ以降は高野山による支配の安定期を迎える。その後、高野山支配は明治維新まで続いていく。

鞆淵荘をめぐっては、惣荘の生成・発展や闘争の評価を主な論点として、すでに多くの先行研究が存在しており、代表的なものとして熱田公、黒田弘子などを挙げることができる。しかし、例えば熱田は応永の闘争のころに惣荘の高度な自治性が達成されたと評価しながら、高野山による正長の大検注までのわずか数年の間に「惣の停滞」が訪れたとしており、理解の連続性という点で難を抱えている。(9)また黒田は貞和・観応の闘争によって結束を強めた小農民層が、観応の闘争では下司による在地領主制を後退させる原動力になったと評価したが、その後の「一五世紀中葉以後の止揚期の惣村」については未検討のままである。(10)黒田の説に対しては、在地領主であった下司鞆淵氏の存在を重視し、応永の闘争後もその影響力は長く残存したとする高木徳郎、(11)鞆淵氏による新規課役はあくまで守護役賦課の問題であり、在地領主制とは直ちに結びつかないとする伊藤俊一(12)などの批判があるが、いずれにしても闘争の時代とその後にやってくる高野山支配の受容期をいかに連続的に理解するかという点は、依然として惣村論の重要な課題といってよい。

そこで本章では、鞆淵荘の惣荘のあり方について、形成期である南北朝期を起点に、高野山支配の受容期となる室町期、さらにその後の戦国期までを統一的に理解し、村落自治と領主支配の関係について考察することで、惣村研究に寄与することを目指したい。(13)

第一節　二つの闘争と惣荘の形成

1　闘争の展開

し、その再評価を行いたい。

まず本章では、鞆淵荘を研究史上著名な存在にした貞和・観応の闘争、そして応永の闘争の展開過程について整理し、その再評価を行いたい。

（A）貞和・観応の闘争

ことの起こりは貞和三年（一三四七）、下司が夫役の一種であろう「他人雇夫」を新たに課すなど非例を行ったため、百姓等が高野山に訴え出た結果、それらを停止するということで下司と百姓等の和与が成立した（「鞆」一八）。しかし高野山・下司と百姓等の間で軋轢は続いていた。下司景教の言い分によれば（「編」二〇〇）、百姓等は雇夫のかわりに人夫課役などの下司方公事を勤める旨の請文を提出したが、それに従わず和与を破り、麻生津から来た又次郎という者に対して、下司方だと号して筒を吹き鐘を鳴らして散々に射たという。翌年には大勢で景教の本宅を襲撃し、ことごとく焼き払ったという。百姓等は高野山にも矛先を向け、使者として下ってきた夏衆を鞆淵八幡宮に取り囲んで殺害しようとしたため、景教が助けたという。また「大検注」を実施するため下ってきた中預所が、その着手の儀式として「一坪」を祭ろうとしたところ、百姓等の妨害にあい、中預所も殺害されそうになったため、また景教が助けたという。

一方、百姓等の言い分は置文として残されている（「鞆」二四）。それは下司から受けた暴力を書き連ねたもので、荘内の建物が焼き払われ、荘の内外で多くの人々が殺害されたという。これら百姓等の被害が事実なら、下司景教が主張した被害も決して過大ではない。

このような流血をともなう衝突の末、観応二年（一三五一）にふたたび下司と百姓等の和与が成立し、一連の事件は終結を迎えた。高野山の裁定によれば、公事についてはさしあたり高野山領となる以前の「八幡准例」を守り、大検注を実施した後に「諸庄傍例」に倣うかどうか検討する、ということで落着している（「鞆」九一）。

このとき百姓等には八人の主導者がおり、高野山は彼らの名前を載せた注文を作らせたが、百姓等は彼らの処罰を防ぐためであろう、その注文を高野山から四〇貫文という高額で買い取った（「鞆」二〇〜二一）。

このように貞和・観応の闘争では、百姓等は人命や金銭と引き換えに、下司による前例のない課税の強化、高野山支配の本格化を意味する大検注をいずれも退けた。まずここでは、百姓等が高野山と下司の両方を相手に、武力行使によって自己の主張を実現したということを強調したい。そのことを念頭に置いて、次の応永の闘争についてみていこう。

（B）応永の闘争

史料をみると、百姓等は応永年間に二度の逃散を実行したらしい。ただし一度目の逃散に関してはわかることは少ない。二度目のときの高野山の裁定に「先年自二下司方一、依二非例申一、百姓等令二迯〔逃〕散一」とあり（「編」二五二）、おそらくその「先年」のことを下司は「既去応永弐拾五年、如レ此沙汰之時」と言っているので（「編」二六二）、一度目は応永二五年（一四一八）のことと比定される。そのきっかけは下司が公事・夫役について非例を求めてきたことで、高野山は百姓等が新たに負担するのは「庄官物詣」の供奉に限定するという条件で仲裁した（「編」二五二）。

しかし応永二九年、下司に脅迫されて番頭・百姓等が「京上夫」の課役に服する旨の起請文を提出するということがあった（「編」二四八、「鞆」三八）。夫役の一種で、守護が上京する際の相伴をするのが「京上夫」である。

その後、下司・公文がさらなる非例を行ったため、応永三〇年一二月に百姓等は二度目の逃散に踏み切った。高野山は下司方一三か条、公文方一一か条に及ぶ非例を全て停止すると決議したが（「鞆」三八）[14]、下司範景が京上夫は

「国役」であって「公方」を仰いだものだと主張し、その賦課にこだわったため（「鞆」四〇、「編」二五一・二五三・二六二）、百姓等の還住が進まなかった。そこで翌三一年正月、ついに高野山も範景を「寺敵」と認定してその追伐を決め（「編」二五二・二五五）、神輿を担ぎ出して範景の被官の家や山を焼き払った（「編」二六二）。また一方では範景の背後にいる守護畠山満家にも働きかけ、範景は「天下之敵」「寺家之敵」「御家門之敵」であるから追放したいと訴えた（「編」二六〇・二六一）。

その結果、八月ごろには守護の裁許が得られ、京上夫を停止し、範景の下司職を改替して荘外に追放し、かわりに範景子息の千楠丸を下司職に補任することになった（「鞆」九一、「編」二六四・二六五）。範景は守護方を通じて荘外追放の赦免を高野山に求めたが（「編」二六九〜二七二）、それが実った形跡はない。果ては「寺命に背いたのは範景一人だ」と父親から訴えられ、千楠丸にとりなしを依頼するなど（「編」二七四・二七五）、範景は一族内でも立場を失ったらしい。

以上が応永の闘争の主な流れであるが、その再評価を行う前提として、高木徳郎が指摘した鞆淵荘の内部構造の問題がある。[15] すなわち鞆淵荘内には「荘百姓」と「名百姓」とがおり、前者は高野山が支配権を持って山上夫役を課し、後者は下司・公文が支配権を持って京上夫役を課していた。そしてこのときの逃散に参加したのは、京上夫役の新たな賦課に反発する荘百姓のみであったと高木は論じている。

しかし範景は逃散のあった直後、高野山に対して「名百姓にも山上夫役を勤めさせるから、荘百姓にも京上夫役を勤めさせてほしい」と交換取引を持ちかけている（「編」二五一）。その取引が実現すれば荘百姓・名百姓ともに負担増を迫られるため、両者にとって行動をともにする動機は十分にあったことになる。実際、年月日未詳だが主張の内容から公文名の名百姓が作成したとみられる申状案では、「しやうけ（荘家）の百姓にあいかわりたる事なに事もなく候」という声があがっている（「鞆」三九）。前欠のため直前の文脈が定かでないが、荘百姓と同等の役負担を新たに課された名百姓の不満と解釈できる。

また還住後の百姓等が範景の不当行為を高野山に訴えた際、「こうさく《耕作》もなく候本きう《給》」と言っており（「編」二六七）、下司給も耕作放棄の対象となっていたことがわかる。そしてこの逃散には「おわた《小和田》の百姓等」も参加していたが（「編」二六三）、この小和田（和田）という地区は、この数年後の正長元年（一四二八）の大検注の結果ではあるが、荘内でも下司給が最も多く分布していたことがわかっている[16]。以上のことから、応永の闘争における逃散は荘百姓だけでなく名百姓も参加していたと考えたい。

さて応永の闘争の重要なポイントは、貞和・観応の闘争との手法上の相違である。惣荘と高野山の関係性の相違といってもいい。すなわち高野山と下司の両者を相手に武力衝突した貞和・観応の闘争とは異なり、応永の闘争では逃散という手段によって高野山の力を利用し、下司を没落に追い込んだということである。

この応永末年という時期の社会状況は、黒田弘子や熱田公によれば、京上夫を含む「国役」＝守護役の賦課を足がかりに守護勢力が領国支配の実現を目指しており、それに対抗して高野山領諸荘園では広域的な農民闘争が行われていたという[17]。そして伊藤俊一によれば、守護役の増徴は高野山の所領支配にとっても深刻な危機をもたらしており、鞆淵荘で下司が没落したのは、既存の公事負担体系に矛盾を生じさせた結果だという[18]。

さらにいえば応永の闘争では、高野山行人方に属する「長床衆」と呼ばれる集団が百姓等に与していたことが指摘されている[19]。長床衆は高野山の鎮守である天野社を拠点とする山伏で、いわば高野山の末端勢力だが、彼らが百姓等に加担していることを範景は「彼百姓等相二語寺家若輩廿余人一、致二無窮濫訴一之段、言語道断之所行也」と非難している（「編」二六二）。

つまり鞆淵荘の惣荘と高野山の間では、守護役負担の軽減、そのための下司範景の排除ということで利害が一致しており、この逃散には両者の共闘という側面があったのである。この点はこれ以後の鞆淵荘を考える上で重要な前提となる。すなわち闘争の経験によって惣荘の自治能力が高まると同時に、高野山支配による秩序を受容する姿勢が準備されていたのである。

2　惣荘の形成と高野山の統制

先述のように、貞和・観応の闘争から応永の闘争までの間にはおよそ七〇年の時間が横たわっている。その間に鞆淵惣荘はどのような道筋をたどったのであろうか。以下、当時の状況を示すいくつかの史料をみていくことにしよう。

（A）雑器米の直納

正平八年（一三五三）、高野山への年貢の一種である「雑器米」の納入について、百姓等と公文所の間で悶着があり、高野山の評定の結果、それまでの公文所経由から、番頭を責任者とする「直納」へと変更された。

【史料1】高野山諸衆大集会評定事書（「鞆」二二。以下、傍線は筆者）

（端裏書）「サツキマイノ御ケチ」

七月廿八日大集会御評定云、

一、鞆淵庄雑器米事、去年者百姓等者於二公文所一云レ納、公文所者百姓等之云二未進一、令二相論一、致二未進一条以外次第也、所詮自二当年一者、毎年十月十五日以前、於二年預坊一、悉可レ令二直納一、且如二八幡時一、百姓等可二持納一、若背二諸衆御評定之旨一、無沙汰者、夏衆等被二差下一、懸二番頭等一、可レ及二強々呵責一之由、急速有二下知一、番頭・百

姓等取二請文一、可レ被二年預横〔櫃〕納一事、
一、出納得分、同可二其沙汰至〔致〕一由、可レ有二下知一事、
正平八年癸巳七月廿八日
預大法師宗遍（花押）
行事入寺筐有（花押）
年預山籠有澄（花押）

これは貞和・観応の闘争からまもなくの時期であり、その中で百姓等は高野山の大検注をかたくなに拒否している。つまり高野山は田地の実態を把握しておらず、よって年貢の一部ではあるが、番頭が責任を負った「直納」の総額は毎年一定であったはずである。だとすればこれは番頭請の形であり、荘内での賦課の配分は惣荘の裁量に委ねられていたと考えられる。ことの発端は公文所との相論ではあるが、この事書が惣有文書として後世に伝えられたということは、惣荘にとって大きな意味を持つものであったことを物語っている。後述するように、およそ一世紀後には地下請が実現することも考え合わせると、このときの番頭請による「直納」はそこに向かう出発点と評価することができよう。

（B）正平の置文

正平一二年（一三五七）には、貞和・観応の闘争終結後の処置について、惣荘として木札の置文を作成した。これは一般に「正平の置文」などと称され、闘争の際に紛失・焼失した文書は無効とし、権力者を頼って貸借関係が不分明になった借財を取り立てることを禁止したいわゆる紛失状である。

【史料2】鞆淵惣荘置文（木札、「鞆」二三）

定　鞆淵庄置文事

条ゝ

（中略）

正平十二年丁酉三月三日

重金（花押）

宗久（略押）
国行（筆軸印）
行兼（筆軸印）
安長
景行（花押）
教信（花押）
吉則（略押）
友貞（略押）

則行（筆軸印）
久重（略押）
国光（筆軸印）
国恒（略押）
秀久（略押）
秀国（花押）
守行（筆軸印）
則景（略押）
十念（花押）
信行（略押）
吉兼（略押）
貞善（略押）

（異筆）「御棟上付、十二番頭馬一疋宛引テ判可ㇾ有」

本章で確認しておく必要があるのはその署名の部分で、惣荘の代表者がピラミッド型に並んでいる。頂点に位置するのが惣講師と引導職を兼帯する重金という人物、中段は八人百姓、下段は十二人番頭と理解されている。このうち八人百姓については、平百姓とする黒田弘子の説と有力農民とする熱田公の説があるが、[20]ここでは黒田説をとる。つまり本来なら番頭よりも下位の平百姓のうち、闘争において指導的な役割をした者たちであり、惣荘への貢献次第で番頭よりも上位に署名できるという、惣荘の平等原理が示されている。

（C）引導職の買得

明徳四年（一三九三）には、百姓等が鞆淵荘の引導職を高野山から買い取った。

【史料3】大光明院仙範惣荘引導職売渡状（「鞆」三〇）

鞆淵　惣庄引導職事

右件職者、大光明院ㇳ主仙範相伝処也、而今依レ有二要用一致二汰沙〔沙汰〕一処、惣庄百姓等依二歎申一、直銭拾壱貫陸○《百》文仁限二永代一、百姓等去渡事実也、然者致〔至〕二子ㇳ孫ㇳ一、無二違乱一可レ有二百姓等進退一也、本券文三通、公文岡殿状壱通相副、放与処也、仍為二後日汰沙〔沙汰〕一、証文之状、如レ件、

明徳二二年癸酉二月十日

大光明院仙範（花押）

下□〔司カ〕　景久（花押）

この引導職は前述した重金が売却して手放したものを、所職をめぐるトラブルを未然に防ぐために惣荘が買い戻したとされ[21]、惣荘の自律性を読み取ることができる。重金が三貫五〇〇文で売却したのに対して、惣荘は一一貫六〇〇文とおよそ三倍の金額で買得していることからも、惣荘の強い意向が感じられる。

（D）荘家の検断と高野山への注進

応永三〇年（一四二三）、百姓等の二度目の逃散に先立つころ、近年の臨時役賦課を軽減するよう高野山から守護

方に対して訴えが起こされた。その際に寺領内での検断に関しても両者の間で約束が交わされ、その内容が高野山から鞆淵荘に通達されている。

【史料4】高野山連署衆集会評定事書（「鞆」九一）[22]

（前略）

一、検断等事、大犯三ヶ条者共は召取、寺領堺ニ而可レ渡由、御約束也、謀叛・殺害・夜討・強盗・山賊・海賊人ことは、地庄官并沙汰人・百姓等召取、忩と注進可レ申者也、若有二無沙汰一者、可レ有二御罪過一由、御評定候処也、仍執達如レ件、

応永卅年三月廿九日　　年預阿闍梨宥信判

鞆淵公文所

それによると、謀叛・殺害などの大犯三ヶ条の者共は、荘官と沙汰人・百姓等が召し取り、急ぎ高野山に注進した上で、寺領の堺で守護方に引き渡すことになっている。

また明くる応永三一年、これは下司範景の追放が決まって応永の闘争が終結に向かっていた時期であるが、現地での検断について再び高野山から通達があった。

【史料5】高野山連署衆集会評定事書（「鞆」九一）

応永卅一年十一月十日連署衆御集会御評定云、

（中略）

一、庄家之検断等之事、寺家之預所相二共之一、無沙汰於二罪科一者、急於二寺家一可二注進申一之由、連署衆之儀（ママ）、仍為二後日之支証一、被レ加二判形一訖、

（後略）

中略した一条目には、京上夫の停止、範景の改替・追放について守護の裁許が得られたことが記されている。それを受けて、荘家の検断は高野山の預所が共同で行うこととし、やはりこのときも高野山への注進を義務付けている。以上、ここまでみてきた史料からは、自治的な共同体としての惣荘の形成を確かにうかがうことができ、それを下地に応永の闘争が遂行されたことが理解できる。ただしそこには高野山との共闘という側面があったのは先述の通りであり、その二度目の逃散の前後にあっても高野山は検断があった際の注進を繰り返し義務付け、統制力を発揮しようとしているのである。このような両者の姿勢を前提として、闘争終結後の新たな関係が構築されていくのである。

第二節　高野山支配の受容と惣荘の到達点

1　正長の大検注と高野山支配の受容

正長元年（一四二八）、ついに高野山は八〇年間にわたり延期を余儀なくされていた念願の大検注の実施にこぎつけ、その結果得られた田地に関する所要の情報を「大検注帳」(23)にまとめた。これによって、高野山は鞆淵荘の田地の実態を把握し、八幡宮領時代の課税基準から脱して、独自の年貢賦課の根拠を新たに得ることができた。

この頃を境として、鞆淵荘には先述した長床衆が積極的に進出してくる。正長二年には公文代として高野山への年貢の納入を請け負い（「編」二八四）、そして寛正五年（一四六四）までには公文職に就いている（「鞆」六四・六五）。いわば高野山と鞆淵荘をつなぐパイプ役として、長床衆が力を強めていく。

その一方で、応永の闘争で追放された下司の子孫は、文安三年（一四四六）を最後に名前がみえなくなり（「編」三〇三・三〇四）、寛正五年までに下司職も高野山の手に渡っている（「鞆」六四）。こうして、かつての下司の勢力は完全に鞆淵荘から排除され、高野山による直接的な支配が確立されていくことになる。

ここで、闘争の終結から高野山支配の実現に至る過程を惣荘の視点から再整理すると、二度の闘争を経て非例・非法を行う下司鞆淵氏という在地領主を排除した結果、惣荘としての課題は、より安全な高野山という領主といかに現実的にうまく付き合うかに変わっていったはずである。最終的に、高野山も含めて全ての支配勢力を排除するなどということは、惣荘にとって現実的な目的たりえまい。よって正長元年以降の高野山支配の受容期を「惣の停滞」などと評価するのは決して妥当ではない。むしろこの時期こそを「惣荘の到達点」とみなすことで、連続性を失うことなく鞆淵惣荘の動向・変容を把握することができるのである。

2　歩付帳の作成と地下請

鞆淵荘のうち、下村・妙法寺村・本河村・上村の四か村については、「歩付帳」と称される同一形式の帳簿が残されている（「鞆」五四〜五八）。その内容は検注帳を作人ごとに名寄せしたもので、村ごとの田地の基本台帳としての性格を持っている。

これらの歩付帳は、他の帳簿との作人名の一致状況から宝徳・享徳年間頃（一四四九〜五五）に、百姓等が年貢を直納するために作成したものと推測されている。[24] つまり高野山が持っていた検注帳とは別に、鞆淵荘では現地でも帳簿を作成・管理し、内部での年貢配分を独自に行っていたことになる。これはまさに地下請の特徴を示している。鞆淵荘では高野山の支配が定着していくと同時に、惣荘の自律的な管理のもとに地下請を実施するまでに至っていたのである。

3　惣荘の組織とその変化

高野山支配の受容によって、惣荘の組織にはいかなる変化が訪れ、どのような人々がそれを構成するに至るのか。以下、数点の史料を挙げてみていきたい。

（A）鞆淵八幡宮の再建事業

寛正三年（一四六二）、鞆淵八幡宮の本社と若宮の再建事業が行われた。記録に残っている限りでは弘安二年（一二七九）の遷宮以来二度目の再建で（「鞆」六）、現存する本社本殿はこのときに建てられたものである。この再建を記念して惣荘では木札の置文を作成している。

【史料6】鞆淵惣荘置文（木札、「鞆」六二）

　御置文事
右当社八幡宮御社、余に及二大破一候間、地下・高野の氏人参会致二評定一、地下若子之物とう《（頭）》の料足ぉ三ヶ年間寄進申候て、不足之所ぉ又、地下の分心おちにすゝめ被レ仕、社当《（頭）》建立仕、目出度候事、
一、棟上の事ハ、たうしや《（当社）》御まつりのことくに下司・公文参会□りつとめ申也、
　　（以下五か条、中略）
此趣、下司・公文地下と参会候て、卅貫文分□とりつとめ申事実也、
雖レ然、若子祈勝のために御てん《（殿）》にかきおさめ申也、

しやうし（庄司）の子千代くす（楠）　宥音子をと　（以下若子名、中略）

何ことも地下不審之事候ハヽ、御てん（殿）御箱にあるへし、能と御覧可レ有候、

毛屋川番頭
堂本　番頭
在カし番頭
久呆　番頭
古林　番頭
古屋　番頭
古田　番頭
中南　番頭
遊〔湯〕本　番頭
新　　番頭
屋那瀬番頭
大西　番頭
障子〔庄司〕
使者
宥音

八人御百姓

御棟上時、番頭衆
馬一疋宛
御引候て如レ此候、

寛正三壬午三月七日　誌レ之、　　宗覚

まず、惣荘の代表者の署名の部分からみてみよう。上部に「八人御百姓」とあるのは、一〇〇年以上前の貞和・観応の闘争で活躍した八人百姓を顕彰したものと理解していいだろう。[25] また署名の下部には、十二人番頭と並んで「障子（庄司）」の名前がある。[26] この庄司氏はかつて追放された下司の勢力を継承し、近世に入ると下司家を称して、公文家を称した林氏とともにその特権的地位を保持したという。[27]

次に本文からは、地下と「高野の氏人」の参会によって再建事業が計画されたことがわかる。「高野の氏人」とは鞆淵荘の出身者で高野山の僧侶になった者であり、いわば高野山と在地の両方に立脚する存在である。長床衆と同様に、鞆淵荘と高野山のパイプ役となったであろう。具体的には、高野山の使者として署名しており、また「若子祈勝（健康を祈る意か）のため」として子供の名前が記されている「宥音」という人物が、「高野の氏人」と考えられる。

そして再建費用については、地下が「若子の物頭」料足三か年分を拠出し、不足分は勧進によってまかなった上、下司・公文も三〇貫文を負担したという。弘安二年の遷宮の際に作成された置文では署判者が下司・公文のみで（「鞆」六）、事業の中心はあくまで荘官層であったことがわかるが、今回は地下が中心となって主体的に計画から実施までを進めていることがわかる。

以上のように、荘内の一大行事を惣荘が主体的にとりおこなっている一方、庄司氏の台頭による惣荘組織の変化、高野山の氏人をパイプとした高野山との関係強化など、新たな状況が訪れていることがわかる。

（B）周辺地域との山相論

この一五世紀後半には、鞆淵荘と他荘の間で二度の山相論が起きている。一度目は寛正五年（一四六四）に細野との間で、二度目は明応四年（一四九五）に石走との間で起きたものである。

【史料7】鞆淵荘置文案（「鞆」六四）

当庄八幡宮ノ御山ノコトハ、（中略）ホソノ（細野）ヨリシンキ（新儀）ノサタヲ出サレ、時ノ公文ニ長床《ナカトコ》、時の下司ニ預、とハセンカウイン、長床ハ千手堂、ソノ時御使ヲ以支証クラヘ（比）ト申サルレトモ、ホソノ（細野）ヨリ支証ニ出アわス、一二モンタウ（問答）ニシンサイ（神裁）ト申せトモ、其時モ出アわレス、三モンタウ（問答）ニ両様ノ御百姓ケンミ（検見）ヲ立、千手院ノハシニテモンタイ（問題）ヲキクヘシト、預方ヨリヲウせ（仰）ラルレトモ、時ノ喧嘩《ケンクワイ》出来《テキタリ》候テハ不レ可レ然ト、長床ヨリヲウせ（仰）候テ、御出ナク候間、此上ハ於二後日一御沙汰アルヘカラス、八満（幡）宮ノ御山ニウタカイ（疑）ナシト仰定マル、為二後日支証一ニ、其時ノ御聞答（問）ヲ書付置者也、

覚証院 善転房　　金剛院 常泉房
公文　千手院 松房　　下司代正時（庄司）
地下ヨリ使者《ユイヲン》　湯本番頭
于時甲申年（寛正五年）八月十日

【史料8】鞆淵荘地下置文（「鞆」六八）

（端裏書）「地下書置山事」

就下石走与二鞆淵一山相論之儀上、為二末代一誌置、

明応四年乙卯二月九日ニ石走方之刀物・マサカリ・柄カマ（鎌）ヲ取候処、細野ヨリ聴而及二合戦一候間、其時当庄ヨリモ楯ヲ出取合申候、其時寺家ヨリ両庄ェ使者ヲ御下候て御調法候て、当座之儀先無為候、其間地下之氏人ヲ為二使

者、先刀物ヲ両様ェ預置之御文〔掟〕にて間、其時刀物ヲ両様へ預申、終者此以二筋目一盒〔憲カ〕法之可レ預二御成敗一由、御領常〔掌〕にて御座候間、其時両様ェ預申、其曖時御下人数之事、

（中略）

旹〔時〕明応四年乙卯二月十八日

この二度の山相論では、調停機能を持つ存在として、一度目では長床衆、二度目では氏人と、いずれも行人方として高野山勢力の末端に位置し、在地との間をつなぐ人々がクローズアップされている。在地からすれば、彼らを仲介者とすることで高野山の支配秩序を受け入れる一方、紛争が起こった場合には安定的な解決手段として期待できるわけである。

（C）神輿垂張代の奉加帳

明応五年（一四九六）、鞆淵八幡宮の神輿の垂張代が奉加された。垂張とは帳（とばり）のことかと思われる。

【史料9】鞆淵八幡宮神輿垂張奉加帳（「鞆」七〇）

〔端裏書〕「垂張御奉加帳」

御輿之垂張之奉加帳之事

三貫文　下司殿西院窪房

三貫文　公文殿小田原常蔵院

拾貫文　二季秋　地下勧進

惣已上拾六貫文

本願　　宮坊主順宗房
両代官　　庄司殿左衛門太郎
　　　　　公文代馬三郎
（中略）
　岦明応五年丙辰十二月六日

そのときの費用負担について記録した奉加帳をみると、下司・公文が三貫文ずつ、そして地下勧進による分が一〇貫文、合計して一六貫文が奉加されている。八幡宮再建のときと同様、やはりここでも地下が荘内運営を主体的に行っていることがわかる。

以上のように、この時期の鞆淵荘では地下請の実施、荘内行事の主体的な運営、その記録を惣有文書として後世に伝える姿勢など、惣荘としての成熟ともいうべき様相を見出すことができる。その一方で、長床衆の進出や氏人の参画によって高野山支配が定着していったこともまた事実である。しかしそれは惣荘にとって、より安全な領主といかにうまく関係を構築していくかという新たな課題に向き合ったものであり、その際のパイプとして期待された長床衆や氏人は、紛争の解決手段として期待される存在でもあったのである。

第三節　戦国期における惣荘の変容

室町期の鞆淵荘では自治システムの整備が進む一方、高野山勢力の浸透も同時に進んでいた。そして戦国期に入ると、それらに加えて八幡宮宮座の確立、それにともなう人的構造の変化も進んでいくことになる。以前、筆者は先述の正長元年（一四二八）の検注帳と、天正一九年（一五九一）の太閤検地の検地帳をもとに、耕地の分布・開発という観点から中世後期の荘内の構造変化を定量的に分析し、村落の最上層には画期的な勢力交替が起こったが、そのほかの一般構成員においてはフラットな身分構造が安定的に維持された、という結論を得た(28)。そこで本章では戦国期における鞆淵惣荘の変容について、特に最上層の動向、自治システムの機能といった側面から把握を試みる。

1　庄司氏・林氏の動向

（A）林氏の台頭

戦国期の荘内に構造変化をもたらす存在のうち、庄司氏に関してはすでに言及した。もう一方の勢力としては林氏を挙げなくてはならない。林氏は近世になると公文を称して、下司を名乗る庄司氏とともに特権的地位を保持することになるが、中世を通じて公文・公文代を名乗った徴証はなく、その出自や台頭の経緯は判然としない。明らかに後代と同一系統と思われる林氏の初見は、永正五年（一五〇八）である。

【史料10】鞆淵荘鍛冶大工職売渡状（「鞆」七二）

ともふちしやう中がぢ（鍛冶）大工五貫ニマエノ孫太郎へうり渡し候、

（中略）

ともふち　勝次殿（庄司）（筆軸印）　堂本番堂（頭、以下同）（筆軸印）
林殿（筆軸印）　有東番《はん》堂（筆軸印）
つろ番堂（筆軸印）　上平番堂（筆軸印）
少林番堂（筆軸印）　今中番堂（筆軸印）

窪　番堂（筆軸印）　　湯本番堂（筆軸印）
新　番堂（筆軸印）　　平野番堂（筆軸印）
大西番堂（筆軸印）　　両役人（筆軸印）

仍而右之趣、如レ件、

永正五年戊辰二月廿七日　　まゐかち（鍛冶）孫太郎（略押）

（裏書）「表書之証文、本河村孫太郎所持仕候得共、只今庄中へ渡し候、然者此証文至二永代一迄、可レ為二反古一者也、

南谷阿逸多院（花押）

小田原加慶院（黒印）」

延宝二甲刁〔寅〕八月五日

これは惣荘が孫太郎という者に鍛冶大工職を売却したもので、中略した部分には仕事の種類に応じた報酬の規定が記されている。一二人を定数とする番頭のうち一一人が署名しているが、延宝二年（一六七四）の裏書によれば、この文書は「本河村孫太郎」が相伝していたといい、荘内の本河村には「前野」という地名があるから、永正五年の「孫太郎」も荘内の住民で、残り一人の番頭だった可能性もある。

ともあれここで重要なのは、林氏は初めて史料に現れた時点で、庄司氏と並んで「殿」の敬称をつけて呼ばれており、番頭と同等以上の地位をつかんでいるということである。庄司氏は正長の検注帳の時点で荘内の上層住民として確認できるが、[29]初めて「殿」がついたのは明応五年（一四九六）、前掲史料9のことであり、長い時間をかけて地歩を固めてきた。それに対して林氏は、明応五年から一〇年間ほどの短期間に、惣荘に対して大きな貢献があり、敬称を獲得するに至ったと考えられる。その間の事情が文書に残っていないのは不審だが、八人百姓の先例を想起しても、

何らかの紛争解決に功績を挙げた可能性が高いであろう。

（B）宮座の変質

永正六年（一五〇九）、おそらく寛正三年（一四六二）以来の八幡宮の遷宮が行われ（「鞆」七三）、翌年の永正七年には遷宮にともなう祭礼が行われた（「鞆」七四）。黒田弘子はこの祭礼を「宮遷大祭」と呼び、遷宮と大祭の次第と特徴を明らかにしている。[30] この遷宮と大祭は永正以降三〇～四〇年程度の周期で近世に至るまで継続的に催されており、例えば天文一九年（一五五〇）の大祭の記録をみると、神楽・猿楽・能楽など諸行事が催され、岩出・竹房・藤崎・麻生津・山崎のような荘外からの参加者、河原者・坂の者といった身分の者もみられるなど、盛大なものであったことがうかがえる（「鞆」七八・七九）[31]。

このような遷宮と大祭の定例化とともに、宮座の変質も観察されるようになる。番頭が主導する中世宮座から、一六世紀の初頭からは庄司氏・林氏が積極的に主導する近世宮座へと移行していくという。[32] 換言すれば、庄司氏・林氏は遷宮と大祭の定期的な実施を荘内に対して保証することで、宮座のなかで別格とされる地位を獲得していったのである。

2　高野山勢力との関係

大永三年（一五二三）、鞆淵荘には一つの問題が持ち上がった。

【史料11】鞆淵惣荘置文（木札、「鞆」七五）

奉敬社頭籠札之文言之意趣者、抑当庄内之儀者、自二往古一上之公文之儀者、御永〔長〕床惣分御持也、下之下司方者、

御預之御所持、如レ此之儀候、然間金剛峰寺一□□以後者御預衆之御事モ皆悉行人ニ御成候、左候間、庄中下司方御事モ子細候てとて永床一色ニ御知行共候、其きさミ大永三年癸未之下司之御下者、空心院一老与而永床惣分之儀与候て、於二百姓中一、永代人夫ニ可二召使一之儀色と雖二被レ仰候一、無レ従二往古一、新非例之御事にて候間、以二此之趣一、寺家様御氏人与二百姓一同前被二堅申達一候て、如二本意一、目出度納て候、然者、末代末世ニ至候て、此旨を可レ被二相心得一者也、何篇於二不審儀一者、彼是以二札之面一、可二糺明一候也、仍後日之支証札、如レ件、

大永四季甲□〔申〕十一月拾二日　　　氏人・百姓各々　謹白

（裏面略）

この頃までに下司・公文の「一色知行」を達成した長床衆が、百姓中を「永代人夫」に召し使うといってきたのである。これに対して百姓中は「御氏人」と手を結んで「無レ従二往古一、新非例之御事」と主張したため、「永代人夫」賦課の回避に成功したという。

この一件の重大性は、これも木札の置文に残されていることからうかがわれるが、思い起こせば南北朝期と室町期の荘官との闘争も、その発端は夫役の新規賦課であったから、このときも荘内には緊張が走ったに違いない。この事例では長床衆による非例を氏人の調停によって回避しているが、先にみた一五世紀の二度の山相論を振り返ると、寛正五年（一四六四）には長床衆が、明応四年（一四九五）には氏人がそれぞれ調停に乗り出し、相論を収拾していた。彼ら行人方は外部との紛争解決のルートとして機能していたが、このときのように行人方同士の間でも調停機能を果たしたことがわかる。と同時に、複数のルートを持つことは在地にとってリスク回避という面で重要であり、特に在地出身者である氏人は、やはり在地の利害にとって大きな存在であったといえる。

以上のように、庄司氏・林氏は宮座をテコとして荘内で主導的な地位を獲得していき、長床衆・氏人ら行人方は高野山はじめ外部との調停ルートとして機能した。それでは旧来の指導者層である番頭は、どのような存在となっていったのだろうか。

3　番頭の地位・機能

(A)　共有財産の管理

鞆淵荘の共有財産に関する史料はあまり残されていないが、八幡宮への田地の寄進は南北朝期や室町期から行われていたことが知られる（「鞆」一五・二九・三一・三二）。一五世紀後半にも八幡宮への田畠の寄進が行われているが、このうち明応三年（一四九四）の田地寄進状をみると（「鞆」六七）、八幡宮へ納められるべき片子が無沙汰となった場合には「ゆのもとはんとう《（湯本番頭）》」と「つろはんとう《（番頭）》」の両人が催促することになっている。この時期は番頭が共有田の管理責任者となっていることがわかる。

そして一六世紀に入ると、天文年間に八幡宮の共有林に関して二通の定状が作成されている。まず天文一三年（一五四四）には「宮山」の四至を定めるにあたって、庄司氏を筆頭に五人の番頭が署名している（「鞆」七六）。番頭の署名で五人という人数はほかの史料をみても例がないが、その理由についてはよく分からない。

次いで天文一五年には「カシキ山」の四至が定められているが（「鞆」七七）、そのときに開かれた会合には、十二人番頭、氏人衆中、高野山の年行事、「西前之観音房」（素性は不明）、「庄中之老若」と、内外・上下の多様な顔ぶれが加わっている。また、このときの証文は「庄内」と「本河」が相互に所持しているという。この「本河」は八幡宮の所在する村であるから、この「カシキ山」の所在地でもあったのだろう。そして「庄内之十二人之番頭衆并氏人衆中」とあることから、「庄内」とは十二人番頭と氏人衆中を指していることがわかる。よって、「カシキ山」の管理主体として、十二人番頭と氏人衆中からなる「庄内」が、「本河」との間で証文を取り交わしたものと考えられる。

この天文のいずれの事例をみても、番頭は依然として共有財産の管理に加わっているが、庄司氏や氏人との共同管理という形になっていることから、その権限は縮小傾向にあったといえるだろう。

（B）貸借の保証

次に示す二つの史料は、鞆淵惣荘と高野山の間での米貸借に関する貸状と借状である。

【史料12】千手院新坊懸米貸状（「鞆」八七）

（前欠）

□□之かけ（懸）米事

合十五石リフン（利分）一ワリ、マスハ（枡）ヲリハン（折判カ）ニ

はやし（林）・ショチ（庄司）・京人、サハクリ（捌）中ノ（野）、井ノ上へヤ御つかい（使）にて、かし（貸）申候、ショ（庄）中其御心得可レ有候、其ため

申入候、

天正十六年十二月廿五日　千手院 新坊（花押）

トモフチ 庄中 まいる

【史料13】鞆淵荘中十二人番頭衆等連署懸米借状(33)

（前欠）

□□上人様へ懸候□〔米〕、□□〔借申〕処実正也、御□□にて候、天下一国徳〔ママ〕□□〔政行カ〕候共、異覧〔違乱〕有間敷候、□□〔折判カ〕をりはんに
て返弁□申候也、仍為二後日一如レ件、

□□〔天正〕十六年十二月廿五日

かり主トモフチ庄中
教弐（花押）
同口入　林殿（花押）
同　小寺殿〔庄司〕（略押）
同　十二人番とう衆
さハくり中野
いの上へや（略押）

□〔蔵〕本高野山小田原
小石蔵坊まいる

両文書を比較すると、貸主の坊主の名前が異なってはいるものの、「懸米」の文言や惣荘の人名がほとんど対応することから、天正一六年（一五八八）の同日付の関連文書として問題ないだろう。惣荘の人名のうち対応しないのは番頭だけである。(34) 貸状には番頭の記載がなく、貸主からはすでに番頭が惣荘の代表として認識されていないことがわかる。惣荘からの借状をみても、「十二人番とう衆」とあるだけで誰か特定の番頭の署判もない。このほか同時期の貸状をみても（「鞆」八九・九二）、庄司氏は「左衛門太郎」、林氏は「太郎衛門」と個人名が記されているのに対して、番頭については「十二人番頭衆」とあるのみで、番頭の相対的な地位の低下はこのような点からも明らかである。

表29　16世紀後半の年貢・公事の納入状況

年　月　日	年貢	麻	綿	文　書　名	史料番号
天文20年(1551)10月26日		5両	3両	鞆淵荘下司方麻綿送状	「編」337
天文21年(1552)11月6日	8.05石			鞆淵荘公文所年貢送状	「編」338
弘治2年(1556)11月6日	5.05石			鞆淵荘公文衆祐範年貢送状	「編」340
弘治3年(1557)10月吉日		8両	5両	鞆淵荘長床下司祐尊麻綿送状	「編」342
永禄10年(1567)10月27日		5両	5両	鞆淵荘下司方麻綿送状	「編」344
永禄12年(1569)10月26日		8両	5両	鞆淵荘下司結衆行勢麻綿送状	「編」345
永禄12年(1569)11月6日	5.05石			鞆淵荘公文衆宥算年貢送状	「編」346
元亀4年(1573)11月吉日		4両	4両	鞆淵荘長床下司方苧綿送状	「編」349
天正9年(1581)11月6日	4.55石			鞆淵荘公文衆勢尊年貢送状	「編」353
天正10年(1582)11月6日	4.05石			遍照尊院年貢請取状	「編」355
天正11年(1583)11月6日	4.05石			鞆淵荘公文衆等年貢送状	「編」358
天正14年(1586)11月1日	5.05石			鞆淵荘長床公文衆成任年貢送状	「又」93
天正15年(1587)11月7日	4.05石			鞆淵荘公文衆良算米送状	「又」904
天正16年(1588)11月吉日	4.55石			鞆淵荘公文衆恵算年貢送状	「又」94
天正17年(1589)11月6日	4.55石			鞆淵荘公文衆盛範年貢送状	「又」95
(年未詳)　11月6日	3.85石			鞆淵荘栄算年貢送状	「又」96
(年未詳)　11月6日	4.55石			鞆淵荘公文衆宗清年貢送状	「又」97

「編」は『粉河町史』第2巻の編年史料。「又」は『大日本古文書家わけ1』高野山文書又続宝簡集。

(C) 諸納所の直務

このように番頭は、惣荘の代表者としての地位は庄司氏・林氏に譲り、後景に退くことになった。それでは彼ら番頭が荘内で独自に担う役割としては、いかなるものがあったのだろうか。史料をみていくと、鞆淵荘から高野山への年貢・公事（麻・綿）の送状が一六世紀後半に集中して残っている。それらの状況をまとめたのが表29である。これ以前の時期にはこのような史料はみられず、これらの送状が現れる時期は鞆淵八幡宮の遷宮・祭礼の盛大さが記録に残されるようになる時期と重なるから、荘内の経済が安定期に入ったことを示すものかもしれない。送状の差出は、基本的に年貢は公文、公事は下司となっているが、先述のようにこの頃には下司・公文のいずれも長床衆が握っていたとみられる。

これと同じ時期の天正八年（一五八〇）、井本番頭・上平番頭・小林番頭の三名を代表とする十二人番頭が、高野山に対して「諸納所直務」を誓約する請文を提出した（「編」三五一）。そのなかでは無沙汰があった場合にはいかなる催促をも受けること、ただし納所の日限については定日のほかに五日分は用捨してもらうこと、定使に非分があった場合には預所に申し上げること、などが規定されている。

またこれに関連して、鞆淵荘の年貢・公事銭の納入・分配方法が記された注文が高野山に残っている（「編」三七三）。これをみると一一月六日には「大年貢納」のために番頭四人が高野山にのぼり、酒食の饗応を受け、同時に綿も納めることとなっている。この注文は年月日未詳だが、一一月六日という日付は表29で示した年貢の納入実績とほぼ一致しており、天正八年の請文でいう「諸納所直務」とはこのことを指すのであろう。

以上のことから、この時期の年貢・公事の納入のあり方としては、送状に署判をすえるのは下司・公文を務める長床衆であるが、実際に高野山に納めていたのは番頭であったことがわかる。この「諸納所直務」は、室町期に確立された歩付帳による年貢直納という自治システムの延長線上に位置付けられるもので、地下請の一形態、すなわち番頭請といってよかろう。その意味では南北朝期に採用された雑器米直納から、戦国期に至るまで地下請・番頭請の系譜は引き継がれているのである。

つまり戦国期の番頭は、荘内の人的な構造変化によって確かにその地位を低下させることとなった。しかしその一方で、南北朝期に萌芽し、室町期に確立された自治システムを継承しており、上層住民としての機能を担い続けたのであった。(35)

おわりに

本章では、中世を通じた惣村の動向を統一的に理解するため、二度にわたる領主層との闘争で著名な紀伊国鞆淵荘をとりあげ、その内部構造の変化や高野山との関係に主眼を置いて検討を行ってきた。

鞆淵荘の番頭・百姓等は、貞和・観応の闘争では大きな代償を支払いつつも自己の主張を実現し、その経験をもとに惣荘という自治的な共同体を形成した。さらに、その後の応永の闘争で下司を没落させたことで、惣荘の自治能力は頂点に達したといえる。ただ見逃してはならないのは、応永の闘争における高野山との共闘という側面である。つまり闘争のさなかから、高野山による支配を受容する素地が用意されていたのである。

以上のような前提のもと、応永の闘争が終結した数年後には高野山が正長の大検注を行い、下司・公文も高野山勢力によって占められていく。その一方で、歩付帳の作成による地下請の実施、鞆淵八幡宮に関わる行事の主体的な運営など、惣荘としての自治は成熟に向かい、高野山勢力の末端たる行人方は紛争解決のための調停ルートとして機能するようになる。

このような闘争後の鞆淵惣荘が示したのは、領主権力とは一定の条件下で妥協し、その下で自治を確立しようとする村落の姿である。彼らにとって闘争の目的は全ての領主権力を否定し、排除することではない。鞆淵惣荘の二度の闘争も、その趣旨はあくまで「非例」への反発、前例のない課税の拒否であった。ゆえに高野山支配の受容期は、中世の村落自治にとっての「停滞」などではなく、むしろ「到達点」と評価すべきである。

ここで想起したいのは、惣村とは生存の危機を乗り切るために政治的に形成された一種の戦時体制・国家的村落であり、危機が去って生存条件が変われば、惣村も別の姿に変わりうる、とする蔵持重裕の可逆的な惣村形成論である。(36) その観点から鞆淵荘の事例を振り返ると、下司・高野山といった領主層との緊張関係を契機として形成された鞆淵惣荘は、その緊張関係が緩和されることにより、闘争を前提とする組織から、領主層との現実的な折り合いを探る組織へと性格を変化させていったのである。

戦国期に入ると、鞆淵荘の上層では庄司氏・林氏という新たな存在がリーダーとしての地位を確立する。特に林氏の登場は、短期間のうちに急激な構造変化が起こったことを示している。しかしその一方で、「非例」を拒絶し、その経緯を木札の置文に記録として残すという、緊急時の対応のあり方は戦国期に入っても変わってはいなかった。また地位を後退させた番頭にも固有の役割があり、番頭請という形態によって地下請が依然として行われていた。

以上のように、時代の推移とともに惣荘の性格や人的構造には変化が生じても、かつて整備された自治システムは引き続き運用されていたのである。領主への抵抗、周辺との相論など組織的な戦いの経験、およびそれらを契機として生み出されたシステムを、惣有文書という形で自らの歴史として蓄積することで、危機的状況が過ぎ去った後でも必要に応じてそれらを紐解き、何らかの形で生かすことができたのではないだろうか。

注

(1) 石田善人「郷村制の形成」(同『中世村落と仏教』思文閣出版、一九九六年、初出は一九六三年)。

(2) 三浦圭一「惣村の起源とその役割」(同『中世民衆生活史の研究』思文閣出版、一九八一年、初出は一九六七年)、同「惣村の構造」(同『日本中世の地域と社会』思文閣出版、一九九三年、初出は一九八五年)、黒田弘子「惣村の成立と発展」(同『中世惣村史の構造』吉川弘文館、一九八五年、初出は一九七一年)、同「鎌倉後期における池築造と惣村の成立」(同著書、初出は一九八二年)など。

(3) 仲村研「中世後期の村落」(同『荘園支配構造の研究』吉川弘文館、一九七八年、初出は一九六七年)、峰岸純夫「村落と土豪」(同『日本中世の社会構成・階級と身分』校倉書房、二〇一〇年、初出は一九七〇年)。

(4) 藤木久志『豊臣平和令と戦国社会』(東京大学出版会、一九八五年)、同『戦国の作法―村の紛争解決―』(平凡社、一九八七年)、同『村と領主の戦国世界』(東京大学出版会、一九九七年)。

(5) 勝俣鎮夫「戦国時代の村落―和泉国入山田村・日根野村を中心に―」(同『戦国時代論』岩波書店、一九九六年、初出は一九八五年）。
（6）田中克行『中世の惣村と文書』（山川出版社、一九九八年）。
（7）蔵持重裕『中世村の歴史語り―湖国「共和国」の形成史―』（吉川弘文館、二〇〇二年）、同『中世村落の形成と村社会』（吉川弘文館、二〇〇七年）。
（8）高木徳郎『日本中世地域環境史の研究』（校倉書房、二〇〇八年）。
（9）熱田公「紀州における惣の形成と展開―鞆淵荘を中心に―」（同『中世寺領荘園と動乱期の社会』思文閣出版、二〇〇四年、初出は一九七八年）。
（10）注（2）黒田「惣村の成立と発展」。
（11）高木徳郎「中山間荘園における開発と在地領主―紀伊国鞆淵荘を事例に―」（同『日本中世地域環境史の研究』校倉書房、二〇〇八年、初出は一九九九年）。
（12）伊藤俊一「紀伊国における守護役と荘家の一揆」（同『室町期荘園制の研究』塙書房、二〇一〇年、初出は二〇〇二年）。
（13）本章では『粉河町史』第二巻（一九八六年）のうち「鞆淵八幡神社文書」は「鞆」、「高野山文書」などそれ以外の編年史料は「編」と略記して文書番号を付した。一部の文書名については和歌山県立博物館編『歴史のなかの〝ともぶち〟―鞆淵八幡と鞆淵荘―』（二〇〇一年）に掲載の「鞆淵荘関係文書編年目録」に沿って訂正してある。また「こと」の合字は、通常の仮名で表記した。
（14）非例の具体的な内容は「鞆」三七・三九・四〇、「編」二四九・二五一、および「鞆淵下司・公文筋目之儀書付奉指上候覚」（早稲田大学大学院海老澤衷ゼミ編『紀伊国鞆淵荘地域総合調査　資料編』一九九九年）からうかがえる。
（15）注（11）高木論文。
（16）第二部第二章。
（17）注（2）黒田「惣村の成立と発展」、注（9）熱田論文。
（18）注（12）伊藤論文。
（19）注（9）熱田論文。
（20）黒田弘子「〔付論〕「八人御百姓」をめぐって」（同『中世惣村史の構造』吉川弘文館、一九八五年）。
（21）徳永健太郎「十四世紀紀伊国鞆淵荘における惣講師職・引導職―惣荘による文書買得をめぐって―」（『民衆史研究』六二、二〇〇一年)。
(22)「鞆」九一には、江戸時代に鞆淵八幡宮の社蔵文書を書写した「鞆淵八幡宮箱内証文写」所収文書のうち、原本が現存しないものが掲載されている。
(23) 高木徳郎「正長元年鞆淵薗大検注帳」(『和歌山県立博物館研究紀要』七、二〇〇一年)。
(24) 山陰加春夫「鞆淵八幡神社の中世文書―「歩付帳」の歴史的位置―」(同『中世寺院と「悪党」』清文堂出版、二〇〇六年、初出は二〇〇一年)。
(25) 注(2)黒田「惣村の成立と発展」。
(26) これ以降、庄司氏とみられる名前の表記には「障子」(「鞆」六二)、「正時」(「鞆」六四)、「庄司」(「鞆」七〇)、「勝次」(「鞆」七二)、「生地」(「鞆」七六)と、その都度かなりの揺れが観察される。
(27) 黒田弘子「千代鶴姫伝承と庄司氏―中世後期の高野山と鞆淵荘の土豪―」(竹内理三先生喜寿記念論文集刊行会編『荘園制と中世社会』東京堂出版、一九八四年)。
(28) 第二部第二章。
(29) 第二部第二章。
(30) 黒田弘子「鞆淵八幡宮宮遷大祭と能」(同『中世惣村史の構造』吉川弘文館、一九八五年)。
(31) 注(13)『歴史のなかの〝ともぶち〟』は断簡である「鞆」七八を新たに整序し、「鞆」七九の第二紙は「鞆」七八の末尾に接続することを明らかにしている。
(32) 黒田弘子「長栈座と中世宮座」(同『中世惣村史の構造』吉川弘文館、一九八五年)。
(33) 未刊行文書。注(13)『歴史のなかの〝ともぶち〟』に掲載された写真版をもとに筆者が翻刻した。
(34)「京人」と「教弐」は同一人物であろう。天正一九年の検地帳には「京仁」という人物がみえ、比較的広い約一町の耕地を持っている。天正八年にみえる「時ノ使教仁」(「編」三五一)も同一人物と思われる。氏人の可能性が高いだろう。
(35) この点に関しては第二部第二章でも概説している。
(36) 注(7)蔵持『中世村落の形成と村社会』。

第二章　中世惣村の実態と変容

――紀伊国鞆淵荘の正長帳・天正帳の分析――

はじめに

高野山膝下荘園の一つである紀伊国鞆淵荘は、南北朝期（貞和・観応）と室町期（応永）の二度にわたって「惣荘」が領主層に対して闘争を繰り広げたことから惣村研究の題材として注目を集め、主に惣荘の形成過程や内部構成、闘争の実態について議論が深められてきた(1)。しかし二度の闘争が決着すると徐々に高野山支配が定着していき、惣荘としての活動は表面には現れてこなくなる。このような惣荘にとっての変容期ともいうべき中世後期（特に一五～一六世紀）、さらには近世初期まで見通した上で鞆淵荘の実態を明らかにすることは、惣村研究の深化という観点からも不可欠なものであるが、管見の限りそのような先行研究は宮座の変遷という視点から追究した黒田弘子の成果があるのみであり(2)、さらなる検討の余地がある課題だといえる。

当該期の鞆淵荘(3)に関しては、正長元年（一四二八）、天正一九年（一五九一）の二点の検注帳・検地帳が比較的近年になって翻刻・紹介された(4)。いずれも荘内のほぼ全域をカバーする土地台帳であるが、いまだ詳細な分析はなされていない（以下、両帳簿を正長帳・天正帳と称する）。そこで本章では、これら土地台帳に関する定量的な分析を中心として、当該期の鞆淵荘の耕地分布とその変化について検討を行うこととする。鞆淵荘の惣荘の内部構成については、黒田は「番頭中」と「百姓中」の二重の結合組織からなる階層性を、高木徳郎は在地領主（鞆淵氏）の影響を受けた「名百姓」とその他の「荘百姓」との間に存在した地域性をそれぞれ指摘している。(5) 本章では両者の議論を踏まえつつ、これまで十分に論じられなかった一六世紀にまで時間軸を延長し、耕地分布の状況からみえてくる惣村の実態と変容について明らかにしたい。(6)

第一節　両帳簿の性格・内容

これまで鞆淵荘の土地台帳分析というと、もっぱら「歩付帳」と呼ばれる帳簿群（「鞆」五四〜五八）が用いられてきた。山陰加春夫は歩付帳にみえる作人名を他の帳簿のものと照合することで作成年代を宝徳・享徳年間ごろ（一四四九〜五五）とし、当該期の高野山膝下荘園では唯一現存する名寄帳形式の検注帳であり、百姓直納＝年貢納入の自己管理のために作成された基本台帳と位置付けた。(7) すなわち惣荘による自治システム整備の一つの達成ともいうべき画期的なものといえる。

ただし歩付帳にはカバー率という大きな問題があり、荘内の地域区分については後述するが、少なくとも湯本・中野・和田の三か村については残っておらず（清川は一部だけが「妙法寺村」として残る）、残存状況それ自体が一つの論点でもあった。

そういった点から正長帳・天正帳の両帳簿は歩付帳だけでは明らかにしえなかった部分に光を当てることのできる極めて重要な史料であり、まず初めにその性格・内容を把握しておきたい。

1　正長元年検注帳

高野山は元弘三年（一三三三）に周辺地域の一円支配権を後醍醐天皇によって認められて以後、実質的支配の確立に向けて膝下荘園での検注を実施していくが、正平年間にそのピークを迎えるとされる(8)。鎌倉期までは石清水八幡宮領であった鞆淵荘でも検注が行われようとしたが、当時は惣荘と鞆淵氏・高野山が武力対立した貞和・観応の闘争のさなかであり、混乱の中で検注は先送りにされた。その後、室町幕府権力が確立した応永年間に高野山による膝下荘園検注のもう一つのピークが訪れるが(9)、そのうち最も時期の遅い部類に入るのが鞆淵荘の検注で、応永の逃散闘争が終結した後の正長元年（一四二八）に行われた。正長帳の基本的な性格は以下の通りである(10)。

・全八七紙のうち六紙が欠損しているものの、荘域のほぼ全域をカバー。
・対象は田地のみ。畠地の検注は行われなかったものとみられる。
・記載項目は支配先(11)、等級、面積、所在地、枚数、地主、作人など。
・検注の期間は一〇月四日から二六日までの二三日間。

【史料1】正長元年鞆淵薗大検注帳（冒頭部分を抜粋）

別宮御供
上一反卅歩 一坪 狭四　地主 道場　乍 刑部太郎 北垣内
立用年預供
上半十歩 今中前 狭二　地主 小田　乍 同
仮屋
上大四十歩 今中前 狭四　地主 与一 朴河　乍 同
立
上百十歩 宮前 狭二　地主 彦六 今中　乍 同
仮
上小 同 狭二　地主 三郎太郎 御所　乍 同

上《立》大十歩同狭二　地主　公文方　乍　権禰宜

2　天正一九年検地帳

天正一三年（一五八五）、羽柴秀吉の紀州攻めにより根来寺や粉河寺は焼き討ちを受けたが、高野山への攻撃は客僧木食応其の奔走により中止され和睦が成立した。平定後、紀伊国は弟の秀長に与えられ、天正一五年ごろから紀伊国での太閤検地が始まった。天正一九年には鞆淵を含む高野山領を対象とした検地が実施される。前田正明によれば、天正一九年の検地帳は、翌年の朝鮮出兵を控えて軍役賦課の根拠を算出するために急ぎ作成されたもので、高野山が作成した指出検地帳をもとに現地での丈量を加えたものと考えられ、耕地の生産力は政策的に高めに評価された可能性が高い（上田・上畠の割合が高い）という[12]。天正帳の基本的な性格は以下の通りである[13]。

・全一三冊が完存。ただし元禄年間に作成された写本。
・対象は田地、畠地、屋敷。
・記載項目は等級、面積、所在地、収量、作人など。
・検地の期間は九月一五日から一八日までの述べ一五日間（四組の検地役人で分担）。

【史料2】天正一九年友淵村検地帳（冒頭部分を抜粋）

下　壱畝十五歩《タカワラ谷》　壱斗六升六合《タコラ村》　後家《ウシロ》
上　壱畝十五歩《同》　壱斗九升五合　太郎兵衛
下　三畝《同》　三斗三升　鶴
中　廿歩《同》　八升八合　彦二郎《くほ》

中　同四畝　四斗八升　しやじ
下　同壱畝　壱斗壱升　くほ二郎九郎

3　両帳簿の相違点と使用方針

両帳簿の記載様式・内容を比較したときの大きな相違として、正長帳では地主と作人の別があったが、天正帳ではそれがなくなっていることが挙げられる。ここでは太閤検地そのものについて深く立ち入る余裕はないが、両帳簿をみるかぎりでは太閤検地による加地子収取の否定という通説が支持されていることになる。[14]

また、正長帳には収量の記載はないが、検注の結果が最終的に整理された「大検注分田惣目録」（「編」二八二。以下、惣目録）から斗代がわかるので、それを面積に乗じた数値を本章では使用している。両帳簿では斗代の基準が異なっており[15]（表30）、そのほかには前述のように前田が指摘した生産力の評価基準の問題や、度量衡の問題[16]もあることから、「鞆淵の田地が増減した・生産力が上下した」というような絶対的な水準比較のために両帳簿を使用することはできない。

表30　両帳簿の斗代
（反別）

正長帳	天正帳
上田　3.6斗	上田　13斗
中田　3.0斗	中田　12斗
下田　2.6斗	下田　11斗
	上畠　10斗
	中畠　8斗
	下畠　6斗
	屋敷　12斗
	荒畠　6斗

しかしながら、耕地所有者間の相対的な構造にバイアスをもたらすような作為が加えられた形跡はみられず、そのような観点での分析ツールとしては十分使用に堪えるものと考える。よって本章では、両帳簿を用いて地区別・身分階層別などの相対的な構造変化をとらえることを主な目的とする。

第二節　正長帳と天正帳の比較からみる構造変化

ここでは正長帳と天正帳の比較を行うが、正長帳では畠地の検注は行われていないので、主に田地について比較をしていくことになる。

1　地区別の構造変化

鞆淵荘の荘域は荘内の中心を流れる鞆淵川（真国川）の上流（東）から下流（西）に向かって、上番・中番・下番に大きく三区分される。地区別の分析にあたってこれをさらに上村・清川・中村・本川・湯本・下村・和田という七つの地区に細分した（図18）。これら七地区は一五〜一六世紀の史料[17]にみえる村名をもとに設定したもので[18]、先行研究によれば以下のように概説できる[19]。

①上番……鞆淵川上流域および支流の久保谷川流域の「上村」と、支流の清川流域に沿う「清川」からなる。戦国期以降の清川には、近世になると公文家として鞆淵のトップに立つ林氏が進出する。

②中番……鞆淵川中流域を占め、そのうち「本川」には二つの支流域（本川・米之郷谷川）が含まれ、荘鎮守の鞆淵八幡宮があった。また「中村」には応永の闘争で追放・代替わりとなりつつも文安年間まで下司職を相伝した鞆淵氏の、「湯本」にはその同族とみられ応永の闘争後に手放すまで公文職を相伝した一族の拠点がそれぞれあった。

③下番……鞆淵川下流域および支流の神路谷川を中心とする「下村」と、荘内の西南端に位置する「和田」からな

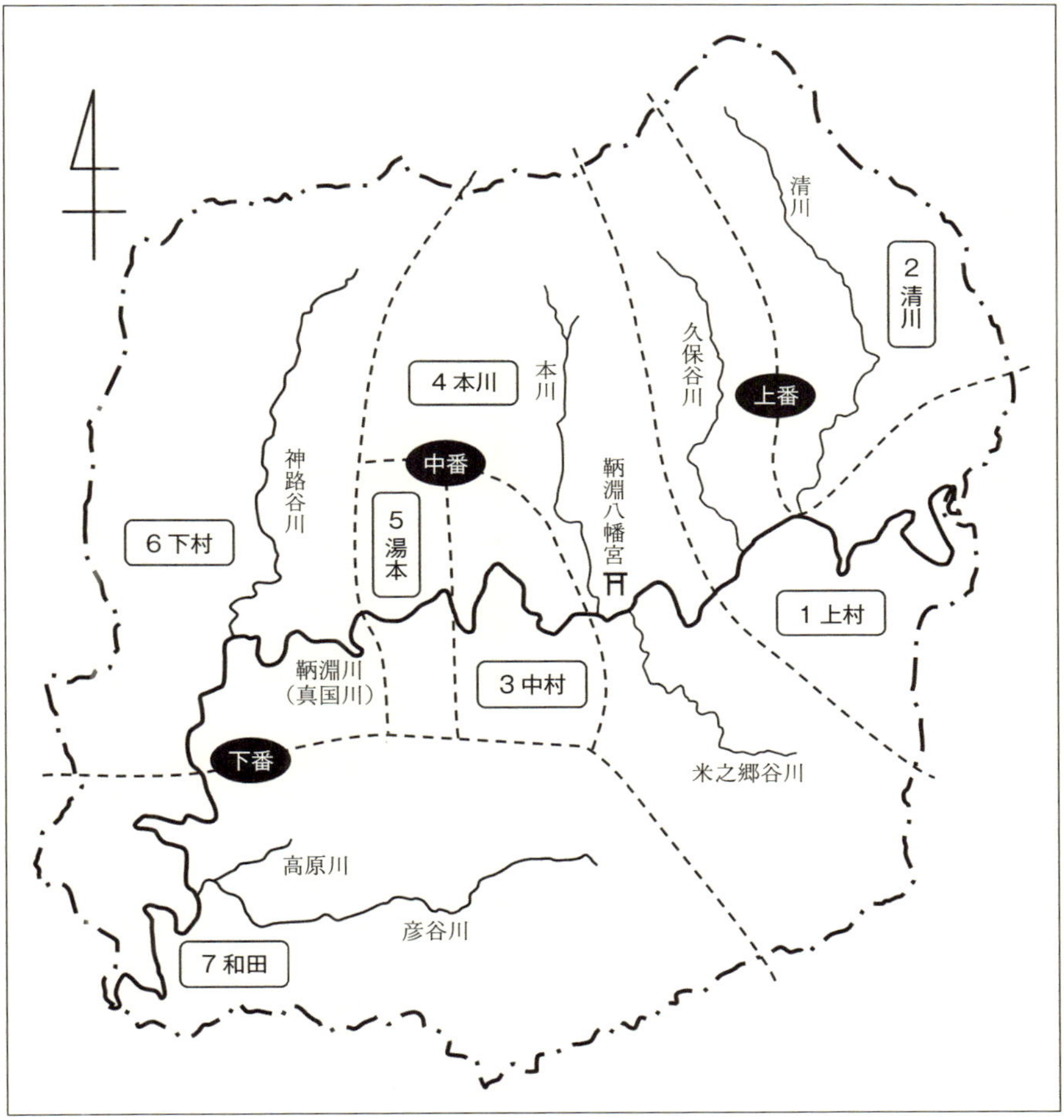

図 18　鞆淵荘地図（7 地区別）

る。和田は、林氏と同様に近世には下司家として最大の勢力を持つ庄司氏の拠点となる。

次に、両帳簿上に現れる地名がこれら七地区のいずれに所在するかについて、以下の手順で比定作業を行った。結果の概要は表31・32として示した。

（A）正　長　帳

①耕地の所在地名のうち、七地区の名称を直接含むものはその地区内と確定する。

②それ以外は、早稲田大学海老澤衷ゼミが実施した現地調査報告書の景観復元地図[20]から一致・類似する地名を探し、それを服部英雄の調査[21]によって補完する。

③地図上にみつけた地名がどの地区に所属するのか、一五〜一六世紀の諸史料[22]から判定する。図18の境界線は実際にはこの段階で引かれることになる。

④右の諸史料にみえない地名は、地図の位置関係から所属する地区を判定する。

（B）天　正　帳

①天正帳は耕地ごとの地名の情報は少ないが、一三冊の表紙に地区名が記されている。耕地ごとの地名と表紙の地区名から、七地区のいずれかに一意に対応する（複数の地区にまたがらない）と判断できる冊子は、その地区内と確定する。

②それ以外の冊子の地名は、正長帳と同様の作業により所属する地区を判定する。

③場合によっては、推定される検注順路、作人の在所名（特に屋敷の作人）なども用いて判定を行う。

表 31　各地区に対応する代表的な地名（正長帳）

1 上村	2 清川	3 中村	4 本川	5 湯本	6 下村	7 和田
大野田	井谷	馬場ノ前	今中	タチヤ谷	ハウシ谷	小和田
今西	ケヤ川	鳴瀧	宮前	ソトハ野	ホリキリ	ヒワ谷
上ノ村	ウシウチ	長尾	北坂	ツユクチ	孝子	前河
アリイカシ	ソトワ谷	今井	井ノ口	門井谷	スナトリ	柳ノサワ
カウトウ垣内	大町	中野	カイサワ	ユノ本	新	堂田ノ坪
志賀	アリ井	水車谷	朴川	ヤスノ	古河	向林
鳥淵	クリ町	サキ林	米川谷	田中池	高良谷	ヒコウ垣内
丸岡	坊垣内	清水垣内	木屋		カシコ谷	竹原
小林	タマ谷口	ツロ	ケチ庭		クツレ谷	
乙川	中畠垣内	鞆淵谷	岩瀧		河井谷	
ヤマト谷	ヲキノサワ	カウ取尾	クワノワタキ		フル湯屋	
小クホ		寺田			大西	
クホ		門田			露谷	
					ウルシ谷	
					室谷	

表 32　冊子の表紙と対応する地区（天正帳）

表紙の情報				対応地区
検地役人	帳番	日付	地　区　名	
孫二郎、弥七	6	9月15日	けや村・ヒ高村	2 清川
	13	9月16日		1 上村 3 中村 4 本川 5 湯本
	12	9月17日		6 下村
	9	9月18日	わた村・ひこ谷	7 和田
弥太郎、勘丞（勘五郎）	7	9月15日	かうの村・はやし	2 清川
	2	9月16日		3 中村
	4	9月17日	ころ谷・はた	6 下村
	1	9月18日	たこら谷	7 和田
分介、伝介	10	9月15日		1 上村
	3	9月16日	上村	1 上村 2 清川 4 本川 5 湯本
	5	9月17日	本川	4 本川 6 下村
	8	9月8日（18日ヵ）	和田村	7 和田
覚右衛門、与一郎	11	9月15日～17日		1 上村 3 中村 4 本川 5 湯本

表33 地区別・耕地面積（正長）

	上田(歩)	中田(歩)	下田(歩)	不明(歩)	総計(歩)
1 上村	6,676	9,670	8,233	440	25,019
2 清川	2,461	6,914	8,204	—	17,579
3 中村	11,960	6,012	3,039	—	21,011
4 本川	8,981	6,779	7,741	—	23,501
5 湯本	4,783	2,878	2,670	230	10,561
6 下村	3,781	9,073	25,273	564	38,691
7 和田	3,048	4,003	6,005	—	13,056
総計	41,690	45,329	61,165	1,234	149,418

1） 本川欠損分を惣目録により補正。
2） 面積は歩に換算。

表34 地区別・耕地面積（天正）

	上田(歩)	中田(歩)	下田(歩)	田合計(歩)	畠合計(歩)	屋敷(歩)	総計(歩)
1 上村	19,305	7,535	4,203	31,043	15,775	870	47,688
2 清川	20,200	6,815	6,090	33,105	16,965	970	51,040
3 中村	15,240	4,345	325	19,910	17,525	790	38,225
4 本川	11,205	4,360	1,460	17,025	12,870	1,035	30,930
5 湯本	6,710	2,540	3,495	12,745	9,805	365	22,915
6 下村	15,760	6,180	10,075	32,015	29,695	1,575	63,285
7 和田	12,297	7,230	1,490	21,017	14,825	1,455	37,297
総計	100,717	39,005	27,138	166,860	117,460	7,060	291,380

面積は歩に換算。

さて以上のような作業にもとづき、両帳簿の耕地面積を等級別・地区別に集計したものが表33・34である。[23] このうち田地について等級別にみると、全体的に上田が極端に増加しており、前田が指摘したように天正帳には等級の過大評価があることがうかがわれる。

そこで地区別の構成比を比較すると、正長帳（表35）では中村（二八・七％）・本川（二一・五％）という中番二地区が上田を最も多く有していた。それが天正帳（表36）になると、中番三地区はいずれも相対的に上田を減じて、かわりに上村（一九・二％）・清川（二〇・一％）の上番二地区が上田保有の上位を占めるようになり、下村（一五・六％）・和田（一二・二％）の下番二地区もシェアを拡大している。

次に、このような耕地面積の変動を総合

した生産力を示す指標として、田地の石高について地区別の構成比をみてみよう（表37・38）。やはり上番の上村・清川と下番の和田が増加している一方、中番の中村・本川が減少していることがわかる。特に清川の伸びが著しく（一一・四％→一九・八％）、和田がそれに次いでいる（八・六％→一二・八％）。なお、下村は田地におけるシェアは低下しているものの（二三・八％→一八・八％）畠地がそれをカバーしており（二五・六％）、総計でみれば荘内で最大の生産力を持っている（二一・〇％）。

以上のように、田地の保有状況には明らかな構造変化がおきているといえよう。鞆淵八幡宮や鞆淵氏の拠点があり、一五世紀前期までは中心部であった中番から、かつては周縁部であったはずの上番・下番への重心移動がみられるのである。そして、その中でも特にシェアを伸ばしているのは、清川・和田というそれぞれ林氏・庄司氏という有力者の本拠地となる地区だったことが判明した。

2 庄司氏・林氏の位置

ここまでの分析によって中番から上番・下番への生産力のシフトが明らかになったが、正長帳の段階では最も進んでいた中番の開発には鞆淵氏が関与し、その強い影響力を受けた「名百姓」の行動は、それ以外の地域の「荘百姓」とは異なっていたことが高木徳郎によって指摘されている。(24) そのことを前提にすると、天正帳の時点までの上番（清川）・下番（和田）の開発に林氏・庄司氏が強く関与することで生産力のシフトをもたらしたのではないかという仮説がおのずと浮かんでくる。そこで、ここでは両者の荘内での位置付けについて両帳簿から個別的にみてみることにしよう。

表35　地区別・耕地面積の構成比（正長）

	上　田	中　田	下　田	総　計
1 上村	16.0%	21.3%	13.5%	16.7%
2 清川	5.9%	15.3%	13.4%	11.8%
3 中村	28.7%	13.3%	5.0%	14.1%
4 本川	21.5%	15.0%	12.7%	15.7%
5 湯本	11.5%	6.3%	4.4%	7.1%
6 下村	9.1%	20.0%	41.3%	25.9%
7 和田	7.3%	8.8%	9.8%	8.7%
総計	100.0%	100.0%	100.0%	100.0%

本川欠損分を惣目録により補正。

表36　地区別・耕地面積の構成比（天正）

	上　田	中　田	下　田	田合計
1 上村	19.2%	19.3%	15.5%	18.6%
2 清川	20.1%	17.5%	22.4%	19.8%
3 中村	15.1%	11.1%	1.2%	11.9%
4 本川	11.1%	11.2%	5.4%	10.2%
5 湯本	6.7%	6.5%	12.9%	7.6%
6 下村	15.6%	15.8%	37.1%	19.2%
7 和田	12.2%	18.5%	5.5%	12.6%
総計	100.0%	100.0%	100.0%	100.0%

表37　地区別・石高（正長）

	総計(斗)	構成比
1 上村	206.8	16.6%
2 清川	141.5	11.4%
3 中村	191.7	15.4%
4 本川	211.3	17.0%
5 湯本	91.1	7.3%
6 下村	295.9	23.8%
7 和田	107.2	8.6%
総計	1,245.5	100.0%

本川欠損分を惣目録により補正。

表38　地区別・石高（天正）

	田合計(斗)	構成比	畠合計(斗)	構成比	総計(斗)	構成比
1 上村	1,285.8	18.6%	443.2	13.5%	1,764.0	16.8%
2 清川	1,369.4	19.8%	443.9	13.5%	1,852.2	17.7%
3 中村	853.9	12.3%	494.8	15.0%	1,380.3	13.2%
4 本川	711.8	10.3%	369.3	11.2%	1,122.5	10.7%
5 湯本	517.8	7.5%	246.9	7.5%	779.3	7.4%
6 下村	1,298.1	18.8%	841.9	25.6%	2,201.6	21.0%
7 和田	884.3	12.8%	450.3	13.7%	1,392.9	13.3%
総計	6,921.1	100.0%	3,290.4	100.0%	10,492.7	100.0%

（A）庄　司　氏

まずは比較的情報量の多い庄司氏からみていくが、「庄司」の名は正長帳・天正帳のいずれにもみえている。表39は正長帳の地主のうち石高上位一〇者を抽出したものだが、突出した第一位である下司方や公文方、高野山子院の浄菩提院・高室院、荘内寺院である大禅寺（大善寺）などに次いで、庄司氏は第一〇位に入っている。これまで室町期の庄司氏の動向については不明な点が多かったが、すでに正長の時点で荘内の上層に位置していたことは確かである。なおこの表では、単純排行（後述）の人物を中心に多数存在するはずの同名の別人を在所（史料1の「朴河」「今中」「御所」の類）によって識別しているが、在所の記載がない場合もあって作業の完全は期し難い（天正帳はこの傾向が特に強い）。ただ少なくともこの表の結果には大きな影響があるとは考えられない。

そしてその後も庄司氏が同程度か、あるいはそれ以上の位置を占めるに至ったことは享徳四年（一四五五）の雑事米帳（「鞆」五三）や天正帳をみても確認することができ、さらに正長帳では八割弱、天正帳ではほぼ全ての耕地を庄司氏は和田に保有している（表40）。中番の開発の例からして、下番、特に和田の田地のシェア拡大の背景に庄司氏による開発があった可能性は高いと考えるが、この仮説についてはまたあとでさらなる検討を行う。

（B）林　　氏

「林」の名も両帳簿にみえているが、正長帳では六五歩の下田を小作人として耕作するのみで、これが本当に後代の林氏と同じなのかはわからない。天正帳でもそれほど目立った存在ではなく、仮に「公文代」「公文田」を含めるとしても[25]、耕地の規模は庄司氏の半分程度である（表41）。林氏の出自は判然とせず、天正年間の高野山の軍事的危機に際しての軍功を契機に台頭したと推測されているような状況であるが[26]、庄司氏よりも後発の存在であったことは

表39　石高上位10者（正長）

地　主	面積（歩）	石高（斗）
下司方	5,881	50.4
新方	2,380	21.3
道場	1,945	19.1
浄菩提院	2,164	17.7
高室院	2,070	16.9
大禅寺	1,793	14.0
公文方	1,483	13.1
円仙	1,377	11.2
楠若女	1,240	11.0
庄司	1,145	9.6

表40　庄司氏の耕地保有状況

	面積（歩）	石高（斗）	構成比
正長帳	1,145	9.6	0.83%
うち湯本	270	2.2	0.19%
うち和田	875	7.4	0.64%
享徳4年雑事米帳	1,245	—	—
天正帳（田地）	2,085	87.8	1.27%
うち湯本	—	—	—
うち和田	2,085	87.8	1.27%
天正帳（畠地）	1,170	38.1	1.16%
うち湯本	45	1.5	0.05%
うち和田	1,125	36.6	1.11%
天正帳（総計）	3,375	130.7	1.25%
うち湯本	45	1.5	0.01%
うち和田	3,330	129.2	1.23%

構成比は、鞆淵全体に占める割合。

表41　林氏関連の耕地（天正）

作　人	面積（歩）	石高（斗）
はやし	280	9.4
はやし部や	505	21.9
公文たい	720	30.7
公文代	180	7.0
公文田	10	0.2
総計	1,695	69.2

全耕地（田地・畠地・屋敷）の総計。

帳簿上からも確かである。

3　身分階層別の構造変化

次に身分階層別の構造変化をみていきたいが、近年では坂田聡、薗部寿樹らによって、村落の人名にはいくつかの類型があってそれが村落内での身分標識になっていることが明らかにされてきた。[27] 本章ではそれら先行研究の成果に依拠して、地主・作人の名前を分類整理することとした。

まず村落上層とみなされるものを挙げていくと、「官途名」、すなわち「衛門、刑部、左近、右近、兵衛、右馬」を名前に含む者は全て一括して分類した。[28] 次が「法名」で、鞆淵荘では「円仙、乗覚、京仁、行円」などの例がある。[29]

そして中世後期では以上の二種類より少数とされる「氏姓」を名乗る者、例えば「源次郎、平太郎、藤太郎」の類である。

これら村落上層に対して、一般構成員の典型的な名前として、排行（太郎・二郎・三郎など年齢順を示す呼称）を持つが官途名・氏姓のいずれも持たない「太郎二郎、彦太郎、孫太郎、又太郎、助太郎」といった型の者を、本章では「単純排行」と称することとした。また下層住民・若衆という両説がある「幼名」の者や、[30]名前はわからないが「女性」と判断できる者も分類として別掲した。

上記のほか、下司・公文および庄司氏・林氏の名前がみえる場合にはこれを「荘官層」とし、さらに人名ではないが荘内外の「寺社名等」も別個に集計することとした。

なお本来は、地主・作人の人数を分析の対象にしたいところだが、先述の通り同名の別人を厳密に識別するのが困難であるため、ここでは人数の代理指標として石高を利用する。身分階層別に産出する石高＝生産力の構成比をもって、各階層の荘内における位置付けを探ろうとするものである。

（A）自作田地

第一に、正長帳と天正帳で直接比較が可能な自作地の田地からみていくことにしよう（表42・43）。まず明らかなのは法名が減少しているのに対して（二四・四％→八・五％）、官途名が増加していることである（一三・四％→三四・八％）。これは村落運営に関わる文書の署判を網羅的に収集・分析した薗部によれば一五〜一六世紀の一般的な傾向であり、法名の減少は上層者による村落運営の動揺に由来し、同時に官途名を僭称する者が増加したという。[31]

そこで次に注目したいのは、最多数を占める単純排行である。やはり薗部によれば、このような名前の署判は村落内身分の動揺によって一六世紀後半に急増するという。[32]しかし、鞆淵荘の耕地分布をみる限りでは二時点を比較してもほとんど構成比が変わっておらず（四四・三%→四四・六%）、そのような動揺の跡はみられない。村落内部における官途成・入道成をしていない者の位置付け、すなわち一般構成員に対する身分規制の強弱には、この時期を通して大きな変化がなかったと考えられる。また、このように鞆淵荘では村落内身分に動揺がなかったとすれば、先述の村落上層者については法名（入道成）から官途名（官途成）へのシフトが起こったとみることができよう。[33]

（B）小　作　地

正長帳については小作地があるので、地主と作人とに分けてその構造をみてみよう。地主をみると自作地とは全く異なり（表44）、寺社名等がかなりの部分を占め（四二・六%）、法名がそれに次いでいる。[34]しかし小作人については、自作地の構成と大きな違いはみてとれない（表45）。自作であれ小作であれ、作人の階層構造はほぼ同じであったといえる。

（C）畠地・屋敷

次は天正帳のみであるが、畠地・屋敷についても念のためにみてみると（表46・47）、やはりいずれも田地と大きくは変わらないことがわかる。よって、先述の自作田地でみられた身分階層の構造とその変化は、鞆淵全域をつらぬく身分規制の状況を示していたと結論付けることができよう。

（D）寛正三年の惣荘置文

ここで両帳簿のほかに鞆淵荘の身分構造を示す史料として、一点の惣荘置文に注目したい（「鞆」六二）。寛正三年（一四六二）、鞆淵八幡宮の遷宮にあたって祭礼の次第や費用負担について木札に書き残したもので、このときの遷宮では大破した本社と若宮が再建されたが、その費用として「若子之物とう」の料足三年分を寄進したという。これは子供の健康な成長を祈る神事を挙行するための頭役の一種と想像され、「若子祈勝のために」費用負担者三〇人とその子供の名前が列記されている。各人の負担額は記載されておらず、寄進総額が三〇貫文とあることから、一人一貫

表42　身分階層別・石高（正長、自作地）

地主分類	石高(斗)	構成比
官途名	94.7	13.4%
法名	172.7	24.4%
氏姓	15.8	2.2%
単純排行	314.1	44.3%
幼名	47.1	6.6%
女性	3.4	0.5%
荘官層	10.4	1.5%
寺社名等	24.0	3.4%
その他	27.0	3.8%
総計	709.3	100.0%

表43　身分階層別・石高（天正、田地）

作人分類	石高(斗)	構成比
官途名	2,406.5	34.8%
法名	588.4	8.5%
氏姓	31.5	0.5%
単純排行	3,083.3	44.6%
幼名	325.9	4.7%
女性	31.2	0.5%
荘官層	152.6	2.2%
寺社名等	0.4	0.0%
その他	301.3	4.4%
総計	6,921.1	100.0%

表44　身分階層別・石高（正長、小作地主）

地主分類	石高(斗)	構成比
官途名	8.2	1.8%
法名	72.6	16.1%
氏姓	0.7	0.2%
単純排行	27.6	6.1%
幼名	21.5	4.8%
女性	32.1	7.1%
荘官層	64.2	14.3%
寺社名等	191.8	42.6%
その他	31.4	7.0%
総計	450.1	100.0%

表45　身分階層別・石高（正長、小作人）

作人分類	石高(斗)	構成比
官途名	58.3	12.9%
法名	118.9	26.4%
氏姓	4.3	1.0%
単純排行	190.5	42.3%
幼名	18.4	4.1%
女性	0.6	0.1%
荘官層	1.2	0.3%
寺社名等	15.7	3.5%
その他	42.3	9.4%
総計	450.1	100.0%

表46　身分階層別・石高（天正、畠地）

作人分類	石高(斗)	構成比
官途名	1,230.3	37.4%
法名	247.6	7.5%
氏姓	6.5	0.2%
単純排行	1,394.0	42.4%
幼名	158.6	4.8%
女性	52.7	1.6%
荘官層	42.4	1.3%
寺社名等	22.6	0.7%
その他	135.7	4.1%
総計	3,290.4	100.0%

表47　身分階層別・石高（天正、屋敷）

作人分類	石高(斗)	構成比
官途名	92.1	32.7%
法名	19.4	6.9%
氏姓	1.2	0.4%
単純排行	121.3	43.1%
幼名	16.2	5.8%
女性	3.9	1.4%
荘官層	4.8	1.7%
寺社名等	1.6	0.6%
その他	20.8	7.4%
総計	281.3	100.0%

表48　身分階層別・遷宮費用負担者

分　類	人数	構成比	費　用　負　担　者
官途名	5	16.7%	刑部太郎、右馬太郎、左近太郎、刑部太郎、右馬五郎
法名	3	10.0%	宥音、経禅、上坊
氏姓	1	3.3%	源三郎
単純排行	14	46.7%	孫三郎、孫太郎、又太郎、五郎二郎、九(郎)次郎、太郎二郎、七郎二郎、太郎、孫太郎、彦二郎、孫二郎、彦三郎、太郎三郎、彦太郎
幼名	1	3.3%	乙
荘官層	1	3.3%	庄司
その他	5	16.7%	湯本、水口、岡、ミやうし谷、山戸の前
合計	30	100.0%	

文ずつであった可能性が高い。だとすれば、この三〇人の階層構造は経済力という観点で、石高で評価した両帳簿の階層構造と比較可能であろう。

そこで三〇人の名前を両帳簿と同様に分類集計してみると（表48）、やはり単純排行が四六・七％と半分近くを占めている点は両帳簿と変わらない。そして「その他」を除けば、[35]官途名（一六・七％）、法名（一〇・〇％）の順で次いでいるが、この両者の差は両帳簿ほどには開いていない。寛正三年置文の階層構造は、正長帳から天正帳への変化の途上にあるものと位置付けられよう。この置文は貞和・観応の闘争で惣荘を主導した八人の百姓を顕彰したもので、[36]いわば惣荘としての事績を振返り、その理念を再確認したものである。また荘鎮守である八幡宮の再建は荘内の最重要事業であり、ここにその出資者として名を連ねることは大きなステータスであったはずだが、その階層構造は耕地分布の面から確認したような荘内全体の構造と大きな違いがなく、村落上層と一般構成員がそれぞれの総体的な経済力に比例して偏りなく再建費用を拠出していることがわかった。

この置文の奥には宮座の主導権を握っている十二人の番頭の記名がある一方、庄司氏の名前が三〇人の費用負担者の先頭と、番頭の記名のさらに奥の二か所にみえており、このとき初めて明確に有力階層として姿を現している。そして戦国期・近世になると庄司氏・林氏が宮座を指導下に置き、[37]少なくとも荘内のトップには画期的な勢力交替が起こるにいたる。しかしこれまで述べてきたことから考えると、それ以外の構成員については比較的フラットな身分構造を持っており、当該期を通して身分秩序を揺るがすような変化はなく、安定的な荘内運営が行われたことがうかがえる。

第三節　正長帳からみた構造変化の要因

これまでの二時点比較によって、一五〜一六世紀には特に地域的に大きな構造変化が起きたことを指摘できた。次に、ここではそのような構造変化を生んだ要因として、地区別にどのような性格の差異が存在したのかを正長帳から探ってみたい。正長帳は天正帳と比べれば情報量が豊富なのでさらに詳細な検討が可能である。

1　支配先の分布とその性格

（A）支配先と等級の関係

ここでは正長帳に記載された支配先について考察していくが、正長帳そのものをみる前に、惣目録に正長帳の結果が支配先ごとに集計値としてまとめられているのでみてみることにしよう（表49）。

まず目につくのは、村社・村堂・祭礼関係の免田（○印）の種類の多さである。これらは単に村人の信仰拠点というだけでなく、これをテコにして免田という実益を獲得するという、表裏両面の性格が透けてみえる。(38)また、同じ神仏免でも荘園全体の鎮守である八幡宮関係（◎印）には上田が宛てられている一方、村レベルの信仰拠点である村社・村堂・祭礼（○印）には下田だけが宛てられており、両者の間には明確な区別があることがわかる。(39)同様にこのほかの支配先をみても、上田のある荘官給（◇印、惣追補使・番頭を含む）、中田だけの荘官土居（△印）

表49　支配先の一覧（「大検注分田惣目録」）

	合　計	上田（斗）	中田（斗）	下田（斗）
総　　計	1,245.5	419.8	380.7	445.0
高野山運上分	625.2	265.3	226.5	133.0
三供僧	516.8	240.7	196.4	79.6
立用雑記米	108.5	24.6	30.0	53.4
地下募分	526.4	101.9	125.8	298.0
◎八幡宮御供免	86.5	18.6	21.3	46.0
◎八幡宮八講免	54.1	10.9	12.6	30.7
◎八幡宮供僧免	47.0	7.4	9.8	29.8
◇下司給	72.0	15.0	18.8	38.2
◇公文給	72.1	14.8	18.8	38.5
△下司土居職	4.5	—	4.5	—
△公文土居職	4.5	—	4.5	—
△下庄惣追補使土居	3.0	—	3.0	—
△上庄惣追補使土居	3.0	—	3.0	—
◎大宮神主給	7.2	2.0	0.6	4.6
◎若宮神主給	3.6	0.7	0.5	2.4
◎膝付田	7.2	1.1	0.6	5.5
◇惣追補使給	7.2	1.0	0.8	5.5
押領使給	3.6	—	—	3.6
◇番頭給	62.4	28.8	18.0	15.6
井料	18.1	—	—	18.1
○村々諸堂免	22.5	—	—	22.5
○八幡宮度々御神楽免	4.6	—	—	4.6
○正月十一日蔵祭免	4.6	—	—	4.6
報恩寺	1.2	—	—	1.2
○弁才天免	0.2	—	—	0.2
○妙見免	0.2	—	—	0.2
○秋蔵祭免	0.7	—	—	0.7
○御神御払免	0.7	—	—	0.7
○御神免	0.5	—	—	0.5
○大晦日大餅	1.7	—	—	1.7
○正月八日若宮御祭	0.9	—	—	0.9
○天王御神楽免	0.7	—	—	0.7
○中村仮屋免	1.7	—	—	1.7
○妙法寺免	1.3	—	—	1.3
○橋寺免	1.4	—	—	1.4
○朴河神免	1.7	—	—	1.7
○為氏神免	0.6	—	—	0.6
○熊氏神免	0.7	—	—	0.7
○小和田堂免	1.3	—	—	1.3
○室谷神免	0.5	—	—	0.5
○上垣内宮免	0.5	—	—	0.5
○小和田宮免	0.5	—	—	0.5
鳥淵村井料	1.5	—	1.5	—
使者免	3.0	—	3.0	—
地見仮屋免	3.0	—	3.0	—
○大禅寺免	1.7	—	—	1.7
八幡宮報恩寺夜灯免	5.2	—	—	5.2
報恩寺	7.2	1.7	1.6	3.9

1)　総計（1,245.5）に対して内訳の合計値（1,151.6）は10石弱足りない。
2)　◎・◇・△・○の記号は筆者が付与したもの。

など、給免田の等級と支配先の関係には一定の傾向がみてとれる。これは荘園経営を維持する上での高野山からみた重要度に従って、給免田の等級に差がつけられているものと考えられる。逆にいえば、給免田の等級によって支配先の性格が推測できるのであり、上田の給付は一種のステータスとなっていたのである。

（B）支配先の地区別分布

次に正長帳そのものに目を移して、支配先が地区別にどのような分布を示しているか確認し、その要因や後代への影響について考察してみたい。

①**下司給と神仏免**　まず下司給の分布をみると（表50）、鞆淵氏の本拠地があった中村にもあるが（二七・二％）、むしろ庄司氏の本拠地となる和田が最大集積地となっている（四一・二％）。[40]下司職を相伝してきた鞆淵氏は文安三年（一四四六）を最後に姿を消し（「編」三〇三）、かわって村落上層として現れる庄司氏は寛正三年置文の時点では肩書不明だったが、その二年後には「下司代正時（庄司の音通）」とみえる（「鞆」六四）。このとき下司は高野山の「預」の手にわたっていたから、庄司氏は下司代として現地で実務にあたり、下司給の配分にもあずかったであろう。庄司氏が経営的には正長の時点ですでに上層に位置していたことは先述の通りだが、このような下司給の分布状況からすると、応永の闘争前後のかなり早い段階で鞆淵氏から庄司氏への勢力基盤の継承が潜在的に進んでいたとみなくてはならないだろう。[41]

この点に関連して、村レベルの神仏免が下番（下村・和田）に大きくかたよっていることが注目される（表51）。例えば「中村仮屋免」[42]「朴河（本川）神免」など、明らかに他の地区の名前を冠している神仏免までが下番に配置されており、特に「中村仮屋免」は庄司氏の自作地となっている。このような神仏免の分布は、のちに宮座における主導権を握ることで荘内での地位を高めていった庄司氏の動向とも関係するのではないか。[43]すなわち、庄司氏は自らの手元に集積された神仏免を管理・維持していくことで、宮座での発言権を拡大していったと考えられるのである。

②**公文給・公文土居職**　荘官として下司と対をなす公文に関係する支配先として公文給・公文土居職についてみると（表52）、上番（上村・清川）に固まっていることがわかる。公文・公文代はいずれも下司よりも早くすでに正長の頃には高野山（勧学院・長床衆）の手に移っていた（「編」二七七〜二七九・二八四）。そして次に述べるように高野山

表 50　支配先別石高の地区別分布①

支配先	1 上村	2 清川	3 中村	4 本川	5 湯本	6 下村	7 和田	総　計
下司給	—	—	27.2%	13.4%	5.3%	12.9%	41.2%	100.0%
下司土居職	—	—	95.4%	—	4.6%	—	—	100.0%

表 51　支配先別石高の地区別分布②

支配先	1 上村	2 清川	3 中村	4 本川	5 湯本	6 下村	7 和田	総　計
村々諸堂免	—	—	—	—	—	100.0%	—	100.0%
八幡宮度々御神楽免	—	—	100.0%	—	—	—	—	100.0%
正月十一日蔵祭免	—	—	—	—	—	100.0%	—	100.0%
弁才天免	—	—	—	—	—	—	100.0%	100.0%
妙見免	—	—	—	—	—	—	100.0%	100.0%
秋蔵祭免	—	—	—	—	—	—	100.0%	100.0%
御神御払免	—	—	—	—	—	—	100.0%	100.0%
御神免	—	—	—	—	—	—	100.0%	100.0%
大晦日大餅	—	—	—	—	100.0%	—	—	100.0%
正月八日若宮御祭	—	—	—	—	100.0%	—	—	100.0%
天王御神楽免	—	—	—	—	100.0%	—	—	100.0%
中村仮屋免	—	—	—	—	—	—	100.0%	100.0%
妙法寺免	100.0%	—	—	—	—	—	—	100.0%
橋寺免	100.0%	—	—	—	—	—	—	100.0%
朴河神免	—	—	—	—	—	100.0%	—	100.0%
為氏神免	100.0%	—	—	—	—	—	—	100.0%
熊氏神免	—	—	—	—	—	100.0%	—	100.0%
小和田堂免	—	—	—	—	—	—	100.0%	100.0%
室谷神免	—	—	—	—	—	100.0%	—	100.0%
上垣内宮免	—	—	—	—	—	100.0%	—	100.0%
小和田宮免	—	—	—	—	—	—	100.0%	100.0%
大禅寺免	—	—	—	—	—	100.0%	—	100.0%

表 52　支配先別石高の地区別分布③

支配先	1 上村	2 清川	3 中村	4 本川	5 湯本	6 下村	7 和田	総　計
公文給	56.1%	25.0%	—	15.2%	3.7%	—	—	100.0%
公文土居職	87.0%	13.0%	—	—	—	—	—	100.0%

に関係の深い支配先は上番に多く設定される傾向にあったため、このような分布を示したと考えられる。また、応永期までの公文は湯本を拠点としていたが、清川にも権益を持っていたことが指摘されており[44]、それを継承・拡大したのが上番の公文給・公文土居職だという理解もできる。

庄司氏よりも後発の存在であった林氏にとって、突出した有力者の不在、水田の質の高さ、軍事・交通上の重要性など、清川には進出しやすい要因があったと指摘されている[45]。林氏は中世を通じて公文・公文代を名乗った徴証はないが、今回明らかになったように上番に集中して分布した公文給・公文土居職は、やはり林氏にとって経済的基盤となったのではないだろうか。だとすれば、それは林氏の台頭が確認される戦国期よりもかなり早い段階で用意されていたことが検注帳からうかがえるのである。

ところで高木徳郎は歩付帳を集計した結果、下司給は惣目録の約三分の一にしか届かず、公文給に至っては全く記載がないことから、それら給田は歩付帳の残っていない中村・湯本・小和田（和田）・毛屋川（清川）に、特に公文給は湯本に集中していると予想し、それらの地区では鞆淵氏が年貢・公事を請負ったため歩付帳は作成されなかったと議論を展開した[46]。しかし本章で新たな分析を行った結果、正長帳における公文給の最大集積地は歩付帳も残存している上村であったことが判明した。そこで正長帳と上村歩付帳の記載を個別的に比較してみると、正長帳では支配先が公文給となっている田地が、上村歩付帳では「寺家米」となっているケースが散見された[47]。つまり、歩付帳の「寺家米」というのは基本的には惣目録の「三供僧」に該当するものだが、すでに当時の公文は高野山の者が務めているため、公文給も「寺家米」の中に含められてしまったのであろう。

また歩付帳の推定作成時期にあたる宝徳三年（一四五一）には小和田・下村の年貢納帳が作成されているが（「鞆五二」）、両村の帳簿形式は共通しているから小和田だけ鞆淵氏が請け負ったとは考えづらい。同じように、前出の享徳四年（一四五五）の雑事米帳にも歩付帳がある地区とない地区の地名が混在しており、例えば後者では清川の「ケや川」「アリイ」、中村の「ツロ」「中ノ」「今井」、和田の「おわた」などがみえる。

以上のことから、下司給・公文給の分布の粗密によって開発や信仰などの面で領主層が及ぼす影響に強弱が生じることは当然あるとして、この場合は収納体系・請負主体までもが異なっていたとは考えられず、歩付帳がない地区でも百姓直納が行われたとするべきであろう。(48) なお、この点については本章の最後でもう一度ふれたい。

③八幡宮関連・高野山運上分　鞆淵荘は石清水八幡宮領として成立し、鞆淵八幡宮はその別宮として建立されるが（正長帳でも「別宮」と表記）、元弘三年（一三三三）に高野山領へと編入される。ここではこれら新旧領主にまつわる支配先について検討したい。

まず八幡宮関連の支配先であるが、ここでは規模の大きい八幡宮御供免、同八講免、同供僧免の三種類について地区ごとの総計に占める比率をみると（表53）、湯本（三四・九％）、本川（二八・二％）の順に大きいことがわかる。本川は八幡宮の所在地ということで理解できるが、湯本に関してはなぜなのか。高木は歩付帳をもとに八幡宮関連の給免田が下村に多く分布することを示し（本川が次ぐ）、下村を灌漑する荘内最大の用水である「大湯（境石溝）」の高度な技術を要した開削に石清水八幡宮が積極的に取り組んだためにその影響力が残ったとした。(49) 正長帳で八幡宮関連の支配先が湯本に多いのは、この大湯の取水口が湯本にあることと関係があろう。あるいはかつて大湯は現在とは異なり湯本をも灌漑していたのかもしれない。

次に三供僧・立用雑記米(50)の二種類からなる高野山運上分について同様にみてみよう（表54）。上流域から下流域へ向かって上番、中番、下番の順に高野山運上分の比率が高いという傾向が看取され、特に下番には立用雑記米が配分されていない。これはやはり高野山からの物理的距離が影響していると考えられ、例えば下司給と同じように自分か

表53　支配先別石高の地区別分布④

支配先	1 上村	2 清川	3 中村	4 本川	5 湯本	6 下村	7 和田	総　計
八幡宮御供免	2.4%	—	7.2%	21.6%	15.9%	0.4%	6.1%	6.9%
八幡宮八講免	—	—	—	6.5%	9.4%	7.2%	10.0%	4.3%
八幡宮供僧免	1.2%	0.8%	0.3%	0.1%	9.6%	10.0%	3.8%	3.8%
小計	3.5%	0.8%	7.5%	28.2%	34.9%	17.6%	19.9%	15.1%
総計	100.0%	100.0%	100.0%	100.0%	100.0%	100.0%	100.0%	100.0%

本川欠損分を惣目録により補正。

表54　支配先別石高の地区別分布⑤

支配先	1 上村	2 清川	3 中村	4 本川	5 湯本	6 下村	7 和田	総　計
三供僧	55.1%	61.6%	50.0%	28.1%	34.3%	40.2%	31.0%	41.5%
立用雑記米	7.8%	15.8%	5.3%	25.2%	7.3%	—	—	8.7%
小計	62.9%	77.4%	55.3%	53.3%	41.6%	40.2%	31.0%	50.2%
総計	100.0%	100.0%	100.0%	100.0%	100.0%	100.0%	100.0%	100.0%

本川欠損分を惣目録により補正。

ら近いところにより多く設定したのだろう。それでも上番だけに集中させず全荘域に傾斜配分したのは、高野山運上分は突出して規模が大きいということもあるが、応永の逃散闘争のような収取トラブルが発生した時のためのリスク分散というねらいもあったものと思われる。

以上のように支配先の地域的な分布は、下司・公文から石清水八幡宮・高野山まで領主層の動向に大きく左右されていた。地域によって年貢の納入先が大きく異なるわけであるから、それが地域ごとの性格の違いを生んだであろうことは想像に難くない。

2　自作地・小作地と新開

自作地と小作地についてはすでに身分階層別に若干の比較を行ったが、ここでもう少し詳細な比較を試みよう。全田地面積に占める小作地の比率を求めたのが表55である。まず等級別にみると、小作地の比率は上田（四三・八％）、中田（三七・八％）、下田（三四・九％）の順に高くなっている。あわせて田地一枚あたりの面積も比較してみると小作地の方がやはり大きく（表

56)、生産性の高い田地ほど小作地が多いことがわかる。

次に表55を地区別にみると、小作地の比率がもっとも高いのは湯本である（六一・四％）。湯本の小作地主の内訳をみると、下司、公文、庄司氏のほかに、高野山、根来寺、荒川、調月といった外部の地主が多く混在しているのが大きな特徴である。その要因として、耕地面積は決して広くないが、湯本（＝井本）の名が示す通り大湯のほかにも柳瀬湯という荘内屈指の灌漑用水の取水地であり、水利上の要地であったことが挙げられる。それら用水の開発に外部の力が関与したという可能性も考えられる。

一方、小作地の比率が低いのは庄司氏・林氏の本拠地となる和田（一五・八％）・清川（二九・九％）である。特に和田は全体的な傾向とは正反対に、生産性の高い田地ほど小作地が少ないというかなり特異な地区である。このことは、有力階層の主導による開発が他の地区と比較して進んでいないということを示唆していよう。

そのような和田の開発の具体相を、数少ない小作地からみることができる。「堂田ノ坪」という在所に、和田としては珍しく小作地がまとまって広がっている（表57）。高原川と彦谷川が鞆淵川に合流する地点に、現在は「ドンダ」という地名があるのでそのあたりのことであろう(51)。注目されるのはこれらの田地に全て「新開」の注記があることである。新開は和田の田地の一割弱を占めるが、他の地区ではわずか四筆（計一三〇歩）を数えるのみで、和田では荘内でも後発的に開発が進んでいたことがわかる（表58）。また和田のなかでも「堂田ノ坪」のような新開の密集地は他にはない。地主の「大日寺」は不詳だが在所に関する注記がないことから近在の寺院とみられ、「十二所（権現）」はこのほかに「村人」を作人とする小作地を持っていることから、いずれも村レベルの信仰拠点であろう。そして「堂田ノ坪」の作人の先頭に立っているのが庄司氏である。村の信仰拠点を支えるための新田開発を、庄司氏は周辺住民を率いて行っていたのであり、このようにして地域における信仰と開発のリーダーとしての地位を築いていった

表 57 「堂田ノ坪」の小作地

地主	作人	面積(歩)
大日寺	庄司	100
	道忠	90
	二郎五郎	80
	孫五郎	60
	助二郎	50
	左近五郎	45
	彦七	40
	次郎三郎	30
	五郎二郎	30
	彦五郎	30
	明長	25
	彦六	25
	孫二郎	20
	孫三郎	15
	彦三郎	10
	合計	650
十二所	九郎大郎	80
	道忠	50
	衛門五郎	30
	合計	160

全て下田・新開。

表 55　小作地比率（面積）

	上田	中田	下田	総計
1 上村	37.8%	52.9%	53.8%	48.2%
2 清川	33.9%	23.9%	33.8%	29.9%
3 中村	36.9%	64.2%	34.4%	44.3%
4 本川	50.1%	26.3%	38.1%	41.3%
5 湯本	69.8%	53.8%	51.1%	61.4%
6 下村	70.9%	24.8%	29.6%	32.1%
7 和田	4.3%	12.0%	24.1%	15.8%
総計	43.8%	37.8%	34.9%	38.1%

表 56　自作地と小作地の規模比較

		上田	中田	下田	総計
自作地	面積(歩)	22,188	25,890	37,610	86,692
	枚数	516	969	3,216	4,771
	面積／1枚	43.0	26.7	11.7	18.2
小作地	面積(歩)	17,326	15,705	20,206	53,467
	枚数	328	451	1,402	2,209
	面積／1枚	52.8	34.8	14.4	24.2

表 58　新開の面積

	上田(歩)	中田(歩)	下田(歩)	総計(歩)
1 上村	—	75	—	75
2 清川	—	—	—	—
3 中村	—	—	10	10
4 本川	40	—	5	45
5 湯本	—	—	—	—
6 下村	—	—	—	—
7 和田	—	199	985	1,184
総計	40	274	1,000	1,314

ことも明らかになった。

のだろう。また、開発途上であり自作地が圧倒的に多い特殊な地区において、このような形で小作地が成立していたことも明らかになった。

おわりに

以上、本章では一五〜一六世紀における鞆淵荘の耕地分布を題材として、中心部（中番）から周縁部（上番・下番）への生産力のシフト、その背景に存在した有力階層の動向について論述してきた。林氏については依然として不明確な点が多いが、庄司氏についてはその本拠地となる和田に集積された下司給と鞆淵氏からの潜在的な勢力継承の進展、村の信仰拠点を支えるための開発の具体相など、新たな知見を得ることができた。

また村落の最上層では番頭から庄司氏・林氏へという大きな勢力交替が確かに起こるが、それ以外の構成員については寛正三年置文にも惣荘の理念として示されたフラットな身分構造が長く保持され、その意味では荘内運営は安定的であったことが確認された。

前章でも述べたとおり、庄司氏・林氏にトップの座を取って代わられた番頭は、室町期に整備された自治システムである地下請を継承し、その一形態である番頭請を担うことで、戦国期においても高野山との関係を個別に構築しながら、上層住民としての地位を保っていた。一五世紀から一六世紀にかけて、鞆淵荘では新たな階層の台頭、高野山支配の浸透(52)によって最上層の構造は着実にその姿を変えながらも、闘争の時代に獲得された自治的な性格・機能は必ずしも失われず、中世の終わりまで維持されたのである。

注

(1) 小川信「紀伊国鞆淵庄における郷村制形成過程」(『国史学』五二、一九五〇年)、熱田公「紀州における惣の形成と展開―鞆淵荘を中心に―」(同『中世寺領荘園と動乱期の社会』思文閣出版、二〇〇四年、初出は一九七八年)、黒田弘子『中世惣村史の構造』(吉川弘文館、一九八五年)、高木徳郎「中山間荘園における開発と在地領主―紀伊国鞆淵荘を事例に―」(同『日本中世地域環境史の研究』校倉書房、二〇〇八年、初出は一九九九年)、第二部第一章など。

(2) 黒田弘子「鞆淵八幡宮宮遷大祭と能」、同「長栈座と中世宮座」(いずれも注(1)黒田著書)。

(3) 天正検地の時点ではもはや荘園ではなく、検地帳でも「友淵村」などの表記がみられるが、本章では煩瑣を避けるために「鞆淵」に表記を統一する。

(4) 正長元年の検注帳については高木徳郎「正長元年鞆淵薗大検注帳」(『和歌山県立博物館研究紀要』七、二〇〇一年)、天正一九年の検地帳については山東示奈・前田正明「天正一九年友淵村検地帳」(同前紀要)。このほかに近世初期のものとして元和一〇年(一六二四)の検地帳の現存も確認されている。

(5) 黒田弘子「惣村の成立と発展」(注(1)黒田著書)、注(1)高木論文。

(6) 本章では「惣荘」という用語は鞆淵荘の個別事例に対して、「惣村」は学術的概念として用いることとする。また『粉河町史第二巻』(一九八六年)のうち「鞆淵八幡神社文書」は「鞆」、「高野山文書」などそれ以外の編年史料は「編」と略記して文書番号を付した。

(7) 山陰加春夫「鞆淵八幡神社の中世文書―「歩付帳」の歴史的位置―」(同『中世寺院と「悪党」』清文堂出版、二〇〇六年、初出は二〇〇一年)。

(8) 山陰加春夫「南北朝内乱期の領主と農民」(同『新編中世高野山史の研究』清文堂出版、二〇一一年、初版は一九九七年)。

(9) 岡野友彦「「応永の検注帳」と中世後期荘園制」(『歴史学研究』八〇七、二〇〇五年)によれば、応永年間は高野山だけでなく全国レベルで検注が実施された時期であり、それは幕府による段銭賦課を中心とする新たな負担に対応するためであったとされる。

(10) 注(4)高木論文。

(11) 高野山の「分田支配(=配分)」では耕地一筆ごとにその支配先を設定するが(山陰加春夫「室町初期における荘園の再編―金剛峯寺領紀伊国官省符荘の場合―」〈同『中世寺院と「悪党」』清文堂出版、二〇〇六年〉)、検注帳に支配先が記載されているのは鞆淵荘の特徴である。

(12) 前田正明「天正一九年の高野山領の検地について」(『和歌山地方史研究』五四、二〇〇八年)。

(13) 注(4)山東・前田論文。

(14) ただし、この直前の天正一五年、一七年の年貢米納帳(「鞆」八六・八八)によれば「カタコ(加地子)」の徴収が行われていた。

(15) 正長帳では年貢高、天正帳では生産高と考えられる。

(16) 太閤検地以前は一反＝三六〇歩、以後は一反＝三〇〇歩とされ、正長帳・天正帳もこの通りとなっている。そして一歩＝一間四方であるが、この一間の長さには諸説がある。一般的なのは、太閤検地以前は一間＝六尺五寸、以後は一間＝六尺三寸という理解であろう。ただし本章では、両帳簿の面積を直接的に比較することはないので、この点を考慮した換算は特に行わない。

(17) 年貢納帳・歩付帳・勧進帳といった帳簿類が中心(「鞆」五一〜五八・六九・八一・八六・八八など)。

(18) 地区名の表記は時代・史料によってまちまちなので現代のものにならって統一した。

(19) 黒田弘子「千代鶴姫伝承と庄司氏—中世後期の高野山と鞆淵荘の土豪—」(竹内理三先生喜寿記念論文集刊行会編『荘園制と中世社会』東京堂出版、一九八四年)、注(5)黒田論文、注(1)高木論文。

(20) 早稲田大学大学院海老澤衷ゼミ編『紀伊国鞆淵荘地域総合調査』(一九九九年)。

(21) 服部英雄「地名史(資)料論」(網野善彦・石井進・谷口一夫編『中世資料論の現在と課題』名著出版、一九九五年)、同「湯屋・橋寺・井料—地名による紀伊国鞆淵庄の復原—」(『日本歴史』六六八、二〇〇四年)。荘域の外縁部(上村・下村・和田)に関しては早大調査よりも情報が詳細である。

(22) 注(17)を参照。

(23) 先述の正長帳の欠損六紙分は前後関係からほぼ確実に本川の一部であり、一方で鞆淵荘の総田積は惣目録から把握できるため、本章の一部では惣目録に対する検注帳の不足分を本川の欠損分とみなして、本川に編入するという補正処理を行った。

(24) 注(1)高木論文。

(25) 天正帳の時点までに林氏が公文・公文代を名乗った形跡はない。

(26) 高橋傑「妙法寺村から林村へ—林氏の鞆淵荘進出をめぐる一考察—」(注(20)調査報告書)。

(27) 坂田聡『日本中世の氏・家・村』(校倉書房、一九九七年)、同「中世百姓の人名と村社会—近江国菅浦の実例を中心に—」(『中央大学文学部紀要』四五、二〇〇〇年)、瀬田勝哉「「名つけ帳」にみる子どもの名」(同『木の語る中世』朝日新聞社、二〇〇〇年)、薗部寿樹『日本中世村落内身分の研究』(校倉書房、二〇〇二年)、中村哲子「中世在地官途名の位置づけと変遷—中世前期から惣村の成立へ—」(『史苑』六五—一、二〇〇四年)。

(28) ちなみに薗部寿樹「中世後期村落における乙名・村人身分」(注(27)薗部著書)や注(27)中村論文によれば村落官途の代表格として特別な位置を占めたとされる「大夫」の例は、鞆淵荘では正長帳でも天正帳でもみられない。

(29) なお正長帳には、高野山に所属する正規の僧侶の名前も一部含まれるが(高野、小田原、千手院、上蔵院、谷上院などの注記によって判明する)、それらは全て小作地の地主であり、作人としては登録されていない。

(30) 前者の説は注(27)坂田論文、後者の説は薗部寿樹「乙名・村人身分から年寄衆・座衆身分へ」(注(27)薗部著書)。

(31) 注(30)薗部論文。

(32) 注(30)薗部論文。

(33) このシフトの要因については、戦国時代になると「衛門、刑部、左近、右近、兵衛」など武官を中心とした官途名が流行することとあわせて検討する必要があるだろう。

(34) これらの中には荘外の地主も相当数含まれ、高野山の諸谷・諸院に属する者が大半であるほか、近隣荘園(荒川・調月)、根来寺、粉河寺(御池坊)の名前もみえる。

(35) 「その他」に入っているのは荘内の地名だけが記載されたケースで、彼らの身分階層は不明だが「湯本」などは番頭の可能性もある。

(36) 黒田弘子「「八人御百姓」をめぐって」(注(1)黒田著書)。

(37) 注(2)黒田「長栈座と中世宮座」。

(38) 免田の設定に対する高野山の消極的な態度が、「八幡宮度々御神楽免」などという表現からもうかがわれて興味深い。このような点については富沢清人『中世荘園と検注』(吉川弘文館、一九九六年)のプロローグでも触れられている。

(39) なお報恩寺は鞆淵八幡宮の神宮寺とされるが(池田寿「高野山と村落寺社」〈『日本歴史』五六七号、一九九五年〉)、「報恩寺」という支配先が複数あって相互関係が不明のため、ひとまず記号の付与対象から除外した。

(40) ただし下司土居職については中村に集中しており、鞆淵氏の土居=城館が中村にあったという注(5)黒田論文の説を裏付けている。

(41)　注(19)黒田「千代鶴姫伝承と庄司氏」は庄司氏に伝わる伝承と系図をもとに、庄司氏は一五世紀半ば以降に没落していく鞆淵氏と婚姻関係を結ぶことによって勢力を継承したと論じているが、勢力継承の時期についてはそれよりも引き上げて考える必要がありそうである。

(42)　検注のための仮屋は中田が宛てられた「地見仮屋免」が別にあるので、これは祭礼の際に八幡宮神輿を安置するための仮屋と解釈する。

(43)　注(2)黒田「長栈座と中世宮座」。

(44)　注(26)高橋論文。

(45)　注(26)高橋論文。

(46)　注(1)高木論文。

(47)　例えば正長帳（検注日一〇月二四日）の以下の例がそれにあたる（〔　〕内は上村歩付帳〈「鞆」五八〉での表記）。

・「水ヲチ〔ミツヲチ〕」の「馬三郎〔右馬三郎〕」が耕作する「古屋垣内〔フルヤカイト〕」に所在する下田小（一二〇歩）。

・「岡〔ヲカ〕」の「行徳〔キヤウトク〕」が耕作する「乙川上ノ谷ロ〔ウエノ谷ロ〕」に所在する下田三〇歩と、同じく「ヤナイ田〔ヤナイ田前〕」に所在する下田八〇歩。

(48)　ただしこのような立場に立つと、高木の指摘通り歩付帳の残存状況をどう説明するかが課題となるが、ひとまず本章では、戦国期・近世にかけて庄司氏・林氏の主導的立場の確立により宮座が変質する過程で何らかの事情で一部が失われたのではないかと考える。

(49)　注(1)高木論文。

(50)　正長帳では「立用年預供」となっており、惣目録では「立用雑記米年預紙筆料」と割注がある。

(51)　注(21)服部「地名史(資)料論」。

(52)　本章では詳説できなかったが「氏人」身分（在地出身者で高野山の僧侶になった者）の設定というのも重要な一側面であろう。黒田弘子「中世後期における高野山権力と農民闘争」（注(1)黒田著書）を参照。

第三章　戦国期惣村の生産・商業・財政

――菅浦と浅井氏・竹生島――

はじめに

本書第二部に共通する問題意識として、第一章では村落の実態把握から議論を再構築することを惣村論の課題として掲げたが、その際に留意せねばならないのは地域性の問題である。惣村の事例とされるものの分布には、近江国や紀伊国など特定の地域に偏りがあることは周知の通りである。ならば、まずはそれら地域における惣村の特性をみきわめることが大きな課題となろう。

本章では如上の課題解決の第一歩として、近江国の惣村の事例として菅浦をとりあつかい、その実態と特性について検討することを目的とする。近江国菅浦は琵琶湖の北岸から竹生島に向かって突き出た葛籠尾崎の西側に立地する小村であるが、惣村の典型として早くから注目を浴び、極めて多くの研究が蓄積されてきた。それらの出発点と称されるべきものは赤松俊秀である。赤松は菅浦の住民は長期にわたる努力によって自治権を獲得するものの、戦国期に入ると戦国大名浅井氏の収奪によって経済的破綻に追い込まれ、最終的には「自検断」の放棄にみられるように自治権を喪失すると論じた(1)。そして石田善人は、赤松によって示された菅浦の変遷を中世村落全般に共通するプロセスと

してとらえ、自治権を失い支配の対象として固定化された村落の上に近世が成立するという見通しを立てたのであった。(2)

赤松・石田の惣村に対する理解は長きにわたって通説とされ、大きな影響力を行使してきた。例えば湯浅治久は戦国期の菅浦に借銭・借米として多くみられる債務が浅井氏に対するものに一本化されていき、浅井氏が発布した徳政令も適用対象外だったとし、(3)また田中克行も非協力的な領主には年貢を納めないという菅浦の原則は戦国期になると通用しなくなるとの展望を示しており、(4)基本的には赤松・石田を継承したものといえる。

これらに対して、戦国期の菅浦の実態をより明らかにし、通説の見直しを図ろうとする研究も進められてきた。藤田達生・勝俣鎮夫は菅浦の自検断は浅井氏に否定されたわけではなく健在だったとし、(5)また藤田・太田浩司は菅浦には開発と隠匿によって帳簿上の数値以上に田地面積があり、大量の剰余が在地に確保されたとした。(6)阿部浩一は菅浦の債務も浅井氏の徳政令の対象になりえたとし、年貢未進には支払い猶予の獲得という積極的な意味があったとした。(7)黒田基樹も未進年貢の債務化を村落の主体的な対応ととらえ、菅浦の債務は累積するだけではなく返済も相応に行われたとし、(8)また菅浦の土地売買は財政破綻の徴証とされた惣有地売買や加地子得分の集積を示すものではなく、惣の財政基盤を惣有地に求めることを幻想と断じた。(9)宮島敬一は浅井氏の支配は菅浦の村落自治を前提とした代官支配であり、浅井氏は地域の治安維持者として新たな地域秩序を形成できたと説いた。(10)

特に最近では、銭静怡が戦国期の菅浦に関する論考を連続して発表しているが、(11)そのうち最新のものでは役負担・借銭問題・自検断の三つの側面から検討した結果、浅井氏の支配を惣村の機能を活かした代官支配の強化と評価した点は宮島と同様であり、菅浦は代官支配へ同意する姿勢を示したとする。浅井氏の目的はかつての通説のように自治の否定ではないが、かといって村の自律の貫徹では説明しきれないとの結論を下し、近年の研究動向に一定の修正を迫っている。また蔵持重裕は自検断の問題をとりあげ、浅井氏は菅浦の検断「権」を否定したが、実際には村の中の検断は村が行うのが超時代的に自明であるとし、この事件は自治の敗北や形骸化を意味するのではなく、戦時体制としての惣村が和平の確立により歴史的役割を終えたものと評価している。(12)

これまで、菅浦の財政破綻説を退けるための最大の課題は財政構造を収入面から説明することであった。そこで見出された回答は商品作物、特に油実（あぶらみ）の生産であった。油実は文字通りアブラギリ（油桐）という落葉高木の種子からとれる油を灯油や傷薬、防水塗料として用いたもので、菅浦では戦国時代から年貢の一部に組み込まれ、貢納だけでなく売買も行われるようになるが、油実が菅浦の借銭の担保となった、(13)あるいは油実によって借銭が返済された、(14)と説明されている。

実はこの点については、他でもない赤松がすでに論及しており、「油実との交換を引当にして、借米が増加した」とし、菅浦の財政好転・経済発展を示すものと評価していたのである。(15)しかしながら最終的に用意していた「自検断の放棄による自治の喪失」という結論を前にして、それ以上立ち入ることをしなかったのである。

以上のように、ようやく近年の研究によって菅浦の収支バランスが正当に再評価され、それにより惣村研究は通説の見直しから新たな段階へ向かおうとしているといえるが、近江国の惣村の実態と特性を明らかにするという問題意識からすれば、菅浦の財政状況と商品作物の生産・取引の相互関係について、さらに具体的な検討が必要であると考える。そこで本章では、一六世紀後半（特に永禄・元亀）を中心として戦国期における菅浦の商品作物の生産・取引の具体相と財政状況への寄与、および浅井氏をはじめとする周辺勢力との関係について明らかにしていきたい。

菅浦には多様な特産物があったことが知られ、供御人役として伝統的に貢納されてきた大豆・麦・鯉・枇杷のほか、「柑子」「ミかん」なども戦国期の史料にみえる。枇杷や柑子は領主への貢納だけでなく海津など湖北の村落との交易にも用いられた。そして一六世紀中頃から明確に史料上に現れ、特に永禄から元亀にかけてその頻度が高くなることから、当該期の菅浦財政にとって大きな位置を占めたとみられるのが前述の油実であり、それに付け加えられるのが綿であった。(16)

油実については、史料をみると特に浅井氏と多く取引されており、菅浦と浅井氏の関係を読み解く上で欠かせない材料である。また後述するように、油実の生産は近世菅浦にも引き継がれ、それはやがて隣接する若狭・越前に波及し、近代に至るまで地域を支えた重要な生業であった。

綿については、先行研究では菅浦での生産は油実ほどには発展せず、財政への貢献は一時的なもので終わったとの評価を受け(17)、あまり注目されてこなかった。しかし関係史料の吟味は必ずしも十分ではなく、綿に関わる取引の様相は再検討の余地がある。そして綿取引を通してみえてくるのは、特に竹生島との関係である。中世を通じて菅浦には複数の領主が存在したが、当該期の菅浦が貢納を明確に継続しているのは、浅井氏のほかではこの竹生島ということになる(18)。

以上のことから本章では、当該期の菅浦を特徴づける油実・綿という二種類の商品作物をとりあげ、それらの生産・取引と財政状況、浅井氏・竹生島という領主二者との関係を明らかにしていきたい(19)。

第一節　油実取引と浅井氏

1　初期の油実取引

菅浦では「油」が延徳元年（一四八九）と明応九年（一五〇〇）に公文への年貢の一品目としてみえ[20]（「菅」八六一・一二二五）、また永正一八年（一五二一）からは竹生島への年貢にも組み込まれたことが請取状から確認され（「菅」一一六八・一一六九）、その後も天文一五年（一五四六）まで「油」の請取状が連綿として残っている（「菅」一一九八）。先行研究ではこれらの「油」を油実から採油したものとするが[21]、請取状にみえるのは五合〜一升程度で、後述する油実取引の規模と比較するときわめて少量であるため、そのように断言するのはためらわれる。

油実が明瞭に史料に現れるのは永禄年間に入ってからである。永禄七年（一五六四）から八年にかけて、琵琶湖東岸にあった「平方市庭」（「菅」二八六）の商人とみられる「平方孫六」が発給した銭の請取状が一一通残っており（「菅」六七二〜六八〇・六八七・一二〇一）、そのうち一通（「菅」六八七）には対応する納状（「菅」一二〇二）があって五貫九二九文分の「油み（実）」が納められたと記載されている。一一通のうち、この一通を含めた一〇通は一〇月末〜一一月末の同時期に発給されていることから（一通は月日不明）、全て同様に油実の代銭であった可能性もある。これら請取状の額面を合計するとおよそ八貫文となるが、このころ菅浦は平方孫六に八貫文の借銭があったので（「菅」三七三）、借銭の返済にあてられたものであろう。

このほか商人とみられる相手では、年未詳であるが「あさつま金五」に六石五斗の油実を送っている（「菅」三七七）。朝妻は平方から南の程近いところにあり中世を通じて繁栄した湖東の港である。また海津には「油方中」なる組織があり（「菅」四〇七）、のちにも触れるがこれも取引相手だったはずである。以上、菅浦は平方・朝妻・海津などの商人と広域的に油実を取引しており、油実が相応の商品価値を有していたことが知られる。

2　浅井氏との油実取引

永禄の末年になると、浅井氏との油実の取引が表面化してくる。そこでの菅浦と浅井氏の関係はどのようなものであっただろうか。菅浦が「備前守殿様」、すなわち当主の浅井長政との取引状況についてまとめた「木実料上納覚書」（「菅」九四〇）によると、永禄一二年（一五六九）には菅浦の油実二五石を長政は米二〇石で買い上げたが、世上では油実一升につき米一升二合の相場だったという。永禄一三年（元亀元年）には油実五〇石を長政は米三五石で買い上げたが、世上では油実一升につき米一升だったという。さらに元亀二年（一五七一）には油実六〇石を長政は米四〇石で買い上げたというが、この年は世上の相場については記載がない。この覚書の通りであるなら、第一に取引の規模が年々大きくなっていること、第二に長政は世上の相場よりも、かつ年を追うごとに、安く菅浦の油実を買い上げていることがわかる。

次いで元亀三年の状況については、二点存在する同年の「借米覚書」のうち一点（「菅」二〇一）をみると、菅浦は「木工助殿」から四五石三斗九升、「小丸殿」から一一石二斗、「備前守殿」から五俵二斗の借米をしている。これら三名のうち「木工助殿」は代官の浅井井伴、「備前守殿」は長政であることに疑問の余地はない。この両名からの借米について、もう一点の「借米覚書」（「菅」九四二）もあわせて確認すると、井伴からの借米には「是ハ木のミ《（油実）》二合入ニ可二召上一候哉」、長政からの借米には「木のミたし可レ申候分」「木のミの米」といった注記があることから、油実による返済を予定したものであったことがわかる。こちらの「借米覚書」では井伴からの借米はちょうど二〇石多い六五石三斗九升にまで増大しているが、この数値の相違の意味を直接的に語る史料はみあたらない[22]。前者の「借米覚書」では最初に「四十石」と書き、それを抹消して「四十五石三斗九升か」と訂正しているので、後者の「六十五石三斗九升」の方はさらに新しい数値とみられる。

以上の史料を文字通りに受け取ると、元亀二年に長政は米四〇石を支払ったものの、翌年には五俵二斗と急激に規模を縮小させ、かわって井伴が六五石余と大口の取引を行ったことになる。おそらく実際には永禄一二年〜元亀二年の取引にも代官の井伴が何らかの関与をしたものと思われるが、少なくとも元亀三年の時点では両者からの借米が別建てなのは明らかである。また次にみるように、菅浦に対する直接の窓口も別の人物が務めていたことから、やはり井伴と長政とでは取引は別ルートで行われたとみられる。

井伴との取引で窓口に該当するのは遠藤喜右衛門尉という人物で、これは浅井被官の遠藤直経と考えられる。年未詳の二点の井伴書状（「菅」二五三・四二一）によれば、井伴は遠藤方から菅浦へ油実を請取に人を派遣させ、その際に「あふらミもよそへ被レ遣候より、一わりも安候て被レ遣候て可レ然候」「世上へ之売買よりもやすく候て、斗なとをもよき様ニはからせ可レ被レ渡候」などと、たびたび油実価格の割引を要求している。井伴の主張によれば「世上へ之売買、嶋花王坊可レ被レ存候、其上かくれあるへからす候」と、「嶋」すなわち竹生島の坊舎の一つである花王坊との情報交換によって油実の相場を把握していたという。年月日未詳の菅浦の覚書（「菅」九一三）によれば「木工助殿様より被レ仰候、遠と木〔藤喜〕衛門殿油実之事、木のミ三斗三升入七石分ニ米七石ほト、殿様より被レ仰候ことくニ仕候」とあり、結局は井伴の要求に沿って遠藤と取引したという。これらの史料の年次については、遠藤直経が討死した元亀元年六月の姉川合戦以前のこととなるが、取引規模が大きくない点、井伴が値下げを要求している点から考えて、前述の「木実料上納覚書」よりも前、浅井氏との油実取引で最も早い時期の永禄一〇〜一一年ごろとしておきたい。

一方、長政との取引では角田藤三郎なる者が菅浦との折衝にあたった。残念ながら角田の素性はよくわからず、関係史料の年次も特定しがたいが、角田から菅浦にあてた年未詳の書状（「菅」四〇七）では、「自二長政一被二申付一儀」

を菅浦が承引しないことを不届とし、去年の通りに片岡（余呉町の地名か）で米二〇石を請け取り、海津の油方中に油実二〇石を渡すように菅浦に要求している。別の年未詳の角田書状（「菅」九六九）では、油実を一〇石までしか売れないと伝えてきた菅浦に対して、角田は是非とも四〇石ほど買いたいと強硬な態度をみせており、取引数量をめぐっても双方の要求は衝突していたことがわかる。

それではもう一人の「小丸殿」とは何者であろうか。この点について先行研究ではふれられてこなかったが、井伴・長政と連記されていることからまずは浅井氏の関係で考えるべきであろう。そうすると居城の小谷城にあった「小丸」という郭に浅井久政が隠居して「小丸殿」と称されているから、[23]これに従って「小丸殿」は久政のことと理解しておく。そして元亀二年の「在米覚書」（「菅」九三五）には「小丸殿木のミ元亀元年のふんなり」との記述、および「小丸殿へ木のミ渡」との端裏書があり、同二年の「勘定帳」（「菅」九三九）にも「木のミの米、小丸殿米也」との記述があるから、元亀三年の一一石二斗は久政からの借米であり、井伴・長政の場合と同じく油実で返済されたものとみてよいだろう。

久政との取引に関しては、年未詳で「こまる」との署判がある仮名書状（「菅」四四六）が残っているが、花押は久政のもの[24]とは明らかに異なっている。隠居した久政が花押を改めたか、あるいは久政に仕える女房の手になる書状かと考えられるが、年未詳で浅井被官の島秀宣に宛てた久政書状と鶴松太夫添状（久政の側近か）をみると、久政が島に鷹・鯛・烏賊・酒樽を贈ったのに合わせて、「久政御女房衆」も「織板物一端」を贈っており、[25]女房衆が家中において久政を補完する役割を担っていたことが知られる。この「こまる」も女房衆の一人が遠藤や角田のように浅井氏の油実取引に際して菅浦との交渉を行ったものと考えられる。「こまる」書状の内容としては油実二〇石を買いたいと菅浦に申し出たものだが、「さう〱ちそう候へく候、よそへハやすくうり候て、こなたへハたかく申事、せひ《是非》なき事、さう〳〵ちそう候へく候」とあり、他との取引よりも高値を提示してきた菅浦を非難している。前述の通り、菅浦の記録に「小丸殿」との取引がみえてくるのは井伴や長政よりやや遅れて元亀年間であり、この「こまる」による交渉もその頃のことと推測される。

なお、このほか菅浦文書には、上書に「おたにしろ《（小谷城）》より／うは／ミんふ卿」との差出書がある年未詳(26)の仮名書状（「菅」二〇六）や、「しん大夫」の差出書と「あふらみ御ちそう、うれしくおほしめし候」という一文のある年月日未詳の仮名書状（「菅」一〇〇五）があり、これらも浅井氏の女房衆の書状とみられる。特に後者は、具体的に誰かは不明だが浅井氏の意をうけて菅浦に油実の手配を謝したものであり、このような女房衆までが油実の取引に関与している点は注目に値しよう。この点についてはまた後に論及する。

さて、ここまで述べてきたように、元亀三年の菅浦は浅井井伴・長政・久政の三者に対して合計およそ八〇石（仮に一俵を四斗で換算）という借米を抱えていたわけだが、果たしてこれらの借米は先行研究でいわれるように年貢未進によるものなのか。まず代官である井伴はともかく、長政や久政にまで個別に借米をしているという点で疑問を持たざるをえない。さらに数量的に考えると、地下請による年貢の請切額は二〇石二〇貫文である。(27)井伴の六五石余に限定したとしても、単年の場合には皆未進でようやく届くという水準である。しかし元亀三年にそこまで大きな未進があった形跡はない。同年の油実取引は史料には明示されていないが、代米四〇石の収入があった元亀二年の水準から激減でもしていない限り、従来の田畠からの収入も考慮に入れれば(28)、大きな年貢未進が発生するとは考えづらい。それでは前年からの累積はどうか。そこで元亀二年の財政状況を示す覚書の類（「菅」九三五・九三八・九三九）をみてみると、井伴に三石七斗(29)、小丸殿に七石の借米があったのみで、翌年に繰り越されたとしても影響はわずかである。よって元亀三年の借米八〇石は質的にも量的にも、年貢未進だけでは説明のつかないものであったことがわかる。

以上の検討により、永禄末年から元亀にかけて菅浦と浅井氏の油実取引は年々規模が拡大し、元亀三年には井伴・長政・久政とそれぞれ別ルートでの取引をするに至ったこと、菅浦は彼らから油実での返済を予定した債務を負っていたが、それは単に年貢未進によるものとは様相を異にすることを明らかにした。

また菅浦は基本的に安値での販売を求められ、浅井氏との間には取引価格・数量について摩擦が生じていたことも、ここで確認しておきたい。

第二節　綿取引と竹生島

1　初期の綿取引

次にみていくのは綿である。菅浦での綿の初見は天文一二年（一五四三）で、竹内与三右衛門尉宗教という人物が綿の代銭六貫文の請取状（「菅」一一九五）を発給している。これは年貢銭の収納かと思われるが竹内の素性は不詳である。

次いで天文一五年には、これも素性不明の貞利という人物からの借銭一四貫六〇〇文に対して、綿の代銭九貫六〇〇文で返済を行っており（「菅」九〇五）、このときの綿の価格は一〇〇匁あたり四七五文と計算される。(30)

2　竹生島との綿取引

その後、綿の取引は竹生島とも行われるようになったらしく、永禄八年（一五六五）に竹生島の花王坊が綿の代銭二五〇文の請取状（「菅」九一九）を発給しており、さらに花王坊は永禄一二年には合計一三二三匁の綿に対して一二通（「菅」五四二・五四五・一二〇五〜一二一四）、元亀二年（一五七一）には合計六一七匁の綿に対して五通（「菅」一二一八・一二一九・一二二一〜一二二三）の請取状をまとめて発給している。このとき確認できる価格は綿一〇〇匁あたり三〇〇文である。(31) 同じく元亀二年には浅井氏への年貢にも組み込まれ、綿三〇〇匁分として米一石八斗が収納されている（「菅」九三六）。すなわち一〇〇匁あたり米六斗という価格である。以上のことから、綿は銭に換算すればおよそ数貫文〜一〇貫文といった程度で菅浦の財政へ貢献していたことになり、油実には及ばないが決して無視はできない規模であったといえる。

【史料1】花王坊実憲綿請取状（「菅」一二〇九）

百五十めわた請取申候、惣中へ出銭方ニ清九郎より取申候、為レ其ニ一筆被レ参候、

永禄十弐六月廿一日　花王坊（実憲）（花押）

すかのうら
惣中まいる　「記相」（異筆）

上述の竹生島花王坊の請取状のなかから一例を掲げたのが史料1である（以下、引用史料の傍線、傍点は筆者による）。それら請取状に共通した特徴として挙げられるのは「惣中出銭」「惣中へ出銭方ニ」「惣中へ出銭分ニ」といった文言があることで、竹生島は菅浦惣中に「出銭」という名義で銭を支払い、その見返りとして綿を請け取っていたことがわかる。また特に永禄一二年の請取状にはもう一つ特徴があり、全てに「記ニ相たり」「記相」などの異筆による文言が記されている。これは竹生島が発給した請取状の額面を、菅浦の方で何らかの記録と照合・確認したものと推測される。

以上の諸点に関係するとみられるのが、菅浦文書に五点あり、全て同筆、無年号の「酒直日記」と題された史料で

ある（「菅」一七〇・一七二〜一七五）[32]。この場合の「日記」は日次記のことではなく惣中の財政に関わる記録のことを指すが[33]、以下にそのうち二点を掲げる。

【史料2】酒直日記（「菅」一七〇）

七月廿三日
三百文　酒直、此内よりわた（綿）卅二文め給候、使宮内三郎・兵三郎兵衛、惣中、
七月廿日
八十五文　酒直使小二郎兵衛・兵三郎兵衛、惣中へ、
七月廿二日
百七十九文　酒直、使平三郎大夫、惣中へ、
八月八日
弐百廿文　酒直、同使平三郎大夫、惣中へ、
八月一日
四十文　使清九郎・宮内三郎、酒直、惣中へ、
九月十七日
酒直かたニわた廿七文め、惣中より可レ給候、使藤二郎、

惣ツ合本銭分八百十文か、

【史料3】酒直日記（「菅」一七五）

二月廿六日
九十文　三文子、此利二月より六月迄利十三文、ツ合百六文成、使宮内三郎・孫四郎両人、
三月廿五日
二百十文　使孫四郎・江介両人、三文子、三月より六月「迄」（異筆）利廿五文、ツ合二百卅五文、
四月六日
八十文　三文子、使江介・孫四郎、四月より六月迄七文、ツ合八十七文か、
四月廿三日これハ城より徳政御奉行之御時
二百五十五文　三文子、使孫四郎・江介、四月より六月迄利廿三文、ツ合二百七十八文か、
四月十四日
八十文　三文子、使藤二郎、四月より六月迄利七文、ツ合八十七文、
四月晦日
弐百文　三文子、使孫四郎・宮内三郎、五月より六月迄利十二文、ツ合二百十二文か、
五月三日
百文　三文子、使宮内三郎・清九郎、五月より六月迄利六文、ツ合百六文か、

いずれも一見しただけでは難解な記録であり、先行研究でも検討の対象とされてはこなかったものである。酒直日記の記載上の特徴は、日付ごとに額面および使者をつとめた菅浦の住民の名前が記録されていること、酒直のかたとして綿を惣中から何者かに支払っていること（史料2傍線部）、そして酒直を本銭として三文子（月利三％）の利子が発生していることである。これら五点の酒直日記にみえる菅浦住民の名前の大半は、永禄六年と九年の年貢関係の帳簿類（「菅」一〇七一～一〇七三）に名請人として確認できるが、そのうち数名は天文二三年（一五五四）や弘治二年（一五五六）、同三年の帳簿類（「菅」一〇六八～一〇七〇）にはみえないため、(34) 酒直日記は永禄期のものである可能性が高い。そしてこれらの理解を可能にするのが次の史料である。

【史料4】花王坊菅浦庄散用状（「菅」一〇一九）

五月六日
壱貫弐百文　使宮内三郎・江介・孫四郎、此利三ヶ月之間九十文、本銭くわへ候て壱貫二百九十文か、
五月廿四日
廿五文　酒直、悪銭かわり、使宮内三郎・清九郎
六月二日
百六十三文　使宮内三郎・江介
六月廿九日
五十四文　清三郎けんけよ（検校）
七月五日
二百六十三文　使江介・宮内三郎
七月廿三日
六十三文　使宮内三郎・江介
七月十日
七十二文　使宮内三郎

惣以上壱貫九百廿文か、酒直之代成、其方わた六（把）は代壱貫五百文、残而四百廿文其方あるへく候、又さん用ちかい候ハヽ、重而可レ承候、可レ然様ニ頼入存候、

嶋 花王坊

宮内三郎殿

江介殿・孫四郎殿まいる

これは竹生島の花王坊が菅浦に対して発給した散用状であるが、日付・額面・使者の名前が記され、それら酒直の合計が一貫九二〇文となり、その代として菅浦から綿六把、代銭にして一貫五〇〇文が弁済され、残りは四二〇文になったことが読み取れる。日付・額面については酒直日記と一致するものはないが、宮内三郎・江介・孫四郎・清九郎といった使者の名前は史料2・3を含めて他の酒直日記にもみえている。厳密な年次は不明ながら、内容からみて酒直日記と関連があることは推察されよう。

そこで写真帳をみてみると、この散用状、一連の酒直日記、そして先述の綿の請取状は全て同筆であることが確認できる。つまりいずれも花王坊の手になるものである。以上の点を踏まえてこれらの史料の内容を関連付けて考えると、永禄末年から元亀にかけて、菅浦は「酒直」という名目で竹生島から頻繁に借銭をし、[35]利子を乗せた上で綿によって返済していた、という結論を導き出すことができる。このことを裏付けるように、花王坊は元亀二年には先述した五通の綿の請取状に加えて「度々酒直かいせい（皆済）」（「菅」一二二〇）、元亀四年には「百めつくり二わ、酒直分請取申候」（「菅」一二二四）との文言のある請取状を発給している。いずれもそれと明記されてはいないが、実際には「酒直」の返済を名目とした綿の請取状であろう。[36]

本章で挙げてきた綿の請取状は全て六月下旬〜七月下旬の一か月間に発給されており、明確な季節性を示している。それに対応して、酒直日記のうち借入期間が明記されたものは全て六月までとなっており（史料3、「菅」一七二・一七三）、史料4の利子は七月までで計算されていた。また史料2にみえる日付は七月以降も含まれるが、花王坊は綿を「惣中より可レ給候」と記していた。よってこれらの借銭はいずれも、第一に綿での返済が見込まれていたと考えられる。[37]

酒直日記は、もとは花王坊の手元にあったメモ書き程度のものだったのかもしれないが、おそらく散用状と同じように使者の手を介して菅浦にわたり、それらの記録は返済状況の照合・確認に用いられたのであろう。その結果が、綿の請取状の「記ニ相たり」という異筆の文言と考えられる。つまり惣中への「出銭」というのも「酒直」と同じ性格のもの、すなわち借銭の一種と理解できる。

以上の検討から、前節でみたように浅井氏との油実取引を拡大させていったのとほぼ同時期、菅浦は「酒直」や「出銭」といった名目で竹生島から少額ずつながら高い頻度で借銭を重ね、利子を加えた分に相当する綿をもって竹生島に返済していたことを明らかにした。このような形態の借銭がいつから始まったか正確にはつかみがたいが[38]、そのなかで綿が重要な位置を占めたことは間違いない。

そしてこのような形での菅浦の債務が、元亀三年の浅井氏からの借米と同様、年貢未進に端を発するものとは異質であることも容易に理解されよう。ここまでの商品作物の取引に関する検討を踏まえて、次節では菅浦の債務の性格について考察を深めてみたい。

第三節　商品作物をめぐる債務の性格——投資・利殖・前納——

1　天文期の債務状況

戦国期の菅浦の債務は永正一二年（一五一五）の借米四石九斗五升（「菅」五四六・一一六二）から史料上に現れ、浅井氏が滅亡する元亀年間まで観察される。その間、史料に記された数値をみていくと、借銭ならおおむね一〇貫文前後、借米なら一〇石以下であることが大半で、それらの水準を超えることは少ない(39)。

それら債務のなかで突出して数値が大きいのは、天文五年（一五三六）の合計六〇貫文という借銭である。このときは中村甚左衛門と熊谷甚次郎の両名から、それぞれ四〇貫文と二〇貫文（「菅」八八一・八八二）を借用しているが、借入期間はいずれも「家々けふり立間」で、利率は年利二割と低く、利子は「毎年拾月中ニ」支払うという契約である。つまり菅浦住民の生計の安定を図るための低利の融資で、返済には数年を要することが想定されている。菅浦の領主は享禄四年（一五三一）までは熊谷氏で、天文九年には浅井氏にかわっていること、中村甚左衛門は熊谷氏の被官であることがこれまでに指摘されている(40)。さらにこの天文五年の融資の内容からすれば、その頃もまだ熊谷氏が領主で、熊谷甚次郎はその一族と考えるのが自然であろう。

天文八年の菅浦の記録（「菅」八八三）をみると、この年には借銭が総計九〇貫文にまで増額しているが、そのうち七五貫文を返済し、残り一五貫文は来年六月に返済する予定だという。債権者の内訳は記されていないが、先述の熊谷氏・中村氏からの借銭六〇貫文はこの時点ですでに大部分が返済されていることになる。

天文一二年には、菅浦はまたも中村甚左衛門から六〇貫文の借銭をしていた。「借状二まい」（「菅」八九九）という点は天文五年の借銭と似ているが、今回の債権者は中村一人だけとなり、利率は二文子（月利二％）で依然として低いものの天文五年とは異なるので、新たな借銭とみるべきである。このときは浅井氏被官（中嶋貞清・雨森清為）の仲介により本銭五貫文が減額され、かわりに菅浦は来年までに残額を返済することとなった（「菅」九〇〇・九八三・九八九・八九九・九九七）。裏を返せば、この借銭も当初はさらに数年をかけて返済される予定であったといえる。

戦国期の菅浦には恒常的に債務があり、借入と返済が繰り返されていたことは、すでに黒田基樹が指摘している(41)。さらに前述の状況を踏まえると、菅浦は住民の生計安定のために領主から数年にわたって融資を受け、年々の利子を

表59　永禄末年〜元亀の浅井氏に対する債務と油実取引の状況

年　次	借　銭		借　米	油実取引		出　典
		利率		油実売却	代米収入	
永禄9年(1566)1月	5,200文	4文子				「菅」373-2
永禄10年(1567)1月	16,000文	4文子				「菅」210
永禄10年(1567)12月11日	23,500文	(不明)				「菅」210・922
永禄11年(1568)12月30日	27,150文	(不明)	5俵			「菅」255・926
永禄12年(1569)12月28日	28,500文	3文子	3.75石	25石	20石	「菅」929・928
元亀1年(1570)12月29日	29,100文	3文子		50石	35石	「菅」160・933
元亀2年(1571)12月6日			3石	60石	40石	「菅」243・939
元亀3年(1572)			76.79石　5俵			「菅」201・942

元亀1年のうち5,700文は秋成銭の未進分（利率不明)、元亀2年に「木のミの米」で弁済（「菅」933)。

支払いつつ、折をみて本銭も返済するという形態をとっていたことが理解できる。

2　永禄・元亀期の債務状況

浅井氏に対する菅浦の債務は天文二四年（一五五五）正月の五貫文（「菅」九〇八）が初見で、永禄三年（一五六〇）からはほぼ毎年確認され、しかも増額傾向を示している。そのうち永禄末年から元亀の状況について、年末あるいは年初のものを抽出し、さらに油実取引のうち年次・数量の明確なものを併記してみると表59のようになる。

この時期になると、菅浦が抱える債務は浅井氏に対するものが大半となり、それ以外は頻度・額面ともにわずかなものに限られる。つまり菅浦財政の収支バランスはほとんど浅井氏との関係に依存している。よって以下ではこの表をもとに浅井氏との関係をみていくことで、当該期の菅浦の財政状況について復元を試みる。

まず永禄九年から一〇年にかけて借銭が急増している。永禄九年は田地の年貢納帳（「菅」一〇七二）が残っており、浅井氏に納めるべき年貢の対象地（日指・諸河）からの収納額を集計すると二五石余となる。また同年のものとみられる畠地の年貢納帳（「菅」一〇七三）もあり、[42]八貫三五〇文が計上されている。これらを合計すれば請切額二〇石二〇貫文のうち年貢米は皆済、年貢銭の約半分は弁済できたはずだが、残り半分の状況はわからない。ここでは前提として、菅浦から浅井氏へ何らかの支払いがあった場合、それはまず年貢の納入として充当され、年貢が皆済となった後に借入の返済に回されるものと考える。つまり年貢未進があると、借入の返済が進まず、利子が最大限に膨らむことになる。永禄一〇年一月までの一年間で借銭は一〇貫八〇〇文増えているが、もし年貢未進があったなら、五貫二〇〇文を本銭とする四文子（月利四％）の利子が一二か月分で約二貫五〇〇文となるため、残りの八貫三〇〇文が年貢未進の上限という計算になる。もし年貢銭が皆済されていたなら、その分は本銭の借り増しによって借銭が増えたことになる。

さらに永禄一〇年一二月までに借銭は七貫五〇〇文増えている。この年は年貢の収納実績を示す史料がないが、本銭一六貫文で一二か月分の利子を計算すると七貫六八〇文で、七貫五〇〇文にかなり近い額面となる。もし年貢未進があったなら借銭はさらに膨らんでいるはずだから、七貫五〇〇文は利子の上乗せと考えられる。つまりこの年の年貢は皆済できたが、借銭の返済にはほとんど手が回らなかったということになる。

これ以降も借銭は増加していくが、そのスピードは鈍化していく。永禄一一年には借銭が三貫六五〇文増えているが、仮に利率が四文子でも三文子でも、一年分の利子には届かない。また永禄一二年、元亀元年（一五七〇）ともに借銭は微増にとどまっている。つまり菅浦は年貢を皆済した上で、利子を支払いながら借銭を抱え続けており、その点では先にみた天文期の状況と同様である。

このうち永禄一二年の借銭については覚書の一つ（「菅」二〇九）から増減の経過が多少明らかになる。それによると「永禄十二年十二月迄ニ／木工助殿借銭／惣ツ合卅七貫三百卅五文か」とあり、一二月までに浅井井伴からの借銭が合計三七貫三三五文に達していた。これは永禄一一年末の二七貫一五〇文からすると三七・五％の増加で、史料には利率の明記はないが三文子ならば一二か月分の利子にほぼ相当する。覚書にはさらに「山畠ニ三十六石成申候へハ、残借銭廿貫文か」とあり、菅浦は「山畠」で三六石を返済した結果、借銭は残り二〇貫文になったという。この頃になると油実の増産が菅浦の財政に寄与しはじめるわけだが、菅浦の「山畠」では雑穀・果樹のほか、油実・綿も含めた多様な植物が栽培されていたというから[43]、このときの「山畠」には先述のように浅井氏に売却した油実二五石が含まれた可能性は高い。このような油実による新たな収入に、従来の収入源も加えることで、利子だけでなく本銭にまで返済が及び、一旦は二〇貫文にまで借銭は減少したわけである。しかし表59で示した通り、結果的には二八貫五〇〇文と前年よりも微増しているから、年末にかけて新たに借り増しを行ったらしい。

元亀元年には秋成銭（年貢銭二〇貫文のうち秋に賦課される一〇貫文）のうち五貫七〇〇文の未進が発生しているが、これ以外の年貢は基本的に納められていたはずで、このときの未進も翌年には「木のミの米」で弁済されている。

このように財政状況を復元してみると、この時期の菅浦の借銭は未進年貢のみに由来するわけではないこと、その一方で菅浦は必ずしも借銭の完済に全力を傾けてはいないことがわかる。

元亀二年に至ってようやく借銭は姿を消し、借米がわずかに残るのみとなった。この年の菅浦の財政記録が闕失しているわけではないので（「菅」九三五・九三八・九三九）、これはやはり油実の生産が完全に軌道に乗ったことによって、ついに利子だけでなく本銭も全て返済されたのであろう。

そして元亀三年の借米は年貢未進だけでは説明不能で、油実での返済が予定されていたことはすでに述べた。それではなぜ、約八〇石にものぼる借米が新たに計上されているのか。次項ではその点も含めて、当該期における菅浦の債務の性格について考察する。

3　菅浦の債務と商品作物

天文期の菅浦は住民の生計安定のために領主から低利の融資を受け、利子を支払いながら数年をかけて返済していた。また永禄末年から元亀元年（一五七〇）までの間も利子の支払いや本銭の借り増しを繰り返し、完済まではかなりの年月を要した。

そこで問題は、永禄・元亀の菅浦は何を目当てとして、利子を支払い続けてまで浅井氏に対する債務を抱え続けたのか、ということである。それらは必ずしも年貢未進による借銭ではなかった。そして永禄一二年（一五六九）の状況などをみると、当座の資金を手元に残すためにあえて借銭をしているかのようである。当然それはごく近い将来の支出に備えてのことであろうが、天文期の状況を思い起こしても、その支出先とは生業を維持・拡大するための投資というのがまず考えられよう。そしてこの時期の菅浦を特徴づける生業といえば、やはり油実の生産である。

油実を産するアブラギリは落葉高木で、その種類にもよるが成長して結実するまでにはある程度の年数を要する。日本原産との説もあり江戸時代には栽培されていた「アブラギリ」は七年で結実し（一九〇〇年代初めに日本に導入された「シナアブラギリ」は五年）、樹齢を重ねるにつれて単位面積あたりの油脂生産量は増大するが、特に一〇年を超える頃から増加率が高くなるという(44)。先述の通り菅浦の油実取引は永禄七年に表面化し、永禄一二年から元亀元年にかけて急増をみせている。当時の菅浦で栽培されていたのが「アブラギリ」ならば、その栽培が本格的に着手されたのは天文末年から永禄初年ごろと推定できる。これはちょうど浅井氏からの借銭が始まった時期にあたる。そして借銭と油実では前者が若干先行するというタイムラグはあるものの、同じく増加傾向を示している。その間、菅浦は油実生産のために相応の人的・物的資源を投入したはずであり、菅浦の財政に組み込まれた浅井氏からの借銭も何らかの寄与をしたであろう。

この点に関係して、戦国大名の「蔵」について検討した阿部浩一によれば、後北条氏は公的な貸借制度として設置した「蔵銭」の貸し付けによって年貢の調達を促し、在地社会に対する勧農・助成機能を果たしていたという(45)。菅浦の場合もこれと似た仕組みとして理解することができよう。つまり菅浦にとって浅井氏からの借銭には、油実生産という新たな生業を確立するための投資(長期的な生産の拡大が目的)という側面があったといえる。もちろん有利子の借銭である以上、浅井氏からすれば利殖(短期的な利子の獲得が目的)という側面があったのはいうまでもない。いわば村落の経済活動を利用した戦国大名の利殖である。

そしてこのような状況も、生業としての油実生産の確立にともなって大きな転換を迎える。元亀二年には借銭がついに完済され、元亀三年には井伴・長政・久政の三者から総計約八〇石の米を油実との取引名目で借用していたことはすでに述べた。同じ浅井氏の内部で、三者が別々の取引ルートを持つに至ったのは果たしてなぜか(46)。もし浅井氏の目的が利殖のみにあったなら、そのような形態をとる必然性は薄いし、代官が一元的に貸付や回収を行った方が効率的に違いない。むしろ第一節で観察したように女房衆までが取引に関与していたことから、浅井氏にとって油実そのものに高い需要があったことがわかる。よって三者それぞれが迅速に油実を調達するために、別々のルートで菅浦と取引していたと考えるべきであろう。つまり油実は単なる利殖のための手段ではなく、油実を調達すること自体が目的となっていたのである。

そう考えると、元亀三年の借米八〇石も評価を改める必要がある。つまり利殖のための貸付というよりも、これは油実を調達するための代米の前納とみるべきであろう。いわば商業的な色彩を強く帯びた取引である。残念ながら、この年にどれだけの油実が浅井氏の手に渡ったか、その後の油実生産がどのような発展をたどったかについては、元亀三年七月～九月に織田信長が小谷城に侵攻し[47]、翌元亀四年には浅井氏を滅してしまうこともあって、具体的にはよくわからない。ただしこれ以降も油実の増産が進んだことは、近世初頭には油実年貢が一五〇石以上にも達していることからみて間違いない[48]。近世から近代にかけて油実生産は若狭・越前で特に重要な生業となり、全国一の産地となることが知られているが[49]、菅浦はその先駆けということができるだろう。

またここで竹生島との綿取引について振り返ると、菅浦は「酒直」や「出銭」という名目で竹生島から借銭をし、綿で返済していた。やはりこの借銭も未進年貢が債務化したものとは明らかに異なり、かつ商品作物での返済を前提として成立している点は、元亀三年の浅井氏からの借米と共通している。さらに思い返せば、菅浦は油実取引では浅井氏から割引を求められ、価格に不満を抱いていた。一方の綿取引では、利子に相当する分を上乗せして竹生島に支払っていた。このような利子の支払いも、商品作物の取引の一部として考えれば、名目に違いはあっても実質としては割引と同等である。つまり代銭・代米が前もって菅浦に手渡され、その後は状況に応じて商品作物が菅浦から支払われるが、その価格には割引をともなった。これらの点で油実も綿も取引の構造は共通しているのである。

なお本章で検討したもの以外にも竹生島に関係するとみられる散用状・日記がいくつか残っており[50]、竹生島との貸借関係はかなり日常的なものであったことがうかがえる。そのなかから「酒直」や「出銭」などという取引上の新たな名目が創出されてきたのであろう[51]。このような竹生島との日常的な関係の中で小規模に行われていた綿取引の方法が、より規模の大きい浅井氏との油実取引にも応用されたものと考えられる。

以上のことから、当該期における菅浦の債務の由来を年貢未進のみに求め[52]、その返済を油実など商品作物が可能にしたとする先行研究には修正が必要である。すなわち菅浦にとって商品作物は単に債務返済のための手段ではなく、むしろ商品作物の生産と取引こそが債務の目的であった。いいかえれば、この頃の菅浦の債務は年貢未進を理由に受動的に背負わされたものではなく、価値の高い商品作物を媒介としてこそ成立する積極的な意味のある融資であった。つまり油実という新たな商品作物への高い需要を背景に、菅浦はその生産を生業として確立するために投資を行い、浅井氏は資金を貸し付けて利殖を図った。やがて油実の増産が進むと、菅浦が竹生島との綿取引で行っていた方法を応用する形で、浅井氏が油実調達のための代米を前納するという取引形態が現出した。結果として、菅浦にとって油実は貢納の範囲を超えた商業的な取引を展開しうるまでに成長したのであり、近世へと続く新たな生業の基礎を築いたのである。

おわりに

本章では、しばしば惣村の典型として挙げられる近江国菅浦の実態と特性を明らかにするため、戦国期における商品作物の生産・取引と財政状況への寄与、および領主層との関係について検討してきた。そのなかで判明したのは、新たな商品作物を媒介とした菅浦の債務の積極的な意味である。すなわち油実生産・取引の生業としての確立に向けた活動とその成果こそが、菅浦の債務を生んだ要因であった。

こうなるとやはり無視できないのは、近世以降にも続いていく油実の商品価値の高さである。当時の具体的な用途については必ずしも明らかではないが、浅井氏のなかでも代官の井伴や当主の長政だけでなく、隠居している久政までもが個別に調達しており、さらには女房衆の関与がみられることからすると、軍需だけでなく民生、特に灯油として重宝されたものと推測される。

そして本章で取り上げたもう一つの商品作物、綿の問題に関して留意すべき点は、竹生島との密接な関係である。かの有名な堺相論絵図（「菅」七二二）でも強調して描かれたように、竹生島は菅浦にとって重要な存在であったが、一六世紀後半に至っても両者の結びつきは依然として継続しており、日常的な貸借関係が構築されていた。以上の点から当該期の菅浦を再評価するならば、新たな生業の確立による財政好転、および村落の経済活動を利用した戦国大名の利潤獲得の成功事例というべきである。竹生島も含めた領主層にとって、菅浦は利殖の対象だったのではないだろうか。そこで強調しておきたいのは、中世を通して失われなかった菅浦の商業的性格の強さである。それは本章でみてきたような、新たな商品作物を生業として開拓する姿勢、取引を前提とした日常的な貸借関係、ときに摩擦をも生んだ取引価格・数量の交渉、などの諸点が示している。

かつて網野善彦は惣村の典型とされてきた諸事例について農村＝村落とみることを疑問視し、その代表ともいえる菅浦は「港町」、あるいは「都市的集落」というべきだと主張した(53)。その根拠は「陸の孤島」といわれる地理的条件と生業に占める農業の比重の小ささ、琵琶湖を舞台に繰り広げられた漁業・廻船への依存度の高さ、といった点にある。

しかし本章の成果からすれば、菅浦の生業はより多角的に理解すべきであり、そのなかで商業的な活動はきわめて重要な位置にあった。このような営みは決して戦国期だけのものではなく、例えば鎌倉・南北朝期においても材木の伐採・売却といった形で観察されるものであり(54)、そのほかにも枇杷・柑子など、多様な特産物による周辺勢力との交易というのが、中世を通した菅浦の実態であったといってよい。

ただ、それら生業を根底で支えたのが琵琶湖の水運であったことは動かない。漁業や廻船、交易などは言うに及ばず、菅浦の田地は著名な日指・諸河を代表として集落から隔たった場所に多く所在したため、農耕のための移動にすら船が利用されたのである。[55] そしてそのような琵琶湖の水運を通じた広い世界との接触が、菅浦の自治を深化させたと網野は説いているが、[56] とりわけ商業的な活動が外部との接触・摩擦をもたらし、それにともなう自意識の高まりが菅浦の自治を醸成したことは十分に想定しうる。

この自治と商業という問題に関係しては、朝尾直弘の論考がある。朝尾は菅浦を「町」とみなす網野の説を一面的であると批判した上で、菅浦と同様に惣村の典型といわれる近江国今堀を主な題材として、商業の発展と資本の蓄積が惣村に都市的性格を与えたと論じ、惣村を母胎として近世の町と村という双生児が成立したと述べた。[57] いうなれば朝尾の説は、自治的な性格を備えた惣村という所与の存在に、商業が新たな性格を付与したという図式を前提としている。しかし本章の所説を踏まえ、少なくとも菅浦を念頭に置くなら、むしろ商業的な活動こそ、惣村としての自治的な性格をもたらした主因であったと位置付けるべきであろう。であれば菅浦も今堀と並んで、「商村」とでも理解するのが適当かもしれない。

そうなると再考を迫られるのが、第二部の冒頭でも述べた惣村論の本質的な課題、すなわち何をもって「惣村」とみなすかについてである。そもそも惣村論とは、惣有・区有文書を保持する菅浦や今堀のような事例に注目し、それら文書を読み解くなかから村落自治の諸側面を見出すという形で立ち上げられたものであり、おのずと菅浦や今堀をモデルとして「惣村」という概念が形作られた。しかし中世を通じて商業的性格を強く持ち続けた菅浦や今堀は、果たして本当に「惣村」のモデルとして妥当なのだろうか。

この問題を菅浦に即して考えると、まずここまでの結論として、その自治的な性格を培ったのは商業をはじめとする多角的な生業のあり方であった。そして、その生業のあり方を強く規定したのは、三方を湖に囲まれた半島の先端付近にあり、まとまった田地に恵まれず、外界とは陸上よりも水上交通によってつながり、日常生活のレベルで船が不可欠という、極めて特殊な地理的環境であった。このことは先述の通り網野も指摘したところである。

つまり菅浦の自治は非常に特殊な条件下で養われたものであり、当時の一般的な村落、社会に広く成立していた「惣村」のモデルとしてイメージするには、かなり極端な事例とみなさねばならない。確かに菅浦が示した諸々の特性は、現代からみれば「輝かしき自治」であったかもしれない。しかし菅浦のような特性を当時の村落一般が具備していたと考え、中世における「輝かしき自治」を強調した結果が、近世に向かっての「挫折」の強調という一種の反動だったのではないだろうか。

以上のように本章では、菅浦という「典型」の特殊性と、「惣村」という概念の一般性との不整合を指摘した。すなわち、何をもって「惣村」とみなすかという問いに対して、今のところは、菅浦をもって直ちに「惣村」のモデルとみなすべきでない、との答えを得るにとどまった。よってこの問題については引き続き検討せねばならないが、従来の惣村論を振り返ると、具体的事例と抽象的概念の乖離という点は大きな問題であったように思う。その両者を架橋するため、第二部の冒頭で掲げた「惣村」指標が提示されたわけだが、やはりその点についてもあらためて具体的事例に立ち返り、逐一検証する必要があろう。例えば、惣有財産に関しては先述のように黒田基樹による批判がすでにあり、(58)さらには「自検断」も菅浦に直接関係する問題である。

また一般性・特殊性という論点に関していえば、同じく菅浦をあつかった蔵持重裕が、「惣村とは戦時体制の賜物であり、一種のファシズムである」といった主旨で論じているのは非常に重要な点である。(59)この指摘を「惣村とは内的要因による定常的な存在ではなく、外的要因による応急的な存在である」と読み換えることが可能であれば、本章の議論とも近似した方向性を見出すことができるのではないか。

そして最後にもう一点付言するなら、本章では菅浦を題材として、琵琶湖の水運という近江国に固有の地理的な特性とその規定性についても述べた。このような惣村の地域性の問題もさらに論ずべき課題であるが、近江国のほかの事例や[60]、もう一つの惣村の集積地である紀伊国を交えた相互比較が求められよう。
以上、数点を今後の課題として掲げ[61]、結びに代えることとしたい。

注

(1) 赤松俊秀「供御人と惣─近江菅浦の歴史─」(同『古代中世社会経済史研究』平楽寺書店、一九七二年、初出は一九五六年)、同「戦国時代の菅浦─供御人と惣続論─」(同著書、初出は一九五九年)。
(2) 石田善人「郷村制の形成」(同『中世村落と仏教』思文閣出版、一九九六年、初出は『岩波講座日本歴史八　中世四』岩波書店、一九六三年)。
(3) 湯浅治久「戦国期の「徳政」と在地社会」(同『中世後期の地域と在地領主』吉川弘文館、二〇〇二年、初出は一九八九年)。
(4) 田中克行「室町期の請取状にみる領主関係」(同『中世の惣村と文書』山川出版社、一九九八年)。
(5) 藤田達生「地域的一揆体制の展開─菅浦惣荘における自治─」(同『日本中・近世移行期の地域構造』校倉書房、二〇〇〇年、初出は一九八五年)、勝俣鎮夫「戦国時代の村落─和泉国入山田村・日根野村を中心に─」(同『戦国時代論』岩波書店、一九九六年、初出は一九八五年)。
(6) 注(5)藤田論文、太田浩司「田畠と惣─中世近江国菅浦における開発をめぐって─」(『明治大学大学院紀要』二四─四、一九八七年)。
(7) 阿部浩一「戦国時代の菅浦と代官支配─未進年貢と徳政令をめぐって─」(同『戦国期の徳政と地域社会』吉川弘文館、二〇〇一年、初出は一九九五年)。
(8) 黒田基樹「戦国期菅浦村の貸借関係」(同『戦国期の債務と徳政』校倉書房、二〇〇九年、初出は二〇〇四年)。
(9) 黒田基樹「菅浦村の土地売買」(注(8)黒田著書、初出は二〇〇四年)。
(10) 宮島敬一「戦国大名浅井氏の権力形成とその特質」(同『戦国期社会の形成と展開─浅井・六角氏と地域社会─』吉川弘文館、

一九九六年）、同「浅井氏および「国衆」と村落」（同『浅井氏三代』吉川弘文館、二〇〇八年）。

(11) 銭静怡「戦国期における菅浦の借銭問題―天文年間の借銭事例の再検討を中心に―」（池享編『室町戦国期の社会構造』吉川弘文館、二〇一〇年）、同「戦国期菅浦における領主支配の変遷―年貢・公事銭請取状の分析を通じて―」（『日本歴史』七五七、二〇一一年）、同「戦国大名浅井氏の菅浦支配」（『歴史評論』七四一、二〇一二年）。

(12) 蔵持重裕「菅浦惣　永禄十一年壁書について」（『滋賀大学経済学部附属史料館研究紀要』四六、二〇一三年）、同「「敗北」の惣村」（『立教大学日本学研究所年報』一〇・一一、二〇一三年）。

(13) 黒田基樹「十五〜十七世紀における「村の成り立ち」と地域社会」（注(8)黒田著書、初出は二〇〇三年）。

(14) 注(11)銭「戦国大名浅井氏の菅浦支配」。

(15) 注(1)赤松著書五七三〜五七四頁。

(16) 菅浦文書では単に「綿」とみえるのみだが、これは木綿の可能性がある。永原慶二『苧麻・絹・木綿の社会史』（吉川弘文館、二〇〇四年）によれば、木綿の国内栽培は一五世紀末から事例がみえはじめ、一六世紀前半（大永〜天文）には国産木綿が普及してきており、特に伊勢・三河が先進的な木綿地域であったという。本章で示す菅浦の事例は時期的に合致しており、距離的にもそう遠くはない。

(17) 注(1)赤松著書五五六〜五五七頁。

(18) これ以前の時期における領主支配の変遷については、注(4)田中論文および注(11)銭「戦国期菅浦における領主支配の変遷」を参照。

(19) 本章では『菅浦文書』上・下巻（上巻は滋賀大学日本経済文化研究所史料館編、一九六〇年、下巻は滋賀大学経済学部史料館編、一九六七年）を「菅」と略記して文書番号を付した。なお一部の文書については蔵持重裕が進めている刊本の改訂の成果（『滋賀大学経済学部附属史料館研究紀要』に順次掲載）を使用し、また東京大学史料編纂所所蔵の写真帳により校訂を加えた箇所もある。

(20) 菅浦の貢納体系の詳細については田中「地下請と年貢収取秩序」（注(4)田中著書、初出は一九九五年）を参照。

(21) 注(1)赤松著書五五三頁、注(11)銭「戦国大名浅井氏の菅浦支配」。

(22) 「菅」九四二には「大浦の斗にて候」との注記があるが、枡が違うからといってちょうど二〇石増えるとは考えづらい。

(23) 注(10)宮島『浅井氏三代』一五五頁。

(24) 注(10)宮島『浅井氏三代』八八頁。

(25) 「島記録所収文書」三九号〜四一号(黒田惟信編『東浅井郡志』第四巻〈滋賀県東浅井郡教育会、一九二七年〉、『近江国古文書志』第一巻 東浅井郡編〈戎光祥出版、二〇一〇年〉として復刻)。編者は年次を「元亀二年ヵ」とする。

(26) 前出『東浅井郡志』では永禄四年(一五六一)と比定している。

(27) この頃の菅浦の米価については、元亀二年の散用状によれば七石七斗六升五合が三貫五〇〇文に相当したといい(「菅」一二一七)、一石あたり四五〇文と計算される。この価格であれば二〇貫文は約四四石に相当し、皆未進で六四石となる。

(28) この点に関しては注(5)藤田論文や注(6)太田論文が指摘した隠田・新開の問題を考慮する必要がある。注(20)田中論文によれば、中世における菅浦の田積は永禄九年の帳簿が最新で三町六反一〇歩、永正一五年が最大で四町九反四畝二三歩であったという。そこで近世初期の田積について慶長七年(一六〇二)の検地帳(滋賀大学経済学部附属史料館所蔵「菅浦文書」〈近世の部〉土地一・二号)をみてみると、中田一町七反四畝七歩、下田三町七反二畝、合わせて五町四反六畝七歩が計上されている(上田はなし)。中世と近世とでは一反の面積が異なり(中世は三六〇歩、近世は三〇〇歩)、さらに説によっては一歩の面積にも違いがあるとされる(中世は六尺五寸四方、近世は六尺三寸四方)。よってこれらの数値をもとに慶長七年の菅浦の田積を中世の基準に換算すると、約四町五反五畝あるいは約四町二反八畝という中世の水準と大差ない、あるいはより少ない数値となり、隠田・新開は説明力を失うことになってしまう。測量基準の問題も含めて再検討の必要があるといえるが、この点は太田自身も結論部分で大きな課題としており、約五町四反余という田積が近世を通しての数値であったという原田敏丸の指摘を受け、慶長七年の検地帳の数値に疑問を呈している。しかし畠については中世の最大は永正一四年の一四町余であったのが(注(20)田中論文)、慶長七年には六六町余と急増していることを考えると、むしろ近世のその後の田積に疑いを持つべきではないか。

(29) このうち三石は完済を意味する墨棒引きがなされた借状の正文がある(「菅」二四三)。残る七斗は「当座借」(「菅」九三九)となっていて借状は残っていない。

(30) 一〇〇匁×一三把が六貫一七五文に相当したという。

(31) 三三匁が一〇〇文(「菅」一二〇六)、四〇匁が一二〇文(「菅」一二〇七)に相当したという。

(32) このうち「菅」一七五は刊本の文書名が「借銭日記」となっているが、他の四点と同筆・同形式であることから「酒直日記」として一括して扱う。

(33)「日記」の史料的性格については榎原雅治「日記とよばれた文書―荘園文書と惣有文書の接点―」(同『日本中世地域社会の構造』校倉書房、二〇〇〇年、初出は一九九六年)を参照。
(34)「酒直日記」には都合一六名ほどの名前がみえるが、そのうち一二名は「菅」一〇七一～一〇七三でも確認できる(宮内三郎、小二郎兵衛、平三郎大夫、清九郎、藤二郎、江介、孫四郎、源三衛門(尉)、清大郎、丹後介、左近二郎、新三郎大夫)。このうち傍線を付した六名は「菅」一〇六八～一〇七〇にはみえない。
(35)「酒直」という名目をとった理由は現時点では判然としないが、一つの可能性として徳政の回避が考えられる。
(36)刊本では文書名を「酒代請取状」としている。
(37)酒直の一部を小麦で返済したという記録も一件あるが(「菅」一七三)、関係する請取状などは見当たらないので、小麦は副次的な返済手段であったと思われる。
(38)花王坊は永禄一〇年六月には「惣中之酒直、我等引返不ㇾ申代」の六〇〇文を菅浦から請け取り(「菅」五〇六)、永禄一一年一一月には「三百卅文度々酒直、残る之銭」を催促している(「菅」四九〇)。綿の請取状が多数現れる永禄一二年以前のこれらの「酒直」も、綿での返済が企図されていた可能性がある。
(39)菅浦の借銭・借米の状況については、注(8)黒田論文が網羅的に整理している。
(40)注(11)銭「戦国期における菅浦の借銭問題」、同「戦国期菅浦における領主支配の変遷」。
(41)注(8)黒田論文。
(42)表紙を欠くものの、本文中に「永禄八秋成分」と「永九八月算用」という記述がある。
(43)伊藤寿和「古代・中世の「山畠」に関する歴史地理学的研究」(『史艸』四二、二〇〇一年)。
(44)松村秀幸・後藤文之・庄子和博・吉原利一「アブラギリ、シナアブラギリおよびカントンアブラギリの油脂生産量の推定」(『電力中央研究所報告』研究報告V09039、二〇一〇年)。
(45)阿部浩一「戦国大名領下の「蔵」の機能と展開」(注(7)阿部著書、初出は一九九四年)。
(46)菅浦は元亀元年と同三年に「大方殿」なる人物から五～一〇石の借米をしている(「菅」九三〇・九三二・九四二)。同一史料の中で「木工助殿」「小丸殿」「備前殿」に加えて「大方殿」からの借米が記録されていることから(「菅」九四二)、「大方殿」も浅井氏の一族の可能性が高く、浅井長政の母親かと推測される。だとすると菅浦と浅井氏の間には四つ目の取引ルートが存在したことになる。

(47) 注(44)松村ほか論文によれば「アブラギリ」の果実が成熟・落下するのは八月下旬〜一〇月下旬というから、暦法の違いを考えれば油実収穫の季節と信長侵攻の時期はほぼ一致することになる。同年の油実取引に関する記録が残っていないのは、その辺りの混乱が影響しているのではないか。

(48) 寛永四年(一六二七)の油実納帳(滋賀大学経済学部附属史料館所蔵「菅浦文書」(近世の部)租税四号)によれば油実は合計一五五石一升となっており、翌年の油実納帳(租税五号)も同数値を示している。また寛永七年の年貢納帳(租税六号)によれば年貢の合計は二一九石九斗であるが、その内訳は油実一五五石、米三八石九斗四升、米(三分一銀)一九石四斗七升、大豆六石四斗九升となっている。

(49) 『福井県史通史編四　近世二』(一九九六年)四〇一〜四〇四頁、『図説福井県史』(一九九八年)一五二〜一五三頁。

(50) 「菅」一八四・一九二・九二七・一〇一三・一〇一四・一〇二〇・一〇二一。

(51) 竹生島への年貢米に関する年月日未詳の日記(「菅」四七四)の裏面に、具体的な内容は不明だが「御さかて」計八〇〇文、「三月ヨリ酒テ」七〇〇文が計上されている。

(52) 注(11)銭「戦国大名浅井氏の菅浦支配」で、菅浦の借銭が年貢未進に由来することを示すために掲げられた借銭覚書(「菅」二一〇)には中略された部分があったが、実はそのなかに「百性〔姓〕衆借り分」との文言があり、それに次いで永禄九〜一〇年の未進額が記されていた。菅浦の住民(百姓衆)は年貢をまず惣中に納入し、そこで帳簿が作成され、未進や過上について惣中の調整を経たのちに領主に納入していた(注(20)田中論文)。よって銭静怡が惣中の年貢未進とみなしたそれらの数値は、菅浦内部での未進、すなわち惣中と住民の間での貸借の問題として考えるべきである。

(53) 網野善彦「都市のできる場―中洲・河原・浜―」(同『増補　無縁・公界・楽』平凡社、一九九六年、初出は一九八一年)、同「近江国堅田」(同『日本中世都市の世界』筑摩書房、一九九六年、二〇〇一年に増補改訂)など。

(54) 蔵持重裕『中世村の歴史語り―湖国「共和国」の形成史―』(吉川弘文館、二〇〇二年)七七〜八一頁。

(55) 注(54)蔵持著書八二〜八五頁。

(56) 注(53)網野「都市のできる場」。

(57) 朝尾直弘「惣村から町へ」(『日本の社会史第六巻』岩波書店、一九八八年)。

（58）注（9）黒田論文。
（59）注（54）蔵持著書、注（12）蔵持「「敗北」の惣村」。
（60）近年では若林陵一が近江国の惣村の実態に関して事例の蓄積を進めている（若林「近江国奥嶋荘・津田荘における惣村の成立と在地社会の変質」〈『歴史』一〇五、二〇〇五年〉、同「近江国蒲生上郡橋本村における惣村の変遷と領主権力」〈『ヒストリア』二〇四、二〇〇七年〉、同「近江国奥嶋荘・津田荘・大嶋奥津嶋神社にみる「惣」と各集落—奥嶋・北津田と地域社会の広がり—」〈『民衆史研究』八三、二〇一二年〉）。
（61）荘園・村落史研究会シンポジウム「新しい中世村落像を求めて」（早稲田大学、二〇一三年七月二八日）でコメントをした湯浅治久も、惣村指標の見直し、地域性の再検討を惣村論の当面の課題として提起している。

第四章　戦国大名の惣村支配

――菅浦の「自検断」と撰銭令――

はじめに

本書第二部第三章では戦国期における菅浦の諸活動について検討し、新たな生業の確立による成功事例と評価した上で、これまで惣村の典型といわれてきた菅浦の特殊性を指摘した。その一方、石田善人以来、長きにわたって通用してきた「惣村」指標の再検証を残された課題として挙げた。そしてそのなかでふれたように、当該期の菅浦に関する今一つの大きな論点として、「自検断」の問題が存在している。

この「自検断」とは菅浦文書に現れる言葉で、中世村落が領主層の介入を受けずに自らの裁量で検断を遂行する権利を保持していたことを示す用語として理解されてきた。前章と重複する部分も多いが、菅浦の「自検断」に関する研究史をさかのぼっていくと、やはり行き着くのは赤松俊秀である。赤松は戦国期の菅浦が自治を喪失するまでの過程を論じ、その最終的な契機は浅井氏に対する自検断の放棄であると位置付けた(1)。そして石田は赤松の説を踏まえ、村落自身による日常的・慣習的な検断＝自検断の実施を、高度な自治を実現させた「惣村」の成立を示す指標の一つとして掲げ、戦国大名による村落の自検断の否定を、近世郷村制に至る一般的なプロセスのなかに組み入れたのであ

った。(2)

このような赤松・石田の説に対して、反論を行ったのが藤田達生や勝俣鎮夫である。藤田によれば、菅浦は表面的には浅井氏に従いながらも内部に対しては惣掟が最高の規制として機能しており、自検断は否定されていなかったという。(3)また勝俣は、浅井氏の支配下でも依然として菅浦の自検断は健在であって、現実的には領主検断は限定的にしか機能しなかったと論じている。(4)

藤田・勝俣の見解は菅浦の自検断、ひいては菅浦の自治の健在を強調する点で一致しているが、それに対して近年、領主権力の過小評価であるとして批判的な論調をとったのが銭静怡である。銭によれば、菅浦の自検断は健在ではあるが、浅井氏の裁判権がその上位に立つ重層的な関係が存在しており、浅井氏の支配方法は惣村の自治機能を活用した点に合理性と正当性が認められるという。(5)村落の自治という問題について、領主権力との関係にも顧慮しながら慎重かつ冷静な評価を下したという点で、銭の主張には同意できる。

また蔵持重裕は、在家存続をめぐる内部対立という観点から事件の経緯を説明し、菅浦の検断「権」は浅井氏によって否定されたが、村内の犯罪に対しては村による検断が時代を超えて生きていたとしている。(6)菅浦の検断権と浅井氏の裁判権の重層性を説くという点で、銭の見解と方向性を同じくしているといえる。

このように、「自検断」というキーワードを手掛かりに村落と戦国大名の関係を読み解こうとする努力がなされる一方で、「自検断」という概念や用語そのものに対して懐疑的な意見が存在することも見落としてはならない。例えば志賀節子は、菅浦惣中が検断権を有していたというに足る実体が史料からうかがえないとして、そもそも用例が菅浦文書の一点しかない「自検断」という語を村落自治の指標とすることに疑問を呈し、それにかわる指標として、荘園領主が検断の執行を地下に委譲・承認する「検断地下請」を提唱している。(7)

近年では蔵持が、件の「自検断」文言のある史料の用語や署名について検討を加え、その作成者は菅浦内部の者ではなく一方の領主である山門花王院であり、「自検断」というのは他には用例のない造語であるとしている。(8)

確かに志賀や蔵持のいうように、「自検断」なる文言は菅浦文書の一点にみえるほかは史料上みつかっておらず、中世社会において広く共有されていた用語だとは言い難い状況にある。そのような用語を無前提に一般論として敷衍してきたことは、従来の村落論の大きな問題といえる。

さらにいえば、菅浦の「自検断」という個別的な事象に焦点を絞っても、如上の先行研究は全て共通の問題を抱えている。それは「自検断」と称されたその検断の具体像がいまだ不明確で、そもそも何を発端として検断が行われたのか、その内実や背景など事態の説明に依然としてあいまいな点が多いことである。この「自検断」の問題の関係史料は決して多いとはいえず、そのため従来の議論はいずれも多分に推測を交えたまま進められてきたといっていい。

そこで本章では、前章で明らかにした菅浦の生業、特に商業的な側面を念頭におくことで、新たな材料を加えて「自検断」の問題について再検討を試みたい。結論の先取りになるが、この「自検断」の問題も菅浦の経済活動とあわせて考察することで、より実相に迫りうるものと考えるからである。それによって先行研究よりも蓋然性の高い説明を提示し、さらには「自検断」という用語についても新たな解釈と位置付けを行い、最終的には戦国大名による惣村支配の実態という点にまで射程を広げたい。(9)

第一節　事件の経緯

1　源三郎父子の追放

これまで本テーマは四点の関係史料をもとにして論じられてきた。手始めに、それらの史料から知りうる事件の経緯について一通り確認しておきたい（以下、引用史料の傍線、傍点は筆者による）。

【史料1】善応寺・阿弥陀寺連署誓約状案（「菅」二五六）

源三郎父子還住ニ付而次第之事、当秋めしなをし可レ申候、就レ其、家同屋内諸道具、無二別儀一渡可レ申候、此外
源三郎親子自分之一職之儀ハ無二別儀一相渡可レ申候、右之分、不レ可レ有二別儀一候事、

又渡申間敷分之事

一神明庵一職之事

一清応軒○徳分并一職之事

右弐ケ条、渡申間敷候、仍出状如レ件、

永禄十一年四月八日　　阿弥陀寺

　　　　　　　　　　　善応寺

浅井木工助殿まいる

（奥裏書）「昨日以レ面」

【史料2】浅井井伴下知状（「菅」二五七）

如㆓申合候㆒、源三郎親子来秋還住不㆑可㆑有㆓別儀㆒候、然者、家同屋内諸道具以下、当座不㆓取散㆒物共ハ可㆑被㆓相渡㆒候、其外源三郎父子自分之諸一職、無㆓別儀㆒可㆑被㆑渡候、

又被㆑渡間敷分之事

一神明庵一職之事

一清応軒徳分并一職之事

右弐ケ条者、被㆑渡間敷候、仍如㆑件、

永禄十一年四月八日　　浅井木工助 井伴（花押）

阿弥陀寺

善応寺

菅浦

惣中

まず史料1・2は永禄一一年（一五六八）四月に、菅浦のなかで最も大きな寺院であり集落の中心部に所在した阿弥陀寺、およびそれに次ぐ規模を持っていた善応寺と[10]、浅井氏の一族で代官をつとめる浅井井伴との間で取り交わされたものである。その趣旨は「源三郎父子」の菅浦への還住・召し直しを今年の秋に行うこと、その際に家財道具と「自分之一職」は彼らに返還するが、「神明庵一職」と「清応軒徳分并一職」は渡さないことが両者の間で確認されている。この神明庵と清応軒も菅浦にあった寺庵とみられるが、このあたりの事情についてはまたのちほど検討する。さしあたり要点は、源三郎父子が菅浦から追放され、家財や寺庵の「一職」などを没収されていたということである。

【史料3】菅浦惣中誓約状案（「菅」九二三）

今度者不慮ニ不二相届一緩怠仕、被レ成二御折檻一候処ニ、御詫言申ニ付て、御免なされ忝存候、然者、向後御耳へ入申、於二子細一者、為二地下一糺明申事有間敷候、可レ為二御異見次第一候、就レ其、清徳庵親類之者共四人、今度之子細ニ付てハ、地下より違乱申間敷候、仍出状如レ件、

永禄十一年
八月十八日　　菅浦惣中

木工助殿へ出状之跡書也

浅井木工助殿まいる

次の史料3は四か月後、同年八月に菅浦惣中から井伴に提出されたものである。この度は菅浦が浅井氏に対して「不二相届一緩怠」を思わずしてしまい、折檻されるところだったが詫言を入れたので免ぜられたという。そしてこれ以後は浅井氏の耳に入れ、「子細」については地下からは糺明せずに浅井氏の指図に従うこと、「清徳庵親類之者共四人」についても地下からは「違乱」しないことを菅浦惣中が誓約している。この清徳庵も菅浦の寺庵で、隣接する大浦荘との文安年間の相論で活躍した田中兵衛という人物が創建したと推定されており(11)、「棲徳庵」「栖徳庵」とも表記されたらしい(12)。

【史料4】菅浦惣中壁書案（「菅」九二五）

当所壁書所之事、守護不入、自検断之所也、然者、西ニ三人六郎三郎・孫四郎・源三、東ニ一人衛門尉二郎、是四人、在所之背二置目一、仮二地頭号一、甚不レ可レ然行在レ之間、於二末代一在所之参会、執分村人長男中老、此等之参会興行之仁於レ在レ之者、先其人を堅可レ致二政道一者也、猶以其仁躰之事者不レ及レ申者也、仍而為二後日一如レ件、

十六人之長男

永禄十一年十二月拾四日
東西之中老
廿人

そして史料4はさらに四か月後、同年一二月の「壁書」と呼ばれている有名な史料で、「自検断」という文言のある現状唯一の史料である。大意としては、六郎三郎・孫四郎・源三・衛門尉二郎の四人が「在所之置目」に背いたので、「在所之参会」すなわち惣中の寄合への出席を末代まで停止する、と宣言したものと解釈される。

2 花王院と「自検断」

先にもふれたが、蔵持重裕は「壁書」「守護不入」「自検断」などの菅浦文書でほかに用例がない文言、「村人」「長男」「政道」「地頭」などの菅浦の側で作成された文書では使われない文言があること、「十六人之長男」という菅浦文書の類似史料に事例のない署名とその記され方から、史料4の作成者は菅浦の住民ではないとし、「廿人」という署名を菅浦宛ての文書の宛所として常用していることから、菅浦の領主のうちの一者である山門花王院を作成者としている。(13) 蔵持の指摘の通り、この文書の語法には覆いがたい違和感があり、作成者を外部に求める点は直ちに同意できる。それが花王院という可能性も少なからずあろう。

というのは、一六世紀に入ると菅浦から花王院への貢納は史料から消え、この頃までほとんど有名無実になっていたが、菅浦は永禄一〇年(一五六七)五月一九日、先規通りに年貢五石を運上することを改めて花王院に誓約している。(14) このこととの関係で、無年号だがその前年と判断される花王院からの書状をみると、菅浦が花王院の「祈禱料所」であるかどうかということが両者の間で問題となっている。(15) そしてこれらの結果として、永禄一〇年五月から元亀二年(一五七一)一一月までの四年半に、菅浦文書には従来なかった花王院の祈禱巻数が五点現れることになる。(16)

つまり「自検断」の問題が起こった頃、菅浦と花王院の距離は縮まっていたのである。そんななかで菅浦は浅井氏との間に軋轢を生んでしまったため、花王院の助力を仰いで内部統制を図ったということは十分に考えうる。

また「自検断」と並列して「守護不入」との文言があるが、これはもちろん鎌倉期から検断を職権としている守護の介入を排除するための一種の定型句である。ここでいう「守護」とは京極氏ではなく浅井氏を念頭に置いているのであろうが、「守護不入」という主張が可能なのは当然ながら有力領主層に限られるはずで、少なくとも村落が自ら用いるような言葉ではあるまい。よってこの「自検断」の問題は、むしろ花王院のような存在の関与を想定しないと読み解くことが難しいのである。そのことは同時に、「自検断」という用語の由来にも疑問を投げかける。つまり村落内で日常的に使われてはいないのではないかという可能性が示唆されるわけだが、その点については後述する。

ただ文章・表現が菅浦住民の手に成るものではないにせよ、史料4は菅浦から情報を得て作成されたはずであるから、そこにみえる関係者四人の名前や、彼らを一方の勢力とする内部対立があったこと自体は事実とみてよかろう。

以上四点の史料に対する先行研究の理解として、菅浦惣中が源三郎父子を処罰したものの、源三郎父子は浅井氏の調停を頼んで還住を果たし、その結果として史料4が作成された、とする点は大枠で共通している。そして史料3の「清徳庵親類」四人と、史料4の「六郎三郎」以下四人を同一とみなす点もほぼ一致をみている。これらの点については、ひとまず再論の必要性は感じられない。

しかし一方で、これまでの議論では重要な点があいまいなままに積み残されてきた。それは第一に、源三郎父子が処罰されたという理由である。そして第二に、清徳庵親類四人の位置付けである。そこでまず次節では、第一の点について考えてみたい。

第二節　源三郎父子処罰の理由

1　浅井氏の撰銭令

菅浦惣中は何を理由として源三郎父子を処罰したのか。当然、何らかの違法行為があったのであろうが、史料3では菅浦から浅井氏への「不二相届一緩怠」があったこと、すなわち届け出を怠ったことが問題となっていた。浅井氏への届け出が義務付けられていたとすれば、まずは浅井氏の法令に対する違反という可能性から考えるべきだろう。この永禄一一年（一五六八）に近い時期に浅井氏から発布された法令を探すと、よく知られた永禄九年の撰銭令に行き当たる。以下、全文を掲げてみよう。

【史料5】浅井長政撰銭条目案（「菅」二七二）

料足掟条々

一われ、

一うちひらめ、文字のなき、

一弐銭之外、如何様之雖レ為二公用一、可レ執二通之一、於二撰出一者、可レ処二重科一之事、

一以二質物一為レ叶二用所一、質屋を相尋処、不レ執族太曲事也、但質銭於二払底一者、兼而当質屋日限を指シ、諸質不レ可レ執之由、可レ遂二案内一、於二違背之質屋一者、過銭をかけ、申顕輩仁可レ遣之事、

一質物下直に執儀、言悟〔語〕道断之次第候、如二有来一、可レ為二相当一、萬一現質之程、成二下直に一至二于申一者、如二先

条二可レ為二科銭一之事、

一自二他国一当谷居住之仁、其外往還之商人、定置公用之外を、撰二清〔精〕銭を一本国へ遣儀、堅令二停止一畢、相背族者、申聞輩ニ彼宿資財雑具を遣、至二于亭主一者、可レ加二誅罰一之事、

一他国之商人、売買之代可レ為レ如レ掟、則以二其通之代一、用所を相叶、可レ令二帰国一、無二承引一商人ニをゐてハ、当郡へ内出入永代相止、至二于宿一者、可レ処二厳科一之事、

一当掟以来、諸商売高直仁申輩、堅令二停止一候、近年可レ為レ如二有来一之事、

一対二諸商売人一、非分之儀申懸、并為レ下以二礼物一無事に相果候儀、令二禁制一候、猶於二相背一者、可二申現一、然者訴人に可レ有二褒美一事、

一馬借共、米売買を相留、代之高下有レ之族、聞出次第可二申明一、然者馬借職永代相止、并其屋内雑物、訴人に可レ遣之事、

付、従二先規一馬借之外、新儀之族、一切可レ為二停止一、

一諸買物下直ニ為レ可二召置一、以二撰銭一可二相渡一候由、内儀申合輩於レ有レ之者、売手買手相共ニ過銭を申付、告知仁躰に可レ遣之事、

右、最前雖二定置一、近日料足しな〳〵に号シ、撰出族在レ之云々、仍如レ此令二法度一上者、奉行儀不レ及二沙汰一、猥之子細聞出、不レ寄二誰々一可二申訴一者也、

永禄九年丙寅九月一日　　浅井長政

以上、全一一条にわたる法令であるが、まずここで注目すべきは第四条、第五条にみえる質屋に関する規定である。第四条では質屋が質をとらないこと、つまり質をとる相手を選ぶことを禁止し、第五条では質物を安値（下直）でと

ることを禁止している。

次に第八条〜第一一条をみると、商売に際しての価格の設定・操作に関する規定がなされている。例えば第八条では諸商売における価格の吊り上げを禁止し、また第一〇条では馬借による米価の意図的な操作を禁止している。

そしてもう一つ重要なのは、違反者があったときの通報・密告を奨励している点であり（第四条、第六条、第九条〜第一一条）、違反者から徴収・没収した過銭・家財を通報者・密告者に給付するとしている。

このようにみてくると、商業・金融に関わる価格の抑制・維持を前面に出した法令であることがはっきりと理解できる。

それでは、この撰銭令の案文が菅浦文書のなかに残されているのはなぜか。それは菅浦住民の生活に何らかの影響を及ぼしたからにほかなるまい。そこで想起したいのは、前章で明らかにした菅浦のさかんな商業的活動である。特に浅井氏との油実の取引を思い出すと、そこでは価格に関する摩擦がたびたび起こっていた。例えば遠藤直経を窓口とした浅井井伴との取引では、竹生島を通じて相場情報を把握していることを理由に値下げを要求され、菅浦はそれに従っている。また永禄一二年から元亀二年（一五七一）までの取引では、浅井氏の買い上げ価格は相場よりも年々安くなったと菅浦の側では記録している。そして浅井久政の女房衆の一人と推測される「こまる」との取引でも、菅浦はよそへは安く売り、浅井氏には高く売りつけるとして非難を浴びていた。

つまり浅井氏の立場からすれば、菅浦は販売価格を不正に吊り上げており、撰銭令に抵触する行為として糾弾してしかるべきものであった。一方、菅浦の立場からすれば、浅井氏の撰銭令は商業的活動の大きな制約となり、結果的に浅井氏の要求する価格で売却することを余儀なくされた。浅井氏の撰銭令が菅浦文書に伝わった背景には、このような状況があったと考えるのが妥当であろう。

そして浅井氏の撰銭令は、菅浦惣中としての取引にとどまらず、菅浦住民の個人レベルでの商業的活動をも規制したはずである。その点に関していえば、史料1～3にみえていた菅浦の寺庵のうち、阿弥陀寺・善応寺・清応軒・清徳庵（栖徳庵）は戦国期菅浦の借銭・借米の記録に貸主としても現れており、[17] また神明庵と同一という保証は必ずしもないが「神明講」からの借銭も記録されている。[18] これらのほかにも宝珠庵・専幸庵・慶幸庵、[19] 祇樹庵などの寺庵も[20] 戦国期の借銭の貸主としてみえるが、菅浦ではこのような寺庵・講衆による金融活動は、すでに南北朝末期・室町期から展開していたことが知られている。[21] また阿弥陀寺などは油実という商品作物の流通にも携わっていたらしく、そのことは阿弥陀寺が預かったという菅浦の作物の数量を記した元亀二年（一五七一）の覚書に、[22] 年貢として貢納される米・麦・大豆だけでなく、油実までもが記録されていることからわかる。

2　寺庵の商業・金融活動

つまり浅井氏の撰銭令にとって、これらの寺庵の活動は規制の対象であった。そのことから、源三郎父子が没収された「神明庵一職」および「清応軒徳分并一職」とは、商業あるいは金融活動に携わる寺庵の所有権と考えられる。彼らに返還された「自分之一職」もそれらと対置されていることから同質のものと考えられるので、文脈上「清徳庵」がそれに該当するというのが素直な理解であろう。清徳庵を「自分之一職」として所有していたのが源三郎父子であり、その親類が六郎三郎ほか四人ということになる。

以上のことから本章では、源三郎父子は売価の吊り上げや不正な質取など、商業・金融に関する違反行為によって浅井氏の撰銭令に抵触し、そのために菅浦惣中によって処罰された、とする仮説を提示したい。今のところ、この仮説を裏付ける直接的な証拠はみつかっていない。しかし傍証は既述の諸点を含めて複数存在しており、またこの仮説にもとづいて「自検断」の関係史料を読んでいくと、先行研究では説明できなかった部分も含めて事件の全体をより整合的に解釈できるように思われる。
そこで次節ではこの仮説を補強するため、撰銭令とその法的効力を担保する検断の関係性について、当時の一般的な状況を探ることにしよう。

第三節　撰銭令と私検断

1　「私検断」の禁止

戦国期における撰銭令の性格については、すでに高木久史によって包括的な比較・検討がなされている。それによれば、この浅井氏の撰銭令は価格の抑制・維持に関する規定を含むという点で、同じく永禄九年（一五六六）に出された三好政権の撰銭令や、永禄一二～一三年の織田信長の撰銭令と共通の立法趣旨を持っており、そしてそれらに先行するのが室町幕府の撰銭令だという[23]。

そこで室町幕府の撰銭令をみていくと、その中に「私検断」の禁止規定を盛り込んだものがあったことがわかる。例えば永正七年（一五一〇）一二月一七日付の撰銭令[24]は、第一条では酒屋・土倉ほか商売人で撰銭行為を働いた者は本人を重科に処するが家財の検断は行わないとし、第三条では撰銭にかこつけた売価の吊り上げを禁じている。そしてその間にある第二条の条文は「一、就二此撰銭一、為二私検断一者、留二置其輩一、為二町人一随二註進一、可レ有二其沙汰一事」となっており、すなわち前条で禁じた撰銭に関して「私検断」があった場合、当事者を拘留し、町人から幕府へ注進せよ、と規定している。

また永正九年八月三〇日付の撰銭令[25]では、第一条から第四条までで通用すべき銭の種類と混用レートを示し、第五条ではやはり売価の吊り上げを禁じている。そしてその後に付随する罰則規定の条文では、違反者のうち男は頸を、女は指を切る、とした上で、「恣ゑり又ゑらする輩あらハ、町人として注進せしむへし、見かくさハ同罪たるへし、私けんたん、同為二町人一可レ致二注進一」との文言が記されている。つまり撰銭行為がみつかった場合には注進することを町人に義務付け、「私検断」についても同じく注進するように定めている。要するに、これらの撰銭令はいずれも「私検断」で撰銭行為者を処断することを禁止したものである。

この撰銭令と検断という問題については、前川祐一郎の所論を参照すべきである[26]。それによれば、幕府は撰銭令の違反者を「検断」の対象と位置付けており、撰銭令の罰則は徳政令と比べれば具体的でかつ厳しく、死刑・肉刑による違反者自身の処罰と住宅の闕所からなるという。そして「私検断」が禁止された裏には、撰銭行為の取り締まりは「公の検断」として行うべきだという理念が存在しており、それを徹底したのが先にもふれた三好政権の撰銭令であるという。具体的にいえば「えらふ者を告しらする族にハ、褒美として五貫文可レ遣レ之[27]」とする通報・密告の奨励、「万一座人中としてかくし置者、可レ為二同罪一[28]」とする違反者保護の禁止がそこでは打ち出されたという。

しかし通報・密告の奨励を基本方針としたことは、三好政権だけでなく同じ年に発布された浅井氏の撰銭令においても同様であったことはすでに確認した通りである。すなわち浅井氏の撰銭令も「私検断」禁止の理念を継承したものであったといえよう。

2　菅浦の「私検断」

このような違反者への「公の検断」の実施、裏を返せば「私検断」の禁止という撰銭令の理念、そしてそれを実現するための通報・密告の奨励という基本方針こそ、菅浦の「自検断」の問題を整合的に読み解くためのキーになるものと考えられる。まずそもそもの問題として、菅浦惣中による源三郎父子の処罰が「検断」であったのかという点については必ずしも見解の一致をみておらず、疑問視する向きもある。(29) しかし撰銭令への違反ならば、その処罰は「検断」として行われることになる。このことも源三郎父子が撰銭令に違反したとする仮説の傍証の一つである。

また先述の通り、菅浦惣中は浅井氏が求めるような届け出をしなかったわけだが、まさしくこれこそ、撰銭令で禁止された「私検断」に相当する事態といえよう。もとより撰銭令にこのような「私検断」禁止の条項が繰り返し盛り込まれるということは、その理念とは裏腹に、当時の社会において「私検断」がかなりの頻度で起こっていたことを示している。特に前章で明らかにしたように商業的性格を強く持っていた菅浦で、撰銭行為に対する「私検断」が行われることは決して不思議ではないのである。

そして菅浦惣中が届け出なかったにもかかわらず浅井氏の取り締まりの対象になったということは、何者かが菅浦の内情を浅井氏に知らせた可能性がある。ここで俎上にのせる必要があるのが、先に指摘した先行研究における第二の問題、すなわち六郎三郎ほか四人の清徳庵親類の位置付けである。従来の議論では、彼らも源三郎父子と同様に菅浦の惣掟に対して何らかの違反をしたものとされてきたが、それでは具体的に何をしたのかというと、説明は全くなされてこなかった。しかし前述した撰銭令の条文と理念を踏まえれば、彼らを事件の文脈のなかに位置付けることが可能となる。すなわち、このとき菅浦で「私検断」が行われたことを浅井氏に注進したのが彼らではないか、ということである。浅井氏からみれば通報者、菅浦惣中からみれば密告者ということになろう。

つまり菅浦惣中による源三郎父子に対する「私検断」を覆すため、親類四人が浅井氏に密告した。その結果、菅浦惣中・源三郎父子ともに撰銭令に違反した形となり、源三郎父子は寺庵二つの所有権を没収されたが、それ以外の財産・権利は返還され、還住を許可された。菅浦惣中が親類四人について「違乱しない」と誓約したのは、密告者に危害を加えないように浅井氏から釘を刺されたということだろう。そのため菅浦惣中は密告者を追放・家財没収とまですることはできず、寄合への出席禁止という処分で妥協したのである。

3　「自検断」の論理

以上の検討をもとに、菅浦の「自検断」をめぐる事件の経緯を史料1〜4に即して整理しなおしてみよう。まず発端として、史料からは直接確認できないが、源三郎父子が浅井氏の撰銭令に抵触する行為を犯した。それは同時に、菅浦惣中に不利益をもたらす行為でもあったはずである。それに対して菅浦惣中は父子の追放、家財の没収などの処罰を行った。しかし菅浦惣中はそのことを浅井氏に届け出なかった。この菅浦惣中の行為も、浅井氏からみれば撰銭令で禁じた「私検断」に該当した。そこで源三郎父子の親類四人はそのことを浅井氏に通報した。そのために菅浦惣中は浅井氏から処罰を受けるところであったが、詫びを入れたことで何とか赦免され、今後は浅井氏に注進してその裁定に従うこと、親類四人を不問に付すことを誓約したのであった。しかしこの結果に納得しかねた菅浦惣中は、山門花王院と推測される外部の者の手を借りて、菅浦での「自検断」の正当性を主張する「壁書」を作成し、密告者の四人を寄合から排除することを宣言したのであった。

このように考えてくると、菅浦文書の「自検断」という言葉を一種の造語とする蔵持重裕の説はうなずかれるものがある。(30) すなわち「自検断」とは「私検断」という言葉と同じ事態を指しながら、異なる立場と論理から言い換えを図ったものだとわかる。規制を加える側からすれば「私検断」だが、規制を受ける側の言い分としては「自検断」ということなのであろう。

結局のところ、このとき菅浦惣中は浅井氏によって「私検断」すなわち「自検断」を否定された。よって、菅浦の「自検断」が健在であったとする藤田達生・勝俣鎮夫・銭静怡の見解は必ずしも妥当とはいえない。ただし、古くから検断の主対象とされてきた放火・殺人・盗犯といった村内の個別的な刑事事件の検断にまで、浅井氏が逐一容喙してきたとは考えられない。この点、村の犯罪に対しては村の検断が生き続けたとする蔵持の見解とは軌を一にする。(32)事件が村落内部の問題にとどまる限り、その解決も村落に委ねる方が効率的だからであり、浅井氏が惣村の自治機能を可能な限り利用して支配を行うという点は宮島敬一や銭が指摘した通りである。(33)

しかしこのとき菅浦で取り沙汰されたのは、村落のレベルにとどまる個別的な問題ではなかった。撰銭令の発布によって浅井氏が是正を意図したのは、商業・金融取引における価格抑制という広域的な問題であった。つまり領内のいずこかで不正な価格操作が行われれば、当然その悪影響は周囲へと広く及ぶ可能性をはらんでいる。これはいわば地域の経済・流通における秩序維持に関わる問題であり、そのための検断を誰が担うかということであった。そして浅井氏はそのような検断権を村落に留保することなく、自ら掌握したのである。

一方、菅浦の住民同士でこのような検断と密告の応酬が行われた背景には、何らかの利害対立があったはずである。表面化したきっかけが撰銭令である以上、対立の主因としてはやはり前章で指摘したような商業的な取引の展開、経済活動の活発化を想定することができよう。惣中としてはそれを検断という形で収拾する選択肢を失い、そのかわりに寄合からの排除という外部からは目立たない制裁措置により事件を決着したのであった。

おわりに

本章では、これまで不明な部分を多く残したまま議論されてきた菅浦の「自検断」の問題について、前章で明らかにした菅浦の商業的性格、および浅井氏の撰銭令との関係を新たに組み込むことで、事件の経緯をさらに具体的に読み解くことを試みた。そしてたどり着いた結論は、菅浦文書に残された「自検断」なる言葉は、撰銭令で禁じられた行為である「私検断」を、山門花王院と思しき外部者の知識を借りながらも、村落の論理によって言い換えた造語である、ということだった。

本章の冒頭でも述べたように、菅浦文書の一点しか用例がないにもかかわらず、「自検断」という用語を村落自治の指標として一般化してきたことについては、あらためて見直すべき段階に来ている。この問題は、①村落が主体的に行う検断を中世のある時期に達成される村落自治という歴史的事象の一環とみなしてよいか、②そのような検断を「自検断」と名付けて菅浦の事例と結びつけて論じてよいか、という二点に分けて考える必要がある。

まず②については、本章の結論からすれば妥当ではないといえる。なぜなら菅浦でこのとき問題となった「自検断」とは、あくまで撰銭令で禁ずるところの「私検断」に相当するものであり、村落が行う検断全般を指しているわけではないからである。

加えて①についても、村内の犯罪に対しては村内で検断を行うのが超歴史的に自明と考えるべきだとする蔵持重裕の主張がある。(34) これを史料的に論証することは容易ではないが、仮に是とすることが認められるならば、「自検断」＝地下検断を村落自治の指標とする見方は、もはや白紙に戻すべきであろう。

さて以上の点を踏まえて、本章の最終的な課題である戦国大名による惣村支配の実態について論及したい。この「自検断」問題で焦点となったのは、村落レベルの秩序に関わる個別的な事件を対象とした検断ではなく、撰銭令に対する違反者の取り締まり、すなわち地域の経済・流通という広域的な秩序に関わる検断である。つまり村落の手に委ねられる検断と、戦国大名が自ら掌握する検断とでは、一口に検断といっても目指す秩序維持の規模に応じて階層差があるとみるべきであろう。浅井氏は広域的な検断権を手中に収める一方、菅浦惣中の自治機能を全般的に否定したわけではないのである。

なお志賀節子によれば、和泉国日根荘の事例でも、荘園領主の本所検断と現地住民の地下検断とが、事件の困難度、発生場所の重要度、当事者の身分・格式などによって、相互補完的に機能していたという[35]。これはすでに紹介した菅浦に関する先行研究と同様、領主と現地との検断の重層性を説くものである。日根荘の九条政基の場合、荘園領主が一時的に在荘した珍しいケースであって、そのことが検断のあり方に影響したということも考えられるが、それでもなお重要な指摘であろう。

そして前章でみた通り、菅浦と浅井氏の油実取引は「自検断」問題の起こった永禄一一年（一五六八）以降も増大しており、その限りでは両者の関係はむしろ深化をみせている。すなわちこれは菅浦にとってみれば、経済的な発展や財政の向上と表裏一体となった浅井氏支配の受容であり、上部権力に対する妥協の一つのあり方ととらえることができる。戦国期の地域権力の性格について検討した池享によれば[36]、その一つである戦国大名の特質として、領国内における経済秩序の保障を地域社会の側から求められており、それに応じて広域的な流通支配を展開したとされる。そして撰銭状況への対応、つまり銭の円滑な流通を図ることもその一環と位置付けられている。

本章で示したのは、村落内部にまで戦国大名による経済・流通支配が及んだ場合の村落の具体的な反応である。村落は戦国大名による裁定を受容する一方、それに抵触しない形で内部的な制裁を加えたのであった。この事件は菅浦の内部で撰銭令への違反行為があったことに端を発するが、浅井氏が意図した価格の抑制・維持は、室町幕府・三好政権・織田信長と、時の政権が発布した撰銭令に通底する基調であった。それはすなわち、このとき菅浦で起きたような事件は決して特殊な事例ではなく、畿内を中心として普遍的に起こりうる問題であったことを示唆していよう。

注

（1）赤松俊秀「供御人と惣―近江菅浦の歴史―」（同『古代中世社会経済史研究』平楽寺書店、一九七二年、初出は一九五六年）、同「戦国時代の菅浦―供御人と惣続論―」（同著書、初出は一九五九年）。
（2）石田善人「郷村制の形成」（同『中世村落と仏教』思文閣出版、一九九六年、初出は『岩波講座日本歴史八　中世四』岩波書店、一九六三年）。
（3）藤田達生「地域的一揆体制の展開―菅浦惣荘における自治―」（同『日本中・近世移行期の地域構造』校倉書房、二〇〇〇年、初出は一九八五年）。
（4）勝俣鎮夫「戦国時代の村落―和泉国入山田村・日根野村を中心に―」（同『戦国時代論』岩波書店、一九九六年、初出は一九八五年）。
（5）銭静怡「戦国大名浅井氏の菅浦支配」（『歴史評論』七四一、二〇一二年）。
（6）蔵持重裕「「敗北」の惣村」（『立教大学日本学研究所年報』一〇・一一、二〇一三年）。
（7）志賀節子「中世後期庄園村落と検断―村落「自治」の再検討―」（『歴史学研究』五六九、一九八七年）。
（8）蔵持重裕「菅浦惣 永禄十一年壁書について」（『滋賀大学経済学部附属史料館研究紀要』四六、二〇一三年）。
（9）本章では『菅浦文書』上・下巻（上巻は滋賀大学日本経済文化研究所史料館編、一九六〇年、下巻は滋賀大学経済学部史料館編、一九六七年）を「菅」と略記して文書番号を付した。なお一部の文書については蔵持重裕が進めている刊本の改訂の成果（『滋賀大学経済学部附属史料館研究紀要』に順次掲載）を使用し、また東京大学史料編纂所所蔵の写真帳により校訂を加えた箇所もある。

(10) 伊藤裕久「中世の伝統―「惣」の空間構造―近江国菅浦を事例として―」（同『中世集落の空間構造―惣的結合と住居集合の歴史的展開―』生活史研究所、一九九二年）四一頁。
(11) 田中克行『中世の惣村と文書』（山川出版社、一九九八年）一八七頁。
(12)「菅」一九六・四五三・六三二、注(10)伊藤論文四一頁。
(13) 注(6)(8)蔵持論文。
(14)「菅」二九三・九二一。
(15)「菅」九八四・三二二・二四一。
(16)「菅」二三二・二三一・九二四・九三四・九三七。
(17)「菅」一八四・一九六・二一〇・三七三・五五七・九〇八・九三三。
(18)「菅」一七六。
(19)「菅」三七三。
(20)「菅」二一〇。
(21) 注(1)赤松著書五四四～五四九頁、関口恒雄「惣結合の構造と歴史的位置―菅浦惣の歴史を通しての一考察―」（『経済志林』三二―二、一九六四年）、湯浅治久「戦国期の「徳政」と在地社会」（同『中世後期の地域と在地領主』吉川弘文館、二〇〇二年、初出は一九八九年）。
(22)「菅」九三八。
(23) 高木久史「日本中近世移行期の貨幣政策―撰銭令を中心に―」（同『日本中世貨幣史論』校倉書房、二〇一〇年）。
(24)『中世法制史料集』第二巻、室町幕府法、追加法三七二―三七四。
(25)『中世法制史料集』第二巻、室町幕府法、追加法三八五―三八九。
(26) 前川祐一郎「戦国期京都における室町幕府法と訴訟―撰銭令と徳政令を中心に―」（勝俣鎮夫編『中世人の生活世界』山川出版社、一九九六年）。前川の推測によれば、撰銭行為が検断の対象として認識され始めたのは比較的新しく、一五世紀末以降という。
(27)『中世法制史料集』第五巻、武家家法Ⅲ、法規・法令六一五。
(28)『中世法制史料集』第五巻、武家家法Ⅲ、法規・法令六三六。

(29) 注(6)蔵持論文。
(30) 注(6)(8)蔵持論文。
(31) 注(3)藤田論文、注(4)勝俣論文、注(5)銭論文。
(32) 注(6)蔵持論文。
(33) 宮島敬一『浅井氏三代』(吉川弘文館、二〇〇八年)四二頁、注(5)銭論文。
(34) 注(6)蔵持論文。
(35) 志賀節子「戦国期和泉国日根庄における本所検断の意義」(『史敏』一三、二〇一五年)。
(36) 池享「戦国期の地域権力」(同『戦国期の地域社会と権力』吉川弘文館、二〇一〇年、初出は二〇〇四年)。

終章　変容する中世の社会構造

本書は「荘園の経営」と「村落の動向」の両面から中世の社会構造とその変容を明らかにすることを企図したものである。以下、その内容を総括して成果を抽出した上で、あわせて今後に向けた課題の提示も行いたい。

第一節　荘園経営と在地状況

1　荘園経営の命題

まず本書では、鎌倉〜南北朝期の事象として知られる下地中分について検討を行った。その結果、在地領主支配の拡大に対する抑制策と評価されてきた下地中分には構造的な限界があり、在地状況から遊離した領家方の荘園経営は、地頭方に対して脆弱性を抱えざるをえなかったことを明らかにした。それを端的に表すのが、地頭方に比して地理的な連続性を欠く領家方の領域構成であり、地頭方を引き合いに出した百姓等の損免要求という厄介な問題を突き付けられる結果にもつながった。これらの事態の淵源は、やはり在地状況について十分な知識を持ちえず、注意を払うことも少ない領家方の基本姿勢に求められよう。

下地中分の実施は南北朝期までに一段落するが、その後の状況についてはこれまで十分に検討されなかった。その点について本書で得た一つの結論は、下地中分という枠組みは室町期以後も生き続け、長きにわたって荘園経営のあり方を規定したということであった。室町期の京都では在京領主の集団が形成され、それにともなって国人も積極的に在京活動を展開するようになり、そのなかで地頭職が政権中枢に寄進される。その結果、地頭方の動向は幕府の中央政局と密接に連動するようになり、さらに地頭職の知行に関わる武家勢力は、代官職競望などの形で領家方でも権益の獲得を目指しつづけた。地頭方から領家方への影響力行使という形で、下地中分の枠組みが存続したわけである。

室町期荘園制論では代官による請負がしばしば議論の焦点となるが、まず本書ではその前提として、遠隔荘園での直務が抱えた限界性を指摘した。代官の経営を監査するには現地の情報が必要だが、京都の領主はそれを正確にはつかめない。そのこと自体は中世前期からあった問題だが、和市や守護役といった新たなトラブル源が加わり、また代官の供給源を外部に依存する傾向が強まって状況が悪化したのである。一方、請負もすでに室町初期から深刻なリスクを背負っていた。代官が平然と契約を無視する恐れがあり、その制御には有力な人脈の確保を必要とした。それでも領主たちは省力・投機という点に魅力のある請負を優先するようになり、直務に関しては請負を軌道に乗せるための一時的な方便として補完的に活用するのみとなる。

以上のことが意味するのは、荘園領主が現地から距離を置いたまま、長期にわたって荘園経営を維持することはもはや構造的に不可能だったということである。室町期荘園制を形づくる都鄙関係のなかで、武家の大小諸領主が在京活動を重んじて求心的な権力構造が生まれる一方、寺社や公家は京都ばかりをみていては所領の維持はおぼつかなかった。荘園経営の命題は、どれだけ直接に現地に臨み、どこまで現地の状況に対応できるかという点にある。膝下以外の荘園で収取を維持するにも、「直務」というカードをちらつかせるか、実際にそれを切らねばならなかった。中世荘園の特性の一つである遠隔性を保持するには、荘園領主も時として在地性を発揮する必要があったのである。

2　在地状況への対応

それでもなお遠隔荘園の支配が徐々に失われていくのは、いかに荘園領主が力を注いでも、在地領主に優位性があるからであろう。在地領主の強みはまさに「地頭」＝現地に拠点を置くことにあるわけで、その意味で彼らの支配には依然として合理性があった。この点は中近世移行期の土豪に関しても同様で、彼らの百姓に対する支配力は自らが在国することで支えられており、他国に去ってしまえば百姓との関係は揺らぎだすという(1)。

序章でも述べたように、室町期荘園制は正長〜永享の土一揆、そして嘉吉の乱の段階で大きな不安にさらされると伊藤俊一は説明している。つまり社会システムとしての安定期はほとんど応永期に限られ、その後は長きにわたる動揺と崩壊の時期に入ることになる。この点、本書の成果を踏まえて修正を加えると以下のようになろう。室町期荘園制という立て直しの努力は当面の成果を収めたものの、すでにその初期の段階から、都鄙間の物理的な距離が障壁となって横たわっていた。そして最終的に、荘園制はそのような構造的な欠陥を克服することができなかった、と。

なお、そのような視点をもって当時の社会をみわたすと、高野山の膝下荘園群のまとまりは際立った存在であり、一種の偉容を誇っている。中世後期における高野山領の状況を網羅的に把握し、各荘園の相互関係を理解した上で、寺領としての全体像を構築する作業というのが、今後求められてくるのではないだろうか。

また荘園経営について考えるとき、より小さな単位にまで視線を注ぐとなると、無視できないのが「名」である。地理的な分布状況にもとづき、名には二つの類型を考えうる。ある領域にまとまって分布する集中型と、領域的まとまりが弱く擬制的な散在型とである。この差異は従来、例えば畿内型・遠国型といった地域差として説明されることが多かった。しかし両類型とも新見荘という一つの荘園のなかで同時に観察でき、単に地域差というよりも、谷間型・平地型といった地理的条件に対応したものと理解するのが妥当である。荘園領主は在地の諸条件を無視した擬制的な名編成を志向するが、名の均等性が担保できずそれが難しい場合は、現地住民の生活をベースとした名編成となる。その典型が「集落名」であり、新見荘では従来の指摘よりも早期の出現、長期の展開を観察できた。

ここでさらに想起したいのは、第一部第六章で検討した新見荘地頭方の両代官による分割支配の実相についてである。彼らの知行分には地理的な一円性が欠如していた。これは名編成における荘園領主の志向と符合している。紛争解決が目的の下地中分では一円的中分が原則視されていたが、そこにおいても荘園領主は地理的な一円性に拘泥していなかった。このような荘園領主の態度についてはあらためて詳細に検討する必要があるが、これは荘園領主が企図した分裂支配のあり方だったのかもしれない。つまり荘園支配を安定的に行うためには、在地から地理的な一円性を奪い去ることが有効だと認識していた可能性がある。

第二節　惣村の実態とその変容

1　惣村と領主権力

本書で課題として掲げたのは、まずは対象にした惣村の徹底した実態解明、次いで農民闘争論と惣村敗北論の整合的理解、そして「惣村」とは何かという本質からの問い直しであった。

紀伊国鞆淵荘に関しては南北朝期・室町期の二度の闘争でよく知られているが、ここでの問題は特に室町期の闘争、その数年後に実施される高野山の大検注、そしてその後の高野山支配の受容に至るまでの流れをどのようにとらえるかである。まず室町期の闘争の経緯を整理しなおして確かめられたのは、高野山との共闘により下司を没落させたという側面があり、高野山支配を受容する素地が用意されていたことだった。そしてどのように考えても、鞆淵惣荘が繰り広げた闘争の目的は全ての領主権力の排除ではありえない。闘争後の惣荘は領主権力との妥協のもとで自治の確立を目指したのであり、詮ずるところ高野山支配の受容期こそ、中世の村落自治の到達点と評価すべきである。序章でもふれた蔵持重裕の説を踏まえれば、領主層との緊張関係が惣村の形成を促したわけだが、危機が去れば領主支配とも妥協するのである。

なお本書ではしばしば「闘争」という言葉を用いてきたが、それは先行研究との齟齬を避けるためであって、右の主張からも明らかな通り、階級闘争史観を前提としてのことではない。よってその対義語ともいえる「妥協」という言葉も、決してネガティブな意味を込めて用いているわけではない(2)。物理的に争うことなく歩み寄り、相互の存在を承認するという両者の関係性に、積極的な価値を認めていることを強調しておきたい。

さらに戦国期にかけての鞆淵荘の動向を追うと、そこでは庄司氏・林氏という新たなリーダーがその地位を確立するが、彼らに代わって後景に退いたかつてのトップである番頭たちには、番頭請という形での地下請の継承という固有の役割が与えられていた。この地下請こそ、二つの闘争を経験した後の高野山支配の受容期に確立された自治システムであり、まさに鞆淵荘の歴史を象徴するものといえる。また耕地分布の分析結果によれば、庄司氏・林氏という新興勢力の動向を背景にした生産力の重心シフトがみられた一方、一般構成員に関しては惣荘の理念であるフラットな身分構造が長く保持されていた。室町期から戦国期へと時代が推移するなか、惣荘の内部構造は変容をみせる一方で、維持された要素も確かに存在したのである。

近江国菅浦の検討では、惣村の典型といわれてきたその実態と地域的な特性を明らかにするべく、かつて惣村敗北論の根拠とされた戦国期の様相を解明することに注力した。その結果、菅浦が領主である浅井氏・竹生島に対して負っていた債務は年貢未進による受動的なものではなく、商品作物を媒介とした積極的な融資であり、特に油実の生産は近世にかけて菅浦の新たな生業として成長していったことがわかった。戦国期の菅浦は一つの成功事例だったのである。そして見落としてはならないのは、中世を通じて観察される菅浦の商業的性格の強さであり、それを生んだ極めて特殊な地理的環境である。菅浦の自治はこれらの要素に培われたのである。菅浦の環境は他との容易な比較を許さない。よって列島各地に広く存在した「惣村」のモデルとして直ちに一般化することはできない。ひとまずこれが一つの結論である。

そうなると、「惣村」指標のうち菅浦をモデルとして設定されたものに関しては即座に見直しの必要が生じてくる。すなわち「自検断」の問題である。この「自検断」という文言は菅浦文書の一点しか用例がみつかっていない。菅浦の商業的な側面を念頭におき、さらに浅井氏が同時期に発布した撰銭令との関係をも見据えた上で関係史料を再検討した結果、菅浦文書の「自検断」なる言葉は、浅井氏の撰銭令が禁じた「私検断」を村落の論理で言い換えた造語であるとの結論に達した。この「自検断」とは村落が慣習として行う検断全般を指してはいなかったのである。よって村落自治の指標としての「自検断」は、いったん白紙に戻して考えるべきである。経済・流通という広域的な秩序に関わる検断権は、確かに菅浦の手から剝奪され、浅井氏が掌握した。これは菅浦にとっては、商業活動の展開と引き換えにした支配の受容である。特殊性の強い菅浦においても、鞆淵荘と同じように上部権力との妥協のあり方を見出すことができるのである。

2 「惣村」とは何か

以上、二つの事例から得られた知見を踏まえたとき、「惣村」とは何かという問いに対して、どのような答えが導き出せるのか。本格的な検討は今後の課題に属するが、ここでは見通しを示しておきたい。

まず狭義の「惣村」という意味では、惣村文書を持つ荘園・村落ということになろう。現に、従来の惣村論もここから出発している。それでは、なぜ狭義の「惣村」は近江国や紀伊国に多いのだろうか。まず参考になるのは、近江国の地域寺院と村落の関係について検討した大河内勇介による指摘である。(3)それによれば、右の両者は土豪子息の入寺という形で結びつきがあり、そうして生まれる地域寺院の僧を通じて、「惣」「衆議」などの寺院に起源を持つ言葉が、ひいては顕密寺社の文化・技術＝支配ツールが村落に流入したのではないかという。そう考えると紀伊国も状況は似ており、近江国が比叡山の膝下であるなら、紀伊国は高野山の膝下である。顕密寺社の知識が惣村文書の形成を促した可能性について、今後検討を深める必要があろう。

また近江国に限って考えられる一つの要因として、琵琶湖の存在がある。可視的な境界線もなく広々と横たわる琵琶湖は、豊かな水産資源をもたらすとともに、陸地よりも高い頻度で紛争を発生させたものと思われる。例えば琵琶湖岸の惣村として著名な奥嶋荘・津田荘では、荘園を構成する集落を単位とした「惣」（あるいは自称としての「惣荘」）が分立して独自の社会を形成していた。(4)窪田涼子や若林陵一によれば、住民の結束と排他を促したのは漁業をめぐる相論であり、結集の中核となったのが鎮守の祭祀であったという。(5)その漁業とは琵琶湖に特徴的な定置漁具の一種である魞《えり》を用いたもので、限定された湖水の領域を各々が占有しあって行われるため、排外意識が芽生えやすい。集落が「惣荘」を自称しあうことの背景、すなわち「惣村」成立の要件として、琵琶湖という環境が大きく作用したと考えることができる。

鞆淵荘や菅浦の事例を考えても、やはり外部との摩擦・紛争が内部の結束力と自意識の高まりをもたらし、「惣村」

を誕生させるという図式には妥当性がある。ただし単に摩擦というようなレベルでは、そこに生まれるのは組織化を遂げた社会の活動単位としての村落ということであり、必ずしも当初から平等性原理を備えた「共和国」のごときものではなかろう。そのような国家的な性格を萌芽させる因子とは、鞆淵荘・菅浦ともに該当するが、戦時の経験ということではないか。この点、惣村のことを蔵持は「戦時体制の賜物」とし、本書では「外的要因による応急的な存在」と理解してみた。彼らは危機が去れば領主支配とも妥協するし、その性格は変化していくのである。そしてそのような深刻な経験が、惣村文書を蓄積・保存していくという、後世に向けた意識を持った集団を生んだということが極めて重要だと思われる。

それでは次に、一般化された広義の「惣村」というものは想定できるだろうか。従来の考え方では、狭義の「惣村」にみられる自治的な要素を抽出して指標化し、それに合致するケースを広義の「惣村」としてきた。しかし周知の三指標は、見直しが必要な状況に直面している。本書では地下検断について詳しく論じたし（第二部第四章）、惣有財産について批判があることも述べた（第二部第三章）。そして地下請に関しては、その原型ともいえる集落名がすでに鎌倉後期に現れていたことを示した（第一部第三章）。いずれも中世後期に特有の事象かというと疑問符が付く。

近年では中世前期に関しても、水利・山野利用・信仰など、目的や場面によって地域住民の結合・連帯の規模に変化があり、よって史料上の「村」の用法・性格も多様で、しかもそれらは重層的に併存していたとの指摘が複数なされている。(6) それらの研究では「共同性」という表現が用いられているが、これを「自治」と読み換えても大過はあるまい。よって中世前期にも村落を単位とした自治が存在し、そのあり方は案件によって異なっていたということになろう。

そのように流動的であった中世前期の村落自治が、集村化という居住形態の変化を契機として、より固定的な中世後期の村落自治につながっていくという道筋を、ここに至って思い描くことができる。ただし中世後期に関しても、村落の置かれた環境によって自治のあり方が異なったというのは、鞆淵荘や菅浦のような先鋭的な事例から明らかである。その結果、「自力の村」と「非力の村」が併存するような状況が現れるのであろう。やはり集村化のほかにも、村落個々の事情によって異なる自治の契機というものを、引き続き考えていく必要がある。

そして先の三指標が通説としての力を失った今、何を新たな指標に据えるかという問題が生じるが、これは結局のところ、何をもって「自治」とみなすか、「自治」についてどう考えるかという惣村論の本質に帰着する。例えば資源・財産の共同管理と一口に言っても、水資源はどうなのか。村落にしろ、集落にしろ、水田耕作を営む人間が集団を形成したとき、そこにルール作りの必要性が生じるというのは、中世以前から普遍的にあったことなのではないか。果たしてそれは「自治」ではないのか。非常に基本的ながら、難しい問題である。

右の問いに直ちに答えを用意することはできないが、ひとまず最小限かつ基本的なところに立ち戻って、「惣」「惣中」「惣荘」というある種の全体主義的な名称を表明した組織、という点は重視しておいてよいだろう。この用語も先述の通り寺院組織にルーツを持つという可能性があるわけだが、それでもこれを広義の「惣村」だとすれば、惣村文書を持つ狭義の「惣村」との接点を常に担保することができる。その上で、さらに列島各地にまで視野を広げて、法人として社会に認知された村落を「惣村」と呼ぶことに妥当性があるかどうか、あらためて考える必要があるのではなかろうか。

かつての研究者たちは、学生運動・学園紛争といった同時代の社会問題に向き合いながら、惣村という歴史的なテーマに取り組んでいたはずである。よって最新の惣村論も、現代の研究者の意識に即した形に変化を遂げるのが、しかるべきあり方であろう。

第三節　中世荘園と村落の行方――「機能論」と総括――

本書第一部で示したのは、支配の遠隔性を大きな特性とする荘園制にあって、荘園領主は遠隔荘園の現地状況からは遊離し、その結果として支配は失われるが、膝下荘園に対する在地性を示すことで当面は生き残れた、という構図であった(7)。そして第二部でみてきたのは、紀伊国にしても近江国にしても権門寺院の膝下地域であり、また後者については戦国大名も視野に入ってきたが、いずれにせよ、事あるごとに目前に現れる領主への村落住民の対応のあり方であった。

自らの眼前に広がる領域を統治するにあたって、それらの領主たちは現地から遊離はしないまでも、いかに支配を効率化するかという課題を背負ったことであろう。そこで重要な位置付けを与えられたのが、それを何と呼ぶかはひとまず措くとして、社会を構成する基礎単位として承認された村落たちであった。検断の問題でもみたように、村落外にまで及ぶ広域的な問題はあくまで領主の手で解決されるが、村落内にとどまる個別的な問題は村落の自治に委ねて構わないのである。

このような地域のなかでの各階層の役割が、望むと望まざるとにかかわらず、中世を通じて自覚され、相互に承認され、そして近世に向かって固定化していく。このように論じてくると、行き着くところは、近年の研究のキーワードとして序章でも提示した「機能論」である。「機能論」と言ってしまうと、価値基準を伴わないニュートラルな議論、予定調和的で静態的に過ぎる議論という印象を与えるかもしれないが、そうではない。重要なのはそこに至る過程である。中世から近世に移り変わろうかという時期、領主と村落がそのような地点に到達したのは、それまでの長きにわたって両者が綱引きを繰り返してきたからである。そう考えると、自らの文書、すなわち自らの歴史を持ち、そこに学ぼうとしてきた惣村の姿勢というのは、中世という時代において際立った位置にあることは疑いない。以上をもって本書の総括としたい。

注

（1）湯浅治久「惣村と土豪」（『岩波講座日本歴史九　中世四』岩波書店、二〇一五年）一六三頁。
（2）『日本国語大辞典』によれば、「妥協」とは「相反する利害関係にある二者が互いの意を理解し、自分の主張する条件などを相手のそれに近づけ、双方が納得する一致点を見つけておだやかにことをまとめること」。
（3）大河内勇介「中世後期の村堂―近江国の如法経信仰を素材にして―」（『ヒストリア』二五三、二〇一五年）。
（4）若林陵一「近江国奥嶋荘・津田荘・大嶋奥津嶋神社にみる「惣」と各集落―奥嶋・北津田と地域社会の広がり―」（『民衆史研究』八三、二〇一二年）。
（5）窪田涼子「中世村落における宮座とその機能―大嶋奥津嶋社を事例として―」（『国史学』一八四、二〇〇四年）、若林陵一「近江国奥嶋荘・津田荘における惣村の成立と在地社会の変質」（『歴史』一〇五、二〇〇五年）。
（6）前田徹「中世初期の地域社会―東寺領伊勢国大国荘とその周辺―」（荘園・村落史研究会編『中世村落と地域社会―荘園制と在地の論理―』高志書院、二〇一六年）、前原茂雄「中世前期村落の共同体的契機について」（同前）、坂本亮太「中世「村」表記の性格と多様性―紀伊国荒川荘を事例に―」（同前）。
（7）なお本書に関連するテーマでありながら、本格的に取り組めなかったものとして戦国期荘園制論がある。主な論点については池上裕子「大名領国制と荘園―織田信長の政策を中心に―」（同『日本中近世移行期論』校倉書房、二〇一二年、初出は一九九九年）や、湯浅治久「戦国期「荘園制」の収取構造と侍・村落―近江国を事例として―」（同『中世後期の地域と在地領主』吉川弘文館、二〇〇二年）などに詳しい。最大の焦点は、戦国期にも荘園制的な収取システムが存続しているという事実を踏まえた上で、「戦国時代の社会が荘園制の社会であるか否か、戦国大名は荘園制を否定する政策をとったか否か」（池上著書三〇一頁）を論ずるところにある。この議論に参入するには「荘園制」の定義を厳格に行っておく必要があるが、今の筆者には十分な用意がない。今後の課題とせざるをえないが、本書との関わりで一点だけ言及しておくと、やはりそこでも機能論が前面に出ていることは注視に値すると思われる〈榎原雅治「地域社会における「村」の位置」〈同『日本中世地域社会の構造』校倉書房、二〇〇〇年、初出は一九九八年〉、稲葉継陽『戦国時代の荘園制と村落』校倉書房、一九九八年〉。すなわち、村落が対外交渉する際の「惣荘」という自称、政所や荘鎮守といった荘園制的な機構が、当時の社会においてどのような役割・意義を負っていたか、という点が追究されている。荘園制の終焉を説得的に論じることは、研究のみならず教育の観点からいっても喫緊の課題であるが、当時の現地住民の意識からそれを探るというのも重要な視角になろう。

あとがき

本書は二〇一四年度に早稲田大学に提出し、博士（文学）を授与された学位論文「中世後期の荘園経営と惣村の実態」に、公開審査会での質疑応答やその後の考察などを踏まえて加筆・修正を施し、一書にまとめたものである。それら内容の一部には、日本学術振興会科学研究費16J06721の助成による成果が含まれている。なお、第一部第四章「中世山間荘園の水田開発」だけは学位論文から全くの追加となっているが、これは二〇一五年度国史学会大会での報告をもとに執筆したものである。

さて、今年度のことだったと記憶しているが、非常勤講師として教壇に立っていたとき、例によって授業の本題から脱線して世間話にしばし興じていたところ、ふと自分が「脱サラ」というカテゴリーに属することに気付いた。今さらの自覚ではあるが、一般企業で九年間勤めさせてもらった身としては、似たような経歴の人間は現在の周囲にはほとんどいないわけで、辛うじてここまで来られたことはそれなりに感慨深いものがある。

私は大学の学部を二つ卒業している。一つ目の学部（政治経済学部）では、全くもって不埒な学生だった。しかも世間は就職氷河期というやつの真っただ中にあった。私の学生生活はめでたく五年目に突入し、それが終わろうとする頃、何とか拾ってもらうような形で私は会社員になることができた。あの最初の学部での最後の一年間、収穫があったとすれば、自業自得とはいえ、ストレスで真夜中に金縛りにあう程度の繊細さを自分が持ちあわせているのがわかったことぐらいだろうか。

いや今にして思えば、そのような宙ぶらりんの不甲斐ない状態にあったおかげで、私には物事を考える十分な時間が与えられた。むしろ幸運だったというべきかもしれない（学費の問題はひとまず措くとして）。私はその一年、この先の人生で自分は何をしたいのか、何をするべきかを考え続けた。当然、社会的に価値の高いことでなくてはならない。そしてどちらかといえば、私は人と同じことをするのが苦手な人間である。我田引水だが、当時は自分の周りにも何人もの就職浪人が現れていて、「人並みで」「普通の」キャリアというものがみえづらいご時世になってきていた。そのような状況下、「普通」から遠ざかることをますます意に介さなくなった私の結論は「学問」であり、日本史学だった。これから会社に入ろうという頃には、不届きにも「いつか大学に戻ろう」との決意を固めていた。しかしそんな内心を見透かされたのかどうか、入社前後の面接で、それ以降お世話になることになる上司に「五年は続けてくれ」と言われたので、少なくとも五年は会社の仕事に真剣に取り組むことにした。

日本史学を選んだきっかけは何だったか。少年期にプレイした『信長の野望』（最近の学生には言ってもあまり通用しない）や『三国志』などのゲームの存在があることは否定できない。我々の世代にはありがちなことだ。それと某SF長編小説の主人公が、天才軍略家でありながら実は歴史家志望だったから、というのはまだ誰にも話したことがない。専攻する時代を中世といつ決めたのかは思い出せないが、司馬遼太郎を読んでいて、勝手に中世は「穴場」だと思ったことは覚えている。昔の笑い話である。その後、人に勧められて読んだ網野善彦に大きな影響を受けたことも間違いない。

電車通勤に片道一時間以上かかっていた私は、車内での読書を日課にして、職場近辺での飲酒はできるだけ控えた。思えばまじめだった。とはいえ、史学の世界に直行するわけでもなく、古典作品を読むのもいずれは役に立つなどと思って、迂遠にも岩波文庫の黄色を読み漁った。中世史の専門的な知識は不十分なままだった。

そして目安の勤続五年目に入った頃、大学へ戻る手立てを調べ始めた。当時はまだ早稲田大学に第二文学部という夜間学部があり、三年生への編入試験には合格した（南九州某県のもと知事と逆のキャリアだというのが当時のネタだった）。職場との相談の結果、通勤と通学を両立させてもらうことができた。

こうして入った二つ目の学部では、我ながら勤勉な学生だった。給付の奨学金ももらうことができた。ただしこの学部は、第一文学部と違って論文の提出が卒業の必須要件ではなく、知識も知人もない自分は、指導教官の決め方もよくわかっていなかった。そこで演習の授業で教わっていた徳永健太郎氏にご紹介をお願いし、海老澤衷先生に直接お会いすることになった。今は閉店してなくなった早稲田駅界隈のそば屋でご馳走になり、確か鴨南蛮をすすりながら、この業界で生きていきたいという希望をお伝えして、ご指導を仰ぐことになった。

しかし、やはり専門知識の欠如から卒業論文の準備も難渋し、埒のあかない状況が続いた。みかねた先生から私の手元に差し出されたのが、鞆淵荘の調査報告書であった。鞆淵荘をフィールドに定めた私は何とか卒論を書きあげ、大学院に進学できることとなった。もちろん大学院の授業は昼間ばかりとなり、従来通りの会社勤めは不可能になる。そこで、またもや職場の理解を得て、労働日数も給与も半減という勤務形態をとらせてもらうことになった。多大なる配慮を受けたこと、ただただ感謝である。

早稲田には「三者協」という学生主体の勉強会があり、私も退勤後にスーツのまま参加していたが、修士論文の構想を進める頃、その合宿があって菅浦と竹生島に行った。供御人も献じたかもしれない鯉の洗いを食べ、そのおいしさから「やはり惣村といえばここだ」と安直に決め込み、修論では菅浦も題材に加わることになった。

修論の執筆も当初はまるで先行き不透明だったが、どうにか書くことはできた。学部編入からこのかた、作成した電子ファイルは全て保存してあるが、当時のゼミ報告をみなおしても苦笑か冷や汗しか出てこない。今でこそ酒の席での話のタネになるが、海老澤先生のサバティカルもあって色々とご指導下さった久保健一郎先生も、あの頃はさぞや不安に思われたことだろう。そして会社の仕事と並行して修論を執筆していた私は、追い詰められた人間は夢のなかでも作文をしはじめることを知った（何ら役には立たない能力なのだが）。

修論の提出に先立って、日本学術振興会特別研究員ＤＣへの採用が内定した。会社業務の継続はできなくなり、申し訳なく思いながらも、ついに職を辞すことになった。博士課程の入試では、外出禁止の試験会場で昼食の用意を忘れるという失態を犯し、キャンパス正門内で「出せ」「出さない」の押し問答をしていると、面識のない国文学の先生がカツ丼を買ってきて下さるという奇跡があり、乗り切ることができた。

ちょうど私が博士課程に進学した年度から、海老澤ゼミは科学研究費の獲得に成功し、前年から始まっていた新見荘の調査が本格化することとなった。以降、私も幾度となく現地に足を踏み入れた。その総回数は正確にはわからないが、最初の一年間で一一回という数字だけは記憶している。周囲からは「新見の人」と呼ばれるようになり、調査に行けば家人からは「里帰り」といわれた。喫茶タイムのカツカレー、岡山名物えびめし、千屋牛の焼肉など、ひそかな楽しみもみつかった。「新見庄検定」を受けたことも今となっては懐かしい。残念なことに、調査団一行を何度も案内して下さった竹本豊重氏は昨年逝去されたという。時の流れを感じずにはいられない。

ところで、私の会社員時代の主業務は統計の加工や分析だった。数値データの操作だけには習熟していた。本書の図表の多さはそこに起因しているわけだが（辟易される向きもあろうが）、私の経歴から帳簿史料の世界が主戦場になりうると見抜いて、早い段階で勧めて下さったのは海老澤先生だった。さらにいえば、特別研究員PDの受け入れをして下さっている榎原雅治氏も以前、「帳簿をみていて気づけば徹夜」という経験を楽しそうに語っておられた。私も来るべき場所に来られたということであろうか。

このようにしてできあがったのが本書である。この「あとがき」も半生の総括といったつもりで書いたので、思いのほか冗長になってしまった。これまで好き勝手をして驚かせ、あるいは迷惑をかけた家族の皆々には、今さら詫びを入れても始まらないので、これからも誠実に努力する姿勢をみせていくほかない。

吉川弘文館の堤崇志氏、矢島初穂氏のお二方には、『朝河貫一と日欧中世史研究』（二〇一七年）、『中世荘園村落の環境歴史学―東大寺領美濃国大井荘の研究―』（二〇一八年六月刊行予定）と、このところ相次いでお世話になり、そのご縁（勢い？）で著書の出版をお引き受け頂いた。末筆ながら、厚くお礼を申し上げたい。

二〇一八年二月

似鳥雄一

初出一覧

序章　荘園・村落研究の現在（新稿）

第一部　中世の荘園経営

第一章　下地中分と荘園経営—備中国新見荘を中心に—（『歴史学研究』九一七、二〇一四年）

第二章　下地中分後の室町期荘園—備中国新見荘地頭職・地頭方と新見氏—（海老澤衷・高橋敏子編『中世荘園の環境・構造と地域社会—備中国新見荘をひらく—』勉誠出版、二〇一四年）

第三章　備中国新見荘にみる名の特質と在地の様相（『鎌倉遺文研究』二九、二〇一二年）

第四章　中世山間荘園の水田開発—備中国新見荘の帳簿分析から—（新稿）

第五章　南北朝〜室町期の代官契約と荘園経営—備中国新見荘と東寺領荘園—（新稿）

第六章　二人の代官による荘園の分割支配—備中国新見荘地頭方の事例から—（『日本史攷究』三七、二〇一三年）

第二部　中世惣村の実態

第一章　中世の荘園と惣—紀伊国鞆淵荘の変遷—（『歴史民俗』六、二〇〇八年）を大幅に加筆・修正

第二章　中世後期における惣村の実態と変容—紀伊国鞆淵荘における正長帳・天正帳の分析—（『史観』一六七、二〇一二年）

第三章　戦国期惣村の生産・商業・財政—菅浦と浅井氏・竹生島の関係をめぐって—（『日本史研究』六三二、二〇一五年）

第四章　戦国大名の惣村支配—菅浦の「自検断」と撰銭令—（新稿）

終章　変容する中世の社会構造（新稿）

著者略歴

一九七七年　神奈川県に生まれる
二〇〇八年　早稲田大学第二文学部歴史・民俗系専修卒業
二〇一五年　早稲田大学大学院文学研究科博士後期課程修了
現在　日本学術振興会特別研究員ＰＤ、博士（文学）

〔主要論文〕
「越前国牛原荘の研究と朝河貫一」（海老澤衷・近藤成一・甚野尚志編『朝河貫一と日欧中世史研究』吉川弘文館、二〇一七年）
「日記と惣村―中世地下の記録論―」（春田直紀編『中世地下文書の世界―資料論のフロンティア―』勉誠出版、二〇一七年）

中世の荘園経営と惣村

二〇一八年（平成三十）四月三十日　第一刷発行

著者　似《にた》鳥《どり》雄《ゆう》一《いち》
発行者　吉川道郎
発行所　株式会社 吉川弘文館
郵便番号一一三―〇〇三三
東京都文京区本郷七丁目二番八号
電話〇三―三八一三―九一五一〈代〉
振替口座〇〇一〇〇―五―二四四番
http://www.yoshikawa-k.co.jp/

印刷＝株式会社 精興社
製本＝誠製本株式会社
装幀＝山崎　登

ISBN978-4-642-02945-2

索　引

Ⅰ 事　項

あ 行

か 行

さ 行

た 行

な 行

は 行

ま 行

ら・わ行

Ⅱ 人 名

あ 行

か 行

さ 行

た　行

な　行

は　行

ま　行

や・ら行

Ⅲ 地 名

あ 行

か 行

さ 行

た 行

な 行

は 行

ま 行

や・わ行

Ⅳ　寺社名